MW01141725

ALEJANDRO MAGNO

ALEJANDRO MAGNO

Roger Caratini

Traducción de
Mauro Armiño

PLAZA & JANÉS EDITORES, S.A.

Título original: *Alexandre Le Grand*

Primera edición: octubre, 2000

Printed in Spain – Impreso en España

ISBN: 84-01-01422-0
Depósito legal: B. 40.910 – 2000

Fotocomposición: Lozano Faisano, S. L.

Impreso en A & M Gràfic, S. L.
Santa Perpètua de Mogoda (Barcelona)

L 0 1 4 2 2 0

A mi mujer, Françoise.
A mis hijos: Annabel, Patrice, Sophie,
Caroline, Françoise, Charles y Elsa.

ÍNDICE

ÍNDICE DE ESQUEMAS Y MAPAS

Prólogo

El objetivo de esta obra es narrar y tratar de explicar la vida de este conquistador de leyenda que fue Alejandro III el Grande, rey de Macedonia, nacido el año 356 a.C. en Pela, la capital de ese reino, y muerto de paludismo en Babilonia, en el 323 a.C., al regreso de una expedición fabulosa que lo había llevado hasta el valle del Indo, en las estribaciones del Himalaya.

Quizá no sea inútil precisar que la antigua Macedonia no era mayor que la Macedonia moderna (el Estado salido de la explosión de Yugoslavia en 1992, que entró en la ONU el 8 de abril de 1993 y cuya capital es Skopje). Era, como sigue siendo en nuestros días, un Estado continental, montañoso, sin acceso al mar, situado en el corazón de los Balcanes. Tenía por vecinos inmediatos: al este, Tracia, de la que estaba separada por el río Estrimón (el actual Struma); al oeste, el Epiro (la actual Albania) y, al sur, Tesalia, de la que estaba separada por el macizo del monte Olimpo. En los inicios de su historia, la capital era Aigai, en el seno de sus montañas, al oeste de la llanura de Pela. Los macedonios tenían el mismo origen que los griegos; se habían asentado en la región en el siglo VIII a.C. y habían fundado un reino sobre el que imperaba la dinastía de los *Argéadas*, instaurada en el año 696 a.C. y que alcanzó su apogeo durante el reinado de Filipo II (rey de Macedonia desde 359 a.C. a 336 a.C.), padre de Alejandro Magno. Su capital era entonces Pela, cuyas ruinas están situadas a unos pocos kilómetros de la ciudad griega actual que lleva su nombre, a una treintena de kilómetros al noroeste de la moderna Salónica.

Desde el principio de su reinado (en el año 336 a.C.), Alejandro tuvo a su disposición una cancillería, donde trabajaban cientos de funcionarios, oficiales y especialistas diversos, que clasificaban y conservaban todos los documentos escritos (en griego antiguo), militares, políticos o personales, los tratados y los archivos, los textos de leyes, los informes, la correspondencia, en resumen todo lo que, de cerca o de lejos, tenía alguna relación con su reinado y sus conquistas. Ninguno de esos documentos nos ha llegado.

Toda cancillería supone un canciller. El de Alejandro se llamaba Éumenes y tenía el grado de general en el ejército del Conquistador. Era oriundo de Kardianos *(Cardia),* ciudad del Quersoneso de Tracia (hoy en día la península de Gallípoli, al norte del estrecho del Helesponto, en Turquía) y antes había sido el secretario de Filipo II. Ayudado por un tal Diodoto de Eritrea, del que apenas sabemos nada, Éumenes consignaba cuidadosamente los sucesos cotidianos de la vida de su amo, así como su correspondencia, en unas *Efemérides* que, si hubiesen subsistido, serían una mina de oro para todos los historiadores. Por desgracia, ese diario se quemó en un incendio que consumió la tienda de Éumenes, en el año 325 a.C., durante la expedición de Alejandro a India.

Alejandro también había llevado a Asia, como testigo de sus conquistas, al sobrino nieto de Aristóteles (veremos que este filósofo fue el preceptor del Conquistador cuando era joven), Calístenes de Olinto. Éste se encargaba de describir, día a día, los grandes acontecimientos de que era testigo, cosa que hizo al parecer con celo y no sin adulación, hasta el día en que cayó en desgracia y Alejandro mandó ahorcarle después de haberlo torturado. Calístenes pretendía haber salvado una parte de las *Efemérides* del general Éumenes y estos documentos, unidos a las notas que él mismo tomaba todos los días, nos serían sin duda de la mayor utilidad: también han desaparecido. No hay que confundir a este Calístenes con el autor, griego, de la *Novela de Alejandro*, cuyas traducciones al latín y luego al árabe, circularon durante la Edad Media y al que se llama el Seudo-Calístenes.

Otros contemporáneos del Conquistador, compañeros de sus conquistas y conscientes como eran de vivir una epopeya grandiosa, también pensaron en ponerla por escrito, completando sus notas personales con los documentos oficiales que pasaban por sus manos. Los personajes más notables fueron: Aristóbulo de Casandra (siglo IV a.C.), ingeniero civil y miembro de la cancillería de Alejandro dirigida por Éumenes; el general Ptolomeo (hacia 360-283 a.C.), hijo de un oscuro macedonio llamado Lago y de una tal Arsínoe, doncella en la corte de Filipo II (más tarde, a la muerte de Alejandro, se convertirá en primer rey del Egipto conquistado por su señor); el almirante cretense Nearco que, en el año 326 a.C., condujo el ejército de Alejandro desde Karachi, el puerto de Pakistán, hasta el fondo del golfo Pérsico.

En la noche del 13 de junio del año 323 a.C. Alejandro Magno moría en Babilonia, víctima de un mosquito que había introducido en su sangre el agente del paludismo. Calístenes había sido ahorcado el año 328 a.C. Las *Efemérides* de Éumenes habían ardido en 325 a.C.: ¿iba a desaparecer también el recuerdo de las hazañas de Alejandro para dar paso únicamente a leyendas?

¿Desaparecer para siempre? Era posible, pero no ocurrió así. Hacia el año 310 a.C. un griego de Alejandría, Clitarco, publicaba la *Apología de Alejandro* que había redactado Calístenes, aumentada con algunos relatos de procedencia dudosa. Era más una novela que una obra histórica, y en ella se presentaba al héroe, sin comentario alguno, como una especie de semidiós, valiente hasta la despreocupación, terrible en sus cóleras, magnánimo en su bondad, sobre un telón de fondo de carnicerías, de orgías gigantescas y conquistas de un Oriente fabuloso. Así nació lo que en la Edad Media se llamó la *Novela de Alejandro*, la versión novelesca de su vida tal como la transmitieron luego los autores latinos y griegos.

Otros contemporáneos o cuasi contemporáneos del macedonio también escribieron sobre él. Pero apenas conocemos algo más que sus nombres: Onesícrito, el oficial de marina que pilotaba el barco real cuando Alejandro descendió el río Indo; Marsias, su amigo de la infancia; Dicearco de Mesena, un alumno de Aristóteles, y una veintena más: sus obras se han convertido en humo.

Sin embargo, en tiempos de Julio César, de Augusto y Tiberio, los escritos de Calístenes y de otros seguían circulando en los ambientes romanos y griegos; pero apenas subsiste algo más que fragmentos inutilizables, que fueron publicados por diversos eruditos a finales del siglo XVIII (por ejemplo: G. Sainte-Croix, *Examen critique des anciennes histoires d'Alexandre*, París, 1775) y sobre todo en el siglo XIX y principios del XX (J. G. Droysen en 1833, Pauly-Wissowa en 1905, Jacoby en 1929, etc.).

En última instancia, los historiadores, en total, no tienen como fuentes escritas que nos informen sobre la vida de Alejandro Magno más que las obras de los cinco autores antiguos siguientes, que trabajaron varios siglos después de su muerte:

— el historiador griego Diodoro de Sicilia (hacia 90-20 a.C.), autor de una *Biblioteca histórica* que trata de hacer, sin gran espíritu crítico, un cuadro de la historia universal desde los tiempos más remotos hasta Julio César y cuyo libro XVII está consagrado a Alejandro Magno;
— el historiador latino Quinto Curcio (siglo I), autor de una *Historia de Alejandro Magno;*
— el historiador latino Marco Juniano Justino, conocido con el nombre de Justino (siglo II), autor de un resumen de la gran *Historia universal* escrita por el galo Pompeyo Trogo (siglo I), cuya parte principal estaba consagrada a la historia de Macedonia y que se ha perdido íntegramente;
— el biógrafo y moralista griego Plutarco de Queronea (hacia 50-120), que contó con un talento incomparable la vida de Alejandro Magno en sus famosas *Vidas de hombres ilustres*, utilizando a Clitarco, como los anteriores, pero también escritos diversos de orígenes más o menos dudosos;
— el historiador y filósofo griego Arhionos, conocido con el nombre de Arriano (hacia 95-175), oriundo de Nicomedia, en Bitinia (un antiguo reino griego a orillas del mar Negro), que fue discípulo en Roma del estoico Epicteto, autor de las *Expediciones de Alejandro* (esta obra suele citarse bajo el título de *Anábasis de Alejandro,* el término griego «*anábasis*» significa «expedición»). El interés de esta fuente es de capital importancia: mientras que los autores anteriores, Plutarco incluido, nos han transmitido, cada cual a su manera, la versión idealizada de Calístenes vía Clitarco de Alejandría, Arriano, que desconfía de esa versión, y que sin duda tuvo acceso no sólo al texto de Clitarco sino también a los testimonios —hoy desaparecidos— dejados por oficiales próximos a Alejandro, como Aristóbulo, Ptolomeo o Nearco, hizo de ellos un uso

crítico que da a su presentación del macedonio un valor más objetivo que el de Diodoro de Sicilia, de Justino, de Quinto Curcio o de Plutarco.

La filiación de estas distintas fuentes, papirológicas o literarias, queda resumida en el cuadro siguiente.

Las fuentes de la historia de Alejandro Magno

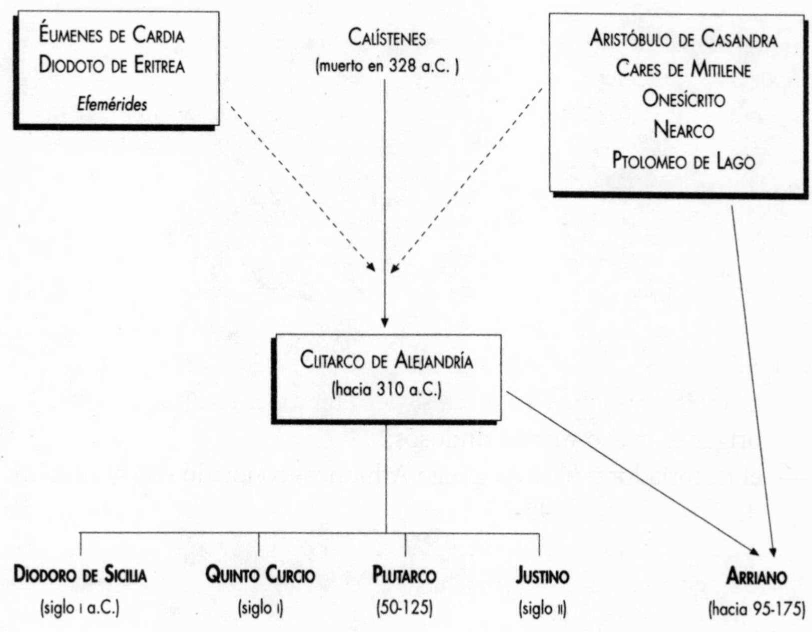

[illegible] la estructura política
y el pasado reciente de estos dos mundos.

Introducción

La breve y loca aventura de este conquistador mítico que fue Alejandro Magno se desarrolló entre los años 336 y 323 a.C. Tuvo por teatro dos mundos opuestos en todo —las dimensiones, la historia, la lengua, la religión, la cultura y la organización política— es decir: el mundo hormigueante de las ciudades, dividido y en guerra constante consigo mismo, unificado entre los años 356 y 336 a.C. por el rey Filipo II de Macedonia, padre de nuestro héroe, y el bloque imponente del mundo persa sobre el que, desde el año 640 a.C., reinaba la dinastía de los Aqueménidas. Para comprender las causas, el desarrollo y las consecuencias de esta aventura conquistadora que llevó a Alejandro de las montañas de Macedonia hasta el valle del Indo, tenemos que exponer rápidamente los orígenes, la estructura política y el pasado reciente de estos dos mundos.

Los griegos —los helenos— son pueblos indoeuropeos procedentes de las regiones danubianas que, a partir del siglo XVI a.C., se diseminaron por la península balcánica, entre el Adriático y el mar Egeo. Los primeros que llegaron fueron los aqueos, que se instalaron en el Peloponeso; la segunda oleada fue la de los jonios, asentados en la Grecia central; y la tercera oleada fue la de los eolios y tesalios, que poblaron las regiones más septentrionales del país. Estos helenos ya se hallaban altamente civilizados: conocían las técnicas fundamentales de la agricultura y la ganadería, sabían trabajar los metales y asimilaron perfectamente las civilizaciones autóctonas preexistentes (las de Creta y el mar Egeo). Nada más llegar, fundan las primeras ciudades-estados, características de su futura organización política, unas marítimas (como Argos, Atenas, Corinto), otras continentales (como Esparta, Tebas) y se desparraman por las islas y las riberas asiáticas del mar Egeo (Sardes, Mileto, Halicarnaso, Samos o Rodas por ejemplo), así como por las costas de Sicilia y del sur de Italia (Magna Grecia).

Hasta el siglo v a.C., estos microestados independientes, donde florecían en gran número brillantes inteligencias, los mayores escritores y los artistas de mayor talento que nunca había conocido el mundo antiguo, y cuyo territorio se limitaba a una ciudad (la mayoría de las veces rodeada de murallas) y a los campos circundantes, por regla general estaban gobernadas por un pequeño número de privilegiados —una oligarquía—. Al principio de su historia fueron escenario de crisis o revoluciones locales que suscitaron la obra de legisladores (como Licurgo en Esparta, Dracón y Solón en Atenas), o favorecieron la instalación de monarcas absolutos más o menos hereditarios, los tiranos (la palabra griega *tyrannos*, «rey», no tiene connotación peyorativa). La más rica de estas ciudades-estado, Atenas, inventó en el siglo vi a.C. la *democracia* (véase Anexo I), y su ejemplo sería seguido por otras, mientras que ciertas ciudades helénicas conservaron su estatuto oligárquico (Esparta) o monárquico (Siracusa).

En el transcurso del siglo v a.C., dos sacudidas guerreras estremecen el mundo griego: las guerras Médicas y la guerra del Peloponeso. Las primeras enfrentaron al Imperio persa con las ciudades griegas, coaligadas en lo que se llamará la Liga de Delos; fueron ganadas por los griegos y concluyeron mediante la «paz de Calias», en el año 449 a.C. (véase Anexo II); la segunda fue una larga guerra que duró cerca de treinta años (431-404 a.C.) entre Atenas y Esparta (véase Anexo III), que se disputaban la hegemonía sobre las restantes ciudades de la Grecia continental: fue ganada por Esparta y provocó la ruina de Atenas.

La victoria de Esparta marcó no sólo el fin del poder ateniense, sino también el fin de la Liga de Delos y la democracia en Grecia. Cada ciudad se organizó, durante un tiempo, por el modelo lacedemonio, con un gobierno oligárquico. No obstante, la hegemonía espartana fue precaria y las ciudades griegas recuperaron con bastante rapidez su independencia: Tebas, por ejemplo, reconstruyó en torno a ella una Liga de Beocia; Atenas formó una nueva Confederación marítima en el año 337, menos imperialista que la anterior, pero que a su vez se desmembró. Al mismo tiempo, la Liga espartana se desmoronaba bajo los golpes de los tebanos en 371 a.C.

Después de las guerras del Peloponeso, estalla el marco tradicional de la ciudad griega. A principios del siglo IV a.C., se instala una crisis económica que tuvo como por efecto inevitable la división de los ciudadanos en dos clases: los ricos y los pobres. Guerras civiles, motines provocados por el hambre y distintas revueltas estallaron por todas partes, con la consecuencia de un exilio general de los griegos; los más jóvenes se alquilan como mercenarios a los pueblos en guerra en el entorno del mar Egeo (y en particular a los ejércitos del Imperio persa). Por último, en el siglo IV a.C. asistimos al desarrollo en el norte del territorio griego de un Estado semibárbaro, el reino de Macedonia, cuya existencia ya hemos mencionado anteriormente: es un Estado monárquico, con una aristocracia militar (de caballeros) que reina sobre un pueblo de campesinos que habla una lengua muy cercana al griego. A partir de las guerras Médicas, los reyes de Macedonia mantienen relaciones principalmente comerciales, a veces pacíficas, a veces tensas, con Atenas, que domina todo el norte del mar Egeo. A principios del siglo IV a.C. el reino de Macedonia va transformándose lentamente y pierde su carácter rural: en los campos aparecen burgos que se convertirán en ciudades, y la caballería aristocrática se acompaña ahora de una infantería pesada popular (los *hoplitas* macedonios), creada en la primera mitad del siglo IV a.C. durante los reinados de los reyes Arquelao, Alejandro II y Perdicas (véase más abajo, pág. 37-38).

En los siglos XI-X a.C., mientras en la Grecia continental se difunde el pastoreo, otros indoeuropeos, salidos de las estepas y las llanuras de esos países que los geógrafos antiguos llamaban Bactriana y Sogdiana (el noroeste de Afganistán, Turkmenistán y Uzbekistán actuales), hacen su aparición en la meseta irania y descienden lentamente hacia la fértil Mesopotamia (el actual Irak): son los medos y los persas. Tienen piel blanca, nariz recta, rostro ovalado, cabellos lisos, barba espesa, y, según las tradiciones, su religión, el zoroastrismo, les ha sido revelado por un sabio llamado Zoroastro, al que se atribuye un conjunto de textos sagrados conocido como el *Zend-Avesta*, que habría estado formado por veinte libros de 100.000 versos cada uno, redactados sobre 120.000 pieles de vacas secas, en una lengua de la antigua Bactriana, el avestino.

En esa época los reinos semitas de Asiria y Babilonia son las grandes potencias políticas, militares y culturales de Mesopotamia —con Asur, Nínive y Babilonia como capitales—, y sus reyes se preocupan ante la llegada de estos vecinos turbulentos y extraños. Al principio se disponen a luchar contra ellos, a vencerlos y deportarlos a los desiertos de Siria, de la misma manera que el rey neobabilonio Nabucodonosor II llevará a los judíos en cautividad a Babilonia, en el año 586 a.C.

Los medos fueron los primeros en unirse y en constituir un reino, con Ecbatana como capital; pero hubieron de sufrir la dominación de los semitas asirios: el rey asirio Sargón II deportará a Siria al primer rey medo conocido, Dejoes (en 751 a.C.), y uno de sus sucesores, el famoso conquistador Asurbanipal, ocupará la Media durante cerca de treinta años. Luego los medos se liberaron del yugo asirio, destruyeron Asur y Nínive, y Asiria saldrá de la historia durante los reinados de los reyes medos Ciaxares y Astiages (que muere en 549 a.C.).

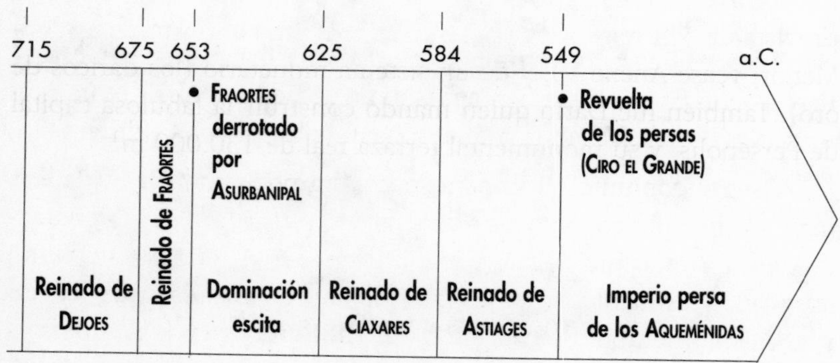

El Imperio meda: cronología

El Imperio meda, al que conocemos a través de los escritos de Herodoto y de los anales del rey babilonio Nabonida, fue un imperio efímero. El rey medo Ciaxares derrotó a los asirios en 612-610 a.C., y a su vez los medos fueron derrotados por los persas de Ciro II el Grande en 550-549 a.C.

Corresponde entonces a los persas entrar en escena. Como se ha dicho, habían llegado a Irán al mismo tiempo que los medos, pero sus reyes habían tenido que sufrir la dominación de estos últimos durante más de un siglo (de 675 a 550 a.C.: véase Anexo IV). Los reyes persas se vinculaban a un antepasado legendario, que habría vivido hacia el año 700 a.C. y se habría llamado Aquémenes, de donde deriva el nombre de su dinastía: los Aqueménidas.

El primer rey persa en tomar el título de Gran Rey fue Ciro I (hacia 640-600 a.C.), cuyo nieto, Ciro II el Grande (hacia 558-528 a.C.), puso fin al Imperio meda, aunque conservó Ecbatana como capital y fundó el gran Imperio persa. A partir de sus conquistas (se apodera de Babilonia, luego de Lidia, en Asia Menor) vemos a Persia avanzar hacia el mundo europeo y amenazar el mundo griego (véase el Anexo II sobre las guerras Médicas y el Anexo IV). El hijo y sucesor de Ciro II, Cambises (528-522 a.C.) conquistará Fenicia y Egipto, y el usurpador de genio que fue Darío I el Grande (521-486 a.C.) extenderá el Imperio persa desde el valle del Danubio hasta el del Indo.

Darío I dotará a este Estado gigantesco, donde vivían cien pueblos distintos, de una organización administrativa centralizada muy notable, si tenemos en cuenta su tamaño (división del Imperio en satrapías; creación de una ruta real de 2.700 kilómetros de longitud, provista de 511 relevos de postas, que unía Susa con Sardes, en Asia Menor; véase Anexo V), y de un sistema monetario (los dáricos de oro). También fue Darío quien mandó construir la fabulosa capital de Persépolis, y su monumental terraza real de 130.000 m^2.

Visto el conjunto, el Imperio persa era por tanto un verdadero mastodonte político, en comparación con la Hélade de las mil ciudades. Las distintas provincias que fueron unidas a él nunca estuvieron asimiladas realmente, sin duda porque la conquista fue muy rápida y, al mismo tiempo, demasiado heteróclita. Además, a las disputas sucesorias hay que añadir las secesiones de ciertas satrapías, las revueltas, los cambios de humor de los sátrapas, grandes señores feudales que a veces se consideraban iguales al Gran Rey. Lo más sorprendente en la historia de los Aqueménidas no es que hayan creado un imperio tan vasto, sino que su poder haya durado tanto tiempo (dos siglos). La razón profunda de ello es la ausencia de todo enemigo exterior lo bastante numeroso y poderoso para lanzarse a una empresa de conquista, incluso parcial, del Imperio persa. Es notable, no obstante, que sólo las guerras protagonizadas por los persas (las guerras Médicas) se hayan saldado con repetidos fracasos, a pesar de su enorme superioridad numérica.

En resumen, el ejército persa es terrorífico únicamente por su extensión: el primer ejército extranjero importante y organizado que lo atacó, el de los macedonios, lo devoró sin mayores dificultades... pero tenía al frente a un estratega de genio llamado Alejandro.

I

Macedonia: de la leyenda a la historia

(hacia 700-382 a.C.)

Perdicas I, primer rey de Macedonia (antes de 650). — La dinastía macedonia de los Argéadas. — Arquelao II, primer gran soberano de Macedonia (413-399). — Filipo II de Macedonia: su juventud, la influencia del general tebano Epaminondas (h. 382-359). — Filipo, regente: crea el ejército macedonio (359-356). — Filipo, rey de Macedonia: conquista de las fronteras naturales del reino; unificación del mundo griego (356-336). — Su asesinato (julio de 336).

Tesalia, el general persa Mardonio mandó un mensaje a Atenas por mediación de «Alejandro, hijo de Amintas, macedonio» y nos explica que este Alejandro era descendiente de un tal Perdicas que se con- [illegible]

1. *La leyenda macedonia*

Es Herodoto quien nos cuenta los orígenes legendarios de la dinastía macedónica de la que salió Alejandro Magno (*Historias*, libro VIII, cap. 137-138); Herodoto es un griego de Asia, nacido verosímilmente en Halicarnaso, hacia 484 a.C; pasó la mayor parte de su vida en Turios, colonia griega cosmopolita del sur de Italia, fundada hacia el año 444 a.C. a instigación de Pericles. La genealogía que Herodoto propone fue admitida por Tucídides (II, 99), que debió de verificarla en Tracia, en el transcurso de su exilio, durante la guerra del Peloponeso.

Herodoto nos enseña en primer lugar (VIII, 136) que en el año 480 a.C., durante la segunda guerra Médica, mientras invernaba en Tesalia, el general persa Mardonio mandó un mensaje a Atenas por mediación de «Alejandro, hijo de Amintas, macedonio» y nos explica que este Alejandro era descendiente de un tal Perdicas que se convirtió en rey de los macedonios en unas circunstancias muy novelescas, más dignas de una serie de «Cuentos y leyendas de Macedonia» que de la obra de un historiador erudito, y que ante todo vamos a narrar.

Así pues, nos cuenta Herodoto que, a principios del siglo VII a.C., en la ciudad aquea de Argos, que pasaba por ser la más antigua de Grecia, vivían tres hermanos de la estirpe de Témeno, descendiente a su vez de Heracles, el hijo de Zeus y de Alcmena, la bella mortal; se llamaban Gavanes, Aéropo y Perdicas. Los tres jóvenes se habían visto obligados a huir de Argos y habían llegado a las regiones montañosas de Iliria, a orillas del mar Adriático. Luego de Iliria habían pasado a esa parte de la Alta Macedonia que se extiende al norte del golfo de Salónica y llegaron a una pequeña ciudad (no identificada) llamada Lebea. Se pusieron a servir al rey de esa ciudad: Gavanes guardaba sus caballos, Aéropo sus bueyes y el más joven, Perdicas, las cabras, los cerdos y el ganado menor.

En ese tiempo, prosigue Herodoto, todo el mundo era pobre, incluso las familias reales, y se alimentaban de migas de pan. En Lebea, la mujer del rey se las hacía cocer ella misma, sin duda para evitar que un panadero falto de honradez le robase algunas, porque el trigo era escaso. Un día se dio cuenta de que la bola de pan destinada al joven y seductor Perdicas, cuando salía del horno era dos veces mayor que la de sus hermanos y los restantes miembros de la gente de la casa real. La causa de este milagro era sin duda el amor que sentía por el bello Perdicas la panadera real, que le preparaba los mejores panes. A su marido el rey le explicó que se trataba de un prodigio, que anunciaba algo grande relacionado con el bello Perdicas.

Los reyes celosos no creen en los prodigios: el de Lebea despidió a los tres hermanos, prohibiéndoles volver a poner los pies en sus dominios: los jóvenes le dijeron que aceptaban marcharse, pero que exigían recibir previamente su salario. Los reyes celosos son a menudo avaros y el nuestro no era una excepción a la regla: señalando la mancha de luz que sobre el suelo de su casa formaban los rayos del sol que caían desde el orificio por donde solía escapar el humo del horno, les dijo, con la mente perturbada sin duda por algún dios: «Aquí tenéis el salario que habéis merecido: ¡cogedlo y marchaos!»

Los dos hermanos mayores, Gavanes y Aéropo, se quedaron cortados sin saber qué responder; pero el más joven, Perdicas, replicó al punto: «Aceptamos, oh Rey, este salario que nos ofreces, y te damos las gracias.»

Y cogiendo un cuchillo que llevaba al cinto, dibujó sobre el suelo de tierra batida un círculo alrededor de la mancha luminosa; luego, inclinándose hacia ella, esbozó por tres veces el gesto de un hombre que sacase los rayos del sol en el hueco de su mano, e hizo ademán de introducirlos en un pliegue de su túnica. Finalmente, se retiró con sus hermanos después de haber lanzado una última mirada a la hermosa panadera.

Cuando se hubieron marchado, uno de los compañeros del rey

le hizo observar la gravedad del gesto ritual de Perdicas: significaba, le dijo, que a partir de ese momento el joven y sus hermanos podían considerarse amos y señores del dominio real cuyo centro era el círculo luminoso. Como todos los celosos, al rey acababan de hacerle una jugarreta, y se enfureció. Envió a sus hombres de armas en persecución de los tres hermanos, con la orden de capturarlos y matarlos. Pero los tres descendientes de Témeno habían avanzado mucho: habían franqueado un río que, tras su paso, había crecido tanto que cuando los jinetes del rey llegaron no pudieron vadearlo. Los fugitivos, ahora fuera del alcance de sus perseguidores, se asentaron al pie de una montaña, en una región donde crecen rosas de sesenta pétalos y cuyo perfume supera al de las demás rosas. Allí prosperaron, se hicieron dueños de la comarca, luego de las regiones de los alrededores, más tarde de toda Macedonia, de la que Perdicas se convirtió en el primer rey. Como Perdicas descendía de Témeno y Témeno de Heracles, la dinastía que fundó fue llamada dinastía de los Heraclidas. Más a menudo se la llama dinastía de los Argéadas por alusión a la ciudad de Argos de donde era oriundo Perdicas, y como referencia al hijo de éste, Argeo, que sería el fundador histórico de la estirpe cuyo último representante fue Alejandro Magno.

De Perdicas I, el joven enamorado de la mujer de un jefe de aldea macedonio, panadero de condición, a Filipo II, padre de Alejandro Magno, transcurrió poco más de tres siglos, es decir, tanto tiempo como entre la época de Juana de Arco y la de Luis XV. Durante esos trescientos años Macedonia tuvo muchas ocasiones de cambiar de aspecto. El «reino» de los primeros soberanos enumerados en el pequeño cuadro histórico que aparece en la página 34 estaba cubierto en gran parte de montañas y bosques habitados por poblaciones sedentarias y feroces, que llevaban una vida de agricultores y pequeños ganaderos en unas poblaciones aisladas unas de otras. Desconocían todo de la vida urbana y estaban casi totalmente separados de Grecia, de civilización tan brillante ya en ese momento y sin embargo tan próxima: la primera capital de Macedonia, Aigai (Egas), de donde, con buen tiempo, se puede divisar la cima nevada del monte Olimpo, sólo estaba a 320 kilómetros de Atenas.

Los seis o siete primeros reyes macedonios no son para nosotros más que nombres; indudablemente eran los jefes de una tribu montañesa que había conseguido imponerse a otras en las montañas de Macedonia. Para los griegos del siglo VI o del V a.C. parecían bárbaros rubios de ojos azules y tez clara, cuya lengua era incomprensible, y a los que a menudo confundían con los tracios salvajes, de cuerpo cubierto de tatuajes. Fue Herodoto el primero que llamó la atención de sus contemporáneos sobre la calidad de la civilización macedonia, con dos sutiles anécdotas como las que este autor sabía contar.

La primera concierne a una embajada enviada por Megabazo, el almirante del Gran Rey Darío I —que en ese momento se dedicaba a extender sus conquistas en Europa hasta el Danubio—, al rey Amintas I de Macedonia (540-498 a.C.). Así pues, a Aigai, la capital, llegan siete embajadores persas y le piden, de parte de Darío, «la tierra y el agua», es decir, unos territorios y espacios marítimos. Después de responder afirmativamente a la demanda de los legados, Amintas los invita a una comida de hospitalidad, y he aquí cómo se desarrolló el asunto, según Herodoto (V, 16-20):

> Una vez concluido el banquete, los persas, que estaban bebiendo a discreción, le dijeron lo siguiente: «Amigo macedonio, nosotros, los persas, cuando ofrecemos un gran banquete tenemos por costumbre, en tal ocasión, incluir entre los asistentes a nuestras concubinas, así como a nuestras legítimas esposas. En vista, pues, de que tú nos has acogido con verdadera afabilidad, de que nos agasajas espléndidamente y te avienes a entregarle al rey Darío la tierra y el agua, sigue nuestra costumbre.» «Persas —respondió a esto Amintas—, entre nosotros, concretamente, no rige esa costumbre, sino la de que los hombres estén separados de las mujeres. No obstante, puesto que vosotros, que sois quienes mandáis, solicitáis este nuevo favor, también veréis satisfecha esta petición.»

Amintas envía en busca de las mujeres, que se sientan frente a los persas sonriendo. Mas éstos, animados por el generoso vino de Macedonia, según cuenta Herodoto, piden más:

> Éstos, entonces, al contemplar la hermosura de las mujeres, se dirigieron a Amintas diciéndole que semejante proceder carecía de

> toda lógica, pues mejor hubiera sido que, de buenas a primeras, las mujeres hubiesen excusado su asistencia, antes que acudir y, en vez de sentarse a su lado, hacerlo frente a ellos para tormento de sus ojos. Bien a su pesar, Amintas les mandó, pues, que se sentaran junto a ellos; y apenas las mujeres hubieron obedecido, los persas, como estaban borrachos perdidos, empezaron a toquetearles los pechos y hasta es posible que alguno intentara besarlas.

Alejandro, el hijo de Amintas (el que le sucederá bajo el nombre de Alejandro I), se indigna; ruega a su padre que se retire, pretextando su edad, y que le deje arreglar las cosas. El rey, después de haber aconsejado a su hijo que se tranquilice, abandona la sala y el príncipe se dirige a sus huéspedes:

> Amigos, las mujeres aquí presentes están a vuestra entera disposición, tanto si queréis hacer el amor con todas o sólo con un determinado número de ellas (sobre este particular vosotros mismos decidiréis). Pero como ya se acerca el momento de acostaros y veo que estáis bien borrachos, permitid, si os parece oportuno, que estas mujeres vayan ahora a darse un baño y, a su regreso, una vez bañadas, podréis haceros cargo de ellas.

Los persas aceptan encantados y siguen bebiendo mientras las mujeres vuelven a sus aposentos. Entonces Alejandro hace venir a su lado algunos jóvenes, todavía imberbes, les hace ponerse vestidos de mujer, reparte entre ellos puñales y, cuando están preparados, maquillados y perfumados, los introduce en la sala donde los persas aguardan, impacientes, a las mujeres que les han prometido. Alejandro se dirige a ellos en estos términos:

> Persas, me parece que se os ha obsequiado con un completísimo banquete en el que nada ha faltado, ya que, además de todo cuanto poseíamos, tenéis asimismo a vuestra disposición todo aquello que hemos podido conseguir para agasajaros; y concretamente —cosa ésta que excede toda norma de hospitalidad— os ofrecemos, con generosa prodigalidad, a nuestras propias madres y hermanas, con el fin de que comprobéis a la perfección que, por nuestra parte, recibís los honores a que verdaderamente sois acreedores, y para que, de paso, po-

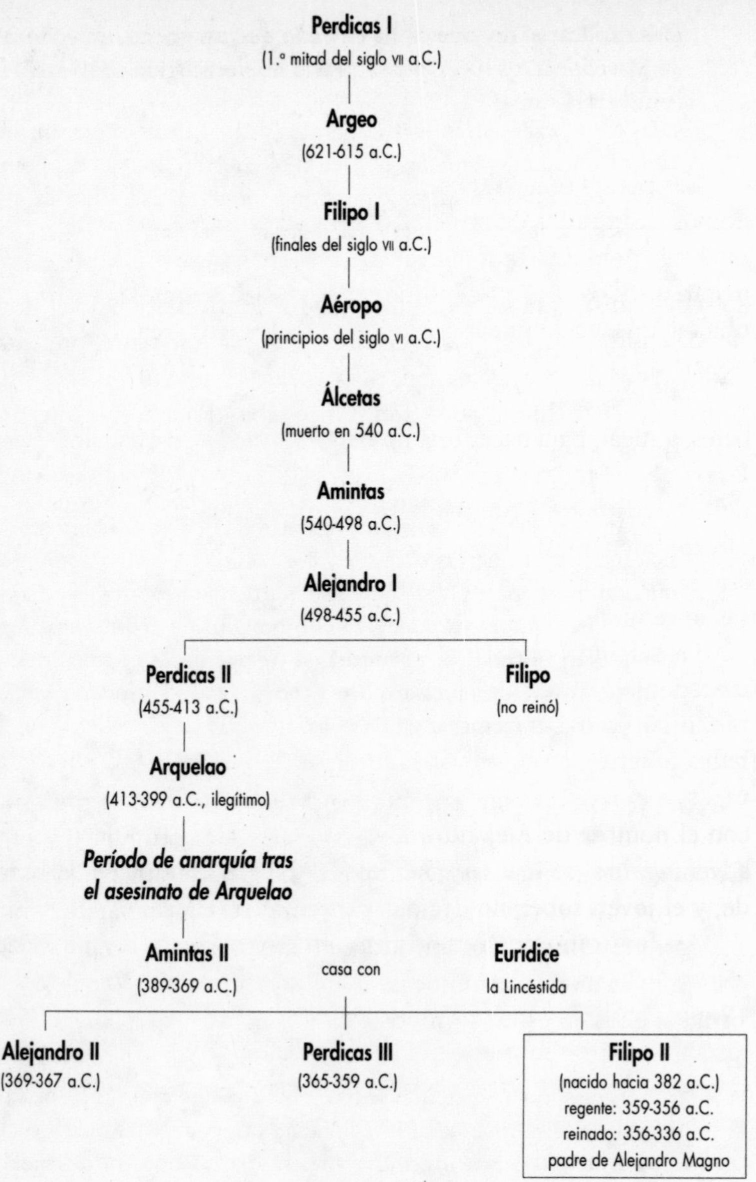

La dinastía de los Argéadas

El fundador de la dinastía fue Argeo; el soberano que hizo de Macedonia un verdadero Estado fue Arquelao, cuyo reino termina en 399 a.C.

> dáis explicar al rey que os ha enviado que un griego, un gobernador de Macedonia, os ha dispensado una buena acogida tanto en la mesa como en la cama.

Los persas tienden enseguida los brazos hacia los jóvenes macedonios disfrazados de mujeres, los hacen sentarse a su lado y, apenas intentan ponerles la mano encima, éstos sacan sus puñales y los matan a todos. Los pretendidos bárbaros macedonios habían dado una terrible lección de moral a los enviados del Gran Rey. Cuando la noticia de la matanza llegó a Susa, Megabazo amenazó a los macedonios con una severa expedición de castigo y envió a su sobrino, Búbares, a Aigai, para hacer una investigación sobre lo que había pasado. Pero aunque todavía era muy joven, Alejandro conocía la venalidad de los orientales. Compró a buen precio el silencio de Búbares, le ofreció además su propia hermana como esposa y el asunto quedó ahí: la virtud de las macedonias había sido salvaguardada y los persas aprendieron la lección. Ningún heleno lo habría hecho mejor.

La segunda anécdota concierne a los orígenes étnicos de los macedonios, que los griegos de Atenas, de Tebas y Esparta considerarían bárbaros, es decir, como no-griegos. El anciano rey Amintas había muerto de vejez en sus montañas, y su hijo, el que había dado una severa lección a los borrachos persas, se había convertido en rey con el nombre de Alejandro I, en 498 a.C. Dos años después de su advenimiento, se inauguraban los 71° Juegos Olímpicos de la Hélade, y el joven soberano decidió participar en ellos.

Así fue como por vez primera, en 496 a.C., un rey de Macedonia pisó el suelo de Grecia, más exactamente el del Peloponeso, en Olimpia, para participar en las carreras a pie de los Juegos, e hizo un discurso en este sentido ante las autoridades de Olimpia. La primera reacción de los concurrentes y los representantes de las distintas ciudades griegas fue de extrañeza ante el hecho de que un bárbaro pudiera expresarse con elegancia en la lengua del Ática, y la segunda apartarle del concurso que, según decía, estaba estrictamente reservado a los griegos y prohibido a todo bárbaro, aunque fuese un rey. Pero Alejandro siguió en sus trece: defendió su causa ante los helanódicos, los magistrados encargados de hacer respetar los reglamentos de los Juegos, les demostró que era argivo de origen, que sus antepasados eran de Argos y que descendían de Heracles, el creador de los Juegos y su primer ganador. Se le admitió entonces en pie de igualdad con los griegos, y llegó el primero *ex aequo* en la carrera del estadio: Píndaro celebró su victoria en una oda entusiasta.

El caso provocó gran revuelo en toda Grecia y cada cual le buscó su provecho, tanto los macedonios como los atenienses. Desde el reinado de Amintas, Macedonia se había desarrollado mucho y el joven rey que era Alejandro I no había hecho el viaje a Olimpia simplemente por el placer de ganar una carrera pedestre: al hacerse reconocer oficialmente como griego, y de alta estirpe, sentaba las bases de una alianza futura, en pie de igualdad, entre Macedonia y las grandes ciudades helénicas, como Atenas, Esparta o Tebas. En cuanto a los griegos, en 496 a.C. vivían desde hacía tres años bajo la amenaza de los persas, y sus estrategas sabían que, para los ejércitos del Gran Rey, la ruta más directa de Susa a Atenas pasaba por el Bósforo, Tracia, Macedonia y Tesalia: entre sus intenciones figuraba la de hacer entrar a los macedonios en la coalición antipersa, porque su interés era el mismo que el de los súbditos de Alejandro. ¡El envite bien valía una corona en los Juegos Olímpicos!

A decir verdad, Alejandro I no era para los griegos un aliado fiable, como el futuro iba a demostrar. En primer lugar, había ofrecido su hermana por esposa al sobrino del almirante de la flota persa, para acallar el asunto del asesinato de los embajadores; pero ¿merecía un regalo tan grande aquel despreciable asunto de costumbres? Además, a diferencia de los griegos, no tenía el sentido patriótico metido en el cuerpo, no tenía ninguna historia de Macedonia que respetar, carecía de modelos heroicos como los de la *Ilíada*, cuyos cantos habían acunado a todos los helenos y eran tomados como ejemplo. Dada la situación internacional en el Mediterráneo, su país podía elegir entre dos soluciones: o volverse una satrapía del Imperio persa y vivir en paz bajo su protección, o zambullirse en el caldo de cultivo nacionalista de los griegos, con todas las perspectivas de guerras y desgracias que eso suponía. Así pues, se decidió por el Gran Rey. Juró obediencia a Darío en 492 a.C., y la derrota de los persas en Maratón dos años después no le hizo cambiar de campo: acompañó a Jerjes en su expedición de 480 a.C. y sufrió con él la derrota de Salamina. No cambió de bando hasta agosto del año 479 a.C., en Platea, donde traicionó a los persas en favor de los helenos, que honraron esa traición concediéndole el título de «amigo de los griegos» *(Philhellenos)*, lo que en última instancia no era demasiado glorioso.

Como los persas ya no eran de temer, Alejandro I helenizó su corte y su capital, atrayendo a la pequeña Aigai a políticos, sabios, escritores, músicos y pintores griegos. Luego murió, satisfecho, tras cuarenta y tres años de reinado; dejaba la corona de Macedonia a su hijo mayor, Perdicas II, que le sucedió hacia 455 a.C. (su otro hijo, Filipo, no tuvo ocasión de reinar). Perdicas imitó a su madre y, mientras los horrores de la guerra del Peloponeso ensangrentaban la Grecia continental, pacifistas, poetas, sabios y escritores se volvieron más numerosos que nunca en la colina de Aigai, adonde fue a vivir incluso Hipócrates, el famoso médico.

En 413 a.C. Perdicas II también murió. Le sucede su hijo, Arquelao, nacido de una concubina y no de una mujer legítima. Fue, como suele decirse, un gran rey. Al no tener que preocuparse de política extranjera ni de disputas sucesorias, Arquelao pudo sacar provecho a los catorce años de su reinado para hacer de Macedonia un país moderno y susceptible de defenderse frente a eventuales invasores. Trasladó la capital de Aigai a Pela, en la llanura, a unos treinta kilómetros de la costa, en un cerro que dominaba un lago, unido al mar por un río navegable; la ciudad imitaba a las hermosas ciudades comerciantes griegas, con un ágora, muelles, depósitos de almacenamiento y templos. Macedonia sólo tenía caminos: Arquelao hizo construir un gran número de carreteras que irradiaban desde Pela, ciudad que así se unía a todas las regiones del reino, incluidas las más alejadas e inaccesibles. Construyó numerosas fortalezas, que transformaron Macedonia en un bastión formidable; para mantenerlas y, llegado el caso, defenderlas, Arquelao puso en pie un poderoso ejército y envió a Pela a oficiales griegos, e hizo traer armas y armaduras en gran cantidad.

Como su padre y su abuelo, Arquelao era un enamorado de la literatura y las artes liberales. Acogió con generosidad a los escritores y artistas que, huyendo de la inseguridad de Grecia —transformada entonces en campo de batalla por la guerra del Peloponeso—, iban a refugiarse en aquella nueva Atenas: Eurípides, que no podía seguir soportando las infidelidades de su mujer, estableció allí su residencia y pasó los dos últimos años de su vida (tuvo un final trágico, murió bajo las fauces de los perros guardianes del palacio real que lo habían atacado); el poeta Agatón, en cuya casa se había celebrado el memorable banquete al que asistió Platón; Zeuxis, el pintor más famoso de toda Grecia; el músico Timoteo, etc. Por desgracia, este rey, que tantas cosas hizo por su país, desapareció muy pronto al ser asesinado el año 339 a.C.

Este crimen sumió a Macedonia en la anarquía durante dos años. Luego la corona recayó en un sobrino de Perdicas II, hijo de su hermano Filipo y primo hermano de Arquelao, el rey Amintas II (398-369 a.C.), del que ahora tenemos que hablar. Este monarca presenta, en efecto, tres particularidades que merecen que se le haga un sitio aparte en este desfile de reyes macedonios: en primer lugar, sometió al turbulento pueblo montañés de los lincéstidas (en el oeste de Macedonia, hacia la actual Albania); en segundo lugar, se casó con la hija de uno de los jefes de ese pueblo, llamada Eurídice, que resultó ser una conspiradora sanguinaria; por último, de ese matrimonio nacieron cuatro hijos, una mujer cuyo nombre no nos ha llegado, y tres varones, que reinaron uno tras otro: Alejandro II (369-367 a.C.); Perdicas III (365-359 a.C.) tras dos años de anarquía debidos a las intrigas del usurpador Pausanias; y finalmente, Filipo II de Macedonia (nacido en 382 a.C., rey de 356 a 336 a.C.), padre de Alejandro Magno, que por lo tanto era lincéstida por parte de madre y macedonio por parte de padre.

En cuanto a la hija de Perdicas II, se casó con un tal Ptolomeo, que también resultaba ser amante de su madre Eurídice; cuando el rey Amintas murió en 369 a.C., la corona recayó, como se ha dicho, en Alejandro II, y Eurídice proyectó matar a su hijo para recuperar el trono, en provecho de su amante. Ptolomeo se encargó de hacer realidad este proyecto: invitó a Alejandro II a asistir a una danza guerrera, que debía realizar él mismo con los hombres de su guardia, y en el momento álgido de la danza, cuando Alejandro II sólo prestaba atención a los danzantes, Ptolomeo se abalanzó sobre el joven rey y lo mató. Pero los bienes mal adquiridos nunca aprovechan: Ptolomeo no pudo apoderarse de la corona, que un tal Pausanias, apoyado por una camarilla militar, quería usurpar. Eurídice pidió el arbitraje de Atenas, que envió a Pela a un militar, el estratego Ifícrates; éste zanjó la querella sucesoria: Perdicas III sucedería a su hermano (reinó de 365 a 359 a.C.) y, a su muerte, la corona correspondería a su hijo Amintas, tercero de ese nombre.

2. *Filipo II de Macedonia*

El destino de los tres hijos de Amintas II y Eurídice tiene algo de contradictorio. El de los dos mayores, Alejandro II (que reinó dos años) y Perdicas III (que reinó seis), traduce el fin de la Macedonia tradicional, la de los campesinos belicosos, grandes cazadores y bebedores, semibárbaros y semigriegos, y la de los señores feudales que desfilaban por Pela, la nueva capital, imitando a los atenienses de antaño. El reinado del menor, Filipo II, que por lo demás no estaba destinado a reinar, según el arbitraje de Ifícrates, inaugurará la era de la Macedonia triunfante, que pondrá a toda Grecia a sus pies.

Alejandro II se puso las botas de su padre recuperando el proyecto que éste había forjado de conquistar la vecina Tesalia. Empezó apoderándose de sus dos ciudades más importantes, Larisa y Cranón; pero los tesalios habían llamado en su ayuda a Tebas, la ciudad griega que, después de haber derrotado a los espartanos y los atenienses —gracias a los talentos de su estratego, el general Pelópidas—, se había convertido en líder del mundo griego: los macedonios fueron expulsados de Tesalia y, a su vuelta, Alejandro II fue asesinado en las circunstancias que más arriba se han contado, por orden de su madre, que quería instalar a su amante Ptolomeo sobre el trono de Macedonia. Se sabe que ese proyecto no pudo cumplirse: Ptolomeo hubo de contentarse con ser regente de Macedonia hasta la mayoría de Perdicas III.

Cuando este último hubo alcanzado la edad de veinte años (en 365 a.C.), reivindicó la corona paterna, Ptolomeo se negó a dejar sus funciones de regente, y Perdicas III, utilizando el viejo método macedonio, mandó asesinarlo, matando así dos pájaros de un tiro: recuperaba su corona y vengaba la muerte de su hermano. Pero ahí detuvo su «macedonismo», porque en la corte de Pela empezaban a helenizarse. Eurídice había aprendido a leer y a escribir (el griego) durante su viudez, y Perdicas III, que había tenido preceptores griegos en su infancia, era aficionado a la geometría y la filosofía. Una vez rey, hizo ir a Pela a un discípulo de Platón, Eufraios de Oreos, y sus compañeros solían decir que el mejor modo de obtener los favores del soberano era ir a hablarle de geometría. Este monarca filósofo murió joven (a los veintiséis años): los ilirios y los lincéstidas, ese pueblo de montañeses al que pertenecía su madre Eurídice, se agitaban en el oeste de Macedonia, y Perdicas III hubo de salir en campaña contra ellos. La primera gran batalla que libró contra estos rebeldes fue un desastre: peor guerrero que geómetra, Perdicas pereció en ella, con 4.000 de los suyos, en el año 359 a.C., a menos que fuera asesinado por instigación de Eurídice.

Amintas, hijo suyo, era todavía menor y Macedonia se encontraba en gran peligro. La parte occidental del país se encontraba invadida por los ilirios; en el norte poblaciones poco civilizadas, que hasta entonces habían vivido en silencio, empezaban a manifestar deseos de independencia; en el este, los tracios se volvían amenazadores y las regiones costeras, a treinta kilómetros de Pela, eran codiciadas por Atenas, que por fin había comprendido que en Grecia había que dedicarse a los negocios y no a la guerra, y por una recién llegada al concierto de las naciones griegas, la ciudad de Olinto.

Fue entonces cuando apareció el salvador de Macedonia en la persona de Filipo, tercer hijo de Eurídice, que a la muerte de su hermano en 359 a.C., tenía aproximadamente veintitrés años.

Cuando Alejandro II, el mayor de los tres hijos de Amintas II, había subido al trono de Macedonia diez años antes, deseoso de manifestar sus intenciones pacíficas respecto a los ilirios, les había enviado en calidad de rehén a su hermano menor, Filipo, como era costumbre en la Antigüedad cuando un Estado quería mantener relaciones de paz con otro Estado. Pero como se sabe, Alejandro II fue asesinado en 367 a.C. por Ptolomeo, el intrigante amante de su madre, y ésta, una vez regente, hizo volver a Filipo a Pela y luego lo exilió a Tebas, como rehén de esta ciudad. El joven debía permanecer allí cerca de tres años y regresó a Macedonia en 365 a.C.: tenía entonces unos dieciocho años.

Filipo, como todos los jóvenes aristócratas macedonios, despreciaba un poco la cultura tebana. En Pela estaba de moda admirar todo lo que venía de Atenas y sólo de Atenas: la Beocia, cuya capital era Tebas, tenía una pésima reputación en materia cultural, y el adjetivo «beocio» era el que se empleaba en la patria de Platón, de Aristófanes y Demóstenes para calificar a una persona inculta y pesada de mente. Sin embargo, si en materia de finura de ingenio, de elegancia y galantería los tebanos no tenían nada que echar en cara al joven príncipe de Macedonia, tenían muchas cosas que enseñarle en el plano militar, y Filipo tuvo la suerte de darse cuenta.

En Tebas vivía con la familia del famoso general Epaminondas (hacia 418-362 a.C.), que se había distinguido en la batalla de Mantinea, en 385 a.C., al lado de los espartanos, y más todavía en la de Leuctra (371 a.C.) contra esos mismos espartanos, convertidos en enemigos de Tebas. Ese día, Epaminondas había empleado una nueva estrategia que había llenado de admiración a toda Grecia: en contra de la estrategia tradicional, había concentrado lo más fuerte de sus tropas en el ala izquierda, las había dispuesto en profundidad y, con esta formación, marchó contra el ala derecha adversaria, que fue aplastada por este ataque masivo. El ejército espartano se dio a la fuga, dejando 400 muertos en el campo de batalla, entre ellos Cleombrotos, rey de Esparta. Además, Epaminondas era amigo íntimo de otro general tebano, Pelópidas: es fácil imaginar cuánto podía apasionarse el joven Filipo por las conversaciones de los dos hombres, cuya amistad era tal que prácticamente nunca se separaban. No podía pedir mejores maestros, y a su lado Filipo recibió lecciones de política y ciencia militar que nunca olvidaría.

Mientras tanto, el asesinato político, ese acelerador privilegiado de la historia macedonia, seguía su camino. Perdicas III había sacudido el insoportable fardo que representaba la tutela que sufría de parte de su madre y de Ptolomeo: éste fue asesinado (no se sabe si por Perdicas o por Eurídice), y Eurídice, la furia, temiendo correr el mismo destino, huyó a ejercer sus talentos en las montañas natales, entre los lincéstidas. La calma reinó de nuevo en el palacio real, Perdicas III hizo regresar a los poetas y los oradores griegos que tanto gustaban a su padre y Filipo fue autorizado por los tebanos a volver a Pela y apoyar a su hermano.

Cuando en el año 365 a.C. llegó el adolescente que dos años antes había partido hacia Tebas, se había convertido en un joven atlético, entusiasta hasta el exceso, impregnado de cultura ateniense, lo que le valía la admiración de los aristócratas de Pela, pero sobre todo razonando sobre los asuntos de la guerra como nadie, lo que le valía la estima de los oficiales macedonios. A fin de preparar a su hermano, destinado a sucederle un día, en el arte de administrar, Perdicas III le confió el gobierno de una provincia; la carrera de Filipo estaba ahora trazada: antiguo alumno de Epaminondas, se convertiría en jefe del ejército macedonio y, a la muerte de su hermano, sucedería a su joven sobrino en el trono. Para este destino se preparó, entre 365 y 359 a.C., yendo y viniendo entre la provincia montañosa que le habían dado para gobernar y Pela, la brillante capital de Macedonia.

En la cerrada sociedad de Pela, Filipo era un personaje fuera de lo común: galante con las mujeres, rudo con los hombres, persuasivo con los políticos, encantador y pérfido a la vez, inmoderado tanto en sus placeres como en el trabajo o el combate, tragón más que comedor, borracho inveterado más que bebedor, mujeriego más que enamorado. En resumen, como se diría en nuestros días, era toda «una naturaleza», y luego lo demostró sobradamente. Pero también sabía adormecer la desconfianza de sus rivales y sus adversarios alabándolos, o colmándolos de regalos, sin dudar en emplear la corrupción cuando no bastaba la fuerza y en traicionar al más débil por el más fuerte cuando su interés le empujaba a ello. Dicho en otros términos, tal vez fuese una naturaleza, pero una naturaleza cuyo axioma político y moral era que el fin justifica los medios: el macedonio Filipo II era todo lo contrario del bueno de Sócrates o el ateniense Platón, era un Bismarck *avant la lettre.*

No tardaría en demostrarlo. En efecto, su terrible madre seguía su carrera de conspiradora. En 359 a.C. Eurídice había conseguido sublevar a las tribus de los lincéstidas contra su hijo el rey, que partió para pacificar su provincia. La expedición costó la vida a Perdicas III. La carrera de Filipo iba precisándose: el hijo de Perdicas III era demasiado joven para reinar; había que nombrar un regente o poner de oficio a otro rey en el trono. Los pretendientes eran numerosos, apoyados unos por Tebas, otros por Atenas e incluso por los persas. Filipo había comprendido que había llegado su hora, y se dirigió desde su provincia hacia Pela al frente del pequeño ejército que había formado en calidad de gobernador de provincia: no tuvo necesidad de luchar, porque los macedonios, despreciando a los demás pretendientes, le ofrecieron no el trono sino la regencia. La historia de Macedonia estaba a punto de cambiar: iba a convertirse en la historia del mundo.

Durante los años en que concienzudamente había encarnado el papel de gobernador de provincia, Filipo (mientras se iniciaba en las alegrías de la administración de las poblaciones) había reflexionado a conciencia en lo que le faltaba a Macedonia para ser una gran potencia. Había quedado muy impresionado por el orden que reinaba en el estado tebano y que contrastaba con la indisciplina de las provincias macedonias y las intrigas permanentes de Pela. Al lado de Epaminondas y de Pelópidas, había comprendido que en aquellos tiempos dominados por la guerra la fuerza principal de un Estado era su ejército, y que la fuerza principal de los ejércitos era la disciplina y una buena organización. De ahí que concentrase sus esfuerzos en los asuntos militares y, del mismo modo que Epaminondas había sabido innovar en el terreno de la táctica, Filipo innovó en lo que hoy en día podría llamarse logística militar. Lo probó en su provincia, ahora iba a poder transformar el estado macedonio, empezando por reorganizar el ejército.

La novedad fundamental del ejército macedonio fue convertirse en un ejército permanente y nacional, a diferencia de los ejércitos griegos que, salvo Esparta, no eran más que milicias convocadas en caso de guerra.

Con ese objetivo, dividió Macedonia en doce circunscripciones militares, cada una de las cuales correspondía poco más o menos a regiones provinciales y debía suministrar una unidad de caballería, una unidad de infantería pesada (hoplitas) y una unidad de infantería ligera; las unidades llevaban el nombre de la región en que se habían criado. A ese ejército nacional se añadían contingentes de mercenarios y eventuales aliados.

Dicho ejército, compuesto en esencia por más de 20.000 infantes y unos 5.000 jinetes, siempre disponible, era sometido a un entrenamiento incesante: gimnasia, marchas hasta cincuenta kilómetros diarios con traje de campaña, llevando consigo cada hombre una ración de harina para un mes, entrenamiento con armas, etc. Filipo vigilaba en persona los ejercicios y exigía de todos resistencia y aplicación. Por ejemplo, un día le informaron de que uno de sus oficiales griegos tenía la costumbre de tomar baños calientes: «Entre nosotros, en Macedonia, hasta nuestras mujeres recién paridas se lavan con agua fría», le dijo con desprecio, y lo excluyó del ejército en el acto; en otra ocasión excluyó de la misma manera a dos oficiales superiores, culpables de haber introducido a una prostituta en el campamento.

A pesar de ello, era popular entre los soldados, porque participaba en sus juergas, cantaba y bailaba con ellos por la noche y en los vivaques, les organizaba carreras, competiciones de lucha y de boxeo; y muy orgulloso de su fuerza, no vacilaba en boxear o luchar él mismo con los campeones militares.

Los soldados macedonios estaban equipados con una lanza de 4,20 metros de longitud, para los asaltos, y de una espada corta para el cuerpo a cuerpo; llevaban cotas de mallas, grebas, cascos de bronce y cada hombre iba provisto de un escudo. La formación de combate era la falange: 16 filas de 256 hoplitas (es decir, 4.096 combatientes), armado cada uno con una lanza: los seis primeros sostenían sus lanzas inclinadas de forma que las de la sexta fila superasen en más de un metro el pecho de los hombres de la primera hilera. La falange era una verdadera fortaleza móvil, flanqueada en las alas por cuerpos de infantería ligera (los *peltastas*) y precedida por tiradores, arqueros y honderos. La infantería se reclutaba entre la juventud aldeana y campesina, a la que Filipo enseñó orden y disciplina. Para luchar en las llanuras del Norte, iba enmarcada por una caballería numerosa, cuyo núcleo —aproximadamente 600 jinetes— estaba formado por los nuevos señores macedonios, a saber: grandes terratenientes helenizados cuya clase social había sustituido a la antigua clase de los jefes de tribus. Estos guerreros de elite eran denominados *hetairoi* («compañeros») del rey: eran, *avant la lettre*, los *comites* (término latino que tiene el mismo sentido que la palabra griega) de los reyes francos. Criados, más que habituados, en la obediencia a las órdenes, enseñados a maniobrar en grupo en lugar de entregarse a hazañas individuales, los Compañeros de Macedonia fueron para Filipo una notable fuerza de choque. Con algunos, Filipo forma un cuerpo de jinetes especializados, los *cataphractes* («coraceros»), revestidos de una armadura de hierro, algo así como los caballeros de la Edad Media.

Las guerras para las que se preparaba Filipo eran guerras griegas, es decir, contra ciudades dotadas de murallas y fortificaciones. Por lo tanto, en su ejército debía tener artilleros e ingenieros o constructores de máquinas de asedio, que reclutó principalmente entre los tracios, famosos en esa especialidad (las máquinas eran desconocidas por los griegos, a los que aterrorizaban). El nombre del ingeniero tesalio que enseñó a los artilleros de Filipo a utilizar la catapulta, inventada por los siracusanos y que lo mismo lanzaba dardos que obuses de piedra o bolas de plomo, merece ser tenido en cuenta: se llamaba Polyeidos.

A lo largo de la historia de la humanidad nunca se ha podido hacer la guerra sin el nervio de la misma: al futuro rey de Macedonia no le faltaba, gracias a las minas de oro de Tracia (Filipo se aseguró el control del macizo aurífero del Pangeo en 357-356 a.C.), que le permitiría acuñar tantas piezas de oro como necesitaba, con las que no sólo pagaba los salarios de sus soldados y sus oficiales, sino que también le servían para comprar las conciencias, los traidores y los asesinos a sueldo.

Al frente de un Estado relativamente extenso, fuertemente centralizado, con recursos en oro y plata inagotables en apariencia, con un ejército nuevo formado por 30.000 hombres bien entrenados (o incluso más si era necesario), organizado como ningún otro ejército en el mundo lo había estado nunca, Filipo se hallaba en condiciones de enfrentarse a un mundo griego dividido, empobrecido, de armas extravagantes y, sobre todo, sin ningún ardor militar. Pero antes tenía que apoderarse de la corona de Macedonia.

El joven regente empezó librándose de sus rivales, es decir, de los cinco o seis pretendientes serios a la corona de Macedonia, entre los que se encontraba su hermanastro Arquelao. Hizo matar a unos (entre ellos al propio Arquelao), compró a otros, y en el año 358 a.C. ya no existían pretendientes; sin embargo, se contentó con el título de regente, y luego, a partir de 357 a.C., empezó a hacerse llamar «rey», título que se hizo oficial en 356 a.C.

Con la energía feroz de un bárbaro y el espíritu metódico de un griego, Filipo II llevará a cabo las diferentes fases de un plan que, *a posteriori*, puede denominarse de unificación y extensión de Macedonia. Cabe resumirlo así: en primer lugar hacer de Macedonia un estado civilizado, comparable a los estados griegos, es decir, un estado en que es la ley, y no la fuerza, la que regula las relaciones entre los individuos (¡siempre que no se trate del rey!); en segundo lugar unificar el conjunto geopolítico que constituyen Macedonia, Tracia e Iliria, es decir, a grandes rasgos, la parte de los Balcanes que se extiende al norte de la Grecia del mar Adriático hasta el mar Negro, región por lo demás relativamente poco poblada, pero cuyos habitantes todavía se encuentran en un estadio primitivo de civilización; en tercer lugar extender Macedonia hasta sus límites naturales, que son las costas de Calcídica y de Tracia sobre el Egeo hasta los Dardanelos y, por el oeste, los macizos montañosos que la separan del Epiro; por último reunir bajo su autoridad a los pueblos griegos, incluidos los más poderosos, como los de Tebas, Atenas u Olinto, que se desgarran entre sí en luchas infinitas, con vistas a dirigir una expedición a Asia contra los persas, cuyo expansionismo hacia el Asia Menor amenaza con resurgir, dadas las divisiones y el debilitamiento del mundo helénico.

El designio de Filipo no era el de un conquistador destructor; se trataba de un plan, sin duda utópico, de unificación de una región del mundo en cuyo seno se encontraba su patria, Macedonia, y esto requería tiempo. Pero hay que subrayar que había nacido hacia el año 382 a.C. y que en 358 a.C. no tiene más que veinticuatro años: sueña sin duda, pero tiene derecho a soñar, y lo que más debe sorprendernos es que este joven, cuya infancia fue la de un bárbaro, que no recibió ninguna educación —salvo la que constituía el ejemplo de Epaminondas—, ninguna enseñanza, razona así, tiene ese sueño y se procura los medios para realizarlo, organizando el ejército que hemos descrito y fijándose etapas relativamente realistas: desarrollar un poderoso ejército como nunca se había visto igual en el mundo griego; imponer a su pueblo la obligación de inclinarse ante la civilización intelectual superior de los griegos (superior no por naturaleza, sino porque ha tenido tiempo para conseguirlo); asegurarse los medios financieros necesarios, apoderándose para ello, primero y ante todo, de las minas de oro del macizo del Pangeo, en Tracia: unificar su propio país, imponiendo a las tribus montañesas la autoridad de la capital (esta unificación había sido facilitada por la creación de un ejército nacional permanente).

Filipo tardó veintiún años en realizar su plan, al que desde el principio se opuso Atenas por razones fáciles de suponer. La derrota de 404 a.C. ante Esparta estaba olvidada, los negocios habían reanudado su marcha habitual, las naves atenienses surcaban de nuevo el mar Egeo y el mar Mediterráneo, y en los medios políticos atenienses volvía a hablarse de reconstituir la difunta Confederación marítima de Delos; los atenienses no querían por tanto hablar de unificación del mundo griego, sino bajo su égida y su autoridad: ahí había una buena razón. Además, su racismo antibárbaro estaba bien anclado en las conciencias, y no querían volver a ver al mundo griego doblar la rodilla ante un macedonio. Finalmente, en Atenas siempre hubo un partido que hoy calificaríamos de «nacionalista a ultranza», partidario de la guerra contra todo lo que pudiese atentar contra cierta idea de la civilización griega: frente a Filipo, ese partido estará representado por la voz del orador Demóstenes, que tronará, día tras día, en las famosas *Filípicas*, irguiéndose como defensor de la libertad griega y la democracia ateniense.

Pero ¿pretendía Filipo echar abajo ésta o encadenar aquélla? Considerando la envergadura de su obra, por más inconclusa que haya quedado (como veremos, fue interrumpida por su misterioso asesinato en 336 a.C.), no es fácil de creer. ¿Y era sincero Demóstenes, o seguía haciendo resonar su voz de acero hacia y contra todo y todos por simple hábito electoral? ¿Era el poseedor de una verdad política absoluta? Considerando las cualidades intelectuales y políticas de sus adversarios (Esquines, Isócrates), también resulta difícil de creer.

En nuestra opinión, en el mundo griego de ayer ocurría lo mismo que en el mundo alemán antes de Bismarck o en el mundo europeo de hoy, por sólo tomar esos dos ejemplos: troceado, dividido, prisionero de mil tradiciones locales, no era viable como tal frente a un poder como el de Persia. Y no es un azar de la historia que la capital intelectual de Occidente se haya desplazado, en un siglo, de Atenas a Alejandría: Filipo fue un constructor visionario que murió demasiado pronto.

No entraremos aquí en los detalles de las guerras de Filipo contra Atenas. Recordemos que nunca chocó frontalmente con los griegos —lo cual tendería a probar que no acudía a Grecia como conquistador— y que supo explotar hábilmente las rivalidades de las ciudades helénicas entre sí, demostrando de este modo mediante el absurdo, si puede decirse así, que ese mundo corría a su perdición por sí mismo. Apoyó primero a Olinto frente a Atenas, lo que le permitió tomar Potidea a los atenienses (julio, 356 a.C.), luego Anfípolis, Metone y Crénides, en el corazón de la región argentífera de Tracia (en 356-355 a.C.); después apoya a Atenas contra Olinto, apoderándose de esta ciudad, que vació de sus ocupantes y destruyó; penetró más tarde en Grecia, y ocupó de paso Tesalia. Se detuvo entonces en su avance conquistador (352 a.C.), que no reinició sino trece años más tarde, en 339 a.C., y marchó sobre Tebas. Los atenienses corrieron en ayuda de los tebanos, pero Esparta no se movió y los helenos fueron derrotados en Queronea (339 a.C.).

La Grecia de las ciudades había dejado de existir. Filipo estaba a punto de ejecutar la segunda parte de su plan, una expedición a Persia que debía ser, en su cabeza, la revancha de los griegos —de los que aseguraba formar parte—, sobre la guerras Médicas, cuando fue asesinado en julio de 336 a.C., en Aigai, la antigua capital de Macedonia. El telón del teatro de la historia iba a abrirse a la breve e increíble *saga* de Alejandro.

II

El hijo de Zeus-Amón
(356-344 a.C.)

Encuentro de Olimpia y de Filipo en Samotracia: el matrimonio y los presagios de la noche de bodas (octubre-noviembre de 357). — Nacimiento de Alejandro, a quien su madre considera el hijo místico de Zeus-Amón (21 de julio de 356). — Primera infancia, en Pela: su nodriza Lanice, su amigo Clito (356-354). — Filipo pierde un ojo en la batalla por Metone (invierno de 355). — Nacimiento de Cleopatra, hermana de Alejandro (354). — Filipo se apodera de las colonias griegas de la costa tracia (353). — Alejandro confiado a los pedagogos Lisímaco y Leónidas (349). — Filipo conquista la Calcídica: conversaciones entre Atenas y Filipo: las dos embajadas atenienses (349). — Guerra sagrada por Delfos, dirigida por Filipo que conquista la Fócida (346). — Bucéfalo *(344).*

1. *Nacimiento de Alejandro: las leyendas*

El primer año de la 106ª Olimpiada (356 a.C.), en el sexto día del mes que los macedonios llamaban *Panemos* y los griegos *Ekatombaion* (es decir, el 21 de julio de nuestro calendario), en el palacio real de Pela, capital de Macedonia, Olimpia, hija de Neoptólemo, rey de los molosos (un pueblo griego del Epiro), y mujer de Filipo II, rey de Macedonia, daba a luz al niño que llevaba en su seno desde hacía nueve meses. Recibió el nombre de Alejandro, como su tío, el rey Alejandro III: era el tercero de este nombre en la dinastía de los Argéadas.

La noticia del nacimiento no llegó a oídos de su real padre, que guerreaba en Calcídica donde acababa de liberar Potidea del dominio de Atenas, hasta el mes de octubre, en medio de una terrible tempestad otoñal como suele haberlas en los Balcanes en esa estación, mientras los relámpagos iluminaban esporádicamente el cielo y los truenos no cesaban de retumbar. Según Plutarco, el mensajero que había llevado a Filipo la noticia de este glorioso acontecimiento tenía dos más que anunciarle: el primero que Parmenión, uno de los mejores generales macedonios, había avanzado por el país de los ilirios y les había infligido una dura derrota; el segundo que el caballo del rey había ganado la carrera de caballos sin uncir en los Juegos Olímpicos, recién inaugurados en Olimpia el 27 de septiembre. Esto suponía tres noticias felices de un golpe, y Filipo sin duda se alegró mucho. Según Plutarco, los astrólogos y los adivinos que entonces consultó aumentaron su alegría explicándole que ese hijo, cuya venida al mundo había sido acompañada por esas tres victorias (la de Potidea, la obtenida por Parmenión y la de su caballo), sería invencible en el futuro.

Poco después de este nacimiento rodeado de prodigios tan magníficos, y según otra fuente invocada por Plutarco, se sumó que el templo de Artemisa (Diana) en Éfeso, en Asia Menor, había ardido íntegramente, y que no había que extrañarse de que la diosa lo hubiese dejado consumirse porque esa noche asistía, divina comadrona, al parto de Alejandro. Pero cada cual veía las cosas a su manera: mientras los adivinos macedonios anunciaban a su rey un futuro radiante, para los sacerdotes y los adivinos de Éfeso el incendio del templo era presagio de futuras desgracias para Asia, porque aseguraba que ese día se había encendido en alguna parte del mundo una llama que un día habría de consumirla por completo.

Dejemos las supersticiones y preguntémonos por las circunstancias que presidieron la concepción del pequeño Alejandro; no para nutrir de leyendas las primeras páginas de nuestro libro, sino porque pueden aclararnos la personalidad del Conquistador.

Para ello debemos remontarnos unos años atrás y recordar la historia de la ciudad de Anfípolis (véase mapa, pág. 484). Era una ciudad de Tracia que en el mundo griego tenía una importancia estratégica incomparable: desde la época de la grandeza de Atenas era el centro de paso obligado para las exportaciones del trigo tracio hacia el Ática, y, después de las guerras del Peloponeso, había sido integrada en la Liga de Olinto, creada en 392 a.C., que unía las ciudades griegas de la región. Luego había sufrido por un tiempo la dominación espartana (en 379 a.C.), para ser tomada de nuevo por los atenienses, que posteriormente habían vuelto más o menos a perderla. En 359 a.C., Filipo ofrece la paz a Atenas, comprometiéndose a no oponerse al dominio eventual de ésta sobre Anfípolis; no obstante, en 357 a.C., rompiendo ese compromiso (nunca había sido especialmente escrupuloso en la materia y consideraba un tratado como un trozo de papel que podía rasgarse a capricho), decide apoderarse de la ciudad.

¿Por qué? Por generosidad y por cálculo al mismo tiempo. Por un lado, quería ofrecer a la ciudad la alegría de proclamar su independencia y unirse a la Liga de Olinto; por otro, sabía que las minas de oro del monte Pangeo, en la frontera tracia, no estaban lejos (se encuentran a un día de marcha de Anfípolis) y que necesitaría ese oro para alimentar su esfuerzo de guerra con vistas a la unificación del mundo griego bajo su dominación.

Ese mismo año —tiene entonces algo más de veinticuatro años, hay que subrayarlo—, el rey Filipo decide hacer una visita a la isla de Samotracia, a un día de navegación de Anfípolis. Se ignoran los motivos de esa excursión: ¿inspección de los alrededores marítimos de su dominio de influencia? ¿Turismo? ¿Curiosidad religiosa? No lo sabemos, pero la personalidad de Filipo, descrita por todos los autores como materialista y supersticiosa al mismo tiempo, tal vez nos permita inclinarnos por este último motivo.

En efecto, Samotracia era la sede del principal santuario dedicado al culto secreto de los cabires, las divinidades protectoras de los navegantes y de la navegación, culto cuyos ritos eran secretos, pero de los que se sabía vagamente que incluían elementos orgiásticos y que los iniciados de ambos sexos que participaban en ellos quedaban absueltos de sus faltas pasadas, aunque fuesen crímenes. Así pues, tenemos a Filipo en Samotracia y (aquí Plutarco es nuestra única fuente) en esa ciudad encuentra a «una niña huérfana» llamada Olimpia: su padre, Neoptólemo, había sido rey de Epiro y se decía descendiente de Éaco, hijo de Zeus y de la ninfa Egina.

Hay que insistir mucho en estas genealogías mitológicas que tanto gustaban a los antiguos griegos: eran el equivalente de los futuros cuarteles de nobleza de las grandes casas soberanas europeas y desempeñaban un papel análogo en la sociedad helénica. Las estirpes a que pertenecían Olimpia y Filipo se remontaban ambas a Zeus, la de Olimpia por Éaco, la de Filipo por Heracles.

¿Qué hacía la hija del rey de Epiro en Samotracia, tan lejos del palacio real de Dodona donde había sido educada? Plutarco nos dice que las mujeres epirotas se entregaban, desde los tiempos más antiguos, a los ritos orgiásticos de Orfeo y de Dioniso y que participaban llenas de ardor en esas ceremonias místico-sexuales, tan apreciadas por las mujeres de Tracia; añade incluso, a propósito de Olimpia (sin decirnos sus fuentes):

> Olimpia amaba estas inspiraciones y esos furores divinos, y los practicaba más bárbara y espantosamente que las demás mujeres, en esas danzas atraía a ella grandes serpientes, que se deslizaban con frecuencia entre las hiedras, con que las mujeres están cubiertas en tales ceremonias, y sacaban de los cestillos sagrados que llevaban, se re-

torcían alrededor de sus jabalinas y sus sombreros, cosa que asustaba a los hombres más valientes.

Ahora bien, en Epiro había uno de los tres oráculos más frecuentados de Grecia, el de Dodona, consagrado a Zeus, adorado como dios de la fecundidad (los otros dos eran el oráculo de Delfos, en Fócida, dedicado a Apolo, y el de Siwah, en Egipto, consagrado al dios egipcio Amón, identificado con Zeus en toda Grecia bajo el nombre de Zeus-Amón). Interrogado por los mortales, el rey de los dioses les respondía y los sacerdotes traducían las respuestas del oráculo interpretando los ruidos de la naturaleza de los alrededores: el rumor de la brisa en el follaje de los árboles, el arrullo de los pichones, el chapoteo de los torrentes, los sonidos producidos por un jarrón de bronce que golpeaba un adolescente con un látigo de triple correa. Olimpia, en calidad de hija del rey, debía hacer frecuentes visitas e interrogarle a menudo; y, como buena bacante adoradora de Orfeo y de Dioniso que debía de ser, iba a consultar también al oráculo de Samotracia, donde conoció a Filipo de Macedonia que, según cuenta Plutarco, se enamoró inmediatamente de ella y la desposó en el acto. ¿Por qué tanta prisa? Sólo tenemos a Plutarco para respondernos... y no dice nada sobre este punto. Sin duda el gozador que era Filipo se sintió atraído por la reputación sulfurosa de esta mujer, y la pidió inmediatamente en matrimonio a su hermano, que se la concedió.

El matrimonio tuvo lugar en Dodona, evidentemente. De creer a Plutarco, la noche anterior a la de bodas de los recién casados fue muy movida: en sueños Olimpia vio al rayo penetrar en su seno, de donde salieron al punto una columna de fuego y varios torbellinos en llamas que se esparcieron alrededor, mientras que por su parte, Filipo soñaba que ponía su sello, representando un león grabado, en el vientre de su mujer. Preguntados los adivinos, interpretaron estos sueños: unos dijeron que Filipo debía tener mucho ojo con su mujer; Aristandro, el adivino oficial, que más tarde acompañaría a Alejandro en sus campañas, lo habría explicado de este modo:

> No se sella un vaso en cuyo interior no hay nada; por lo tanto, es que Olimpia está embarazada de un hijo que tendrá un corazón de león.

Según nuestro autor, esta interpretación significa que Olimpia estaba encinta antes de casarse (¿de Filipo?, ¿de Zeus...?, ¿o como secuela de una orgía dionisíaca?). También puede pensarse que el adivino lo interpretó como un sueño premonitorio que habría tenido el rey. Sea como fuere, la respuesta del onirromántico debió de dejar a Filipo tan perplejo que, sigue diciéndonos Plutarco, al observar a su mujer por una rendija de la puerta del aposento, habría visto una gran serpiente tendida a lo largo de ella y esa visión enfrió los ardores amorosos del joven esposo, que descubría un rival celeste el mismo día de sus bodas, o el día siguiente.

Así pues, Filipo envió a uno de los suyos, un tal Querón, a Delfos, a preguntar al oráculo sobre el significado de esa historia de la serpiente metida en la cama con Olimpia, y sobre lo que él debía hacer. Los sacerdotes de Apolo le respondieron que debía ofrecer cuanto antes un sacrificio a Zeus-Amón, y reverenciar a ese dios por encima de todos los demás; añadieron que sería castigado por haber puesto los ojos —de hecho un solo ojo, por la rendija de la puerta— en la intimidad de Olimpia y de Zeus-Amón. Y esta historia, que nosotros evidentemente juzgamos rocambolesca, se convirtió en Pela en la verdad oficial: el hijo que iba a nacer no era hijo de Filipo, sino de Zeus-Amón.

Unos nueve meses más tarde, Olimpia daba a luz un hijo. Se cuenta que, durante el tiempo que duró el parto, dos águilas permanecieron encaramadas sobre el techo del palacio de Pela, presagio que anunciaba, según dirán más tarde, que el niño reinaría un día sobre dos imperios.

En el destino de un ser humano no hay nada más importante que las leyendas que han acunado su más tierna infancia, por más inteligente que se vuelva. Todas ellas participan de la nebulosa que constituye su inconsciente, que determina en parte su personalidad futura. Éste fue el caso —y los historiadores quizá no lo han subrayado bastante salvo Arthur Weigall, en su *Alejandro Magno*— del hijo de Filipo II: fue educado en la creencia de que era hijo del más grande de

GENEALOGÍA MÍTICO-HISTÓRICA DE ALEJANDRO

La genealogía mitológico-histórica de Alejandro Magno, a quien la leyenda hacía descendiente de Zeus por parte de padre y de Zeus-Amón por parte de madre. Sus dos abuelos habían sido, uno rey de Macedonia, otro rey de Epiro, y su abuela materna era la cruel y sanguinaria Eurídice.

los dioses, un dios doble, egipcio-griego; que era más que un hijo de Zeus, lo que implicaban la genealogía legendaria de su padre y la de su madre, porque también era hijo del Amón egipcio, lo que le daba una superioridad indiscutible sobre todos los reyes, griegos o persas, de la historia, e incluso sobre su padre, que sólo podía invocar a Zeus como antepasado mítico.

No obstante, podría observarse que la sangre que corría por las venas de Alejandro estaba lejos de ser sangre griega. En nuestros días, semejante observación no sólo carece de interés, sino que además es odiosa; en el mundo griego del siglo IV a.C., donde la estirpe pura y antigua era signo de nobleza, donde todo lo que no era griego se consideraba «bárbaro», donde, en el interior de una misma ciudad, las grandes familias —los eupátridas— estaban en el candelero a menudo, y *a fortiori* en los estados oligárquicos o monárquicos, eran puntillosos con los casamientos de distintas clases. Considérese entonces, desde este punto de vista, la molesta situación de Alejandro. Su padre, Filipo, es un mestizo (tiene un padre griego, un argéada puro, y una madre bárbara, la lincéstida Eurídice, una iliria que ni siquiera sabía leer el griego cuando se casó con ella), y su madre, Olimpia, es una bárbara de las montañas, epirota. Para los genealogistas puntillosos, Alejandro sólo es heleno en una cuarta parte de su herencia; es un obstáculo para un futuro rey del mundo griego, que su padre Filipo trata de conquistar. Sólo podrá compensarlo recordándose continuamente a sí mismo que es el hijo místico de Zeus-Amón.

2. *Primeros años*

Al hijo de Zeus-Amón —porque Olimpia estaba segura de que el dios la había visitado y fecundado durante esa famosa noche prenupcial— le hacía falta una nodriza de noble cuna. Fue una tal Lanice, que había tenido varios hijos, uno de los cuales, Proteas, había nacido poco antes que Alejandro y que fue compañero de juegos de su primera infancia, antes de convertirse más tarde en uno de los jefes de su caballería y luego de su flota (a él confiará Alejandro la tarea de consolidar la seguridad en el mar Egeo, cuando en la primavera de 334 a.C. lleve la guerra a Asia).

Lanice también tenía un hermano, Kleitos (al que a veces se cita por la traducción latina de su nombre, Clito), apodado *el Negro*: buen caballero, arquero experto, fue el primer héroe del pequeño príncipe de Macedonia, que más tarde lo convertirá en jefe de su guardia personal (es este Clito al que matará de un golpe de *sarisa*, la larga lanza de los infantes macedonios, en una crisis de locura furiosa tras una juerga en Marcanda, la moderna Samarcanda, en el transcurso de la guerra contra los persas, durante el verano de 328 a.C.).

Durante los dos o tres primeros años de la infancia del pequeño Alejandro, Filipo apenas apareció por Pela. Ni la reina ni su hijo formaban parte de sus preocupaciones. Todos sus cuidados iban dirigidos hacia su nuevo ejército, que había creado en las condiciones evocadas más arriba (pág. 44), y con el que esperaba agrandar su reino.

El año anterior al nacimiento de su heredero había conquistado Anfípolis, a la que generosamente dejó su autonomía, aunque instalando en ella una fuerte guarnición; en los primeros meses del año 356 a.C., había tomado Pidna y, en julio, Potidea (destruyó la ciudad y dio su territorio a Olinto, su aliado frente a Atenas). Luego se había dirigido a Tracia, mientras que su mejor general, Parmenión, había vencido a los ilirios. Desde sus recientes conquistas, su reino, cuya superficie se estima en 28.000 km^2 (la de la actual Bretaña), era más vasto que cualquier otro estado griego (el más grande después del estado macedonio era Tesalia, con 15.000 km^2); era también el más poblado, vivían en él entre 600.000 y 800.000 macedonios, 200.000 de ellos hombres libres y 80.000 «señores», grandes propietarios en condiciones de equiparse por su cuenta para la guerra. El rey de Macedonia se había convertido en el soberano más poderoso de los Balcanes: sólo había un estado griego en condiciones de rivalizar con él, Atenas, cuya poderosa flota estaba intacta y gozaba de un floreciente comercio.

En julio del año 355 a.C. Alejandro entró en el segundo año de su vida. Empezaba a parlotear, pero todavía no hablaba y, como nunca había estado en presencia de su padre, que se dedicaba a guerrear en los confines septentrionales de Macedonia, no sabía decir «papá». Su entorno afectivo estaba totalmente colmado por el amor casi místico que por él sentía su madre: ¿no era, en el pensamiento de esta antigua bacante, fruto de sus amores con Zeus-Amón? Poco después de julio del año 354 a.C., llegó a Pela la noticia de que Filipo había tomado la ciudad de Metone, una colonia ateniense en la orilla occidental del golfo de Salónica, tras un asedio que había durado un año, y que había perdido un ojo en el curso de un enfrentamiento. Olimpia se conmovió sin duda al saberlo, pero no por inquietud conyugal: la predicción del oráculo de Delfos se había cumplido y aquel ojo perdido era el castigo infligido por Zeus-Amón a Filipo, culpable de haber observado por la rendija de una puerta los retozos amorosos del rey de los dioses con ella. Podemos imaginar fácilmente las ideas que surgieron en la mente de esta reina, que desde su más tierna edad vivía en una atmósfera de supersticiones y fanatismo: si Filipo era castigado, había sido desde luego Zeus-Amón, y no una vulgar serpiente, el que había compartido su cama la noche en que Alejandro había sido concebido.

Es posible que Filipo, después de haber tomado Metone, haya ido a reponerse de sus heridas a Pela y que haya sido recibido por Olimpia en cama, porque los autores antiguos cuentan que unos meses más tarde la reina de Macedonia trajo al mundo una niña, que fue llamada Cleopatra, y cuyo padre fue sin duda Filipo de Macedonia: Alejandro Magno acababa de tener una hermanita.

Luego las relaciones conyugales entre Filipo y Olimpia se simplificaron. Esta última se retiró a su papel altivo de esposa del dios Zeus-Amón y de madre del hijo de ese dios: nunca se preocupó de las numerosas amantes que pasaban entre los brazos de Filipo. En cambio, en la medida en que creía cada vez más en el destino sobrehumano que esperaba a Alejandro, hijo del rey de los dioses, se volvió verosímilmente una madre exigente, severa, devoradora: para ella no se trataba de que, al crecer el pequeño príncipe, se volviese semejante al turbulento personaje que era su padre, tan violento como impulsivo en sus inclinaciones y sus actos.

En 353 a.C. el rey de Macedonia, tuerto pero descansado, vuelve a ponerse en marcha. Reanudando su plan en el punto en que lo había dejado, en Metone, Pidna y Anfípolis se apodera de las restantes colonias atenienses de Tracia (y de sus minas de oro vecinas), a saber, Abdera y Maronea. Mientras tanto, Alejandro salía de la primera infancia, y cuando su madre celebró su sexto aniversario, su padre —treinta y dos años, tuerto y barbado—, prosiguiendo su marcha victoriosa hacia el este, franqueaba sin duda el río Hebro: el rey macedonio había llegado a unos cincuenta kilómetros del Helesponto, que lo separaba del territorio persa.

El día en que cumplió siete años, Alejandro fue separado de su nodriza, como era la costumbre, y confiado a un *paidagogos*, un «pedagogo», que debía enseñarle a leer y escribir, pero también la epopeya de los helenos, tal como la había contado Homero. Se llamaba Lisímaco: por broma, tomó la costumbre de llamar a su joven alumno «Aquiles» y a su padre el rey «Peleo» (nombre del padre de Aquiles en los poemas homéricos). Este Lisímaco gustaba más bien poco a Olimpia, que le puso bajo control de otro maestro, Leónidas, oriundo como ella de Epiro, personaje rígido y severo que creía en las virtudes del esfuerzo, de las privaciones y la moderación. Partidario de una educación «dura», llegaba incluso a abrir los arcones de vestimenta y trajes del joven príncipe para comprobar que no contenían adornos y ropas superfluas, y prohibía al joven comer el rico alimento que preparaban los cocineros de palacio.

Leónidas lo vigilaba todo, hasta los comportamientos religiosos de su alumno, como se deduce de una anécdota contada por Plutarco. Un día en que el pequeño Alejandro asistía a una ceremonia sagrada, y cuando se divertía arrojando desconsideradamente cantidades de incienso al fuego del sacrificio, el severo Leónidas le reprendió con su gruesa voz reprochándole su derroche, y el futuro conquistador del mundo aprendió la lección. Las anécdotas de este género no deben tomarse a la ligera; el hecho de que hayan sobrevivido los cuatro siglos que separan la época de Filipo y de Olimpia de aquella en que Plutarco escribía, resulta significativo: si fuesen anodinas, habrían desaparecido de la memoria de los comentaristas y los historiadores intermediarios.

Pero ¿qué pueden significar?

Hay en efecto dos maneras de contar la vida de un personaje del pasado. La primera es proceder como hace Diodoro de Sicilia, yuxtaponiendo, en orden cronológico y sin comentarios, los acontecimientos de su existencia, como anuncia él mismo al principio del libro XVII de su *Biblioteca histórica:*

> En este libro, empezaremos nuestro relato continuo de los hechos con el advenimiento de Alejandro, que tendrá por contenido las acciones de este rey hasta su muerte. Le añadiremos lo que pasó en las regiones conocidas del mundo habitado durante el mismo período.
>
> DIODORO, I, 2.

La otra forma de aproximación consiste en inspirarse en el ejemplo de Plutarco, que ante todo se interesa por el personaje al margen de sus acciones, aunque sean gloriosas, porque escribe como moralista más que como historiador, como él mismo dice en el preámbulo de su *Vida de Alejandro:*

> Es preciso que los lectores recuerden que no he aprendido a escribir de las historias, sino sólo de las vidas; y las hazañas más altas

y gloriosas no siempre son las que mejor muestran el vicio o la virtud del hombre; sino que muchas veces una cosa ligera, una palabra o un juego, saca a la luz el carácter de los personajes mucho mejor de lo que lo haría el relato de derrotas en las que hayan perecido diez mil hombres, o de grandes batallas, o de conquistas de ciudades mediante asedio o asalto...

PLUTARCO, *Vida de Alejandro*, I.

Examinemos, pues, esas migajas de información relativas a la primera infancia del Conquistador, que apasionan mucho a Plutarco y que Diodoro de Sicilia ni siquiera menciona. Lo que nos sugieren es la omnipresencia de su madre y la huella que sobre su carácter debió de dejar esa presencia, en contraste con la omniausencia de su padre.

Ahora bien, hace mucho que el psicoanálisis primero, y la psicología infantil después, han remitido a ese esquema las conductas excesivas que se encuentran en ciertos niños o adolescentes, como la agresividad, la timidez llamada «enfermiza», el autocastigo, las conductas de éxito o fracaso, conductas que tendremos ocasión de encontrar en la corta vida de Alejandro (su etilismo, sus crisis de cólera que llegaban hasta el asesinato, sus caprichos, etc.). Si añadimos a esa inicial deficiencia paterna el hecho de que creció oyendo repetir continuamente a su madre que era hijo de Zeus-Amón, hay un fondo de complejos en potencia que son suficientes para explicar las asperezas e irracionalidades de su biografía.

En 349 a.C. Filipo, que ya había conquistado buen número de colonias griegas de Calcídica y de Tracia, decidió que era el momento de rematar su plan de conquista de los territorios griegos (atenienses) del norte, apoderándose de toda la península Calcídica, que se extendía hacia el mar Egeo como una prolongación de Macedonia, entre las desembocaduras de los ríos Axios y Estrimón (véase el mapa, pág. 484). Así pues, atacó la principal colonia ateniense de la región, la ciudad de Olinto, antigua aliada suya, con el pretexto de que sus dos hermanastros, que habían intrigado contra él en Pela, se habían refugiado en esa ciudad. No fue asunto fácil, porque Olinto había conseguido una promesa de ayuda militar del gobierno ateniense y, en espera del cumplimiento de esa promesa, resistía frente a los macedonios con la energía de la desesperación. Atenas cumplió su promesa, pero no se comprometió a fondo en la lucha y Olinto cayó en agosto del año 348 a.C., después de que Filipo hubiese comprado a sus defensores con el oro de las minas del monte Pangeo. El macedonio mandó ejecutar a sus dos enemigos que se habían refugiado allí, la ciudad fue arrasada de arriba abajo y sus habitantes, vendidos unos como esclavos u obligados a trabajos forzados en los dominios de Filipo, otros deportados a lejanas colonias atenienses: sólo un pequeño número pudo escapar y refugiarse en Atenas. Una buena parte de la Calcídica fue dividida en dominios que se repartieron, con sus poblaciones sometidas, entre los grandes señores de Macedonia: Filipo inauguraba así una especie de sistema feudal, que volveremos a encontrar, con otras finalidades y a propósito de territorios mucho mayores (y además con la caballería), en la Europa franca de la Edad Media.

La caída de Olinto entrañó la de las restantes ciudades «olintias» de la península. Según Demóstenes, treinta y dos ciudades de Calcídica dejaron de existir o perdieron al menos su autonomía; fueron anexionadas a Macedonia y sus caballerías incorporadas al ejército macedonio. Filipo también hizo saber a los arcontes y los estrategos atenienses que no tenía la intención de llevar la guerra al Ática: su único objetivo, les dijo, era ser amo en su casa, tanto en sus montañas de Macedonia como en las costas de Tracia y Calcídica que eran su prolongación natural. Una vez alcanzado ese objetivo, ya no se oponía a la firma de un tratado de paz.

Así pues, Atenas envió a Pela una embajada de diez miembros, entre los que figuraban tanto partidarios del acuerdo con Macedonia, como Eubulo y Esquines, como partidarios de la resistencia a las empresas de Filipo y a la guerra, como Demóstenes. Filipo hizo a los embajadores una espléndida recepción; luego, uno tras otro, los atenienses expusieron sus puntos de vista, salvo Demóstenes, a quien una especie de crisis de nervios impidió hablar. El rey de Macedonia les declaró que no haría ninguna concesión respecto a Anfípolis y Potidea, pero que estaba dispuesto a considerar un acuerdo de alianza con el Ática.

Los embajadores regresaron a Atenas con estos mensajes de paz, acompañados por dos delegados macedonios, Antípater y el general Parmenión. Se discutieron las propuestas del rey y, a pesar de las objeciones de Demóstenes, fue el partido de la paz (Eubulo y Esquines) el que terminó venciendo. El texto sometido por Filipo fue aprobado mediante la *boulé*, luego propuesto el 16 de abril a la *ekklesia*, que lo adoptó tras una tormentosa sesión. El tratado preveía que los dos estados conservarían lo que poseyesen en el momento de la ratificación (en lenguaje claro: Macedonia conservaba Potidea, Anfípolis y la Calcídica), y se comprometían a asegurar de manera conjunta la libertad de los mares y del comercio, reprimiendo la piratería en el mar Egeo. Cinco días más tarde, los gobernantes atenienses, en nombre de los ciudadanos de Atenas, juraban respetar este tratado en presencia de los dos delegados del rey de Macedonia.

Los embajadores sólo tenían que volver a partir hacia Pela, a fin de recibir en la capital macedonia el juramento de Filipo. Pero perdieron algo de tiempo y se demoraron en el camino; mientras tanto, el rey, que aún no había jurado nada, aprovechó esa demora para rematar la conquista de Tracia hasta la península de Quersoneso, que bordea el estrecho del Helesponto (véase mapa, pág. 484). La delegación ateniense llegó a Pela a principios de julio, Filipo juró a su vez la paz a los atenienses y los embajadores regresaron a Atenas, todos muy satisfechos, salvo Demóstenes, a quien el tratado parecía desventajoso y que se negó a participar en el banquete ofrecido por la *boulé* en su honor.

Con motivo de la segunda embajada ateniense a Pela, Demóstenes habría sido presentado a Alejandro, que entonces tenía nueve años y que, según dicen, le recitó algunos versos de Homero. Más tarde, el famoso orador emitirá un juicio curioso sobre el joven príncipe: un niño pretencioso, dirá, que se las daba de sabio y pretendía poder contar el número de olas del mar, cuando ni siquiera era capaz de contar hasta cinco sin equivocarse, y que pasaba el tiempo examinando por todas partes las entrañas de los animales inmolados en los sacrificios. Es la única información, parcial y falaz (porque procede del enemigo por excelencia de los macedonios) con que contamos sobre la primera infancia de Alejandro. Tiene por lo menos el mérito, debido precisamente a esa parcialidad maliciosa, de informarnos de que el pequeño príncipe recibía una esmerada educación, que le gustaba exteriorizar sus pequeños saberes, debido a la enseñanza de Lisímaco y Leónidas, y que debían de sacrificarse ritualmente muchos pájaros en el altar del palacio de Pela donde Olimpia (mujer realmente piadosa hasta la beatería, que se las daba de maga) no dejaba de recordarle continuamente que era hijo de Zeus-Amón.

Después de la segunda embajada, los acontecimientos se precipitaron. Filipo, que consideraba que los tratados estaban hechos para ser violados, volvió a coger las armas en cuanto los embajadores partieron. En esta ocasión, sus reivindicaciones apuntaban a la Fócida, a la que sin embargo había prometido tratar con dulzura.

El asunto de la Fócida se demoraba desde hacía diez años. Concernía a la ciudad de Delfos, que era, desde los tiempos más remotos, el lugar religioso por excelencia de la Hélade. La ciudad debía su nombre y su importancia al dios Apolo, que antaño habría llegado allí en forma de delfín (*delphis,* en griego) y habría arrojado del santuario a la monstruosa serpiente hembra Pitón y a Gea, la Tierra Madre, que ya estaban allí: desde entonces, el dios hacía oráculos a través de la voz de la *pitia,* sentada en un trípode encima de una abertura dispuesta en el suelo del espacio sagrado y prohibido del templo.

Delfos estaba situado en el centro de la Fócida, en la frontera de Beocia y cerca del monte Parnaso, consagrado a Apolo. Gozaba de una autonomía total, a la vez que era sede de una confederación religiosa y política —una *amphictyonie*— que reunía a los doce pueblos de la Grecia clásica. Cada uno de ellos estaba representado por un guardián de los lugares sagrados, un *hieromemnon,* en un Consejo (el llamado *Consejo anfictiónico*) de poderes muy amplios, de acuerdo con una legislación escrita y ratificada por todos los pueblos miembros.

Pero en el año 356 a.C., los principales jefes de los focenses, pueblo que formaba parte de la anfictionía délfica, habían sido hallados culpables de un sacrilegio (se cree que habían cultivado en provecho propio tierras prohibidas), siendo condenados por ello a una fuerte multa por parte del Consejo (abril de 356 a.C.); la multa no fue pagada y el Consejo ordenó la confiscación de los territorios focenses. Esta decisión bastó para provocar la llamada «guerra sagrada» de los pueblos miembros de la anfictionía coaligados contra las ciudades de la Fócida: se transformó en guerra generalizada en la que Atenas, Esparta, Tebas y las demás ciudades intervinieron. El rey de Macedonia aprovechó la ocasión para intervenir en aquella Grecia central que tanto codiciaba, se puso de parte de Tebas y el conflicto se perpetuaba desde hacía diez años.

En 346 a.C., Filipo se sintió con fuerza suficiente para acabar con la Fócida. Nada más abandonar Pela los embajadores atenienses, felices por haber alejado el peligro macedonio a cambio de una paz que creían definitiva, Filipo tomó el camino de Delfos con su ejército el 8 de julio, por Larisa, Feres y el desfiladero de las Termópilas (ocupada por 4.000 mercenarios focenses a los que ni siquiera tuvo que combatir: le bastó con comprarlos). Como buen diplomático de mala fe que era, dirigió una carta de circunstancias a los atenienses, precisándoles que la Fócida no estaba comprendida en los acuerdos que había firmado con ellos y que actuaba por cuenta del Consejo anfictiónico, incluso tuvo la osadía de invitarles a enviar un ejército que se uniría al suyo para castigar a los focenses.

Es fácil imaginar el efecto que debió de causar esta propuesta en Demóstenes, que se ahogó de rabia, pero nada podía detener ya el huracán macedonio. En dos palabras: Fócida había dejado de existir: Filipo se apoderó de sus veintitrés ciudades fortificadas, abatió sus murallas, demolió las casas y dispersó a sus habitantes en pequeñas ciudades, cada una de las cuales con un máximo de cincuenta hogares; sus aliados tebanos hicieron otro tanto con las ciudades de Beocia que habían roto su alianza con ellos, y el rey de Macedonia realizó una entrada triunfal en Delfos, en calidad de ejecutor de la sentencia del Consejo. Él, el «bárbaro» que despreciaban tantos atenienses, se convertía a ojos de toda Grecia en el restaurador de los antiguos derechos del santuario de Apolo, y entró con solemnidad en el cerradísimo círculo de jefes de la comunidad helénica. Los focenses fueron excluidos de la anfictionía y su asiento se ofreció a Filipo, que tuvo derecho, dado que era rey, a estar representado por dos *hieromemnos* a todos los honores y todas las prelaciones. La ciudad sagrada de Delfos, al tiempo que elevaba una colosal estatua al dios Apolo, erigió una estatua dorada a su *proxenos* («protector») macedonio, sobre el que recayó el honor insigne de presidir, en el mes de septiembre del año 346 a.C., las Fiestas Píticas. Todos los estados de la anfictionía délfica estaban representados en ellas, salvo dos, Esparta y Atenas, que habían comprendido, por utilizar una frase de Taylle-rand a propósito de Napoleón, que aquella gran victoria del macedonio era para el mundo griego el principio del fin.

Sin embargo, Filipo no se hacía muchas ilusiones sobre los laureles con que le habían cubierto los griegos. Tampoco se las hacía sobre su capacidad para unirse entre sí contra la amenaza que constituía el Imperio persa, que se había vuelto muy poderoso desde que la estrella de un nuevo Gran Rey se había alzado en Susa, en el año 358 a.C.: la de Artajerjes III, que trataba de resucitar el prestigio persa por la fuerza y de reconstruir la unidad del antiguo imperio de Darío I, satrapía por satrapía. Si un día ese monarca se volvía lo bastante poderoso para romper la paz de Calias que su antepasado Artajerjes I había firmado con Atenas en 449 a.C. (véase Anexo II), y para imponer a los helenos una tercera guerra Médica, Filipo no se hacía muchas ilusiones sobre el destino de aquellos aliados griegos incapaces de poner freno a sus querellas.

En cuanto al estado macedonio, desde que se había incrementado con Calcídica, Tracia, y —después de la guerra sagrada— Tesalia, representaba un bloque compacto y extenso, bien protegido por las montañas que lo circundaban por el este (las montañas de Tracia) y por el sur (el macizo del Pindo y sus prolongaciones hacia Fócida y Beocia). Para convertirlo en un bastión inexpugnable, Filipo debía asegurar todavía su dominio sobre los epirotas y los ilirios, hasta las riberas albanesas del Adriático, y sobre los tesalios: fue lo que hizo en 345-344 a.C., persiguiendo, en una incursión devastadora, a los molosos de Epiro y al rey de Iliria hasta el mar (en esta campaña recibió una herida grave en el brazo), y en 344 a.C., seduciendo a los tesalios, como cuenta su biógrafo casi contemporáneo Teopompo de Quíos (*Historias helénicas*):

> Filipo sabía que los tesalios eran gentes intemperantes y licenciosas en su manera de vivir, por lo que organizó toda suerte de diversiones, tratando por todos los medios posibles de hacerse popular

entre ellos, danzando con ellos, entregándose a orgías con ellos y revolcándose con ellos en borracheras y libertinajes».

Op. cit., VI, 9.

En ese momento, Alejandro tiene doce años de edad. Ahora es un adolescente de tez pálida y cabeza inmóvil, inmutablemente inclinada hacia la izquierda (sin duda debido a una ligera parálisis cervical), con una rojez en la cara. Plutarco nos cuenta que tenía el aliento dulce, que era impetuoso y violento en sus cóleras, pero «difícil de emocionar con los placeres del cuerpo». No sentía afición por las actividades gimnásticas, y no le gustaba el boxeo, ni los combates con palos, ni el pancracio del que tal vez le hablaba Leónidas, su preceptor. Este jovencito reservado, demasiado serio para su edad —como denotaba la maliciosa observación hecha por Demóstenes durante su estancia en Pela—, que por su cortesía y su conversación encantaba a los visitantes que acudían al palacio real de Pela en ausencia de su padre, que tocaba con delicadeza las cuerdas de su arpa, que hacía apasionadas preguntas a los viajeros sobre los países que habían atravesado, parecía ser un dulce soñador. Pero este soñador tenía ambiciones, porque en palacio no se hablaba más que de batallas ganadas o de provincias conquistadas, y cada vez que en Pela se anunciaba una nueva victoria de Filipo, decía a sus compañeros de juego: «Mi padre tomará todo, y no me dejará nada bello y magnífico que hacer y que conquistar con vosotros.»

Un día, un tratante de caballos, un tal Filonico, oriundo de Tesalia, llevó al rey Filipo, para vendérselo, un caballo llamado *Bucéfalo,* que en griego significa «Cabeza de buey»: quería trece talentos (una suma enorme, equivalente a más de veinticinco millones de nuestras pesetas actuales). Era un corcel negro, con una mancha blanca sobre la frente y, en el costado, una marca con forma de cabeza de buey (al menos, según los cuentistas medievales...): Plutarco no menciona estos detalles en la anécdota que cuenta sobre él:

Ellos [Filipo y el tratante] bajaron al llano en una bella carrera para probarlo. El animal resultó tan repropio y feroz que los escuderos decían que nunca podría sacarse nada de él, porque no soportaba la monta, ni la voz ni la palabra de los señores que estaban alrededor de Filipo: se encabritaba ante ellos, hasta el punto de que Filipo se desinteresó y ordenó que se llevasen a aquel animal viciado y salvaje, sin ninguna utilidad. Es lo que habrían hecho los escuderos si Alejandro, que estaba presente, no hubiese dicho: «¡Dioses! ¡Qué caballo pierden, por no saber utilizarlo, por falta de habilidad o de valor!» Cuando Filipo oyó estas palabras, no hizo al principio nada, pero cuando Alejandro se iba, repitiéndolas entre dientes en varias ocasiones, demostrando que estaba muy decepcionado y despechado de que no comprasen el caballo, le dijo finalmente: «Criticas a gentes de más edad que tú y que tienen más experiencia que tú, como si supieses más que ellos y como si supieses mejor que ellos lo que había que hacer para montar y guiar un caballo.» Alejandro respondió a su padre: «Por lo menos, lo guiaría mejor de lo que ellos hacen.» Filipo replicó: «Y si no lo consigues, ¿qué multa propones pagar como precio de tu temeridad?» A lo que Alejandro respondió: «Tanto como valga el caballo.» Todos se echaron a reír ante aquella réplica y ése fue el envite de la apuesta entre padre e hijo.

Alejandro corrió pues hacia el animal, lo tomó de la brida y le volvió la cabeza hacia el sol, tras haberse dado cuenta, en mi opinión, de que al caballo lo asustaba su sombra, que caía y se movía delante de él a medida que se agitaba. Luego Alejandro, acariciándole un poco con la voz y con la mano, mientras lo vio resoplando y soplando de cólera, dejó por último deslizar suavemente su clámide al suelo y, con un ligero salto, se lanzó sobre su lomo sin ningún peligro, y manteniéndolo un poco rígida la brida sin pegarle ni forzarle, terminó por dominarlo; luego, cuando vio que su montura había soltado todo su fuego de despecho y no pedía otra cosa que correr, tascó las riendas, ordenándole con una voz más áspera que de costumbre y aguijoneándolo con los pies. Desde el principio Filipo le contemplaba angustiado, temiendo que se hiciese daño aunque sin decir una palabra; pero cuando le vio volver grupas hábilmente al final de la carrera y traer el caballo, muy orgulloso de haber vencido, todos los espectadores expresaron su admiración; en cuanto a su padre, según dicen, las lágrimas le vinieron a los ojos de alegría, y cuando Alejandro hubo descendido del caballo, le dijo besándole en la frente: «Oh, hijo mío, tienes que buscar un reino que sea digno de ti, porque Macedonia no puede bastarte.»

PLUTARCO, *Vida de Alejandro*, IX.

A partir de ese momento, las relaciones entre padre e hijo se transformaron. Filipo descubrió que el joven príncipe tenía una personalidad fuerte, que no se conseguiría nada de él forzándole o amenazándole, pero que era sensible a los argumentos de la razón. Se sintió feliz al darse cuenta de que, a pesar de su fragilidad aparente, su hijo no carecía de resistencia ni astucia, y que su paso era sorprendentemente rápido. Pero Alejandro tenía una cosa molesta en sus relaciones con los adultos: era inclinado a la crítica y, como había observado Demóstenes, a considerarse más sabio que sus mayores. Por otro lado, el luchador que era Filipo tenía tendencia a burlarse de la afición de Alejandro por la poesía o la música (tocaba el arpa) y le hacía rabiar apodándole «el enamorado de Homero».

El rey veía en estos aspectos tiernos y un tanto afeminados del carácter de Alejandro la influencia nefasta de su madre, Olimpia la mística y la devoradora, y la de Leónidas, el austero preceptor que educaba al príncipe como a un futuro sacerdote, cuando había que educarlo como a un futuro rey y un futuro guerrero. Era urgente que las cosas cambiasen y que aquel muchacho de trece años, que sabía domar un caballo como lo había hecho y discutir con empecinamiento sobre aquello de lo que estaba seguro, recibiese una verdadera educación de rey: para ello, le escogió el rey de los educadores en la persona de Aristóteles.

III

El *padre rival*

(343-336 *a.*C.)

Aristóteles en Pela (343). — Alejandro descubre a Homero (343-342). — Maniobras de Artajerjes, que trata de inmiscuirse en el conflicto entre Atenas y Macedonia (primavera del año 343). — Filipo sitia Bizancio; Alejandro, regente de Macedonia (principios de 340). — Alejandro combate a los medos rebelados contra Macedonia (primavera de 340). — Macedonia contra Atenas y sus aliados (octubre de 340-abril de 338). — Filipo encargado por Delfos de castigar a la ciudad de Anfisa (primavera de 339). — Reacción de Atenas y Tebas, guerra contra Filipo que ocupa la posición estratégica de Elatea (octubre de 339). — Batalla de Queronea (2 de abril de 338). — Paz de Démades con Atenas (verano de 338). — Alejandro festeja sus dieciocho años en Atenas (julio de 338). — Filipo de vuelta; conflicto conyugal (primavera de 337). — Matrimonio de Filipo y Cleopatra, sobrina de Átalo; escándalo: Olimpia y Alejandro huyen a Epiro (noviembre de 337). — Regreso de Alejandro y de su madre a Pela (primavera de 336).

Había en la corte del rey Amintas II, el padre de Filipo, un médico llamado Nicómaco. Pertenecía a la gran familia de los Asclepiades, que pretendía descender de Asclepio (el Esculapio de los romanos), dios de la medicina, de la que también formaba parte el famoso Hipócrates, que había vivido en Aigai, la antigua capital de Macedonia, durante el reinado de Perdicas II (455-413 a.C.).

Este Nicómaco era oriundo de Estagira, una ciudad calcídica de Tracia, no muy lejos de Pela, y tenía un hijo llamado Aristóteles, que era aproximadamente de la edad de Filipo (éste había nacido en 382 a.C.; Aristóteles dos años antes). Así pues, los dos hombres se habían conocido de niños, y lo menos que puede decirse es que, cuando en 343 a.C. el príncipe Alejandro alcanzó los trece años, ya habían triunfado en la vida. Filipo era el monarca más respetado y temido del mundo griego y Aristóteles, que entonces tenía unos cuarenta años, ya había logrado una sólida reputación de filósofo y sabio, aunque aún no hubiese fundado su propia escuela.

Su camaradería cesó en el año 367 a.C., a la muerte de Nicómaco. En esa época, Aristóteles, que tenía entonces diecisiete años, se fue a Atenas, donde entró en la Academia, la universidad que había creado Platón en el 388-387, y como ya se ha dicho (véase más arriba, pág. 41), Filipo fue enviado en calidad de rehén a Tebas. En la Academia Aristóteles se reveló como estudiante asiduo y Platón le había apodado «el lector» y «la inteligencia de la escuela», lo cual no le impedía amar también la vida y las mujeres. Tenía las piernas delgaduchas, ojos pequeños y muy móviles, debilidad por los ropajes bellos, llevaba anillos en los dedos y se rasuraba; de sus amores con la cortesana Herpílide le había nacido un hijo, al que puso el nombre de su padre, Nicómaco. En el año 356 a.C., cuando el estudiante que era empezaba a convertirse en un maestro y cuando en el seno mismo de la Academia formaba sus primeros discípulos, habría recibido de Filipo la noticia del nacimiento de Alejandro, en forma de una carta (cuya autenticidad rechaza, con razón, la crítica moderna: en 356 a.C. Aristóteles tiene veintiocho años y nada permite afirmar en ese momento que será una de las luminarias del pensamiento griego) que nos ha transmitido Aulo Gelio y que rezaba:

> Esto es para hacerte saber que acabo de tener un hijo, por lo que doy gracias a los dioses, no sólo por su nacimiento sino también porque ha nacido en tu tiempo: espero que se convierta en tu alumno y que se muestre digno de mí y de la sucesión al trono.
>
> AULO GELIO, *Noches áticas*, IX.

Después de la muerte de Platón en 347 a.C., Aristóteles fue a vivir a Misia, a la corte de su amigo Hermias, tirano de la ciudad de Atarneo, del que ciertos autores dicen que fue su favorito y otros su suegro (en tal caso, se habría casado con su hija Pitia, pero algunos pretenden que esa hija de Hermias habría sido de hecho la concubina de éste: en ambos casos, Aristóteles necesitaba del permiso del tirano de Atarneo).

Hermias, alumno de Atenas, apasionado por la filosofía y la política, había trazado el plan de liberar a todas las ciudades griegas de Asia Menor del yugo de los persas, cosa que cuando menos era utópica de su parte. Un tránsfuga griego llamado Mentor, a sueldo del gran rey Artajerjes III, atrajo al tirano de Atarneo a una emboscada, lo hizo estrangular en 344 a.C. y su cadáver fue crucificado. Este drama afligió profundamente a Aristóteles, que en tal ocasión escribió un peán fúnebre a la memoria de su amigo, así como un epigrama que fue grabado sobre su estatua:

> *El rey de los persas, violador de las divinas leyes,*
> *ha hecho morir a éste cuya imagen veis aquí.*
> *Un enemigo generoso lo hubiese vencido en leal combate,*
> *ha sido un traidor quien lo ha matado, con pérfido ardid.*

Para escapar de los sicarios de Artajerjes, Aristóteles se refugió con Pitia en la isla de Lesbos, en Mitilene, y allí seguía en el año 343 a.C. cuando Filipo lo llamó a su lado, a Pela, para que educase a su hijo. La elección del rey era juiciosa. Necesitaba para Alejandro un maestro cultivado de forma distinta que el meticuloso Lisímaco o el riguroso Leónidas, que no le arrastrase por la vía del misticismo ni el ocultismo a la que quería empujarle Olimpia, y Aristóteles ya gozaba de la reputación de ser lo que hoy llamaríamos un positivista, que quería ver y tocar las cosas antes de emitir juicios sobre ellas; además, no era un personaje austero: era elegante de aspecto y modales, aficionado a los buenos vinos y a la buena mesa, su mujer, Pitia, era hija de un rey, y así demostraba con el ejemplo que se podía ser a un tiempo un gran sabio y un hombre de mundo.

Aristóteles aceptó la invitación sin dudarlo; desde la muerte de su amigo Hermias, no tenía nada que hacer en Asia Menor, se aburría en Lesbos, y Atenas, con sus disputas intestinas, no le atraía demasiado. Además, en 343 a.C., Macedonia era el país del mundo helénico más tranquilo políticamente y más poderoso militarmente, al abrigo de las empresas del Gran Rey. Así pues, recogió sus cosas y partió sin pena hacia a Macedonia, con su mujer, sus libros y sus manuscritos.

Ya tenemos al filósofo en Pela. Sin duda no reconoció la ciudad de su juventud, de la que había salido hacía veinte años, en 367 a.C. Filipo lo recibe amistosamente y poco después de su llegada le autoriza a levantar las ruinas de Estagira, su ciudad natal: no sólo la ciudad fue reconstruida, sino que todos los estagiritas que habían sido expulsados de la ciudad o enviados a la esclavitud pudieron regresar, y Filipo mandó construir cerca de la villa, entre los olivos y los jardines, un edificio (el *Nymphaeos*), destinado a acoger a profesores y estudiantes. La enseñanza se daba allí al aire libre, a la sombra de los árboles, y en tiempos de Plutarco todavía se mostraban los asientos de piedra donde se sentaban el maestro —siempre impecablemente rasurado y tartamudeando un poco— y sus estudiantes, entre los que por supuesto estaba Alejandro y los hijos de la nobleza macedonia.

Bajo la dirección de Aristóteles, Alejandro aprendió ciencias morales y políticas, gramática, geometría, retórica y filosofía, así como ciencias naturales, medicina y astronomía. Indudablemente el Estagirita experimentó en el *Nymphaeos* y en Pela los principios de su futura pedagogía, que difundirá de manera sistemática en el Liceo, la escuela que había de crear en 335-334 a.C. en los suburbios de Atenas. Su enseñanza comportaba una clase por la mañana, dedicada a las cuestiones científicas más arduas, que él mismo denomina «acromáticas», y una clase por la tarde sobre «nociones comunes», las «exotéricas». De este modo Aristóteles favoreció el amor que el joven príncipe profesaba por Homero; él mismo había preparado una edición de la *Ilíada* (perdida en la actualidad), anotada y corregida, que ofreció a Alejandro; éste se la llevó a todas sus campañas y, por la noche, la colocaba bajo su almohada junto a su puñal (se la llamaba «la edición de la cajita»).

Alejandro parece haber tenido una elevada idea de la enseñanza de su maestro. No tanto por su contenido cuanto porque tenía la impresión de haberse vuelto, gracias a él, el depositario de un saber inaccesible al común de los mortales. Las lecciones que más tomaba eran las acromáticas, las que hay que haber oído de boca misma del Maestro para conocerlas y comprenderlas. Y cuando más tarde, estando en el confín remoto de Asia, supo que Aristóteles había publicado algunos libros, es decir, había desvelado a todos aquel saber que hacía de sus discípulos hombres fuera de lo común, le envió una carta de protesta que refiere Plutarco:

> ¡Alejandro a Aristóteles, salud!
> No has hecho bien al publicar tus libros de ciencias especulativas, porque entonces nosotros [tus discípulos] no tendremos nada que nos sitúe por encima del resto de los hombres, si lo que nos has enseñado en secreto acaba de ser publicado y comunicado a todos, y deseo que sepas que preferiría superar a los demás en inteligencia de las cosas altas y excelentes antes que en poder. Adiós.

PLUTARCO, *Vida de Alejandro*, XI.

Este «Adiós» —siempre que la carta reproducida por Plutarco no sea leyenda— marca el fin de la influencia del filósofo sobre el hombre de acción. Sin embargo, Alejandro nunca olvidó a quién le había enseñado a pensar. Siempre honró a Aristóteles, nos dice nuestro autor, como a su propio padre: «Del uno —decía—, he recibido el vivir, y del otro el bien vivir», y nunca «le salió del alma el deseo y el amor a la filosofía, que desde su infancia había dejado huella en su corazón».

No obstante, si contamos ahora esta anécdota que figura en el Seudo-Calístenes, fuente que hay que utilizar con mucha precaución, podemos pensar que Plutarco miraba por su maestro y se hacía una idea algo etérea de Alejandro. En cierta ocasión (¿cuál?, nuestra fuente no la precisa), Aristóteles preguntó a sus ricos y principescos alumnos cómo le tratarían cuando hubiesen tomado posesión de su herencia. Uno dijo: «Yo haré de modo que todos te honren y respeten, y cenarás todas las noches a mi mesa.» Otro le respondió que le convertiría en su principal consejero, pero cuando el Estagirita planteó la pregunta a Alejandro, éste se enfureció: «¿Con qué derecho me haces semejante pregunta? ¿Cómo sabré yo lo que me reserva el futuro? ¡No tienes más que esperar, y entonces lo verás!» «Buena respuesta —habría exclamado Aristóteles—. ¡Un día, Alejandro, serás realmente un gran rey!»

De todos modos, Alejandro sólo permaneció dos años bajo la tutela filosófica de Aristóteles, que debía seguir difundiendo su buena palabra en el *Nymphaeos*, a la sombra del bosque de las Ninfas, hasta 335 a.C. La razón de Estado, tal como la concebía Filipo, iba a propulsarle precozmente a la escena de la política y la guerra: el rey de Macedonia se disponía a organizar una cruzada griega contra la Persia de Artajerjes III, que ahora adelantaba sus peones en Asia Menor: el asesinato reciente de Hermias, el amigo de Aristóteles, era un ejemplo.

En efecto, en la primavera del año 343 a.C., el Gran Rey, que nunca había perdido de vista Grecia (reclutaba de forma permanente mercenarios para sus campañas en Asia y en Egipto), había decidido intervenir en la lucha entablada entre Atenas y Macedonia. Las maniobras de Filipo en Asia Menor le parecían sospechosas: el rey de Macedonia había dado asilo a varios sátrapas rebeldes, había mantenido relaciones con el tirano Hermias de Atarneo, había mandado a Aristóteles (yerno de este último) a Pela, y Tracia hervía de campamentos militares y colonias macedonias. Filipo amenazaba abiertamente en concreto las colonias atenienses del Quersoneso, península que bordeaba el estrecho del Helesponto, vía de invasión del mar

Egeo ideal para la flota persa que estacionaba en el mar Negro (véase mapa, pág. 484). Así pues, a Artajerjes le pareció prudente enviar una embajada a Atenas, la única potencia que podía intimidar a Macedonia debido a la importancia de su flota, para proponerle renovar los antiguos tratados de amistad que en el pasado había firmado con Persia. Pero la susceptibilidad de los atenienses prevaleció sobre la prudencia diplomática: al embajador persa se le respondió, muy secamente, que los atenienses mantendrían su amistad con el Gran Rey si éste no emprendía nada contra las ciudades griegas.

Filipo aprovechó de inmediato esa torpeza diplomática. Inició negociaciones con Artajerjes y concluyó con él un tratado de alianza y amistad: Macedonia se comprometía a no seguir apoyando a los adversarios del Gran Rey, que por su parte renunciaba a intervenir en Grecia. Tras este cambio de situación diplomática, sólo había un perdedor: Atenas. Sin la amenaza de un acuerdo pérsico-ateniense, Filipo ya no tenía necesidad de andarse con cuidado. Aún hubo algunas tentativas de negociación, pero los atenienses crearon una alianza antimacedónica (con la Eubea, Quíos y Rodas) y el estado de guerra volvió a instalarse una vez más entre Filipo y los aliados de Atenas, en los Balcanes y en Asia Menor. A principios del año 340 a.C., Filipo asedia Bizancio y Perinto, ciudades que sostenían en la distancia a Persia, pero no sacó otro provecho que una herida en el hombro, casi a la vista de su hijo, que asistió a su primer combate en las ruinas de Perinto.

La guerra se anunciaba larga y difícil. Filipo, que trataba de mantener intacta la fidelidad de su pueblo hacia la corona, envió al joven Alejandro a Pela para desempeñar el papel de regente. De este modo, el príncipe accedía a la edad de dieciséis años a las más altas responsabilidades del estado macedonio. Poco después, en el mes de octubre del mismo año, Atenas y sus aliados declaraban la guerra a Macedonia: la suerte estaba echada.

Iniciada oficialmente en octubre de 340 a.C., esta guerra, que debía desembocar en el fin de la Grecia de las ciudades, duró casi dos años: concluyó el 2 de abril de 338 a.C., en la llanura de Queronea, en Beocia. Durante esos dos años, Alejandro cumplió concienzudamente sus funciones de regente.

Recibió primero en Pela una embajada de Persia, enviada por el

Gran Rey, para solventar pacíficamente el problema de las colonias griegas instaladas en el mar de Mármara, la *Propóntide,* como la llamaban los antiguos. Los embajadores quedaron seducidos por aquel joven de pelo rubio, que les hacía mil preguntas sobre su país, las distancias que había entre las principales ciudades, el estado de las rutas, la personalidad de Artajerjes y sobre muchas cosas más; quedaron tan impresionados por Alejandro que luego declararon que los talentos, ya muy célebres, del rey de Macedonia no eran nada en comparación con los de su heredero.

En la primavera del año 340 a.C., el joven regente hubo de enfrentarse a una revuelta de tribus rebeldes implantadas en el alto valle del Estrimón, las de los medos (en la actual Bulgaria, entre Sofía y el Danubio). Con el entusiasmo de la adolescencia, decidió ponerse al frente en persona de una expedición de castigo en la región y, cuando le hicieron observar que era muy joven para partir a la guerra y no tenía la edad requerida para mandar un ejército, respondió con orgullo: «¡Aquiles era más joven todavía cuando partió para la guerra de Troya!»

Esta primera campaña de Alejandro se saldó con victoria: la ciudad de los medos fue tomada tras un sitio en regla, sus habitantes fueron expulsados o llevados para ser vendidos como esclavos. Imitando entonces, no a Aquiles, sino a su padre, Alejandro decidió instalar una colonia macedonia y cambiar el nombre de la ciudad para ponerle el suyo: Alejandría (*Alexandropolis*). Fue la primera ciudad que llevó su nombre. Cuando el heredero de Macedonia regresó triunfalmente a Pela, se había convertido en el ídolo de los soldados, que ya decían entre sí, a modo de broma, que Alejandro era el rey y Filipo su capitán.

Filipo no se sintió vejado, pero, temiendo que su hijo se expusiese de nuevo a peligros que un príncipe heredero no tenía derecho a correr, lo llamó a su lado y juntos regresaron a Pela. En el camino de vuelta, al atravesar el país de los medos, los macedonios fueron atacados por aquellas tribus insumisas. Durante el combate, el caballo de Filipo resultó muerto de una lanzada, que también atravesó el muslo del real jinete; Alejandro echó pie a tierra inmediatamente y cubrió el cuerpo de su padre con su escudo, hasta que fue levantado por sus soldados. La herida de Filipo no era muy grave, pero tuvo por secuela una cojera permanente, de la que el rey a veces se quejaba y que deploraba: «¿Cómo puedes, padre mío, quejarte de esa lisiadura que te recuerda a cada paso tu valor?»

La frase era generosa de parte del hijo, pero no gustó al padre que, con un ojo de menos, un omóplato fracturado y un muslo en pésimo estado perdía poco a poco prestigio en comparación con aquel jovenzuelo imberbe de cabellos de oro, que no tenía entonces más que dieciséis anos mientras él tenía cuarenta y dos, y cuando ya algunas canas empañaban el negror de su barba de guerrero macedonio.

En la familia real de Macedonia las cosas iban mal.

Desde el paso de Aristóteles por Pela y la reconstrucción de Estagira, Olimpia sentía que su hijo se le escapaba. Aquél filósofo tartamudo le había apartado de la religión, le había enseñado que los dioses del Olimpo eran personajes de cuentos para niños, que el hombre era un animal como los demás pero dotado de razón, y que sólo un razonamiento riguroso puede llevar a la verdad. Por su parte, Filipo no soportaba a su mujer y ahogaba sus preocupaciones en continuas borracheras con soldados viciosos y afeminados, hasta el punto de que no los llamaban «Compañeros del rey» (*hetairoi*), sino «compañeras» (*hetairai*). Además, coleccionaba «esposas secundarias», es decir, amantes, con las que ya tenía hijos.

Alejandro parecía indiferente a las mujeres, y su madre había llegado a temer que fuese el favorito de algún oficial. Por eso había escogido a una prostituta de Tesalia para espabilarlo, una tal Calixena, cuyos méritos eran eminentes; pero los resultados del intento habían sido decepcionantes: por más que Calixena fuese instalada por Olimpia en el aposento del príncipe, éste no se interesaba por ella, sumido como estaba en la lectura de la *Ilíada* o de algún poeta. Todos sus biógrafos antiguos, empezando por Plutarco, subrayan que llevaba hasta el apasionamiento su amor por la literatura y los grandes hechos; la preocupación por su gloria futura le obsesionaba, pues había comprendido que estaba a su alcance. A riesgo de parecer anacrónicos, diremos que se había vuelto un «joven lobo» a quien parecía que todo había de salirle bien y, si se quiere comparar su conducta con la de nuestros contemporáneos, habría que pensar más en los *golden boys* estadounidenses de los años ochenta que en un César o un Bonaparte. Quería todo, y lo quería en el acto, presintiendo que su vida podría ser breve, de suerte que, como escribe Plutarco, siempre tuvo más inclinación por la gloria y los grandes hechos que por el placer.

También Filipo estaba preocupado por la indiferencia que su hijo mostraba hacia las mujeres. Se preguntaba si era impotente o simplemente homosexual, hecho que, lo mismo en Macedonia que en Grecia, no tenía nada de escandaloso, a condición de ser «amante» (*erastos*) y no «amado» (*eromenos*). Existía incluso, en el ejército tebano, un «Batallón Sagrado» (Plutarco escribe: «la Banda Sagrada»), en el que cada soldado e incluso cada oficial tenía un amante claramente de mayor edad que él, a veces incluso un anciano. No obstante, las eternas disputas entre las ciudades griegas iban a darle ocasión de apreciar las cualidades viriles y guerreras de su hijo.

En efecto, en la primavera de 339 a.C., el Consejo anfictiónico de Delfos había condenado a los montañeses de la ciudad de Anfisa, una ciudad situada a varios kilómetros de Delfos, por haberse apropiado de unas cuantas decenas de hectáreas de tierras consagradas a Apolo y, en la sesión del mes de octubre, había encargado oficialmente a Filipo recuperarlas, *manu militari*. Para el macedonio era la ocasión ideal de restablecer su prestigio, comprometido tras sus fracasos ante Bizancio y Perinto, y de mostrar su fuerza a los tebanos y los atenienses; movilizó inmediatamente a su ejército y decidió llevar consigo a Alejandro, que entonces iba para los dieciocho años. El ejército macedonio se pone en marcha desde Pela, atraviesa Tesalia, penetra en Grecia central por el obligado desfiladero de las Termópilas y, en lugar de ir directamente contra Anfisa, que está junto a Delfos, Filipo establece su puesto de mando en Elatea, a la salida del desfiladero, ciudad considerada tradicionalmente como la llave de la Grecia central, en la ruta que lleva directamente a Tebas y luego a Atenas (a 120 kilómetros de Elatea). Luego, sin pérdida de tiempo, Filipo fortifica la ciudad y envía emisarios a Tebas, rogando a las autoridades tebanas que no se opongan al paso de sus tropas, que tienen una misión sagrada que cumplir.

No hacía falta más para desencadenar el molino de palabras antimacedonio que era Demóstenes. El fogoso orador parte de inmediato hacia Tebas, donde se encuentra en presencia de los emisarios de Filipo, y utiliza toda su elocuencia para convencer a los tebanos —en principio aliados de Macedonia— a fin de que cerrasen su país al ejército macedonio, y multiplica las promesas: Atenas pagará los gastos de la guerra, pondrá su poderosa flota a disposición de los tebanos y los beocios y les dejará incluso el mando de las fuerzas aliadas.

Durante el invierno de 339-338 a.C., los dos campamentos se preparan: Tebas y Atenas envían embajadas al Peloponeso, a Eubea y Etolia para asegurar las alianzas de las ciudades de este país en torno de Atenas y Tebas, mientras que Filipo, como buen estratega, completa la fortificación alrededor de Elatea y restaura las plazas fuertes de Fócida.

Las operaciones militares se inician a principios del verano de 338 a.C., con una estratagema de Filipo: en una carta que dirige a uno de sus generales que se han quedado en Pela —Antípater— le informa de que debe partir de inmediato para Tracia, a fin de reprimir una revuelta. Esto le obliga a renunciar a castigar a Anfisa. Se las arregla para que los habitantes de esa ciudad, que caen en la trampa, se hagan con la misiva: la guarnición de Anfisa recoge sus bártulos y se marcha a las montañas, donde Filipo, que está al acecho, destroza sus efectivos y vuelve para apoderarse de la ciudad. En Delfos exultan, aclaman al macedonio, el oráculo lanza maldiciones contra Atenas, mientras Demóstenes, con aire de suficiencia, se burla y dice a todo el que quiere oírle que la pitonisa «filipiza».

Por su parte, Filipo regresa a Elatea y trata por última vez de convencer a tebanos y atenienses de que firmen la paz. Les envía embajadas, pero es trabajo perdido: Demóstenes ha convencido a todo el mundo de que había que luchar. El rey de Macedonia se decide, muy apesadumbrado, a ir al combate: conoce sus fuerzas y sabe que va a ganar, pero respeta el pasado de Atenas y esa victoria, que no puede escapársele, le entristece y le asusta a la vez.

Ha escogido su campo de batalla. Será la llanura de Queronea, junto a la ciudad del mismo nombre, que bordea el pequeño río Cefiso. El 2 de abril, antes del alba, las fuerzas griegas (10.000 atenienses, 10.000 beocios, 5.000 mercenarios y el Batallón Sagrado de los tebanos), se sitúan a lo ancho de la llanura. El ejército macedonio (30.000 soldados de infantería y 2.000 jinetes) les hacen frente:

Filipo mandaba el ala derecha, que formaba una enorme falange, y Alejandro, para quien la batalla era su auténtico bautismo de fuego, tenía a sus órdenes la famosa caballería macedonia —los Compañeros de Macedonia— en el ala izquierda.

Los atenienses atacan fogosamente el ala derecha macedonia: Filipo da a sus oficiales la orden de retirarse despacio, mientras su ala izquierda, con Alejandro al frente, avanza, carga y desorganiza las líneas griegas: la falange, reconstruida, emprende su marcha hacia adelante y masacra literalmente a las fuerzas enemigas, que huyen en total desorden: «¡Estos atenienses —dirá Filipo— no saben cómo se ganan las batallas!»; entre los que huían estaba Demóstenes, cuyas ropas se engancharon en un matorral de espinos y que imploraba, con los brazos levantados, que le perdonasen la vida. Los atenienses dejaron mil muertos en el campo y abandonaron dos mil prisioneros: en cuanto a los beocios, también sufrieron grandes pérdidas y todos los hombres del Batallón Sagrado, amantes y amados, perecieron.

Después de la batalla, Alejandro partió para dormir en su tienda el sueño del justo, y Filipo se emborrachó con sus oficiales. Vinieron a preguntarle qué había que hacer con los miles de prisioneros, que estaban reunidos en una ciudad vecina. Entre dos eructos respondió que con los tebanos había que esperar, pero que los atenienses debían ser liberados de inmediato. Luego siguió bebiendo y, al alba, se dirigió, tambaleándose y completamente ebrio, al campo de batalla. Lloró ante los cadáveres amontonados del Batallón Sagrado, luego vagó entre los grupos de prisioneros atenienses: «¡Ah, ah! ¡Qué revancha sobre Demóstenes! ¿Os acordáis de sus discursos contra mí?»

Y se puso a recitar, escandiéndolas, golpeando con las manos y batiendo los pies, las primeras líneas de una de las *Filípicas* que el orador ateniense había pronunciado contra él. Un prisionero ateniense, el orador Démades, que había sido en la *boulé* el adversario de Demóstenes y el defensor de Filipo, cuyas teorías unificadas aprobaba, le apostrofó: «Rey, el destino te ha elegido para ser un nuevo Agamenón, ¿no te da vergüenza hacer el papel del bufón Tersites?»

Filipo se calló bruscamente. Comprendió que había superado los límites y había dado un espectáculo lamentable en presencia de aquellos atenienses, dignos y respetables, cuyos antepasados habían sido

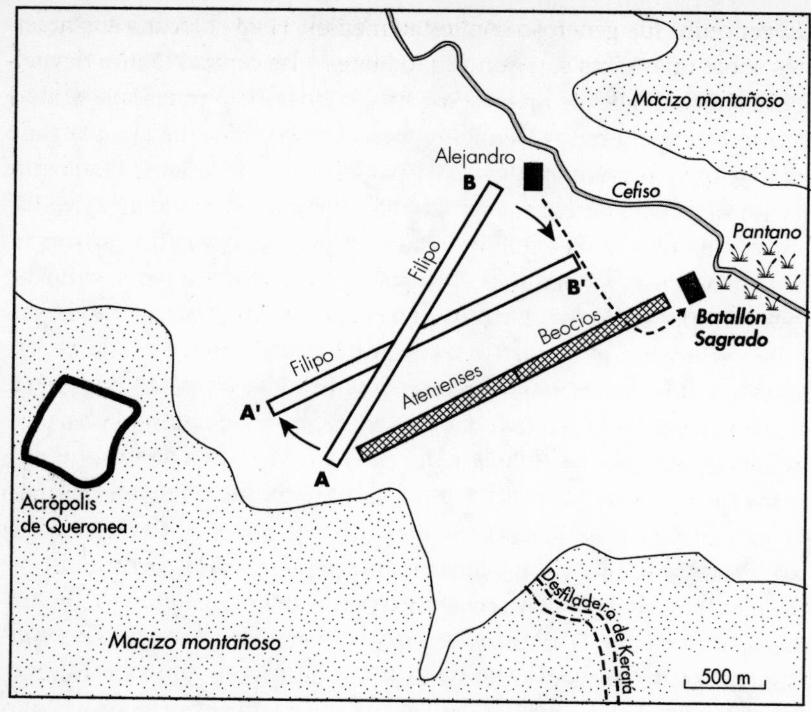

LA BATALLA DE QUERONEA

Filipo inició la acción por su ala derecha, situando la línea de sus tropas en la posición AB; incitó así el contraataque de los atenienses e hizo pivotar esa línea hasta la posición A'B', retrocediendo por la derecha de A a A' y avanzando por la izquierda. Se creó entonces un vacío en el centro, entre las líneas enemigas y la línea A'B' de las fuerzas macedonias, en la que penetró la caballería de Alejandro para cargar, mientras que la falange, avanzando, formaba la línea macedonia inicial, AB.

las glorias más hermosas de Grecia. Y se durmió, con el sueño roncador de los borrachos.

Cuando despertó, recibió a sus capitanes, que acudían para recibir a su vez las órdenes para destruir Atenas, puesto que acababa de ser vencida; Filipo les respondió: «¿Destruir Atenas? ¿Yo? Yo que he sufrido todos estos tormentos para conseguir la gloria, ¿destruiré la ciudad de todas las glorias? ¡No lo quieran los dioses!»

El vencedor fue generoso con los atenienses. Hizo colocar a sus muertos sobre unas piras con honores militares y las cenizas fueron devueltas a sus familias, los prisioneros fueron liberados inmediatamente y sin rescate y el orador Démades, también liberado, fue el encargado de llevar a sus compatriotas la buena nueva. Filipo se inclinaba ante la gloria pasada de Atenas y no tenía ninguna intención agresiva hacia la ciudad y sus habitantes, al contrario. Un comité de paz formado por atenienses (Esquines, Démades y Foción, un general ateniense que siempre había preconizado la alianza con Macedonia) y macedonios (el propio Alejandro y los generales Antípater y Alcímaco) se encargó de redactar un tratado de paz sobre bases sanas y duraderas.

El artesano de ese tratado, Démades, era un hombre de baja extracción, antiguo marinero y autodidacta, de elocuencia popular y convincente, carente de la pompa de Demóstenes, amante del lujo y los placeres, que no se preocupaba de prejuicios ni virtudes y que sólo tenía un objetivo: la paz a cualquier precio, y la paz que de ella resultaría para él y para Atenas. Los términos del tratado que, con justa razón, se llamó la «Paz de Démades» (verano del 338 a.C.) eran los siguientes: la Confederación marítima de Atenas, que ya no tenía mucho sentido, quedaba disuelta, pero la ciudad conservaba la mayor parte de sus posesiones de ultramar (sus colonias en el mar Egeo) y algunas tierras arrancadas a Beocia; ninguna tropa macedonia sería acantonada en el suelo del Ática y ningún navío de guerra sería enviado al puerto del Pireo; los dos Estados hacían juramento de una alianza recíproca.

Con los tebanos, las cosas fueron distintas. Tebas fue castigada por haber sido infiel a sus pasadas promesas. Después de enterrar a sus muertos, los prisioneros tebanos fueron vendidos como esclavos, los funcionarios de la ciudad que le habían sido hostiles fueron desterrados y sustituidos por funcionarios que habían estado en el exilio debido a sus sentimientos promacedonios, y por toda la Beocia se instalaron tropas de ocupación.

Luego Filipo hizo una gira por Grecia que se parecía a una gira de propietario: todas las ciudades hicieron acto de fidelidad al macedonio. Sólo Esparta se envolvió en su dignidad espartana y su laconismo. Cuando Filipo exigió a sus jefes que reconociesen su primacía, le respondieron:

—Si crees que tu victoria sobre los griegos te ha hecho más grande de lo que eras, ¡mide tu sombra!

—Pero ¿consentiréis en recibirme al menos en vuestra ciudad como huésped?

—No.

—¿Ni siquiera si voy con mi ejército?

—No podrás impedirnos morir por nuestra patria.

—No tendréis necesidad de morir: si consigo conquistar vuestro país, sería generoso...

—«*Sí*» —respondieron lacónicamente los espartanos.

El viaje de Filipo a Grecia duró algo menos de un año; durante el otoño de 337 a.C., el rey de Macedonia regresa, cargado de gloria, a Pela.

Alejandro no acompañó a su padre en ese crucero helénico. Festejó sus dieciocho años en Atenas, mientras se disponían a elevar una estatua en honor de Filipo en el ágora; luego volvió a Pela, donde su madre le abrió los brazos, tanto más cuanto que estaba solo, sin su padre. Tal vez Olimpia esperaba recuperarlo después de haber perdido su influencia sobre él. Pero cuando Filipo regresó a su vez a Pela, en noviembre del 337 a.C., la situación familiar se tensó de nuevo. Plutarco, como buen moralista antifeminista que era, culpa de estas disensiones al comportamiento de Olimpia:

> La disensión y los celos de las mujeres penetraron hasta separar los corazones de los reyes mismos [Filipo y Alejandro], de lo que fue causa principalmente la agria naturaleza de Olimpia, la cual, siendo mujer celosa, colérica y vengativa por naturaleza, iba irritando a Alejandro y aumentando los descontentos que tenía de su padre.
>
> PLUTARCO, *Vida de Alejandro*, XIV.

La razón más aparente de este desgarramiento familiar fue la mujer que Filipo introdujo en el palacio real: Cleopatra —sin duda la primera Cleopatra de la historia que haya hecho hablar de ella—; era sobrina de uno de sus generales llamado Átalo (*Attalos*). El rey tenía entonces cuarenta y cinco años, y se había enamorado locamente de esa joven, que debía de tener dieciocho o diecinueve y trataba de que su viejo enamorado («fuera de edad y de estación», escribe Plutarco) se casase con ella. Pero el viejo enamorado no estaba dispuesto a hacerlo. Temía sin duda la furia de Olimpia, su mujer legítima, y los reproches de su hijo; también temía sin duda algunas complicaciones dinásticas futuras. Por eso había propuesto a Cleopatra el rango de «esposa secundaria», cosa que, al parecer, era posible en Macedonia. Pero Cleopatra se negaba a ser tratada como una esposa de segunda clase. Tenía para ello buenos argumentos: era macedonia y de nacimiento noble, mientras que Olimpia era una epirota, una bárbara en resumidas cuentas; era capaz de tener hijos, mientras que Olimpia era demasiado vieja para eso.

Filipo, como cuadragenario enamorado, estaba dispuesto a todo para conservar a su Cleopatra, que le sugirió repudiar a Olimpia por infidelidad; después de todo, ¿no había reconocido abiertamente que su hijo Alejandro era hijo de Zeus-Amón, y no de Filipo? Esta historia no se sostenía, argumentaba Cleopatra: Olimpia la había inventado para camuflar un amorío regio que habría tenido con un mortal. Debió de añadir incluso, pérfidamente, que con aquella anciana bacante epirota, que no ocultaba haber participado en orgías báquicas antes de casarse con el ingenuo Filipo, todo era posible.

El rey quedó impresionado por esta argumentación, y la discutió con Alejandro. Éste, por más racionalista que se hubiese vuelto gracias a la enseñanza de Aristóteles, estaba profundamente unido a su madre y no se la imaginaba repudiada y desterrada de la corte de Pela. Invocó, con astucia, argumentos dinásticos: «Si tienes hijos con esa nueva reina —le dijo a su padre—, cuando mueras, ellos serán tus herederos legítimos y yo tu bastardo, cosa molesta para tu dinastía.» Objeción a la que Filipo replicó, sonriendo con aire significativo: «Hijo mío, cuantos más rivales tengas, más razón tendrás para superarles con tus méritos.»

Finalmente Cleopatra obtuvo la victoria en el plano íntimo y fracasó en sus proyectos políticos: Filipo repudió a su esposa Olimpia como esposa, pero conservó su rango de reina y Alejandro su condición de pretendiente legítimo.

No obstante, las cosas no salieron bien, y el destino de Alejandro vaciló. Una vez repudiada Olimpia, Filipo celebró sus nupcias con Cleopatra, que exigió una ceremonia oficial con gran pompa, a la que debían asistir la corte, los generales y el mismo Alejandro. Testigo a pesar suyo de esta humillación pública impuesta a su madre, a la que tanto quería, el príncipe, silencioso e hirviendo en una cólera contenida, debió sufrir el suplicio del inevitable festín de bodas sin decir una palabra. Pero perniciosamente el vino macedonio hacía su trabajo. Filipo y Átalo, su suegro, no tardaron en estar completamente borrachos y lo que debía suceder, sucedió. El general Átalo, titubeando y tartamudeando, propuso beber a la salud del esposo:

—Por Filipo, nuestro rey, y por el heredero legítimo que nacerá de esta unión.

A estas palabras, Alejandro sale de su silencio, salta de su lecho e increpa a Átalo:

—¡Miserable malvado! ¿Te atreves a tratarme de bastardo?

Y, cogiendo su copa llena de vino, se la lanza a la cabeza. Átalo la esquiva, se apodera de la suya y la arroja al rostro de Alejandro. Se produjo entonces un tumulto generalizado: todo el mundo se levantó, las mesas fueron derribadas, platos, cubiletes, vasos y cráteras se estrellaron en el mármol del suelo, se derramó el vino y por todas partes volaban las invectivas. De pronto se hace el silencio: Filipo, cuyo único ojo estaba inyectado de sangre, se levanta lenta y penosamente de su lecho real, saca su espada y avanza, cojeando, hacia su hijo para matarle. Nadie se atreve a interponerse. Pero el rey es traicionado por su pierna coja, resbala en el suelo mojado y se desmorona con gran estrépito, aturdido, en medio de un charco de vino tinto. Fríamente, Alejandro señala con el dedo el cuerpo tendido de su padre que se agita: «¡Ved, macedonios, ved a este hombre que habla de guiaros hasta Asia, pero que no es capaz de pasar de una mesa a otra sin derrumbarse!»

Y tras estas palabras, corre a los aposentos de su madre, la saca de la cama y, acompañado por una escolta de hombres de confianza, huye de Pela con Olimpia en la noche, en dirección a las montañas del Epiro: la conduce a casa de su hermano, Alejandro, rey de Epiro, en el seno del pueblo del que había salido.

Pasó el invierno del 337-336 a.C. Alejandro se refugió en una tribu lincéstida cuyo jefe era un tal Pleurias; Filipo, secundado por

Átalo, emprendió una desdichada expedición contra los epirotas y finalmente decidió reconciliarse con su hijo. Plutarco dice que habría sido llevado a esa solución por una idea que le habría sugerido uno de sus viejos amigos, Demarato de Corinto, que había ido a visitarle: cuando Filipo le preguntaba cómo se entendían ahora los griegos entre sí, Demarato le habría respondido: «Realmente, te va bien eso de preocuparte por la concordia entre los griegos, cuando tú has colmado tu propia casa de tan grandes querellas y de tantas disensiones.»

Estas palabras debieron de lastimar a Filipo, que habría reconocido su falta y habría enviado a Demarato a la región de los lincéstidas para convencer a Alejandro de que volviese a Pela. El príncipe aceptó la invitación de su padre, pero puso como condición que también su madre fuese autorizada a regresar a la corte y fuese tratada en ella con honor, en calidad de madre del príncipe heredero.

Filipo dio su conformidad y, en la primavera del año 336 a.C., Alejandro y su madre estaban de vuelta en el palacio real, que corría el riesgo de parecerse, progresivamente, a la corte de Tócame Roque: ¿cómo iban a poder vivir juntos, bajo un mismo techo, incluso si Filipo y Alejandro estaban sobre aviso, unas mujeres de intereses tan enfrentados como Cleopatra, Olimpia y la otra Cleopatra, la hermana de Alejandro? Para complicar aún más la situación, Cleopatra, la esposa de Filipo, estaba encinta y debía dar a luz en los meses de julio o agosto: ¿qué pasaría si el niño era un varón? Había además otros pretendientes en potencia al trono de Macedonia: Amintas, hijo del rey Perdicas III, el hermano mayor de Filipo, y Arrideo, hermanastro bastardo de Alejandro que Filipo había tenido de una de sus amantes y al que pensaba casar con la hija del rey de los carios. Los sicarios podían afilar sus puñales.

ciudades griegas en Corinto [illegible] contra el Gran Rey (primavera de 336). — El joven noble Pausanias asesina a Filipo en Egas (septiembre de 336).

IV

El *rey ha muerto, ¡viva el rey!*
(336 *a.*C.)

Advenimiento de Darío III Codomano (primavera 336). — Filipo casa a su sobrino Amintas, hijo de Perdicas III, con Cina, hija de una de sus amantes (diciembre de 336). — Pixódaro, sátrapa de Caria, ofrece la mano de su hija mayor al príncipe Arrideo, uno de los bastardos de Filipo (primavera de 336). — Filipo reúne a las ciudades griegas en Corinto con vistas a una cruzada panhelénica contra el Gran Rey (primavera de 336). — El joven noble Pausanias asesina a Filipo en Aigai (septiembre de 336).

Había algo podrido en el reino de Macedonia.

Olimpia, de regreso a Pela, no podía borrar de su memoria la humillación de que había sido víctima. Desde los aposentos a los que, como una loba, se había retirado, vigilaba las maniobras de Filipo, que la inquietaban cada día más: temía que, poco a poco, arguyendo la concepción milagrosa de Alejandro, el rey dejase de considerarlo heredero y legase la corona de Macedonia a algún otro pretendiente.

Durante el invierno de 337-336 a.C. se había producido la primera alerta: Filipo había casado a su sobrino Amintas, hijo del rey Perdicas III (al que había sucedido de manera ilegítima), con Cina, una bastarda nacida de una de sus amantes. Olimpia creyó ver esa unión como la señal del interés que sentía Filipo por el heredero presunto del trono que era su sobrino. Es entonces —según Plutarco— cuando Olimpia empezó a destilar el veneno de la calumnia y la desconfianza en el alma de Alejandro, persuadiéndole pérfidamente de que su padre sentía celos de él, de que meditaba apartarlo de la sucesión y que todo aquello podría acabar mediante un asesinato.

Hubo un asesinato en la primavera del año 336 a.C., pero fue perpetrado en Persia, en la corte del Gran Rey, y no en Pela, donde Filipo, después de haber unificado Grecia bajo su autoridad, se preparaba para realizar su gran sueño: abatir el poder del Gran Rey, con la ayuda de las ciudades griegas unidas bajo su bandera. El momento era propicio porque en Persia la autoridad de los soberanos Aqueménidas menguaba. En efecto, en el verano de 338 a.C., el eunuco Bagoas, jefe todopoderoso de la guardia real, había envenenado a

Artajerjes III y puesto en el trono a Arsés, hijo de Artajerjes; luego, sospechando que Arsés quería vengar a su padre, y fiel al principio de que en política más vale prevenir que curar, había envenenado a Arsés a principios del año 336 a.C., había hecho matar a sus hijos y ofrecido la tiara de Gran Rey a un pariente lejano de Artajerjes, Darío III Codomano.

El debilitamiento de la autoridad real comprometía, inevitablemente, la unidad del Imperio y los príncipes de las satrapías griegas de Asia Menor empezaban a volverse hacia Pela. Así fue como el sátrapa de Caria, Pixódaro, que gobernaba desde su capital, la rica y magnífica ciudad de Halicarnaso, no sólo su provincia sino también la ciudad vecina de Mileto y las grandes islas de Rodas, Cos y Quíos (véase mapa, pág. 484), se había empeñado en aliarse con Macedonia. Con ese fin, Pixódaro había enviado un embajador a Pela, para ofrecer a su hija mayor como esposa del príncipe Arrideo, uno de los bastardos de Filipo, por lo demás enfermo de idiocia mental, cosa que verosímilmente Pixódaro ignoraba (en la corte de Macedonia corría el rumor de que Olimpia le había hecho beber un veneno que le habría ablandado el cerebro cuando era joven).

Al parecer la propuesta era anodina, y Filipo, fiel a su método de los «pequeños pasos» que ya había practicado antes en Tracia, se veía dueño de la Caria sin el menor esfuerzo. Pero la sucesión al trono de Caria se hacía por la rama femenina, de suerte que el marido de la hija de Pixódaro se convertiría en sátrapa de Caria a la muerte de este último. Olimpia, con esa intuición de las mujeres celosas y las madres protectoras, olfateó inmediatamente el peligro que amenazaba a su hijo y amotinó a los amigos de Alejandro: Hárpalo (que más tarde será uno de sus generales y que, por otro lado, le traicionará), el cretense Nearco (futuro gran almirante de su flota), Ptolomeo, hijo de Lago (el futuro fundador del reino de Egipto), un macedonio de cuna humilde y algunos más.

Todos ellos convencieron a Alejandro de que la intención de Filipo era unir bajo una misma corona Macedonia y Caria, corona que corría el peligro de recaer sobre la frente de Arrideo porque el destino del trono de Caria no dependía de la voluntad de Filipo. Por lo tanto, le aconsejaron que parase el golpe, pidiendo directamente para él mismo la mano de su hija a Pixódaro, sin hablar de ello con Filipo: así Arrideo quedaría, *ipso facto,* apartado de su camino. Alejandro envió a Halicarnaso a uno de sus confidentes, el comediante Tésalo, que hizo observar a Pixódaro que en vez de entregar a su hija mayor a un bastardo de Filipo idiota de nacimiento, el sátrapa haría mejor casándola con Alejandro, hijo legítimo del rey y príncipe heredero de Macedonia, dispuesto a convertirse en su yerno.

Cuando Filipo se enteró, montó en cólera y corrió a los aposentos de su hijo.

Le hizo observar con severidad cuán indigno era de su alto nacimiento y del destino al que estaba prometido haber hecho aquella propuesta absurda al cario, que apenas era otra cosa que el esclavo de un rey bárbaro. Poco le importaba, añadió, que esa hija de esclava se casase con Arrideo: no era más que un desgraciado bastardo, que no le importaba, pero no podía admitir que se convirtiese en esposa del heredero legítimo de la corona de Macedonia.

Y con igual severidad explicó a Alejandro que era víctima de los cotilleos que corrían por los aposentos de las mujeres, de los chismes despreciables de sus compañeros y los celos e intrigas de Olimpia. A fin de acabar con las intrigas de esta camarilla, que tenía sobre el príncipe una influencia que él consideraba nefasta, envió a Nearco a Creta, exilió a Hárpalo, Ptolomeo y los demás, e hizo incluso detener a Tésalo, que se había refugiado en Corinto. Para acabar con aquella querella familiar cuya instigadora era Olimpia, Filipo ofreció su hija legítima Cleopatra, la hermana de Alejandro, que entonces tenía diecisiete años, al rey de Epiro, hermano de Olimpia (y, por lo tanto, tío de Cleopatra). El matrimonio debía tener lugar a finales del verano de 336 a.C.

Después de haber restablecido la paz entre los suyos, Filipo se dedicó seriamente a la guerra que tenía intención de hacer contra los persas. Para él debía ser una gran cruzada panhelénica contra los bárbaros asiáticos, en la que participarían, al lado de Macedonia, los demás estados griegos, unificados desde hacía poco tiempo bajo su dominio: qué mejor, pensaba, para sellar la unión de las ciudades griegas y del reino macedonio que una expedición, cruzada panhelénica, contra un Gran Rey que cada vez se volvía más amenazador que una última guerra Médica, que consagraría el triunfo del Occidente civilizado sobre el Oriente bárbaro.

La idea no era nueva. En 337 a.C., Atenas, al reconstituir en provecho propio la antigua Liga de Delos, había intentado una aventura similar, federando en torno a ella a las ciudades aliadas e imponiéndoles unas obligaciones proporcionales a sus recursos. Unos años más tarde, Demóstenes también había soñado con un Estado griego federal capaz de oponerse a los bárbaros, incluyendo entre éstos a los macedonios, entonces los más peligrosos: ¿no había proclamado, en 342 a.C., a propósito de la defensa del Quersoneso contra las empresas de Filipo?:

> ¿La guerra contra los bárbaros no es una guerra por nuestro país, por nuestra vida, por nuestras costumbres nacionales, por la libertad, en resumen por todo lo que queremos?

E Isócrates, el otro gran orador ateniense (que acababa de morir en 338 a.C.), ¿no había creído, hasta los últimos días de su vida, en una Grecia unida, cuyo jefe —nuevo Agamenón— remataría la unidad poniéndose al frente de una cruzada panhelénica contra el Gran Rey, un jefe que no sería otro que Filipo?

En los primeros días del año 336 a.C., Filipo, que había madurado largamente su plan, toca a rebato contra los bárbaros. Reúne a los representantes de las ciudades griegas y les propone una alianza para poner término al poder persa. Los acontecimientos van a precipitarse entonces.

A principios de la primavera de ese mismo año se pronuncian los juramentos y se convoca un primer congreso panhelénico (el *Synedrion)* en Corinto. Ante los diputados griegos reunidos, Filipo expone su plan de invasión de Persia: durante el verano, concentración en Macedonia de las tropas enviadas por los diferentes estados griegos (proporcionales a la población y medios de cada uno), tropas cuyo mando supremo asumirá Filipo, con el general Parmenión como lugarteniente; marcha del gran ejército a lo largo de la costa tracia hasta el Quersoneso, y paso del estrecho del Helesponto; ocupación de la Tróade por la vanguardia del ejército panhelénico, dirigido por Parmenión y por Átalo (tío de Cleopatra, la esposa «secundaria» de Filipo, a cuya cabeza Alejandro había arrojado su copa de vino durante las «bodas» de su padre); a partir de esta base, liberación progresiva de las ciudades griegas de Asia Menor bajo dominio persa; por último, travesía del territorio correspondiente a la actual Turquía y conquista del enorme imperio del Gran Rey, Darío III Codomano.

La señal de partida debía darse a finales de verano o principios del otoño, después de la celebración en Aigai, la capital histórica de Macedonia, de las bodas de Cleopatra (la hija de Filipo y Olimpia), prometida a su tío, el rey de los molosos. En la mente del macedonio estas fiestas debían ser la ocasión para conmemorar la unión sagrada de todos los helenos y había consultado solemnemente al oráculo de Delfos preguntándole si vencería al rey de los persas; por la voz de la pitonisa, Apolo le había respondido: «Mira, el Toro está coronado de guirnaldas, / su fin está cercano: el sacrificador dispuesto.»

Para Filipo, el oráculo era clarísimo: el «Toro» era Darío III Codomano, que acababa de ceñirse la tiara de Gran Rey en vísperas del verano de 336 a.C., y el sacrificador destinado a inmolarlo era, por supuesto, él mismo, Filipo, rey de Macedonia y unificador de todos los griegos. Pero el destino iba a decidir de forma muy distinta.

Para comprender la sucesión de acontecimientos, tenemos que retroceder aproximadamente un año, a principios del mes de diciembre del 337 a.C. Poco tiempo después del incidente que había enfrentado a Alejandro con Átalo y su padre, durante el matrimonio de este último con Cleopatra, Alejandro había acompañado a su madre al país de los lincéstidas. Filipo los había perseguido sin demasiado encarnizamiento y a la vuelta había sido atacado por un grupo de montañeses: el rey habría perdido la vida en este combate si un joven noble y macedonio, un tal Pausanias, famoso por su belleza, no hubiese ofrecido su cuerpo a los dardos destinados a Filipo. En última instancia, los agresores habían sido puestos en fuga, pero su salvador había resultado herido de muerte.

Átalo se había dirigido a la cabecera de Pausanias moribundo. Antes de morir, éste le había explicado las razones de su arrojo: otro Pausanias, que era uno de los favoritos del rey, le había acusado públicamente de tener costumbres afeminadas y de ser el querido de Filipo y otros hombres de la corte; indignado por esta calumnia, el bello Pausanias había decidido servir de escudo viviente a Filipo, para demostrar a todos que su abnegación por el soberano no tenía nada de afeminada, sino que era el comportamiento normal de un súbdito fiel con su rey. Este relato causó una fuerte impresión sobre Átalo, que hizo juramento al moribundo de castigar a su calumniador, al otro Pausanias que, con sus palabras, le había empujado a correr voluntariamente a la muerte.

Poco tiempo después, de vuelta ya en Pela, Átalo invitó a cenar al personaje y le hizo beber mucho vino de Macedonia, tanto que el joven se adormeció. Átalo llamó entonces a varios servidores y a dos o tres palafreneros, que violaron a Pausanias el calumniador de la forma más impúdica, ya que entre los macedonios era una manera tradicional de vengar una injuria o un ultraje.

Una vez desaparecidos los vapores de la borrachera, el desdichado volvió en sí y, tras darse cuenta de lo que le había pasado, fue en busca de Filipo y exigió justicia contra Átalo, instigador de la violación colectiva de que había sido víctima. Sin embargo, el rey no estaba dispuesto a castigar a un hombre que era, al mismo tiempo, su mejor general y el tío de Cleopatra, su segunda esposa; para aplacar a Pausanias, no pudo hacer otra cosa que ofrecerle algunos regalos y tal vez un cargo militar. Pausanias no quedó satisfecho, y su odio contra Átalo se vio acompañado desde entonces de un odio contra Filipo, que le negaba la justa reparación de los ultrajes que había sufrido: habló con Alejandro del asunto.

Según Plutarco, éste le habría respondido citando dos versos de *Medea*, la tragedia de Eurípides en que la maga Medea, abandonada por Jasón que quiere casarse con Glauce, hija del rey Creonte, declara que se vengará: «Del casado y la casada, / y de aquel que los ha unido», es decir, de Jasón, de Glauce y de Creonte. Algunos comentaristas llegan a la conclusión de que Alejandro habría alentado con estos versos a Pausanias a vengarse por sí mismo de Filipo (Jasón), de Cleopatra (Glauce), segunda esposa de Filipo y sobrina de Átalo (Creonte) y del mismo Átalo que los había unido. En efecto, Alejandro había ordenado que se detuviese y castigase a los culpables de la violación de Pausanias, es decir, a los servidores y palafreneros, pero no había mandado buscar a Átalo, instigador del crimen; ¿era porque no quería o bien porque no podía, dado que Átalo estaba en Asia Menor y se hallaba protegido por Filipo, o también porque alentaba con la boca pequeña a Pausanias a vengarse de Átalo y de Filipo, cosa que él, Alejandro, no se atrevía a hacer por sí mismo? Es plausible la hipótesis, sobre todo porque Cleopatra, la joven rival de Olimpia, estaba encinta del rey macedonio: ¿que sería de la corona si daba a luz un varón? Por eso Olimpia, que no tenía los mismos escrúpulos que Alejandro, se dedicó a alentar la cólera de Pausanias y a exhortarle a la venganza.

Pero la madre de Alejandro no fue la única en atizar el odio de Pausanias contra Átalo y Filipo. También los emisarios persas lo animaban a lavar en la sangre del rey de Macedonia la injuria que le habían hecho, porque Asia temblaba ya ante la amenaza que suponían para Persia las intenciones belicosas de Filipo y pensaban, con razón, que su muerte los libraría de ellas. Pausanias fue empujado además al crimen por las desdichadas palabras del sofista Hermócrates, que enseñaba en Pela y al que había preguntado qué cosa grande debía hacer un hombre para que su nombre se transmitiese a la posteridad: «Debe —respondió tontamente Hermócrates— matar al hombre que ha realizado las mayores hazañas de su tiempo; así, cada vez que se hable de ese héroe, se acordarán también del nombre de su asesino.»

Llega el mes de agosto de 336 a.C. La esposa secundaria de Filipo, Cleopatra, trae al mundo un varón al que Filipo da el nombre de Cárano. La elección del nombre no era inocente: era el del hermano de un antiguo rey de Argos, que también descendía de Témeno, como los reyes de Macedonia (véase más arriba, pág. 29) y, por consiguiente, de Heracles y Zeus. En los aposentos de Olimpia se desató el pánico: al dar ese nombre a su bastardo, Filipo lo reconocía como un teménida, por tanto como un presunto heredero de la corona de Macedonia, con iguales derechos que Alejandro, que únicamente tenía sobre el recién nacido la ventaja de ser el primogénito.

En ese momento Filipo estaba apunto de ponerse al frente del enorme ejército grecomacedonio que acampaba a las orillas del Estrimón y partir con él a la conquista de Persia. Antes de esa partida solemne había decidido organizar una última ceremonia oficial a la que asistirían los jefes de los estados griegos, los príncipes y los señores de Macedonia, los generales y los oficiales superiores llegados de todas las ciudades de Grecia. Por eso los había invitado a Aigai, con motivo de las bodas de la hermana legítima de Alejandro, Cleopatra, con su tío, el rey de los molosos y hermano de Olimpia, boda cuya fecha había sido fijada para principios del mes de septiembre de 336 a.C. Se dispusieron suntuosas ceremonias religiosas para celebrar al mismo tiempo el acontecimiento político y el acontecimiento familiar; debían ir acompañadas de grandiosos sacrificios a los dioses y de juegos atléticos en que participarían los atletas más célebres de Grecia y Macedonia, y las cofradías de actores más famosas ya habían sido invitadas a interpretar dramas de Esquilo, Sófocles y Eurípides.

En el día fijado, bajo el tibio sol de septiembre, la antigua capital macedonia, adornada por todas partes de banderas y festones, pululaba de sacerdotes, príncipes, embajadores, portadores de ofrendas, *theores* venidos de todos los rincones del mundo griego, rodeados de una pompa como nunca se había visto, de portadores de coronas doradas destinadas al rey Filipo, en todo el esplendor de su poder, y de regalos para los jóvenes esposos.

Los atenienses se habían distinguido con un presente simbólico. Ofrecían a su antiguo enemigo una corona de oro y la copia de un decreto preparado por la *boulé* y votado unánimemente por la Asamblea del pueblo, proclamando que todo aquel que conspirase contra la vida de Filipo y buscase refugio en Atenas sería inmediatamente detenido y puesto en manos de las autoridades macedonias. El decreto fue leído en público, en medio del mayor silencio: los miles de personas que lo oyeron comprendieron de inmediato que se temía un atentado contra el rey, y todas las miradas se volvieron hacia la reina Olimpia, silenciosa y vestida de negro.

Luego empezaron las ceremonias y, con ellas, los malos presagios y los prodigios.

Durante el primer festín Filipo rogó a un célebre actor ateniense que recitase un poema que tuviese relación con la próxima expedición contra los persas: el artista recitó un pasaje de un poeta trágico en que se hablaba de la muerte cercana de un gran rey que gobernaba un vasto reino. Los presentes se miraron en silencio: la alusión podía convenir tanto a Filipo como a Darío III Codomano. Tras el festín, se desarrolló la primera procesión. Aparecieron unos sacerdotes llevando estatuas de doce dioses olímpicos y una decimotercera estatua, representando a Filipo; enseguida corrió un rumor entre los presentes: ¿no significaba aquello que, a partir de ese momento, había que colocar a Filipo no ya entre los vivos, sino en la divina y celeste compañía de los habitantes del Olimpo?

Al día siguiente los heraldos convocan a los invitados y al pueblo al teatro. En las calles se apiña una ruidosa y abigarrada multitud: espera la llegada del cortejo oficial. Por fin aparece Filipo, con un uniforme blanco de gala, revestido con las insignias de la realeza. Delante de él caminan su hijo Alejandro y su cuñado y yerno, el rey de los molosos, así como la guardia real: el rey quiere demostrar de este modo a su pueblo angustiado que él no teme que atenten contra su vida y que confía en el amor de su pueblo y la fidelidad de sus aliados.

El cortejo llega delante del teatro. La guardia real es la primera en penetrar en el estrecho corredor de piedra que conduce a la arena, seguida por Alejandro y el rey de los molosos, Neoptólemo. Filipo les sigue a unos pocos pasos y parece vivir el día más hermoso de su vida. De los graderíos del teatro empieza a subir un clamor para recibirle, y él avanza despacio, emocionado, hacia la arena. Pero antes incluso de penetrar en ella, Pausanias, que se había escondido en un rincón del pasillo, se precipita sobre él con el puñal en la mano y le traspasa el pecho hasta el corazón. Luego el asesino huye perseguido por los oficiales de la guardia real, alcanza la calle y corre hacia su caballo, que había atado a un árbol. Consigue montarlo, la bestia se encabrita y echa a correr relinchando, pero las ropas del asesino se enganchan en una rama y cae a tierra, donde sus perseguidores lo alcanzan y a su vez lo apuñalan.

Mientras la multitud se desparrama por las calles de Aigai en medio de un desorden indescriptible, los guardias transportan al palacio el cadáver del rey. Mientras tanto, otros guardias llevan el del asesino a la plaza del mercado de la ciudad; levantan presurosamente un cadalso en el que cuelgan el cadáver: deberá balancearse allí durante todo ese día y por la noche. A la mañana siguiente descubrieron que sobre su cabeza habían puesto una corona dorada, análoga a la que los griegos habían ofrecido a Filipo. Esta afrenta póstuma hecha al rey no asombró a nadie: todo el mundo reconoció en este insulto último la mano de Olimpia, que en la oscuridad había ido a coronar al asesino de aquel que, según pensaba ella —y probablemente con razón, opinan algunos—, tenía la intención de privar a Alejandro de la corona de Macedonia.

Los funerales del rey y de su asesino fueron organizados por Olimpia. Sus cuerpos fueron quemados en la misma pira y sus cenizas enterradas en la misma tumba. Dicen que Olimpia consagró a Apolo el puñal con el que Pausanias había matado a Filipo e instituyó una ceremonia conmemorativa en honor del asesino de su augusto esposo, reconociendo así, a ojos de todos, que ella había sido la instigadora del atentado; pero se trata de comentarios tardíos, que no podemos rechazar ni avalar. Sin embargo, hay un hecho que parece cierto: Olimpia, en calidad de reina madre y esposa legítima, se quedaba durante un tiempo dueña del juego. Dejó a Alejandro en Aigai, para resolver los asuntos corrientes, como se dice, y regresó a Pela. Allí ordenó que colgasen a su rival Cleopatra, que acababa de dar a luz al pequeño Cárano y, presa de un trance místico, arrojó al recién nacido al fuego del altar real, como ofrenda a los dioses.

Así pues, en septiembre de 336 a.C., a finales de verano, el telón del teatro de la historia había caído sobre Filipo de Macedonia. El rey barbudo, tuerto y cojo había conseguido la unidad del mundo griego: la edad helénica del Mediterráneo terminaba con él, la edad helenística iba a empezar con Alejandro, que acababa de cumplir veinte años.

V

Buena sangre no puede mentir
(septiembre de 336-primavera de 334 a.C.)

Alejandro III, rey de Macedonia: la matanza de los pretendientes (septiembre de 336). — Reunificación pacífica de la Hélade (octubre de 336). — Congreso de Corinto: Alejandro elegido comandante en jefe de los ejércitos helénicos contra Persia: encuentro con Diógenes (finales de octubre de 336). — Campañas en los Balcanes contra los bárbaros del Norte y el Noroeste: tracios independientes, tribalos, getas, ilirios y taulancios: el Danubio, frontera natural de Macedonia (marzo-mayo de 335). — Defección de Atenas y duplicidad de Demóstenes: rebelión, asedio y destrucción de Tebas (finales del verano de 335). — Segunda unificación de la Hélade (otoño de 335).

Alejandro tenía veinte años y dos meses cuando Filipo fue asesinado. Era joven física, mental y políticamente, y no tenía, para guiarle en ese oficio de rey que iba a ejercer, ni maestro, ni mentor, ni ejemplo, salvo el del mítico Aquiles.

Durante los quince primeros meses de su reinado, se vio enfrentado a todas las dificultades y todos los peligros: negado en sus derechos por unos, despreciado por otros debido a su juventud y odiado por Átalo, que ya se encontraba en Asia con la mitad del ejército macedonio. Sin embargo, convencido de haber sido encargado por la Fortuna de cumplir el destino querido por los dioses de los que descendía, dotado de una ambición poco común, casi patológica, de cualidades físicas excepcionales, de una voluntad y una energía asombrosas, aquel a quien Demóstenes llamaba con desprecio «el jovencito» iba, entre septiembre de 336 y abril de 334 a.C., a imponerse a todos y a revelarse luego como el conquistador más extraordinario de la historia de Occidente.

1. *Unos inicios de reinado movidos: guerra en los Balcanes*

En unos días Aigai se había vaciado de sus embajadores griegos, de sus oficiales y sus sacerdotes. Se habían despedido presurosamente de la familia real, preguntándose *in petto* cómo iba a resolverse la sucesión de Filipo. La mayoría de ellos pensaba que entre los pretendientes, fuese Alejandro o cualquier otro, no había nadie capaz de desempeñar con éxito el papel que Filipo de Macedonia había ejercido durante veinte años sobre la escena internacional helénica.

La partida del ejército macedonio que acampaba a orillas del Estrimón y que aún no se había puesto en marcha hacia el estrecho del Helesponto, nada más enterarse de la muerte del rey había aclamado el nombre de Alejandro y su general, Antípater, se había declarado sin vacilaciones su fiel súbdito. En cambio, la otra mitad del ejército, que ya había pasado a Asia Menor con Átalo al frente, el enemigo personal de Alejandro y Olimpia, había recibido la orden de someterse al príncipe Amintas, tercero de ese nombre, hijo del rey Perdicas III; el hermano de Filipo que le había precedido en el trono de Macedonia y que por ese motivo tenía sobre Alejandro la prioridad del nacimiento.

La noticia de este golpe de Estado llegó a Pela cuando Alejandro, seguro de su derecho, de su predestinación y sobre todo del apoyo del general Antípater, había empezado a ejercer su papel de soberano. Una de sus primerísimas decisiones fue ordenar a uno de sus partidarios, Hecateo de Cardes, que partiese hacia Asia con el ejército, detuviese a Átalo y, a ser posible, lo trajese vivo a Pela, donde sería juzgado y ejecutado por crimen de alta traición; si el caso no podía llevarse a buen fin, Hecateo tenía orden de ejecutar al general felón en el plazo más breve posible, sin importar el medio. No lo consiguió por sí mismo, pero Átalo será ejecutado finalmente por uno de sus oficiales mientras que, al mismo tiempo, Alejandro ordenaba encarcelar en Pela a varios miembros varones de la familia del general. En cuanto a Amintas, consiguió escapar por un tiempo a la persecución, pero en última instancia fue detenido y ejecutado también.

Ya no quedaba ningún pretendiente vivo al trono de Macedonia. A partir de ese instante Alejandro podía dormir tranquilo y reinar con el nombre de Alejandro III: tenía de su parte el derecho, la mitad del ejército y pronto la otra mitad, y sobre todo la simpatía del pueblo que había sido sensible a las vejaciones que había tenido que sufrir. Admiraban además el valor de que había dado pruebas en la batalla de Queronea (véase más arriba, pág. 84), su cultura y su generosidad de alma.

Tras asegurar de este modo su legitimidad en unas pocas semanas, Alejandro ganó las llanuras de Tracia, donde recibió el juramento de fidelidad del ejército de Antípater y, en un breve discurso, declaró a los soldados y los oficiales que en Macedonia nada, salvo el nombre del rey, había cambiado: ni el servicio militar, ni la organización del ejército, ni los métodos de entrenamiento. Y mientras la vida recuperaba su curso habitual, Alejandro se hizo cargo del ejército macedonio a fin de ocuparse de política exterior, es decir, de Grecia, donde la muerte de Filipo había sido acogida como una liberación.

En efecto, los jefes políticos de Atenas, Esparta, Tebas, Tesalia, Etolia, Argólida, Fócida y Tracia, que habían participado en la gran quermés panhelénica de Aigai el verano anterior, pensaban haber calibrado al joven rey: les parecía evidente que Alejandro, incluso en caso de que consiguiese mantenerse en el trono, nunca sería capaz de ejecutar los proyectos militares de su padre, y que las ciudades griegas podrían denunciar cuando quisiesen y como quisiesen los tratados de federación o alianza concluidos con Macedonia.

A pesar de las dificultades que encontraba en su reino, Alejandro puso freno, enseguida y contra cualquier esperanza, a las agitaciones revolucionarias de los griegos. En octubre de 336 a.C. salió de Macedonia al frente de un ejército de 30.000 hombres y se dirigió primero a Tesalia: invocó el antiguo parentesco que unía a tesalios y macedonios desde Heracles, y con su elocuencia consiguió que le confirmasen el mando de las fuerzas griegas federadas como lo habían acordado con su padre. Luego marchó sobre el Peloponeso, donde convocó una asamblea general de las ciudades para hacerles la misma petición. Consiguió lo que pedía de todos los delegados, salvo de los lacedemonios, que le respondieron orgullosamente que era contrario a sus leyes obedecer a extranjeros.

Los atenienses fueron más coriáceos. Al enterarse de la muerte de Filipo no disimularon su alegría y, renegando de la corona de oro que habían ofrecido al rey cuando estaba vivo, votaron una moción para honrar la memoria de su asesino. Demóstenes, que había sido el primero en conocer la noticia de la muerte de Filipo, había dado la señal de la rebelión, incitando a las ciudades de la Hélade a romper el juramento de alianza que habían prestado a Filipo, declarando en la Asamblea que Alejandro era «un joven necio que nunca se atrevería a salir de las fronteras de Macedonia».

El «joven necio» no tardó en quitarle la razón a Demóstenes.

Negándose a escuchar los consejos de moderación de sus amigos, que le recomendaban llegar a una reconciliación con Átalo y ganarse a las ciudades griegas con regalos y concesiones, Alejandro penetró a marchas forzadas en Beocia con su ejército y asentó su campamento en las proximidades de Tebas, sembrando el terror en la ciudad, que se apresuró a abrirle sus puertas: envió al exilio a los agitadores, que se refugiaron en Atenas. Cuando en Atenas se supo que el ejército macedonio sólo estaba a dos días de marcha del ágora, reinó el pánico: pusieron las murallas en estado de defensa, los pastores acudieron a buscar refugio en la ciudad con sus rebaños transformando la ciudad en un gigantesco establo, y se enviaron embajadores a Alejandro. Éste los recibió con magnanimidad y les perdonó no haberle concedido rápidamente el mando de las fuerzas federadas que les había pedido. Entre los miembros de la delegación observó la ausencia de Demóstenes; el orador había ido en carro, con los otros, pero había dado media vuelta, bien por miedo a que Alejandro le reprochase la violencia de su política antimacedónica, bien para no tener que dar cuenta de sus relaciones secretas con el Gran Rey, que había financiado esa política. Alejandro fue generoso, perdonó a los atenienses, renovó los tratados del pasado y se vio colmado por éstos con más honores de los que habían concedido a Filipo.

La gira triunfal de Alejandro concluyó en Corinto, donde habían sido convocados los plenipotenciarios de la Hélade. Éstos votaron, por unanimidad de todas las ciudades salvo una (Esparta), la moción que habían votado en favor de Filipo dos años antes, referida en los siguientes términos por Diodoro de Sicilia (IV, 9):

> Las ciudades griegas decretan que Alejandro será el comandante en jefe de los ejércitos helénicos, dotado de plenos poderes y que se hará una guerra en común contra los persas, en razón de los crímenes de que se han hecho culpables respecto a los griegos.

Alejandro pasó unos días en Corinto. De todas partes acudieron para admirar al joven rey políticos, estrategos, artistas y filósofos. Todos se apiñaban alrededor de él, tratando de conseguir una mirada, una sonrisa, una palabra de este príncipe que había sido alumno del gran Aristóteles. Sólo Diógenes el Cínico permaneció tranquilamente junto a su tonel, calentándose al sol, cerca del estadio que estaba situado a la entrada de la ciudad. Se cuenta que Alejandro se hizo llevar hasta él y le dijo:

—Yo soy el gran rey Alejandro.

—Y yo soy Diógenes el perro —respondió el filósofo.

—¿Por qué te has llamado el perro?

—Porque acaricio a los que me dan, ladro a los que no me dan y muerdo a los que son malvados.

—Pídeme lo que quieras y lo tendrás —dijo entonces Alejandro.

—Lo que quiero es que te apartes de mi sol —respondió Diógenes.

A lo cual el rey dijo a los que le acompañaban:

—Por Zeus, si yo no fuese Alejandro, querría ser Diógenes.

Tras haber saboreado durante dos o tres días más las dulzuras del otoño de Corinto, y antes de regresar a Pela a preparar la expedición contra Persia, Alejandro decidió ir a consultar al oráculo de Delfos, a fin de hacerle la pregunta que le obsesionaba día y noche: cuál sería el resultado de su guerra contra los persas.

El oráculo hablaba por la pitonisa, una vieja sacerdotisa de Apolo que era en cierto modo la portavoz del dios. Cuando Alejandro llegó a Delfos, supo que la pitonisa no estaba preparada para decir el oráculo: tenía que pasar tres días rezando y ayunando antes de vaticinar y, además, el dios sólo respondía a las preguntas determinados días. Alejandro se sintió contrariado: no quería esperar, por lo que se dirigió a casa de la pitonisa. Ésta le respondió que no podía desempeñar sus funciones sin preparación y que, además, la pregunta que deseaba hacer el rey era difícil y exigía una larga deliberación previa entre ella y los sacerdotes de Delfos. El joven rey insiste y luego, agarrando a la vieja sacerdotisa de la mano, le pasa el brazo por la cintura y la arrastra hacia el templo. La pitonisa protesta, pero se deja llevar y dice a Alejandro: «Decididamente, hijo mío, nadie puede resistirte, eres irresistible.» Al oír estas palabras, Alejandro suelta la mano de la sacerdotisa: «El oráculo acaba de hablar por tu boca —le dijo, satisfecho—. No te importunaré más; ¡ahora sé que el Gran Rey tampoco podrá resistirme, porque soy irresistible!»

Se acercaba el invierno. Alejandro regresó a Macedonia hacia finales del mes de noviembre de 336 a.C. con objeto de preparar su gran expedición contra los persas, sus *anábasis*, como se dice en griego. Pero antes de partir para Asia Menor, que debía ser la primera etapa de su campaña, tenía que poner Macedonia al abrigo de las incursiones de las tribus salvajes que vivían en el norte de Tracia, hacia el valle del Danubio: las más peligrosas eran las de los ilirios, los tracios independientes, los tribalos y los getas; como escribe Arriano, su biógrafo más serio:

> En el momento en que emprendía una expedición que debía llevarle tan lejos de su patria, no le parecía posible más solución que dejarlos completamente vencidos y sometidos. [...] Ahora que Filipo estaba muerto, aquellos bárbaros pensaban que había llegado el momento de recuperar su independencia y sus antiguas costumbres de bandidos y piratas.
>
> *Historia de Alejandro*, I, 1, 4-8.

La mayor parte de las fuerzas macedonias estaba acantonada en la costa tracia, en la desembocadura del Estrimón. En la primavera de 335 a.C. Alejandro decide acabar con las tentaciones de hacerle daño que podían tener sus turbulentos vecinos del norte; parte de Anfípolis y, en una decena de días, franquea el Nesto, circunvala el macizo del Ródope y llega al pie de las montañas del macizo que en nuestros días se llama el Gran Balcán (el monte Hemo de los antiguos), cuyas crestas ocupaban los tracios independientes, en el nivel del actual puerto de Chipka. Disponían de carros muy pesados, de los que se servían como de una trinchera desde la que podrían rechazar al enemigo si éste conseguía franquear los desfiladeros que llevaban a la montaña, y tenían intención de dejar rodar cuesta abajo esos carros sobre la falange macedonia en el momento en que los soldados de Alejandro trepasen las escarpadas pendientes del Gran Balcán.

Pero Alejandro había comprendido el peligro e ideó la forma adecuada de conjurarlo: «En el momento en que los tracios suelten sus carros —les dijo a sus hombres—, aquellos de vosotros a quienes la anchura del camino permita romper las filas se apartarán, y los carros pasarán entre ellos para ir a estrellarse contra las rocas, mucho más abajo; los que se encuentren en las partes estrechas del camino avanzarán codo a codo, sin dejar ningún espacio entre sus escudos: los carros de los tracios, debido a la velocidad adquirida, saltarán por encima de los escudos, sobre los que rodarán sin hacer ningún daño a sus portadores.»

La maniobra tuvo éxito y, una vez pasados los carros, los hoplitas corrieron contra los tracios lanzando su grito de guerra, mientras los arqueros, situados por Alejandro a la derecha de la falange, mantenían a distancia a los tracios que trataban de cargar. Al cabo de poco tiempo, los bárbaros, barridos por los hoplitas, incapaces de protegerse de las salvas de flechas que se clavaban en sus torsos desnudos, sin corazas ni escudos, huyeron al otro lado de la montaña, dejando cinco mil muertos sobre el terreno. En cuanto a las mujeres y los niños que los habían acompañado, como era su costumbre en la guerra, fueron capturados y se convirtieron en el botín de los macedonios victoriosos: fueron vendidos como esclavos en los puertos del mar Negro.

Después de haber aniquilado a los tracios, Alejandro se volvió contra las tribus guerreras de los tribalos. Su rey, que se llamaba Sirmo, había previsto desde hacía mucho la expedición del macedonio, enviando a las mujeres y los niños de su pueblo a una isla en medio del Danubio para evitarles el funesto destino de los tracios si resultaban vencidos; él mismo y sus hombres se habían replegado hacia el sur y atrincherado en un valle por el que corría un afluente de ese río. Informado de sus movimientos, Alejandro dio media vuelta y marchó contra Sirmo, a quien sorprendió estableciendo su campamento en el valle en cuestión. Para hacerles salir, ordenó a sus arqueros acribillarlos a flechas: los tribalos, que combatían casi desnudos, corrieron hacia los arqueros, para enfrentarse a ellos cuerpo a cuerpo. Era el momento que Alejandro esperaba: cuando los tribalos se encontraron en campo raso, dio la orden de entrar en combate a la falange y a su caballería y los asaltó por todas partes. Al final de la jornada había tres mil cadáveres de tribalos en la llanura: las pérdidas de los macedonios se limitaban, según Arriano, a once jinetes y cuatro soldados de a pie.

El tercer día después de este combate, siempre según Arriano, Alejandro llegó a orillas del Danubio, que entonces estaba considerado el mayor río de Europa (se ignoraba la existencia del Volga). Al norte del Danubio vivía otra tribu tracia, la de los getas (los antepasados de los dacios de la moderna Rumanía), que se habían reunido en gran cantidad en sus orillas septentrionales, totalmente decididos a obstaculizar el paso al joven Conquistador, de cuyas recientes proezas habían oído hablar. Había allí cuatro mil jinetes y más de diez mil guerreros de a pie, desplegados en orden de batalla, a cinco o seis kilómetros de una de sus ciudades, por otra parte mal fortificada. Por su parte, Alejandro había ordenado al comandante de la flota macedonia, que estaba fondeada en uno de los puertos del Bósforo, remontar el curso del Danubio y dirigirse hasta el país de los getas. La empresa se anunciaba peligrosa: las orillas del río estaban habitadas por tribus agresivas y las trirremes macedonias debían cruzar los territorios inhóspitos de los escitas y los sármatas antes de penetrar en los de los getas.

Pero Alejandro tenía la temeridad de la juventud. La flota del Bósforo aparejó y los navíos de guerra macedonios la encontraron acampando en la orilla sur del río, a la altura de la actual Bucarest. Los llenó de arqueros y soldados de infantería y los condujo, con las velas desplegadas, hacia la isla de los tribalos, con la intención de desembarcar allí. Pero todos los futuros conquistadores de la historia aprenderán a sus expensas que es muy difícil, si no imposible, desembarcar en una isla enemiga cuando está bien defendida. Los getas, apostados a orillas del río, hicieron causa común con los tribalos asediados en su isla y atacaron los navíos macedonios en el lugar en que habían atracado: en cuanto a la isla, parecía inexpugnable, porque los altos acantilados que la bordeaban volvían azaroso cualquier desembarco; por fin la corriente del río, cuyas aguas eran altas en ese período del año (en el mes de mayo), era particularmente violenta.

¿Qué hacer? Alejandro, nos dice Arriano, estaba dominado por un deseo imperioso de cruzar el Danubio y atacar a los getas, lo mismo que le ocurrirá a César, dominado por el mismo deseo de franquear el Rin y atacar a los germanos cerca de tres siglos más tarde. Amontonó arqueros y hoplitas en las trirremes venidas del mar Negro y ordenó reunir todas las embarcaciones de pesca disponibles (barcas rudimentarias, hechas de un tronco de árbol vaciado, y había muchas en la región), que también llenó de arqueros y soldados: en total hicieron la travesía quinientos jinetes y cuatro mil infantes.

El paso se hizo de noche, a mediados de mayo, en un lugar en que se extendía, sobre la orilla derecha del Danubio, un enorme campo de trigo cuyos tallos eran muy altos, porque estaba cerca el tiempo de la siega. Alejandro había ordenado a sus hombres arrastrarse, llevando sus largas lanzas (*sarisas*) pegadas transversalmente al suelo; les seguían, como podían, los caballos. Cuando estuvieron fuera del campo cultivado, Alejandro puso la falange en formación rectangular, bajo el mando de Nicanor, el hijo de Parmenión, se puso él mismo al frente de la caballería y dio la orden de carga. Los getas, aterrorizados, sin comprender cómo aquel ejército había podido pasar en una sola noche, sin puente, el mayor río del mundo, huyeron a su aldea; luego, como ésta se encontraba mal fortificada, con murallas defectuosas y poco altas, cargaron mujeres, niños, viejos, armas y bagajes sobre sus caballos y se fueron hacia el norte, tan lejos como pudieron.

Alejandro se apodera de su ciudad y de los botines que los getas habían acumulado, que hace trasladar a las ciudades del litoral tracio. Luego ordena arrasar la ciudad que acaba de conquistar sin perder un solo hombre y ofrece un triple sacrificio: a Zeus Salvador, a su antepasado Heracles, y al dios del Río mismo, por no haberse opuesto a su paso.

Los días siguientes, los demás pueblos ribereños del Danubio enviaron embajadores al joven rey de Macedonia para ofrecerle su amistad y, entre ellos, unos celtas que habitaban cerca de las orillas del mar Adriático; escuchemos lo que nos dice Arriano a propósito de estas tribus (se trata de tribus célticas que se desparramaron por Europa Occidental durante el período llamado de La Tène, a partir del siglo IV a.C.):

> Estos celtas eran de gran estatura y tenían una alta opinión de sí mismos. Todos dijeron que iban a pedir a Alejandro su amistad, y Alejandro les dio prendas y las recibió de ellos. Pero, además, preguntó a los celtas qué era lo que más miedo les daba entre las cosas humanas: esperaba que su gran fama hubiese llegado hasta los celtas y más allá, y que fuesen a contestarle que era él quien más miedo les

daba. Pero la respuesta de los celtas engañó su expectativa: en efecto, dado que vivían lejos de Alejandro, en una comarca difícilmente accesible, que además se daban cuenta de que la marcha de Alejandro tomaba otra dirección, respondieron que tenían miedo a que un día el cielo cayera sobre sus cabezas y que, aunque admiraban a Alejandro, no era por miedo ni por interés por lo que habían ido en su busca como embajadores. Y después de haberlos llamado amigos suyos y concluido con ellos una alianza, Alejandro los despidió, limitándose a añadir que los celtas eran unos fanfarrones.

Historia de Alejandro, I, 4, 4.

La impresión producida sobre los demás pueblos que vivían en la orilla derecha del Danubio había sido inmensa. Con sus victorias sobre los tribalos y los getas, Alejandro había establecido el dominio de Macedonia sobre todos los pueblos que vivían al sur del Danubio, convirtiendo a este río en la frontera natural septentrional de su reino. Podía partir tranquilo hacia Asia: unas cuantas guarniciones en el Danubio bastarían para garantizar la seguridad de Macedonia. No le quedaba más que regresar a Pela y concluir los preparativos para su guerra persa.

Estamos a finales del mes de mayo del 335 a.C. Alejandro había decidido volver a Pela pasando por el valle del Iskar (que los griegos llamaban *Oskios*). Cuando llegó cerca de la actual capital búlgara, Sofía, unos mensajeros procedentes de Pela salieron a su encuentro y le anunciaron que Clito, rey de los ilirios, se había sublevado contra el poder macedonio y había arrastrado a la rebelión a un pueblo vecino al suyo, el de los taulancios, cuyo rey se llamaba Glaucias. Los territorios de estos dos pueblos eran ribereños del mar Adriático. Según las últimas noticias, ilirios y taulancios marchaban hacia Pelio, una antigua fortaleza en las montañas, junto al lago Lychnis, construida hacía unos años por Filipo para cerrar el valle del río Haliacmón, que llevaba de Iliria a Pela, a 150 kilómetros de esta última ciudad. Según los mensajeros, las tropas de Clito ocupaban no sólo la ciudad, sino también los bosques de las alturas cercanas, dispuestos a caer sobre el ejército macedonio si intentaba liberar la fortaleza.

Estas noticias eran inquietantes. Alejandro se encontraba todavía a ocho jornadas de marcha de la frontera occidental de Macedonia, que los ilirios, procedentes de la actual Tirana, ya habían franqueado. Si no llegaba a tiempo, ilirios y taulancios coaligados se lanzarían a través del valle del Haliacmón, cerrarían a sus ejércitos la ruta de Grecia y, quién sabe, tal vez llegasen a poner sitio a Pela. Bastaba que los pueblos de Tracia, cuyos territorios debía atravesar Alejandro para ganar el oeste de Macedonia, obstaculizasen el avance de su ejército unos días para que sus planes y su futuro de conquistador se desmoronasen. Por suerte no ocurrió nada. Alejandro conocía la resistencia de sus soldados, sometidos a un entrenamiento físico intenso. Su ejército remontó el valle del Cerna a paso de carga, franqueó el Axios (el actual Vardar), se adentró en el valle del Erigón (el actual Cerna, afluente del Vardar) y llegó a la vista de la fortaleza de Pelio antes de que Clito y Glaucias hubiesen realizado su unión.

El macedonio levantó su campamento frente a las murallas de Pelio, mientras que, según la costumbre de los bárbaros ilirios, Clito procedía a un sacrificio ritual inmolando tres muchachos, tres muchachas y tres carneros negros. Luego lanzó algunos de sus hombres que estaban ocultos en los bosques que dominaban la fortaleza para desafiar a los macedonios al cuerpo a cuerpo; pero éstos se lanzaron valientemente al ataque, y los bárbaros tuvieron que romper el combate y abandonar las víctimas del sacrificio al pie del altar para correr a refugiarse detrás de las murallas de la ciudad, cuyo asedio organizó Alejandro. Sin embargo, los taulancios se habían quedado fuera de la fortaleza, en las colinas circundantes, y los macedonios no tardaron en encontrarse entre los dos ejércitos aliados y cortados de sus líneas de avituallamiento. De asediadores se habían convertido en asediados: Alejandro había caído sin darse cuenta en una trampa clásica, que un estratega más experimentado habría evitado sin duda.

Consiguió salir mediante una maniobra de una audacia loca, que sólo un ejército muy entrenado como lo estaba el ejército forjado por Filipo era capaz de ejecutar y salir victorioso. Para explicarlo mejor tenemos que detallar esa maniobra movimiento por movimiento.

1. Alejandro colocó primero su ejército en orden de batalla, frente a las colinas arboladas donde se encontraban los taulancios con una falange de 120 líneas de profundidad, flanqueada, en sus dos alas,

por 200 jinetes. No debía lanzarse ningún grito de guerra, los soldados tenían que permanecer en silencio y cumplir rapidísimamente las órdenes.

2. Ordenó a los hoplitas mantener sus sarisas levantadas; luego, a una señal convenida, inclinarlas como para cargar, orientarlas una vez a la izquierda, una a la derecha, otra vez a la izquierda, otra a la derecha, y así en repetidas ocasiones.

3. Dio entonces a la falange la orden de avanzar, deslizándose alternativamente del ala derecha al ala izquierda.

4. Después de hacer maniobrar a la falange varias veces así, ante la mirada pasmada y admirativa de los enemigos que contemplaban el espectáculo desde lo alto de las murallas de la fortaleza, Alejandro lanza una orden: «¡Formad el triángulo, hacia el ala izquierda! ¡Y adelante, en marcha!» Acto seguido un monstruoso triángulo de bronce y acero carga a paso rápido y avanza hacia las filas enemigas, que agachan la cabeza ante la lluvia de flechas que las acribilla.

5. Sin esperar a que se acerque la terrible falange que nada parece poder detener, el enemigo retrocede y abandona las primeras alturas.

6. Alejandro ordena entonces a sus soldados cargar deprisa, lanzando el famoso grito de guerra macedonio y golpeando con sus lanzas contra sus escudos. Los taulancios, asustados, abandonan las colinas y bosquecillos y corren a refugiarse detrás de las murallas de la fortaleza. Los macedonios se convierten en dueños del terreno.

Sin embargo, una tropa de taulancios no había tenido tiempo de refugiarse en la ciudadela y seguía ocupando un cerro, que cortaba la ruta que llevaba a Macedonia. Alejandro lanza contra ellos un destacamento de Compañeros (los *Hetairoi*, véase pág. 44) y unos cuantos hombres de su guardia real: los taulancios abandonan el cerro y se repliegan: la ruta de Macedonia estaba libre.

Pero Alejandro aún no tenía la intención de tomarla. Antes debía aniquilar a los taulancios, que acampaban cerca de Pelio, a la orilla del río, cosa que hizo mediante un audaz golpe de mano nocturno dos o tres días más tarde. Por otra parte, el rey quería recuperar Pelio de los ilirios, pero éstos no esperaron que fuesen a desalojarlos: incendiaron la fortaleza y huyeron hacia el oeste, a sus montañas, perseguidos por los macedonios triunfantes. Las cosas habían ido bien: la campaña había empezado a finales del mes de mayo de 335 a.C. y cuando Alejandro regresa a Pelio sin haber podido capturar a Clito y a Glaucias en las montañas de Iliria, aún no había empezado el verano. Pero de aldea en aldea, de ciudad en ciudad, todos cantaban las primeras proezas de Alejandro, el Aquiles de Macedonia, mientras en las antecámaras del poder, en Susa, en Atenas, en Tebas y Esparta corría el rumor de que había muerto.

2. *Antes de la gran partida: el último combate de las ciudades griegas*

Desde que a principios de la primavera del año 335 a.C. había dejado Pela para someter a los bárbaros de Tracia, salvo sus soldados, que peleaban con él, nadie había visto a Alejandro. En Pela había corrido el rumor, después de su victoria sobre los getas, en mayo-junio del mismo año, que habría perecido en un combate en las orillas del Danubio. Después de la reconquista de Pelio sobre los ilirios, contaban en los medios calificados tradicionalmente de «bien informados», que había resultado herido en la cabeza por una piedra lanzada con una honda, cuando había partido en persecución de Clito y de Glaucias en las montañas de la moderna Albania; otros pretendían que también habría recibido un golpe de maza en la nuca.

Estos «cotilleos» se habían propagado de Pela a Tesalia, de Tesalia a Grecia y finalmente a Atenas, donde Demóstenes les sacaba provecho. Desde la muerte de Filipo, el famoso orador cuestionaba sin cesar los tratados de alianza firmados entre Atenas y Filipo primero, entre Atenas y Alejandro luego. Tenía varias malas razones para obrar así. La primera era su vanidad herida: cuando Filipo había empezado su carrera de unificador de las ciudades griegas, Demóstenes se convirtió en el paladín del nacionalismo ateniense y del mantenimiento del *statu quo* helénico, en adversario del super-Estado que el rey de Macedonia quería poner por encima de las ciudades griegas, algo así como en nuestros días en los países europeos existen políticos que son feroces adversarios de la idea de una Europa supranacional o de la moneda única europea. Filipo y Alejandro, decía Demóstenes, habían obligado por la fuerza al mundo griego a constituirse en un Estado federal bajo el dominio macedonio, pero los juramentos de alianza que se habían pronunciado y los tratados que lógicamente les habían seguido perdían todo valor desde que Filipo y, ahora, Alejandro habían muerto.

El razonamiento de Demóstenes era engañoso, pero convenía a la clase dominante ateniense, la de los comerciantes, armadores y banqueros, que preferían hacer fortuna solos que tener que participar en las obligaciones jurídicas y financieras del ejército macedonio en gestación. Además, y esto no podía confesarlo el orador, Demóstenes estaba a sueldo del Gran Rey, y sin duda no era el único: el emperador persa otorgaba regularmente subsidios a los enemigos de los macedonios, y sobre todo a Demóstenes —a quien había pagado todas sus deudas— porque, según decía, «sólo piensa en el bien y la libertad de los helenos».

Darío III Codomano, que había festejado el asesinato de Filipo como un acontecimiento feliz para Persia, empezaba a inquietarse ante los éxitos de Alejandro. No se contentó con comprar discretamente las conciencias de algunos políticos; dirigió un mensaje oficial a los helenos para incitarlos a la guerra contra Macedonia y envió subsidios con ese fin a diversos estados griegos. Atenas, en particular, recibió un presente de 300 talentos de oro (cada talento pesaba unos 26 kilos), que rechazó con dignidad, y la Asamblea del pueblo mantenía la opinión de que había que devolver ese oro al Gran Rey, enemigo hereditario de los griegos; pero Demóstenes se hizo cargo de ese dinero, declarando que lo emplearía en provecho de los intereses del Estado y el generoso donante-corruptor.

Por tanto, el partido antimacedonio en Atenas con ese talentoso corrupto (que dicho sea de paso mantenía una correspondencia regular con los generales de Darío y les informaba de las actividades de Alejandro) al frente, pero también con el incorruptible Licurgo, antiguo alumno de Platón, y todas las personalidades políticas de la ciudad. Demóstenes decidió a los más reticentes, que argüían el juramento de alianza prestado a Alejandro, presentando en público un testigo de última hora —comprado con toda verosimilitud por él— que declaró haber combatido al lado de Alejandro contra los ilirios y juró haber visto al rey de Macedonia expirar ante sus ojos. Como dirá luego el orador Démades, que era en Atenas el jefe del partido promacedonio, este testigo causó el mismo efecto que si se hubiese exhibido el cadáver de Alejandro.

Demóstenes no se limitó a predicar la guerra santa contra Macedonia en Atenas. Se las ingenió para excitar a los numerosos exiliados tebanos que vivían en la ciudad, donde cada día estallaba alguna noticia falsa: que los macedonios habían sufrido una grave derrota ante los tribalos, que la mitad del ejército de Alejandro había perecido en el Danubio, que en Pela se conspiraba para poner un nuevo rey en el trono de Filipo, y otras pamplinas. En resumen, cuanto más se prolongaba la ausencia de Alejandro, más valientes y turbulentos se volvían los antimacedonios de Atenas, y lo mismo ocurría en el Peloponeso, sobre todo en Esparta, en Mesena, en las ciudades de Arcadia, como Orcómeno y Mantinea, así como en Etolia y Fócida; el antimacedonismo se difundía, pues, por la Grecia continental como una mancha de aceite.

En el mes de agosto del año 335 a.C. Demóstenes, que se había convertido en el colaborador jefe del Gran Rey, consideró que había llegado el momento de prender fuego a la pólvora y contactó con los demócratas tebanos que vivían en Atenas, adonde habían sido exiliados por Alejandro un año antes. Les animó a volver a Tebas, su patria, donde algunos compatriotas suyos los reclamaban, los armó para ello, les dio dinero (motor indispensable de toda sublevación) y les prometió la ayuda y la asistencia de Atenas en caso de desgracia.

Los desterrados tebanos, como los llamaban, abandonaron en secreto Atenas y se introdujeron de noche en la ciudad de Tebas dormida. Se dirigieron primero hacia la acrópolis, donde estaba la guarnición macedonia, que no sospechaba nada: las noches son dulces en Grecia cuando acaba el verano y las primeras tormentas han suavizado los calores estivales, turbadas únicamente por el croar de las ranas y los sapos, y las murallas de la fortaleza eran sólidas. Dos oficiales macedonios, Amintas y Timolao, montaban guardia al pie de la Cadmea (era el nombre de la acrópolis tebana, que según la leyenda local habría sido fundada por el héroe Cadmo): los hombres del comando tebano se apoderaron de ella y los degollaron. Amanecía cuando los tebanos, despertados por toda aquella agitación, se reunieron en su ágora. Ante una asamblea del pueblo improvisada, los desterrados tebanos, invocando el derecho sagrado de los pueblos griegos a la libertad y la independencia, incitaron a sus conciudadanos a rebelarse, a expulsar a la guarnición macedonia de la fortaleza y a desembarazarse, sin pérdida de tiempo, del opresor macedonio cuyo jefe, además, acababa de morir en Iliria.

Era éste un discurso que todo pueblo oprimido escucha con placer, incluso si es contrario a la realidad de las cosas: un pueblo sometido no puede ser a un tiempo nacionalista y realista, por suerte para la moral de las naciones, incluso si discursos semejantes son quiméricos y hacen correr sangre hasta el exceso. El pueblo tebano, provisionalmente liberado, decretó mediante sus aclamaciones la sublevación contra las autoridades macedonias, y alrededor de la Cadmea se levantó un asedio.

La insurrección tebana despertó a las ciudades griegas. A la vista de los primeros éxitos de los tebanos, los atenienses, que hasta entonces habían permanecido prudentemente neutrales a pesar de los encendidos discursos de Demóstenes, especialista en arengas patrióticas, toman la decisión de entrar en liza a su vez: envían una llamada de socorro a toda la Hélade y empiezan a negociar con los embajadores del Gran Rey, con la perspectiva de una alianza contra Macedonia. Eolia, Etolia, Arcadia y Mesenia responden a su llamada, y desde el Peloponeso se envía un contingente de hoplitas como vanguardia hacia Beocia, por el istmo de Corinto. Todo hace presagiar una alianza helénica primero, y luego grecopersas, contra Macedonia. ¿Va a cambiar el equilibrio de fuerzas en esa parte del mundo? ¿Se verá surgir en ella un imperio políticamente persa y culturalmente griego que, en un abrir y cerrar de ojos, devorará todo el Occidente romano, limitado entonces a la península italiana?

Nadie había contado con el genio político y militar de Alejandro. Éste, tras haber perseguido fugazmente a los ilirios y los taulancios en las montañas albanesas, ha vuelto a Pelio y se prepara para regresar a Pela con el fin de invadir el Asia Menor primero y luego Persia. Informado de los sucesos de Tebas, no los considera despreciables: no es que tema a los tebanos, teme la astucia de los atenienses, capaces de caminar cogidos de la mano con los persas, y el poder militar de los lacedemonios. Decide acabar con la revolución griega en su origen y parte inmediatamente de Pelio con su ejército.

Su rapidez de movimiento, que no tardará en resultar proverbial, desmantela a sus adversarios. En trece días recorre los cuatrocientos kilómetros que separan Pelio de Onquesto (a un día de camino de Tebas), en buena parte por terreno montañoso: de camino, recluta mercenarios en Fócida e incluso en Beocia. En Tebas las falsas noticias siguen predominando sobre las verdaderas: no es Alejandro el que manda el ejército macedonio, sino el general Antípater, que es mucho menos de temer, y el Alejandro que guía la expedición no es el hijo de Filipo, sino otro Alejandro que no tiene nada en común con el rey de Macedonia, dado que éste, como todo el mundo sabe, ha muerto en Iliria.

Al día siguiente Alejandro y su ejército están ante las puertas de Tebas. Espera que su sola presencia incite a los tebanos a pedir la amnistía y les hace saber que les concede un último plazo antes de pasar al ataque, para permitirles, en caso de que se arrepientan de sus proyectos criminales, enviarle embajadores para tratar. Los tebanos responden a este ofrecimiento con el envío de un escuadrón de caballería, de una compañía de infantería ligera y de arqueros que matan a buen número de soldados macedonios, instalados en los puestos de avanzada.

Al verlo, Alejandro rodea al día siguiente la ciudad, se instala con todas sus fuerzas en la ruta que va de Tebas a Atenas, y establece su campamento frente a una doble línea de trincheras enemigas, que impiden el acercamiento a la ciudad. Su inteligencia militar le aconseja atacar, pero su inteligencia política le dice que espere: si ataca, vencerá, pero se producirá una carnicería que desencadenará una revolución general de las ciudades griegas, apoyadas por los persas. Así pues, se contenta con acampar pacíficamente en la llanura, al pie de la Cadmea, frente a los tebanos. Dentro de la ciudad los tebanos que comprendían la situación y veían que la solución más favorable para el interés público era la negociación proponen enviar embajadores a Alejandro. No obstante, los desterrados tebanos, que dominan entonces a la opinión pública, no quieren saber nada de negociaciones; afirman que Tebas no tiene ninguna posibilidad de ser tratada con benevolencia por Alejandro y exhortan al pueblo a la guerra al grito de: «¡Viva Beocia libre!» Impasible, Alejandro sigue sin atacar la ciudad. Cree en las virtudes de la negociación y teme las consecuencias irremediables de una conquista de Tebas por la fuerza.

Por desgracia, si el jefe era perspicaz, sus oficiales lo eran menos. Uno de ellos, Perdicas, encargado de la guardia del campamento con su unidad, toma la iniciativa de atacar las avanzadillas tebanas, atrincheradas detrás de las empalizadas: las arranca y da a sus hombres la orden de cargar; le secunda su lugarteniente Amintas, que también envía sus hombres al ataque de las trincheras tebanas. Pero su asalto sale mal. Los tebanos se recuperan y, después de retroceder, hacen frente de nuevo y ponen en fuga a los destacamentos macedonios.

Al ver a sus hombres perseguidos por el enemigo, Alejandro se siente obligado a intervenir y lanza la falange contra los tebanos que los persiguen. Cuando la terrible máquina de guerra macedonia se pone en marcha, no hay nada que pueda detenerla. Los tebanos son perseguidos hasta las murallas de su ciudad, que abre sus puertas para acogerlos; pero, bajo el empuje de la falange, no pueden volver a cerrarlas y el ejército macedonio penetra en la ciudad, donde se lucha cuerpo a cuerpo al son de las trompetas y los gritos de guerra, pero esta vez bajo la dirección de Alejandro. Presionados por todos lados, los jinetes tebanos huyen a la llanura seguidos por los soldados de infantería, en medio de un sálvese quien pueda general y bajo la mirada impasible de los macedonios y de su jefe; en la ciudad sólo quedan los civiles, las mujeres y los niños, refugiados en sus casas o amparados en los templos.

La ciudad, vacía de soldados, fue entregada a la matanza y al pillaje. Alejandro, tanto para vengarse de las arrogantes proclamas de los tebanos contra él como para dar que pensar a los atenienses y los demás griegos sobre las consecuencias engendradas por insurrecciones semejantes, decidió tratar a los vencidos con mayor severidad de la que había empleado hasta entonces. Según Diodoro de Sicilia y Justino, los muchachos y las muchachas fueron arrastrados para ser violados repetidas veces por la soldadesca macedonia, antes de ser llevados como esclavos con todas sus familias. También hubo por toda la ciudad una gigantesca matanza, perpetrada no tanto por los macedonios cuanto por sus aliados griegos, focenses, plateenses, beocios.

Se vio entonces, escribe horrorizado Diodoro, griegos asesinados despiadadamente por griegos.

De este modo fueron muertos más de seis mil tebanos, y se reunió a más de treinta mil prisioneros, que fueron vendidos como esclavos. No obstante, Alejandro ordenó que los sacerdotes y las sacerdotisas fueran liberados, así como los miembros de la familia de Píndaro y todos aquellos que en el pasado habían dado hospitalidad a su padre o a él mismo. En cuanto a los macedonios, sus pérdidas se elevaban a quinientos hombres; Alejandro los hizo enterrar allí mismo.

También se saqueó una gran cantidad de objetos preciosos. A este respecto, Plutarco cuenta una anécdota que, verdadera o falsa, arroja sin embargo una luz instructiva sobre las disposiciones de Alejandro:

> Algunos soldados tracios que habían arrasado la casa de Timoclea, una dama tebana de bien y honrada, de noble linaje, se repartieron sus bienes entre ellos. La mujer misma fue cogida por la fuerza y violada por su capitán, que le preguntó si había escondido el oro o la plata en alguna parte. La dama le respondió que sí y, llevándole solo a su jardín, le mostró un pozo en el que, según ella, al ver la ciudad tomada, había arrojado todas sus alhajas y cuanto tenía de más bello y valioso. El tracio se agachó para mirar dentro del pozo y la dama, que estaba detrás de él, lo empujó dentro y echó encima muchas piedras, tantas que lo mató. Cuando lo supieron los soldados, la prendieron inmediatamente y la llevaron, atada y encadenada, ante el rey Alejandro [...] que le preguntó quién era. Ella le respondió:
>
> —Soy la hermana del Teágenes que marchó al frente de los tebanos contra el rey Filipo, durante la batalla delante de Queronea, donde murió en defensa de la libertad de Grecia.
>
> Alejandro, impresionado por esta respuesta digna y también por la forma en que la mujer había actuado, ordenó que la soltasen y que la dejasen ir libre, donde ella quisiera, con sus hijos.
>
> PLUTARCO, *Vida de Alejandro*, XX.

Una vez más, el «jovencito» había vencido.

La noticia dejó estupefacta a toda Grecia. Los arcadios, que habían partido de su país para ayudar a los tebanos, regresaron a su tierra y condenaron a muerte a los que les habían hecho decidirse por Tebas. Las ciudades griegas de Etolia y de la Élide, que habían desterrado a los suyos que eran partidarios de Macedonia, volvieron a llamar a sus exiliados y les presentaron excusas; los etolios llegaron incluso a enviar embajadores a Alejandro para pedirle perdón por haber apoyado a Tebas en sus errores. Todas las ciudades que habían sido antimacedonias se cambiaban de chaqueta sin ningún pudor, pero el macedonio no se engañaba.

Alejandro aprovechó la ocasión para vengarse de Tebas y, sobre todo, para reconstituir la federación panhelénica sobre las ruinas de la ciudad vencida antes de finales del otoño de 335 a.C., es decir, antes de la época que había fijado para partir contra los persas. Reunió a los delegados de los griegos y confió al *Synedrión*, el Consejo federal de la Liga de los Estados griegos que había creado su padre, el cuidado de decidir el destino de la ciudad vencida.

Ante ese consejo, los delegados de Beocia y de Fócida se convirtieron en fiscales de los tebanos, que, según ellos, y a lo largo de toda su historia, habían servido a los intereses de los bárbaros contra los griegos:

> En los tiempos de Jerjes [el vencido de Salamina y de Platea, véase Anexo II] —dijo su orador—, ¿no habían combatido los tebanos al lado de los persas? ¿No habían hecho campaña contra Grecia? De todos los griegos, ¿no eran ellos los únicos honrados como bienhechores, en la corte de Persia, donde, delante del Gran Rey, ponían sillones para los embajadores tebanos?
>
> Cf. DIODORO, XVII, 14,2.

La elocuencia de los focenses y los beocios triunfó sobre los escrúpulos: los delegados de toda la Hélade decretaron que Tebas debía ser arrasada hasta sus cimientos, que los tebanos en exilio o en fuga serían merecedores de extradición, y que los territorios de Tebas serían repartidos entre los demás estados griegos… entre ellos los focenses y los beocios, que fueron los grandes beneficiarios de esta medida, lo cual permite dudar de la sinceridad de sus delegados. Así fue como Tebas desapareció definitivamente de la historia, en vísperas del otoño del año 335 a.C.

Quedaba por resolver el caso de Atenas. Los atenienses estaban ocupados celebrando los Grandes Misterios de Eleusis. Las ceremonias sagradas en honor de Deméter, la diosa del trigo y las cosechas, duraban nueve días y empezaban el 13 de diciembre de cada año. Acababan de comenzar cuando llegaron, despavoridos y en harapos, algunos tebanos que habían escapado a la matanza. Contaron lo ocurrido a las autoridades atenienses y a los sacerdotes que, dominados por el espanto, interrumpieron inmediatamente los cortejos, los cantos y los sacrificios. En un abrir y cerrar de ojos, los atenienses abandonaron las instalaciones que tenían en las campiñas circundantes para ir a refugiarse tras las altas murallas de la ciudad.

El pueblo se reunió en asamblea en la colina de Pnyx y, a propuesta del orador Démades, decidieron enviar a Alejandro una comisión formada por diez embajadores, elegidos entre los miembros del partido promacedonio, que le llevarían las felicitaciones de Atenas por sus victorias sobre los bárbaros del Norte (los tribalos y los ilirios) y por el castigo infligido a los tebanos sublevados. El rey de Macedonia recibió a los embajadores con desprecio, volviéndoles la espalda, pero en una carta dirigida al pueblo ateniense que les remitió, exigía que le fueran entregados cinco políticos (Demóstenes, Licurgo, Hipérides, Polieucto y Mérocles) y cinco estrategos (Cares, Diótimo, Efialtes, Trasíbulo y Caridemo), porque, decía en su carta, esos hombres eran, con sus discursos y sus acciones, responsables del desastre sufrido por Atenas en Queronea y el comportamiento inadmisible hacia él de la ciudad ateniense.

Cuando los embajadores transmitieron la respuesta del joven rey a Atenas, se produjo la consternación general. Demóstenes lanzó uno de esos discursos pomposos que le ganaron la fama y que tal vez serían admirables si no fuesen hipócritas: «No hagáis como los corderos de la fábula —suplicó—, no entreguéis vuestros perros de guarda al lobo.» El demócrata estafador que era Demóstenes, bien alimentado por el Gran Rey, fue interrumpido por el aristócrata Foción, al que llamaban «el hombre de bien» por su virtud y su integridad; Foción era el jefe del partido de la paz sin haber predicado nunca a favor de Macedonia, y había sido elegido cuarenta y cinco veces estratego: «Estos hombres cuya extradición pide Alejandro —dijo gravemente— deberían tener el valor, como nuestros héroes de antaño, de sufrir voluntariamente la muerte por la salvación de la patria; al negarse a morir por su ciudad, dan prueba de su cobardía.» Pero Foción fue expulsado de la tribuna por los griegos del pueblo, que aclamaba a Demóstenes.

Mediante un hábil discurso, éste sugirió a la Asamblea del pueblo ofrecer una prima de cinco talentos (130 kilos de oro aproximadamente) al orador Démades, que estaba bien visto por el rey de Macedonia, a fin de que convenciese a este último de que dejase la tarea de juzgar a los culpables al tribunal del pueblo de Atenas.

Así fue como Foción (gratuitamente, por amor a la patria) y Démades (que sacaba 130 kilos de oro) fueron juntos a pedir a Alejandro autorización para que fuesen los atenienses mismos quienes juzgasen a los diez hombres que había designado en sus propios tribunales. El rey apenas prestó oído a las palabras de Démades, pero escuchó atentamente a Foción, porque había oído decir a viejos servidores que su padre, Filipo, hacía mucho caso a este hombre. Así pues, le dio audiencia, lo escuchó con mucho respeto y respondió favorablemente a su petición: le pidió incluso consejo sobre qué debía hacer en el futuro: Foción le respondió gravemente: «Si lo que buscas es la paz, depón las armas y deja de hacer la guerra, salvo para defenderte; pero ¿quién osaría atacarte? En cambio, si lo que buscas es la gloria militar, vuelve tus armas contra los bárbaros y no contra los griegos.»

En última instancia, Alejandro escogió la paz. Exigió simplemente que Atenas exiliase al estratego Caridemo, un aventurero sin escrúpulos, más o menos espía del rey de Persia, cosa que fue concedida; el personaje en cuestión huyó a Susa, a la corte del Gran Rey, seguido por algunos aventureros más de su especie, donde no tardaremos en volver a encontrarlo (véase pág. 172).

Alejandro quedó impresionado y emocionado a un tiempo por Foción. En los años que siguieron el anciano fue, junto con Antípater, la única persona a la que escribió como se escribe a un amigo. Le regaló 100 talentos de oro (2,6 toneladas) que le fueron llevados a Atenas; a quienes fueron a entregarle esa importante cantidad de oro cuando había tantos habitantes en Atenas, Foción les preguntó por qué Alejandro le enviaba aquel regalo sólo a él:

—Porque estima que tú eres el único hombre de bien y de honor de tu ciudad —le respondieron.

—Entonces, que me deje seguir siéndolo hasta el fin de mi vida —habría replicado Foción—. Si cojo este oro y no me sirvo de él, será como si no lo hubiese cogido; y si me sirvo de él, entonces todo Atenas hablará mal tanto de tu rey como de mí.

Estamos en el mes de septiembre del año 335 a.C. Alejandro III de Macedonia había cumplido los veintiún años dos meses antes, y hacía uno apenas que reinaba en Macedonia. En un solo año, había apartado a todos los pretendientes a la corona, castigado a los asesinos de su padre, impuesto su autoridad al ejército, llevado las fronteras septentrionales de Macedonia hasta el Danubio, acabado con los peligrosos ilirios, reconstituido la Confederación de Corinto que su padre había creado y que de hecho se había desintegrado, sobre todo atenienses, tebanos y espartanos, castigado la rebelión tebana de la forma más terrible, puesto término a la vanidad política, a la hipocresía y al egoísmo de los atenienses. El mundo griego era realmente suyo, y sólo corría un peligro, aunque era grande: el de ser devorado por el dragón persa, cuyos dientes habían crecido. Alejandro III de Macedonia, hijo de Zeus-Amón y de la bacante Olimpia, empezaba a creer que, como nuevo Aquiles, había sido enviado a la tierra para vencer.

VI

La conquista de Asia Menor
(1.er año de guerra en Asia: abril de 334-abril de 333 a.C.)

¿Por qué emprendió Alejandro la gran guerra contra los persas? — La partida del Gran Ejército (abril de 334). — El paso del Helesponto (abril de 334). — Alejandro en Troya (abril de 334). — Rendición de Lámpsaco (mayo de 334). — La victoria sobre el Gránico (principios de junio de 334). — Rendición de Sardes. — Toma de Éfeso (mediados de junio de 334). — Estancia de Alejandro en Éfeso, su retrato por el pintor Apeles (junio-julio de 334). — Sitio y toma de Mileto (julio-agosto de 334).— Alejandro licencia a su flota (principios del otoño de 334). — Memnón, comandante supremo de los ejércitos persas. — La princesa Ada (septiembre de 334). — Sitio y toma de Halicarnaso (septiembre-octubre de 334). — Organización de Caria y partida de los soldados con permiso para Macedonia (noviembre de 334). — Parmenión en Sardes (finales de noviembre de 334). — Alejandro en Fasélida (diciembre de 334-enero de 333). — Complot de Alejandro el lincéstida contra Alejandro (diciembre de 334-enero de 333). — Sumisión de Licia, Panfilia y Pisidia (enero-febrero de 333). — Sumisión de la Gran Frigia (marzo-abril de 333). — Llegada de Alejandro a Gordio (abril de 333).

¿Por qué la Grecia de las ciudades, la de Sócrates y Platón, la de los sofistas, de la segunda generación de los pitagóricos, de Pericles y la democracia hizo la guerra a los persas? Simplemente porque el imperio de los grandes reyes se extendía entonces hasta las islas y las ciudades griegas asiáticas del mar Egeo, digamos hasta las orillas mediterráneas de la Turquía moderna, y porque en el siglo v a.C., antes incluso de la expansión de Macedonia, los griegos tenían dos buenas razones para expulsarlos de allí: en primer lugar, los persas oprimían o parecían oprimir a los griegos de Jonia y de las islas del mar Egeo; en segundo lugar, su flota de guerra, que cruzaba permanentemente el mar Egeo, constituía una amenaza continua para el comercio y la seguridad de las ciudades marítimas o cuasi marítimas como Atenas, las ciudades de Eubea o de Calcídica. De ello resultaron cincuenta años de guerras Médicas (véase Anexo II), que terminaron con la retirada de las fuerzas navales persas del mar Egeo, aunque siguieron manteniéndose las satrapías persas en Asia Menor.

¿Por qué Filipo II pensó en llevar la guerra a los persas cuando ya no amenazaban el mar Egeo? Por una razón totalmente distinta de estrategia política: Filipo soñaba con un gran Estado helénico unificado, bajo la dirección de Macedonia, y pensaba que una gran guerra contra un enemigo persa común era el mejor medio de estrechar los lazos entre las ciudades griegas y Macedonia.

¿Por qué emprendió Alejandro esa guerra contra los persas que quería su padre? No era desde luego por las mismas razones que los griegos de Maratón, Salamina y Platea: desde la unificación de los estados griegos realizada por Filipo, la «amenaza persa» ya no pesaba sobre el mundo griego. La unidad del mundo griego bajo la férula macedonia se había conseguido desde la destrucción de Tebas por el propio Alejandro.

¿Entonces? ¿Era para hacer «como papá», porque el joven carecía de imaginación política? ¿Era para conquistar Egipto (de nuevo bajo dominio persa desde el año 341 a.C., después de haberlo estado del 528 al 404 a.C.) (véase pág. 222), porque «mamá» le había repetido una y otra vez desde su más tierna infancia que era hijo de Zeus-Amón, cuyo mayor santuario, el del oasis de Siwah, se encontraba en Egipto, en el corazón del desierto de Libia? ¿Era quizá porque tenía veinte años, porque estaba dotado de una personalidad hipertrofiada, de una ambición relacionada con esa hipertrofia y porque creía que todo le era posible? La respuesta es sin duda: por todas estas razones a la vez. Y buen historiador será quien sepa desenredar el embrollo.

Sea como fuere, Alejandro partió de Pela a principios de la primavera del año 334 a.C. (sin duda a finales del mes de marzo), con un pequeño ejército de 30.000 soldados de infantería y 4.000 jinetes (véase en la página siguiente su composición), para conquistar un país cuya geografía y poblaciones ignoraba por completo, pero del que todo el mundo sabía que era enorme y que el sátrapa persa que era su responsable, Mázaces, podía reclutar un millón de hombres si quería. Lo menos que puede decirse es que era una locura, pero Alejandro salió victorioso de la empresa. Y los ataques bruscos y violentos que asestó al mundo mediterráneo oriental, unidos a los que los romanos iban a dar, a partir de los siglos siguientes, en el mundo mediterráneo occidental, debían contribuir a hacer nacer el mundo en el que hoy vivimos.

1. *La gran partida y la victoria del Gránico*

En el mes de agosto o en el mes de septiembre del año 335 a.C., Alejandro vuelve a sus estados y dedica el otoño y el invierno siguiente a preparar su expedición persa.

Su ejército no es otro que el que había creado su padre, y los autores antiguos nos lo han descrito. Está formado por macedonios (12.000 soldados de infantería y 1.900 jinetes), de griegos (7.000

soldados de infantería y 2.400 jinetes, 1.800 de ellos tesalios) y de mercenarios procedentes de Tracia o de los Balcanes y de las ciudades griegas de Asia Menor (en total, 13.000 soldados de a pie y 900 jinetes). La suma total es de 32.000 soldados de a pie y 5.200 jinetes, a los que hay que añadir los regimientos de arqueros, los técnicos de la artillería (catapultas), de ingenios (se encargan de construir los arietes que hunden las puertas de las ciudadelas, las máquinas de los asedios, los puentes, etc.; su jefe es el general Aristóbulo de Casandra), de lo que hoy llamaríamos el tren de equipamientos (se ocupan de los carros y de las bestias de carga: a menudo se trata de comerciantes civiles), del servicio de sanidad (médicos, ambulancias) y los servicios administrativos. Precisemos desde ahora que este ejército cambiará de cara a medida que la expedición adquiera importancia: en particular, después de 330 a.C., cuando el macedonio invada India, su efectivo alcanzará el número de 120.000 combatientes, la mitad de ellos extranjeros (sobre todo persas o indios). Añadamos que este ejército tiene dos puntos débiles: su flota es insuficiente (se trata principalmente de una flota de transporte) y a Alejandro le falta dinero (ha partido de Pela con sólo 70 talentos de oro y 30 días de víveres).

EFECTIVOS DEL EJÉRCITO DE ALEJANDRO

Arma	*Macedonios*	*Griegos*	*Mercenarios*	TOTAL
Infantería pesada	9.000 (compañeros)	3.500 (hoplitas)	13.000 (5.000 griegos 7.000 balcánicos, 1.000 arqueros)	25.500
Infantería ligera (portaescudos y peltastas)	3.000	3.500		6.500
Caballería	1.900 (compañeros)	2.400 (de ellos 1.800 tesalios)	900 (tracios y peonios)	5.200

El ejército persa es incomparablemente más numeroso y rico. Cuando van a empezar las hostilidades, Asia Menor proporciona a Darío III Codomano 100.000 hombres, el conjunto Armenia-Siria-Cilicia-Egipto otros 40.000 hombres, y las satrapías orientales (de Babilonia a India) varios cientos de miles más. En cuanto a los recursos financieros de Persia, son inagotables.

¿Mantuvo Alejandro consejos de guerra con sus generales para establecer un plan general de invasión del Imperio persa? No lo sabemos, pero es dudoso. Como joven seguro de sí mismo, se fiaba de sus conocimientos librescos. Había leído la *Anábasis* de Jenofonte, que relata la expedición emprendida en el año 401 a.C. por Ciro el Joven con el objetivo de apoderarse del Imperio persa sobre el que reinaba su hermano Artajerjes; para ello, Ciro había reclutado 13.000 mercenarios griegos («los Diez Mil») cuya vuelta a Grecia cuenta la *Anábasis*. Por último, desde su más tierna infancia Alejandro preguntaba a los embajadores y viajeros que regresaban de Persia por la fisonomía del país, las distancias entre ciudades, etc. Al parecer no hubo plan de invasión propiamente dicho, sino aquel cuyas líneas generales habían sido expuestas ante el *Synedrión* por Filipo en la primavera del 336 a.C. Podemos decir por tanto que la partida de Alejandro para la guerra contra Persia, si no fue improvisada, parece haberse hecho con recursos escasos e implicaba un gran número de incertidumbres (dos mil quinientos años más tarde, Napoleón partirá hacia Moscú con la misma despreocupación: ya se sabe lo que ocurrió).

En esas incertidumbres pensaban los allegados del joven rey cuando le suplicaron casarse antes de partir y esperar el nacimiento de un heredero: ¿qué sería de la dinastía si le pasaba algo? Alejandro no quiso atender a razones y no se casó, pretextando que el momento era demasiado serio como para pensar en fiestas y noches de bodas.

También se cuenta que antes de partir donó a sus amigos todas sus posesiones: tierras, dominios, aldeas, puertos, prerrogativas y rentas diversas. Y cuando Perdicas, uno de sus lugartenientes, le preguntó qué le quedaba después de todas aquellas larguezas, Alejandro respondió lacónico: «La esperanza.» Entonces Perdicas le dijo: «En ese caso, déjanos compartir contigo esa esperanza», y renunció también a sus rentas y bienes, y lo mismo hicieron otros amigos de Alejandro. El entusiasmo era general.

Antes de abandonar el suelo de Macedonia, Alejandro quiso celebrar las fiestas tradicionales en honor de Zeus que todos los años tenían lugar en Dión, una ciudad de la Macedonia meridional. Duraban nueve días, y cada día estaba dedicado a una musa: el primer día fue consagrado a Calíope, musa de la poesía épica; el segundo a Clío, musa de la historia; el tercero a Euterpe, musa de la poesía lírica; el cuarto a Melpómene, musa de la tragedia; el quinto a Terpsícore, musa de la danza; el sexto a Erato, musa de la poesía amorosa; el séptimo a Polimnia, musa de los cantos sagrados; el octavo a Urania, musa de la astronomía; el noveno y último a Talía, musa de la comedia. Luego se anunció que había en la región de Dión una estatua de Orfeo, hecha de madera de ciprés, que estaba permanentemente cubierta de gotitas de sudor. El adivino vinculado a la persona de Alejandro, Aristandro, explicó al rey el prodigio: significaba que todos los poetas, épicos, líricos o hímnicos, cuyo patrón era Orfeo, tendrían mucho trabajo para celebrar con sus cantos las hazañas futuras del héroe Alejandro.

Poco después de estos festejos, una hermosa mañana de abril del año 334 a.C., Alejandro partió hacia el Helesponto, que hoy llamamos el estrecho de los Dardanelos, al frente de su ejército. Su madre, Olimpia, había querido acompañarle hasta las puertas de Asia, de donde nunca había de volver, ni a Macedonia, ni a Grecia. Pero eso Alejandro lo ignoraba: los adivinos no pueden saberlo todo.

La expedición de Alejandro a los países de los persas fue una especie de gigantesco viaje militar, político y místico, sin que podamos decidir cuál de esos tres caracteres predomina sobre los demás. Lo que a primera vista sorprende cuando se sigue su itinerario en un mapa, es su naturaleza esencialmente continental: por primera vez, un ejército griego penetraba en el interior de un enorme país y perdía incluso toda esperanza de volver a ver un día el mar. Los antiguos griegos tenían un término para designar un viaje por el interior de las tierras, lo llamaban una *anábasis* («ascensión»).

Pero esa *anábasis* no empezó inmediatamente. El grueso de las tropas de Alejandro estaba concentrado en la llanura que separa los dos ríos que desembocan uno en el golfo de Salónica, otro en el golfo de Orfani: el Axios (el actual Vardar) y el Estrimón (el actual Struma). La gran partida tuvo lugar pues desde Anfípolis (en la desembocadura del Estrimón), en el mes de abril de 334 a.C., y Alejandro, cuyo primer objetivo era entrar en Asia cruzando el Helesponto, tomó tranquilamente la ruta que bordea el litoral tracio (véase el mapa en la pág. 487), pasando a pie las montañas que la bordean, franqueó el Nesto, cruzó sucesivamente Abdera y Maronea, pasó fácilmente el Hebro (el actual Maritza), atravesó Ainos, luego Cardia, al pie de la península que los antiguos llamaban Quersoneso y que nosotros conocemos como península de Gallípoli. Así llegó al extremo de esa península, a la ciudad de Sesto, después de haber hecho recorrer a sus soldados de infantería seiscientos kilómetros en tres semanas, verosímilmente en los primeros días del mes de mayo de 334 a.C. En Sesto, Alejandro se despidió solemnemente de su patria y su madre, que le conminó, una vez más, a ir a visitar el oráculo de Amón (su esposo místico) a Siwah, en Egipto. Olimpia volvió a Pela con su escolta, dejando, emocionada y confiante, a su hijo frente a su destino.

En ese mismo momento Darío III Codomano tomaba sus disposiciones para impedir que el ejército macedonio penetrase en Asia. Hacía muchísimo que, desde Susa, su capital de invierno (situada a unos 3.000 kilómetros del Helesponto), el Gran Rey había enviado a los sátrapas y a los gobernadores de sus provincias la orden de dirigirse con sus tropas a los alrededores del estrecho. Así pues, en la llanura que bordea el Helesponto desde el lado asiático, había unos cincuenta mil jinetes llegados desde el confín remoto de Persia, de Bactriana, Hircania, Media, Paflagonia, Frigia, Capadocia y otras partes (véase el mapa del Imperio persa, pág. 486), mandados por los mejores generales de Darío, el más notable de los cuales era un griego de Rodas, Memnón, encargado sobre todo de la vigilancia de las costas de Asia Menor. Los generales persas odiaban a este mercenario por un doble motivo: era un heleno y era el favorito del Gran Rey. También se había ordenado a la flota persa, que disponía de 400 trirremes de guerra, cien de ellas procedentes de Jonia y las otras de Chipre y Fenicia, que navegase cerca de las costas.

Cuando Alejandro llega a Sesto, la flota griega ya está agrupada en el Helesponto: 160 trirremes y un buen número de navíos comerciales esperan allí a su ejército. Encarga a su lugarteniente Parmenión (el antiguo lugarteniente de su padre) embarcar en las trirremes a su caballería y a una buena parte de su infantería y desembarcarlas en el otro lado del estrecho, en Abidos (era una colonia de la ciudad de Mileto, cuyo emplazamiento está cerca de la ciudad turca moderna de Cannakkale). En ese lugar la anchura de los Dardanelos no supera los cuatro o cinco kilómetros. Mientras tanto, Alejandro, seguido por su regimiento de elite, se dirige hasta la extremidad de la península de Gallípoli, donde se encontraba la pequeña colonia ateniense de Eleunte, cuyas murallas dominaban el Helesponto.

Los versos de la *Ilíada* cantaban en su memoria. Desde ese promontorio podía ver el cabo Sigeo, en la orilla asiática, donde Agamenón, que había partido de las riberas de Beocia para «llevar la desgracia a Príamo y a los troyanos», había amarrado sus navíos; y se veía, avanzando sobre las huellas de Aquiles, desembarcando en la misma tierra que sus pies ligeros habían hollado. Allí había caído el primer griego que pereció en la guerra de Troya, Protesílao el Belicoso, que también fue el primero en saltar de su nave a suelo troyano y fue traspasado de un lanzazo por Héctor. Antes de franquear el Helesponto, el nuevo Aquiles se recoge ante la tumba del héroe homérico y pide a los dioses no sufrir la misma suerte. Este gesto algo teatral era inútil: no había un solo persa al otro lado del estrecho, en aquella Tróade (así se llamaba el país troyano) ocupado desde Filipo por tropas macedonias. Pero Alejandro empalmaba, consciente o inconscientemente, con el hilo de la epopeya: por todo guía no tenía más que al poeta ciego cuyos hexámetros conocía de memoria.

Partiendo de Eleunte, revestido pese al calor con su armadura completa, tocado con su casco de plumas blancas, pilotó como en un sueño la nave real. Llegado al centro del estrecho, degolló un toro en honor de Poseidón y de las Nereidas, las divinidades del mar que personificaban las olas innumerables, una de las cuales, Tetis, había sido la madre legendaria de Aquiles: y de pie, bajo el sol, tomando una copa de oro llena de vino, ofreció una libación a la divinidad marina, derramando en las olas el líquido, brillante y dorado, que contenía.

Su navío abordaba ya las riberas de la Tróade. Alejandro lo guía hacia una bahía llamada «el puerto de los aqueos» porque, según la leyenda, allí era donde habían desembarcado Agamenón y los héroes de la guerra de Troya. Desde la proa, donde se mantenía de pie, el joven rey lanza simbólicamente su jabalina hacia tierra, significando con ese gesto que tomaba posesión de aquella tierra, y salta el primero, completamente armado, sobre el suelo de Asia. Es fácil imaginar la emoción de Alejandro, repitiendo en aquellos lugares las gestas legendarias de Agamenón: al abandonarlos, ordenará que se levanten altares a Zeus, protector de los desembarcos, su padre místico; a Heracles, su padre dinástico, y a Atenea, para conmemorar estos instantes que para él serán inolvidables y con el fin de señalar estos lugares a los pueblos futuros.

Como es lógico, antes de ir a luchar contra los persas, debía hacer una peregrinación a los lugares donde antaño se alzaban las murallas de la antigua Troya, la Ilión homérica bajo cuyos muros se habían librado en el pasado tantos combates memorables. La escalada del cerro sobre el que se alzaba la Ilión moderna (la de su época), construida no lejos del cabo Sigeo por colonos atenienses sobre las ruinas de la antigua ciudad y, del mismo modo que había restablecido lazos con la epopeya saltando el primero (como el infortunado Protesílao) sobre el suelo de la Tróade, ofreció un teatral sacrificio a los manes de Príamo, el viejo rey troyano, padre del valiente Héctor. Se trataba de aplacar su cólera hacia la descendencia de Neoptólemo, el guerrero griego que en otro tiempo había degollado al viejo rey y que era origen de la dinastía de la que él, Alejandro, era el último representante. Pero Alejandro honró sobre todo la memoria de Aquiles, el antepasado mítico de su raza. Depositó una corona de oro sobre su tumba, e incluso su amigo Hefestión depositó otra sobre la tumba de Patroclo, el amigo indefectible del héroe homérico. Y, acordándose de las lecciones de su maestro Aristóteles, Alejandro dijo cuán grande había sido la felicidad de Aquiles por haber tenido un heraldo como Homero para perpetuar su memoria.

Sin embargo, no habría que achacar únicamente a la «imaginación novelesca» (A. Weigall) de Alejandro, o a cualquier otro misticismo latente transmitido por su madre, estos gestos y esta peregrinación troyana. Desde que ha montado sobre *Bucéfalo* con la espada en la mano, en los Balcanes, desde que ha eliminado el poder tebano y hecho doblegarse a Atenas y Grecia ante su poder, se ha vuelto un jefe consciente y organizado, cuyas acciones, y en particular los actos públicos, tienen una finalidad. Sabe que todavía hay entre los macedonios hombres que dudan de su legitimidad; entre los griegos que le acompañan hay hombres que en su fuero interno lo consideran un bárbaro: acaba de confirmar ante todos que es digno heredero de Agamenón, que el lejano fundador de su estirpe, Neoptólemo, era un griego, un aqueo, y que por lo tanto, a ojos de todos, Alejandro encarna la legitimidad.

En la Grecia antigua no había buen inicio de guerra sin presagios ni adivinos. No faltaron a la cita. Antes de abandonar la Tróade con su regimiento de elite, Alejandro quiso honrar también a Atenea. Cuando llegó al santuario consagrado a la diosa, el sacrificador que le había acompañado observó en el suelo, delante del templo, una estatua de Ariobarzanes, un antiguo sátrapa de Frigia: «Es un buen presagio —dijo el sacrificador—. Significa que tendrá lugar un gran combate, y que matarás por tu propia mano a un general enemigo.»

Para dar las gracias a la diosa, que había soplado esta predicción al adivino, Alejandro le consagró su escudo y se apoderó del más sólido de los que estaban depositados en el templo: de esta forma Atenea le protegerá como había protegido a Aquiles durante la guerra de Troya.

Desde Ilión, Alejandro marchó hacia el este, hasta la aldea de Arisbe, cerca de Abidos, donde encontró al resto de su ejército, reunido por su lugarteniente Parmenión, que le había hecho pasar el Helesponto: 24.000 lanceros macedonios y griegos, 5.000 infantes tracios e ilirios, cerca de 5.000 jinetes, griegos, tesalios o macedonios, un millar de arqueros lo esperaban, dispuestos a partir.

La partida tuvo lugar al día siguiente. Para hacer la guerra sólo quedaba encontrar al ejército enemigo: como los exploradores le habían anunciado que éste se movía hacia la Frigia marítima —provincia medianera con la Tróade—, Alejandro decidió marchar a su encuentro, continuando su avance hacia el este, a lo largo de las riberas del Helesponto.

El ejército grecomacedonio atraviesa, sin demasiada prisa, la Frigia marítima. Unos tras otros, burgos y aldeas caen en manos de Alejandro sin combate, en particular Lampsaco (la ciudad de Memnón) y la plaza fuerte de Príapo, a unos cuantos kilómetros de un riachuelo costero de curso rápido, el Gránico, que desciende por las faldas del monte Ida. La fortaleza dominaba toda la llanura de los alrededores; constituía una posición estratégica de la mayor importancia, sobre todo porque los persas, según un informe del general macedonio que mandaba la vanguardia del ejército de Alejandro, estaban concentrados más lejos, hacia el este, y descendían en gran número hacia el mar, siguiendo la orilla derecha del Gránico.

Los sátrapas de la región y los generales persas habían celebrado consejo de guerra en la llanura vecina (llanura de Celía). Habían llegado demasiado tarde para impedir a los macedonios atravesar el Helesponto, retraso cuya responsabilidad debía recaer en Darío: el Gran Rey, que desconfiaba de sus gobernadores, les prohibía cualquier iniciativa, y estos últimos habían tenido que esperar sus órdenes para abandonar sus acantonamientos. Ahora tenían que decidir una estrategia para rechazar a los grecomacedonios hacia el mar.

La que Memnón preconizaba, de haber sido adoptada, habría cambiado el desarrollo de los acontecimientos: «El ejército de Alejandro es menos numeroso que el nuestro [según las fuentes, el ejército persa contaba con 60.000 hombres, dato que por otra parte no es seguro], pero está incomparablemente mejor entrenado y es más eficaz; además, combate ante los ojos de su rey, lo cual lo vuelve mucho más peligroso. Si atacamos de frente y resultamos vencedores, se retirará, desde luego, pero para él no será otra cosa que un aplazamiento: no habrá perdido nada irremediable; pero si, por desgracia, somos nosotros los vencidos, perdemos para siempre la Frigia, la Tróade, las orillas del Helesponto y quién sabe qué pasará entonces.»

En consecuencia, Memnón recomendaba a sus colegas retirarse lentamente, incendiando las cosechas y los campos, quemando los graneros y destruyendo los forrajes, arrasando en caso necesario las ciudades, y dejar que el ejército de Alejandro se agotase en el sitio por falta de víveres. Mientras, los persas enviarían otro ejército a invadir Macedonia por mar, y de este modo trasladarían el teatro de las operaciones a Europa, al suelo de los invasores.

La opinión era sensata, pero los otros jefes persas no quedaron convencidos. Unos pretendían, con cierta grandilocuencia, que esa estrategia no formaba parte de las costumbres persas, que era indigna del espíritu caballeresco de los soldados del Gran Rey y que éste no la admitiría; otro, Arsites, sátrapa de la Frigia marítima, opuso a Memnón un argumento relacionado con su conciencia profesional de administrador: «No permitiré que se deje devastar, aunque sea por un motivo estratégico, los territorios que el Gran Rey me ha confiado, ni que se toque una sola casa de mis administrados.»

Los restantes miembros del consejo de guerra se sumaron a la opinión de Arsites y Memnón hubo de renunciar a su estrategia de tierra quemada; de mala gana ordenó a sus tropas colocarse en orden de batalla en la orilla derecha del Gránico. Su decisión convenía perfectamente a Alejandro, que sin duda estaba animado por el deseo de atacar cuanto antes, no porque estuviese, como el «hirviente Aquiles», ávido de combates y victorias, sino porque había hecho el mismo razonamiento que Memnón: si dejaba que pasase el tiempo, corría el riesgo de perderlo todo.

La «batalla del Gránico», como la llamaron más tarde los historiadores, tuvo lugar a principios del mes de junio del año 334 a.C.

Sabemos que Alejandro consiguió la victoria, pero ¿cómo se desarrolló? Los autores antiguos nos dan dos versiones distintas. Según Arriano y Plutarco, Alejandro habría llegado al final del día al río, no habría escuchado los prudentes consejos de su lugarteniente Parmenión, cuya opinión era esperar al día siguiente para atacar, y se habría lanzado a cuerpo descubierto a través del río y habría debido la victoria a esa cabezonada impetuosa y a la suerte; según Diodoro de Sicilia, habría escuchado a Parmenión y no habría librado batalla sino hasta la mañana siguiente, al modo clásico. El detalle de los combates es prácticamente el mismo en las dos versiones.

Adoptaremos aquí la primera por una razón que nos parece evidente. Si hubiese escuchado a Parmenión y atacado al alba (es el relato de Diodoro de Sicilia), habría tenido el sol levante frente a él, puesto que venía del oeste y los persas estaban al este del Gránico. Ahora bien, en esas tierras soleadas todos los guerreros sabían que no era razonable realizar un ataque con el sol de cara; no es posible apuntar a ningún blanco, ni con el arco ni con la jabalina, y no se ven llegar los dardos. Es difícil pensar que Alejandro haya cometido un error tan burdo, colocándose desde el principio de la batalla en situación de inferioridad: atacó a los persas al final del día, cuando tenía el sol a la espalda.

Así pues, ya tenemos a Alejandro y su ejército acercándose al Gránico, al final de un hermoso día de junio de 334 a.C., según nos dicen nuestras fuentes. Unos exploradores llegan, a toda la velocidad de sus caballos, para anunciarle que en la otra orilla del río los persas están dispuestos ya en orden de batalla. Podemos imaginar que entre el macedonio, su lugarteniente Parmenión y Hegéloco, comandante del destacamento de reconocimiento, se desarrolla la siguiente conversación:

A. —¿Cómo es el río, cómo son los persas?

H. —No es un río, más bien se trata de un riachuelo. No es muy ancho, pero es rápido.

A. —¿Es profundo?

H. —En algunos puntos, pero en conjunto se puede vadear caminando, con el agua hasta la cintura.

A. —¿Y las orillas?

H. —Son escarpadas, con muchas rocas y muy resbaladizas, sobre todo por nuestro lado. Por el lado persa son abruptas, y el enemigo está dispuesto en orden de batalla.

A. —¿En cuántas líneas?

H. —Han colocado sus jinetes en primera línea, en la ribera, los caballos ya tienen metidos los cascos en el agua: son unos veinte mil. Los infantes, en su mayoría mercenarios griegos de Asia Menor, igual de numerosos, están en segunda línea, unos metros más atrás, a cierta altura; han colocado arqueros por encima de los infantes, y así tienen una perspectiva del río desde lo alto.

A. —¿Cómo es la ribera por nuestro lado?

H. —Es llana, cenagosa y muy resbaladiza. Indiscutiblemente los persas tienen la ventaja del terreno. Deberías cambiar de casco, rey, porque el brillo de tu penacho blanco te hace reconocible de lejos.

A. —No tengo miedo a nada, Atenea me protege como en el pasado protegía a Aquiles. Lo que pienso hacer es lo siguiente. Dadas las posiciones que han tomado los persas, la batalla del Gránico va a ser una batalla de caballería y debería redundar en ventaja nuestra: Memnón ha cometido un error colocando sus infantes en segunda línea, ¡esos mercenarios son sus mejores soldados! Aprovechémoslo. Hegéloco, tú marcharás delante de nosotros, con quinientos infantes-lanceros; nuestros jinetes irán detrás, los tesalios y los griegos por el ala izquierda, bajo el mando de Parmenión. Nuestra infantería pesada marchará en el centro, en dos columnas, porque el terreno no es propicio para la formación en falange: estará preparada para ocupar el terreno del que podamos apoderarnos en la orilla persa. En cuanto lleguemos al río, nos pondremos en posición de combate y atacaremos. ¿Qué piensas tú, Parmenión?

P. —No soy de la opinión de atacar ahora.

A. —¿Por qué?

P. —Tu maniobra es peligrosa. Nuestros jinetes no podrán atravesar en orden en un frente ancho, llegarán a la otra orilla en desorden y serán presa fácil para la caballería enemiga, que está en formación impecable, y perderemos la batalla.

A. —¿Qué propones?

P. —Detenernos y acampar esta noche en la orilla del río. Los persas, que están tan bien informados de nuestro ejército como nosotros del suyo, saben que su infantería es muy inferior a la nuestra; por lo tanto, no se atreverán a vivaquear tan cerca de nosotros y se alejarán del río, de modo que nuestro ejército cruzará fácilmente con el alba: les ganaremos en velocidad y les atacaremos antes incluso de que hayan podido colocarse en orden de batalla.

A. —Todo eso lo sé de sobra, querido Parmenión. Pero a mí que he cruzado el Helesponto no va a detenerme un arroyo como éste. Sería indigno de la fama de mis soldados y de mi reputación, y lo que es peor, si no atacase de inmediato, los persas podrían pensar que nosotros, los macedonios, les hemos tenido miedo. Ve, Parmenión, ve a tomar el mando de la caballería en el ala izquierda, yo me encargo del ala derecha. Yo daré la señal de asalto.

Tras esto, los dos ejércitos se sitúan frente a frente en las dos orillas del Gránico. A la agitación del principio le sucede una calma trágica: en total había allí casi cien mil hombres que sabían que la mayoría de ellos iba a morir, y a ambos lados del río se produjo un profundo silencio. Los macedonios, inmóviles, parecían tomar impulso para saltar a las aguas del Gránico, y los persas los acechaban, dispuestos a caer sobre ellos en cuanto se hubiesen adentrado en el cauce del río. De repente, Alejandro encabrita su caballo, saca su espada y se lanza hacia adelante, exhortando a sus jinetes con la voz y el gesto, al son de las trompetas y los gritos de guerra, velando por mantener sus líneas en posición oblicua en relación a las orillas. Al punto los infantes persas, situados en lo alto como se ha dicho, lanzan vigorosamente sus jabalinas y provocan una lluvia de dardos sobre los jinetes macedonios.

Pronto estos últimos se encuentran en situación crítica: los cascos de sus caballos resbalan en el cieno que tapiza el lecho del río, y deben combatir además a un enemigo que los domina desde la altura. Se ven obligados a retroceder, pero retroceden en línea oblicua, hacia Alejandro. El combate se agiliza, haciéndose más duro; como escribe Arriano, se combatía a caballo, pero aquello se parecía más a un combate de infantería: la lucha soldaba a los combatientes entre sí, caballo contra caballo, hombre contra hombre. Alejandro, montado sobre *Bucéfalo*, está en todas partes a la vez; se distingue su penacho blanco girando entre los cascos de los Compañeros de Macedonia, ese cuerpo de elite creado por Filipo. Pero su lanza se rompe: un compañero le presta la suya y, viendo al yerno de Darío, Mitrídates, que trata de romper la línea formada por la caballería macedonia, carga contra él y, de un lanzazo en el rostro, lo abate muerto a los pies de su caballo. Entonces el hermano de Mitrídates, que luchaba a su lado, se precipita sobre Alejandro y le asesta con la espada un golpe que le hiende el casco. El rey vacila bajo el choque, pero abate a su contrincante de un golpe de jabalina que le traspasa la coraza y luego el pecho.

El combate se extiende. Los jinetes persas, atacados por todas partes por los caballeros macedonios y griegos, deben sufrir aún el asalto de la infantería ligera. Empiezan a replegarse, su centro cede, las alas también y, perdiendo repentinamente toda esperanza de vencer, huyen a galope tendido. Alejandro no trata de perseguirlos y se vuelve contra los infantes enemigos, en su mayoría mercenarios. Han permanecido de pie, frente al río, sin moverse; Alejandro empuja a la falange contra ellos, luego ordena a sus jinetes rodearlos; casi todos fueron despedazados y los que no murieron fueron hechos prisioneros.

La noche había caído. Según Plutarco, del lado persa murieron 20.000 infantes y 2.500 jinetes, y los griegos hicieron 2.000 prisioneros; del lado griego, hubo que deplorar la muerte de 25 compañeros, caídos durante el primer ataque, de 60 jinetes y de unos 30 infantes.

Al día siguiente Alejandro hizo enterrar a sus muertos con sus armas y su equipo, y concedió a sus padres y sus hijos la exención vitalicia de cualquier impuesto sobre bienes raíces y sobre su fortuna. Visitó también a los heridos, pidiéndoles que contasen cómo habían sido alcanzados y en qué circunstancias. En cuanto a los persas, también los hizo enterrar y los mercenarios prisioneros fueron encadenados y enviados a Macedonia a purgar una pena de trabajos forzados por haber combatido, a pesar de ser griegos, a otros griegos en provecho de los bárbaros. Había entre ellos tebanos, que se habían exiliado tras la destrucción de su ciudad; fueron objeto de una medida de gracia y liberados ese mismo día: Alejandro, dicen, alimentaba en un rincón de su corazón el remordimiento de haberse comportado muy cruelmente con Tebas. También quiso hacer partícipes a los griegos de esta victoria, y envió a los atenienses 300 armaduras persas completas, con sus escudos, para que expusiesen ese botín en el templo de Atenea, sobre la acrópolis de Atenas: subrayaba de este modo el carácter panhelénico de su expedición, cuya iniciativa dedicaba al orador Isócrates y a los atenienses. También ordenó que se grabase en las armaduras la siguiente inscripción:

> Alejandro, hijo de Filipo, y los griegos, menos los lacedemonios, conquistaron este botín frente a los bárbaros de Asia.

Cada una de las palabras de esta fórmula decía claramente lo que quería significar: no eran los «macedonios» los que habían vencido, sino «Alejandro y los griegos», es decir, el jefe de la Liga de Corinto (cuando de hecho la victoria había sido conseguida por la carga de la caballería macedonia), y lo aprovechaba para mandar un aviso a Esparta y a los lacedemonios; finalmente el término «bárbaros» pertenecía al vocabulario de Isócrates, era un homenaje a las ideas panhelénicas. En cuanto a los objetos preciosos abandonados por los jefes persas en su huida, su vajilla de oro y plata, las colgaduras de púrpura y otros muebles de estilo persa que Plutarco califica de «deliciosos», Alejandro mandó llevárselos casi todos a su madre.

La provincia de Frigia marítima (la región costera del Asia Menor, en las orillas del Helesponto), que administraba el sátrapa Arsites, fue confiada a un oficial macedonio llamado Cala. Los bárbaros que habitaban en ella y que se habían refugiado en las montañas bajaron para someterse: en esta ocasión supieron que su estatuto no se modificaría y, en particular, que tendrían que pagar los mismos impuestos que los que les exigía Darío.

2. *Del Gránico a Halicarnaso*

La victoria del Gránico era, en sí misma, una victoria pequeña: la Frigia marítima que caía entre las manos de Alejandro apenas era otra cosa que una banda de tierra a orillas del Helesponto. Sin embargo, constituía la primera victoria de su cruzada, que tenía por objeto prioritario la liberación de las ciudades griegas de Asia Menor, en manos de los persas desde hacía más de dos siglos (desde su conquista por Ciro el Grande hacia el año 550 a.C.) y, sólo en segundo lugar, enviar a los persas a su casa, en la llanura iraní, y aislarlos definitivamente del mundo griego y el mar Egeo.

Por eso Alejandro no persiguió al ejército persa derrotado y no se adentró inmediatamente en el interior del país, en la larga vía real que llevaba a Susa. Tampoco olvidaba que la flota del Gran Rey estaba fondeada en el mar Egeo y que, si marchaba hacia Oriente, esa flota aprovecharía que él volvía la espalda para consolidar la presencia persa en las satrapías costeras de Asia Menor. Por eso, después de enviar a Parmenión a tomar posesión de la ciudad (griega) de Dascilio, en Bitinia, Alejandro se dirigió hacia Sardes, capital de la satrapía de Lidia: a unos 170 estadios (1 estadio equivalía a 211 metros), es decir, a poco más de un día de marcha de la ciudad. El comandante persa de la guarnición, un tal Mitrenes, se presentó para entregarle la ciudadela y sus tesoros. Alejandro lo mantuvo a su lado con los honores propios de su rango, envió a un compañero a ocupar la fortaleza, permitió a los habitantes de Sardes y los demás lidios conservar sus leyes y sus costumbres, y les dejó libres debido a la amistad que en el pasado habían tenido con los griegos los antiguos reyes de Lidia.

Para honrar a la ciudad de Sardes, Alejandro decidió levantar en ella un templo a Zeus Olímpico y un altar. Mientras inspeccionaba la acrópolis de la ciudad, que estaba en la parte más alta, en busca de un lugar favorable, se dice que de pronto estalló una tormenta, con violentos truenos y trombas de agua como a menudo estallan en el mundo mediterráneo en verano: «Zeus nos señala el emplazamiento de su templo —dijo el rey—. Se construirá aquí.»

Luego, después de nombrar los nuevos jefes griegos de la ciudad en sustitución de las autoridades persas (un nuevo sátrapa de Lidia, un recaudador de impuestos, un comandante de la guarnición), después de instalar los efectivos militares (jinetes e infantes) que le parecían adecuados a la situación del momento, Alejandro dejó Sardes con el grueso de sus fuerzas y se dirigió hacia Jonia, cuyas ciudades también sufrían desde hacía tanto tiempo el yugo persa, por lo demás sin lamentarse demasiado, ya que gozaban de una gran autonomía administrativa.

Unos días más tarde (hacia mediados de junio), Alejandro se dirige hacia Éfeso, la más bella y famosa de las ciudades jonias, cuyo pueblo había expulsado por sí mismo a sus opresores en el año 338 a.C., en la época de su padre Filipo II; los persas habían vuelto a hacerse dueños de la situación, masacrando a la población e instalando un régimen oligárquico. Cuando corrió el rumor de su próxima llegada, los efesios se sublevaron contra los oligarcas, las tropas persas emprendieron la huida y se produjeron sangrientos arreglos de cuentas. El rey entró en la ciudad sin tener que combatir, restauró la democracia, puso término a la matanza fratricida e impuso, a la manera griega, la amnistía general de todos los efesios que se habían puesto de parte de los persas: «Sabía de sobra —nos dice Arriano—, que si se dejaba hacer al pueblo, haría perecer tanto a los inocentes como a los culpables, bien para saciar rencores privados, bien para apoderarse de las riquezas de los que fuesen condenados»; y, concluye nuestro autor, «si Alejandro mereció alguna vez su reputación, fue desde luego por su manera de actuar en Éfeso».

Tres semanas después de la victoria del Gránico, Alejandro era ya dueño, sin haber tenido que sacar la espada, de la Frigia marítima, de

Lidia y, junto con Éfeso, de Jonia. Mientras estaba en esa ciudad, delegados de las ciudades jonias (Trales, Magnesia) y carias (la Caria era una satrapía limítrofe con Jonia, que tenía Halicarnaso por capital) fueron a su encuentro para someterle sus ciudades, de las que se habían marchado las guarniciones persas, pero que todavía estaban en manos del partido oligárquico. Alejandro puso fin en todas partes a los regímenes oligárquicos instaurados por los persas, restableció la democracia y devolvió a las ciudades sus propias leyes. A raíz de estas purgas, más políticas que militares, los oligarcas fueron expulsados de la isla de Quíos y la tiranía de la isla de Lesbos fue derrocada.

Todavía permaneció Alejandro unas semanas en Éfeso, donde había establecido su cuartel general. Hacía dos meses que había partido de Macedonia, el verano se anunciaba tórrido y sus soldados necesitaban descanso. Él mismo dedicaba la mayor parte de su tiempo a elaborar planes para el desarrollo de las ciudades del litoral jonio recuperadas a los persas, que parecían expulsados definitivamente de Jonia. Gracias a él, ciudades como Esmirna y Clazómenas vieron regresar a sus habitantes que se habían diseminado a lo largo de la costa, mientras que el templo de Artemisa, en Éfeso, era objeto de todas sus atenciones; ofreció un sacrificio solemne a la diosa y encabezó, alrededor de su sagrada morada, una procesión con todo su ejército, con armas y en orden de batalla.

Por último, en Éfeso Alejandro encontró a Apeles, el pintor más célebre de la antigua Grecia, al que había conocido en Pela en vida de Filipo II y que hizo su retrato:

> Cuando Apeles lo pintó con el rayo en la mano, no representó su verdadero color, sino que lo hizo más pardo y oscuro de lo que era en el rostro, porque era por naturaleza blanco, y la blancura de su tez estaba mezclada a una rojez que aparecía en su cara y su estómago. Y recuerdo haber leído, en los comentarios de Aristóxeno, que su encarnadura olía bien, y que tenía el aliento muy dulce, y que de toda su persona emanaba un olor muy suave, como si las ropas que tocaban su carne estuviesen como perfumadas.
>
> PLUTARCO, *Vida de Alejandro*, VI.

Fue a finales del mes de julio o principios del mes de agosto del año 334 a.C. cuando Alejandro decidió marchar sobre Mileto, la ciudad más famosa de Jonia, que en los siglos VIII-VI a.C. había sido la más poderosa de las ciudades marítimas del litoral asiático del mar Egeo. Se alzaba al sur de la desembocadura del Meandro (el Buyuk Menderes de la actual Turquía), cerca de la moderna aldea turca de Akkoy. Esta ciudad tenía un pasado glorioso: había sido colonizada por jonios procedentes de Ática durante la guerra de Troya, y sus navegantes habían recorrido en el pasado el Mediterráneo y el mar Negro, donde Mileto había creado media docena de colonias. Era en Mileto donde se había fundado, en el siglo VI a.C., la primera de las escuelas filosófico-científicas griegas, en las que brillaron Tales de Mileto, Aristandro y Anaxímenes. Luego se había convertido en una ciudad vasalla de los reyes de Lidia (Creso), más tarde la conquistaron los persas, que fueron expulsados en el año 479 a.C. y que le dejaron su independencia y constitución democrática. En esta especie de «guerra mundial» que constituía el enfrentamiento entre los grecomacedonios y los persas, Mileto trataba de preservar su neutralidad con muchas dificultades.

Alejandro salió de Éfeso con los infantes que le quedaban (había ido dejándolos en las ciudades que había tomado), sus arqueros, su caballería tracia, tres escuadrones de caballería y el escuadrón de los Compañeros de Macedonia. La defensa de Mileto había sido confiada por Darío a un milesio llamado Hegesístrato que, sabiendo que Alejandro estaba en Éfeso, había escrito una carta al macedonio para proponerle la entrega de la ciudad; luego, tras saber que la flota del Gran Rey, con 400 navíos, principalmente chipriotas y fenicios, ponía rumbo a su ciudad, se había arrepentido de sus propuestas y Alejandro había ocupado los suburbios de la ciudad, pero la ciudadela propiamente dicha seguía resistiendo.

Por desgracia para ese veleta, la flota helénica, al mando del almirante Nicanor, se había adelantado a los persas y sus 160 trirremes fondearon en la pequeña isla de Lade, frente a Mileto, donde se encontraba el principal puerto de la ciudad. Para reforzar sus posiciones en la isla, Alejandro trasladó a ella su caballería tracia y 4.000 mercenarios: si la flota persa trataba de fondear, encontraría con quién discutir. Además, la flota griega recibió la orden formal de cerrar el acceso a todas las radas de los alrededores de Mileto. Tres días más tarde llega la flota persa. Al tener vedado el acceso a la isla de Lade va a fondear al pie de un promontorio vecino, el cabo Micale. Pero su situación es crítica, porque los únicos puntos de agua, indispensables para abrevar tanto a sus tropas como a sus caballos, estaban en la entrada de Mileto, por la parte del mar, y guardados por los griegos. Parecía inevitable la batalla naval, y numerosos generales de Alejandro la deseaban. Hasta Parmenión, gran maestro en materia de temporización, opinaba así: pretendía haber visto un águila posada en el muelle, cerca de la popa de la trirreme de Alejandro, que estaba fondeada, lo cual le parecía un presagio particularmente fasto: de todos modos, decía, no se arriesgaba nada luchando en el mar, salvo perder el combate y dejar el control de los mares a los persas, pero como éstos ya lo tenían su victoria no cambiaría para nada el equilibrio de fuerzas.

No era ésa la opinión de Alejandro. Con 160 navíos frente a 400, Alejandro estaba seguro de perder, cuando ya había conseguido una reputación de invencibilidad en los combates terrestres: «Mis macedonios, imbatibles en los combates terrestres —le dijo a Parmenión—, no merecen ser sacrificados a los bárbaros en un elemento que no conocen, y mi fama se vería empañada definitivamente. Además, si has visto un águila en la orilla y no sobre mi barco, eso significa que debo convertirme en dueño de la flota persa a partir de la orilla y no en el mar.»

En éstas, un notable de Mileto, que se llamaba Glaucipo, se presentó como embajador ante Alejandro: le hizo saber que los milesios pretendían permanecer neutrales, que estaban dispuestos a abrir su puerto y su ciudad a los griegos y los persas y que, en tales condiciones, lo lógico era que se levantase el asedio. La respuesta del rey fue áspera: «No he venido a Asia para contentarme con lo que quieran ofrecerme. Sólo a mí me corresponde juzgar si debo dar muestras de clemencia o severidad con una ciudad como Mileto, que ha incumplido la promesa que me hizo. Tengo un consejo que darte —añadió a Glaucipo—, y es que vuelvas detrás de tus murallas y te prepares para el combate, porque he venido no a escuchar tus propuestas, sino a informar a los milesios de que la ciudad va a ser tomada al asalto sin tardar.»

De hecho, al día siguiente arietes y catapultas entraban en acción y no tardaron en abrir una amplia brecha en las fortificaciones, lo que permitió a los macedonios penetrar en la ciudad mientras los marineros griegos anclaban sus trirremes en el puerto, borda con borda, con la proa mirando hacia alta mar, para impedir que los milesios fuesen a refugiarse en los navíos persas. Acosados por los macedonios, privados de toda ayuda procedente de los persas, los combatientes milesios huyeron como pudieron: unos, sobre su escudo convertido en balsa de fortuna, se refugiaron en los islotes vecinos, otros en barquitas, pero fueron interceptados por las trirremes griegas; los que todavía trataban de luchar en la ciudad fueron muertos, hasta que Alejandro ordenó el final de los combates e hizo saber a los milesios que no habría represalias: les dejaba a todos la vida y la libertad, porque no había ido a Asia para castigar a griegos, sino a los bárbaros.

Quedaban los persas, llegados por mar para ayudar a Mileto. También ellos se encontraban en mala posición: bloqueados por las trirremes griegas, estaban sitiados en sus propios navíos y empezaba a faltarles agua dulce. El almirante persa intentó entonces una última maniobra. Colocó sus navíos en línea, frente al puerto de Lade, para atraer a los macedonios hacia alta mar, y quince de sus barcos penetraron en una pequeña rada, entre la isla y tierra firme, con la intención de incendiar los navíos griegos que se encontraban fondeados allí y cuyas tripulaciones estaban en tierra. Cuando Alejandro se dio cuenta del movimiento, lanzó diez trirremes a toda velocidad contra los cinco navíos persas, con orden de embestirlos de frente. Al verlo, los persas viraron de bordo y se refugiaron, con los remos fuera, junto a su propia flota, que terminó por hacerse a la mar y alejarse de Mileto: Alejandro había ganado su batalla naval o, más exactamente, no la había perdido.

El macedonio extrajo sin dudar las consecuencias de esa no-victoria. Había comprendido que su flota no estaba en condiciones de medirse con la de los persas, que no le sería de ninguna utilidad cuando se adentrase en tierras asiáticas y que le costaba muy cara sin aportarle nada. Así pues, decidió licenciarla, conservando únicamente un pequeño número de barcos de transporte de tropas, y ocupar a los marinos que servían en sus navíos en tareas más útiles en tierra.

Pero a partir del momento en que renunciaba a su flota, Alejandro debía conquistar la totalidad de las ciudades costeras de Asia Menor; a partir de entonces, al no encontrar la flota persa ningún puerto en Asia donde fondear para avituallarse, reparar sus navíos o reclutar tripulaciones, quedaría fuera de combate sin necesidad de combatir. Así interpretaba Alejandro el presagio del águila: quien tiene los puertos, tiene los navíos. Y el macedonio ya controlaba las costas de la Frigia marítima y la Tróade (desde Abidos y Lampsaco hasta Dascilio), de Lidia (Sardes), de Jonia (Éfeso, Mileto); para eliminar el peligro que constituía la flota persa, sólo le faltaba asegurarse la posesión de las riberas meridionales de Asia Menor, es decir, de las costas de Caria, de Licia, de Panfilia y la Pisidia. Entonces sería todo el territorio continental de esa extremidad mediterránea de Asia, es decir Frigia, la que caería en sus manos como un fruto maduro. La campaña del invierno de 334-333 a.C. se anunciaba ardua y fatigosa.

Alejandro descansó unos días en Mileto. Se sentía feliz de haber logrado apoderarse de la ciudad sin demasiados combates y de haber salvado tanto sus monumentos y sus templos como sus habitantes. Agradecidos, los milesios le otorgaron el título honorífico de *stephanephore* («magistrado portador de corona») *eponyme* («que da su nombre al año») para el año siguiente (hay que recordar que el año griego empezaba en julio: por tanto Alejandro debería ser coronado en julio del año 333 a.C.).

El rey pasó el final del verano y el principio del otoño de 334 a.C. preparando su campaña de invierno. Sus exploradores y sus espías le habían traído informes muy precisos. Desde Mileto, capital de Jonia, a Halicarnaso, capital de Caria (el siguiente puerto que tenía que arrebatar a los persas), no había más que aldeas sin fortificaciones y sin ciudadelas. Halicarnaso, en cambio, estaba bien defendida. Se hallaba situada al fondo de una bahía y rodeada, por tres de sus lados, de poderosas murallas que habían sido elevadas antaño por el rey Mausolo —el cuarto lado estaba bordeado por el mar—. La ciudad poseía además tres fortalezas consideradas inexpugnables: una, la fortaleza de la *Salmakis,* a la entrada de la península que formaba la bahía, por el lado de occidente; otra sobre su acrópolis, al norte de la ciudad, y la tercera el palacio real, construido sobre un islote que controlaba la entrada de la bahía.

En Halicarnaso se habían encerrado el sátrapa de Caria, Orontóbates, y Memnón, el vencido del Gránico, que pretendían salvar la última posición clave del Gran Rey en Asia Menor. Casi todas las fuerzas persas disponibles se habían concentrado allí, así como numerosos mercenarios, y las trirremes del Gran Rey, cargadas de hombres armados, fondeaban frente al puerto.

Hacia finales del mes de septiembre, Alejandro se puso en marcha hacia Halicarnaso. Al salir de Mileto vio venir hacia él a una anciana. Le dijo que se llamaba Ada, que estaba emparentada con la antigua familia real de Caria, donde sus antepasados habían ejercido el poder, y que los persas le habían arrebatado su reino, del que no había conservado más que una pequeña plaza fuerte, la ciudad de Alinda: habiéndose enterado de su fama, le suplicaba que la ayudase: «No temas, mujer, yo te devolveré tu reino», le dijo Alejandro.

Y continuó su camino. Tras haber ocupado sin lucha las aldeas y los pueblos de pescadores que se encontraban entre Mileto y Halicarnaso, el rey llegó por fin a la vista de esta ciudad en la que en otro tiempo reinara el rey Mausolo. Asentó su campamento a cinco estadios (un kilómetro aproximadamente) de la ciudad, en previsión de un largo asedio.

Al día siguiente de su llegada los sitiados hicieron una salida, seguida de un ataque de los puestos avanzados macedonios: fueron rechazados sin dificultad y enviados detrás de sus murallas. Unos días más tarde, el rey circunvaló la ciudad con su ejército para examinar las murallas, en busca de un punto débil en las defensas de Halicarnaso. Pudo comprobar que sus habitantes habían cavado, al pie de las murallas de la ciudad, un foso de protección de unos quince metros de ancho y siete u ocho metros de profundidad (las fuentes dicen: treinta codos de ancho y quince de profundidad). En el curso de este reconocimiento también intentó apoderarse, aunque en vano, de una pequeña ciudad costera vecina, con objeto de asentar en ella un puesto de apoyo con vistas al asedio que se disponía a organizar.

En los días siguientes Alejandro hizo venir al cuerpo de ingenieros y a sus artilleros, mandados por el ingeniero Diades, gran experto en balística y otras máquinas de guerra. Lo primero que hizo fue rellenar el foso, que impedía la llegada de los arietes y de las torres empleadas en los asedios. Las gentes de Halicarnaso realizaron una salida nocturna para tratar de incendiar las torres y las máquinas que ya estaban colocadas, pero a los guardias macedonios no les costó mucho ponerlos en fuga: el encuentro costó unos setenta muertos al enemigo, mientras que del lado macedonio hubo dieciséis muertos y trescientos heridos, porque los soldados de Alejandro, sorprendidos durante el sueño, no habían tenido tiempo de ponerse sus corazas para combatir.

Unos días más tarde, dos infantes macedonios achispados brindaban por sus hazañas pasadas y futuras. Enardecidos por el vino, se provocaron e hicieron juramento —de borrachos— de ensartar a los defensores de Halicarnaso en la punta de sus lanzas, incluidos «esos cobardes persas». Se cubren los dos con su escudo, blanden su pica y corren hacia las murallas de la ciudad, desafiando a los sitiados con la voz y el gesto. Los guardias —persas o mercenarios— que se encontraban en las murallas, descienden para castigar a los fanfarrones, pero éstos abaten a todos los que se les acercan y traspasan con su lanza a los que huyen. Al ver esto, más soldados macedonios acuden en rescate de sus camaradas, más guardias descienden de las murallas, y se produce un enfrentamiento general. En última instancia los hombres de Alejandro se imponen, los adversarios se repliegan al interior de la ciudad, que a punto estuvo de ser tomada a consecuencia de este golpe de mano; una parte de las murallas de Halicarnaso quedó malparada. Los sitiados apenas tuvieron tiempo, durante la noche siguiente, de construir un muro de ladrillos con forma de media luna para sustituir las fortificaciones destruidas.

Luego se produjeron varias tentativas de asalto. Alejandro mandó acercar las máquinas de asedio, que los persas incendiaron en parte, con la ayuda de antorchas encendidas. Dos o tres días más tarde atacó de nuevo, pero los asediados realizaron una salida en masa y de nuevo prendieron fuego a las máquinas. Los griegos y los macedonios los rechazaron, haciendo llover sobre ellos andanadas de flechas lanzadas desde lo alto de sus torres móviles y bombardeándolos con grandes piedras lanzadas por sus balistas. Las tropas de Alejandro perdieron cuarenta de los suyos, mataron un millar de persas y mercenarios, pero Halicarnaso seguía resistiendo. Al cabo de una semana de asaltos fallidos por parte de los griegos, de salidas que terminaban en carnicería para los asediados, Halicarnaso estaba a punto de caer. Sin embargo, Alejandro ordenó a su ejército replegarse: no quería tomar la ciudad al asalto, porque sabía por experiencia que eso significaba el pillaje y la destrucción de toda la villa así tomada, y todavía conservaba en la memoria el recuerdo de su error tebano, que se había jurado no volver a cometer nunca. Había decidido esperar una propuesta amistosa de rendición de parte de los sitiados.

Pero no contaba con el orgullo de los jefes persas, el sátrapa Orontóbates y el general Memnón. Los dos hombres celebraron consejo y, considerando desesperada la situación, prefirieron incendiar la ciudad antes que dejarla en manos de los macedonios. Y así, en plena noche, a principios del mes de noviembre se vieron elevarse imponentes llamas por encima de las murallas de Halicarnaso, donde también ardían las casas civiles que se hallaban cerca de los muros. Los persas se habían refugiado, unos en la isla del palacio real, otros en la acrópolis o en el promontorio de la Salmácide, abandonando a los habitantes —en su mayor parte griegos— a su triste destino.

Mercenarios griegos que se habían desolidarizado de los persas y habían desertado durante la operación corrieron hasta el campo de Alejandro para avisarlo. En plena noche, el rey salta al punto sobre *Bucéfalo*, galopa hacia Halicarnaso y cuando divisa las llamas que se elevan de la ciudad incendiada, da media vuelta, toma consigo un regimiento de macedonios, entra con ellos en la ciudad cuyas puertas han ardido, ordena matar a los incendiarios que todavía estén entregados a su tarea y deja salvos a los habitantes sorprendidos en sus casas.

Cuando amaneció, divisó al ejército persa, o al menos lo que de él quedaba, instalado en la acrópolis y la isla real. Decidió no perder el tiempo sitiando las ciudadelas en que se habían refugiado sus enemigos, que ahora, convertido en amo de la ciudad, no eran de ninguna utilidad para él, e hizo enterrar a los soldados muertos durante la noche. Luego ordenó a sus ingenieros arrasar un barrio de Halicarnaso que había tomado partido contra los griegos y nombró a la princesa Ada, aquella mujer que había encontrado al abandonar Mileto, sátrapa de toda Caria. La vieja princesa, emocionada, dio las gracias a Alejandro, le entregó su plaza fuerte de Alinda e hizo de él su hijo adoptivo. El rey aceptó tal honor y le confió la responsabilidad de Alinda. Luego se preocupó por su ejército.

Había entre los soldados macedonios numerosos jóvenes que se habían casado justo antes de abandonar Anfípolis. Alejandro les ofreció un permiso para pasar el invierno del 334-333 a.C. en Macedonia y reunirse con sus esposas; partieron como destacamento, mandados por uno de los miembros de su guardia real, llamado Ptolomeo —nombre muy difundido en Pela—, hijo de Seleuco, uno de sus lugartenientes más allegados, y por dos generales, los tres también recién casados. Es probable que esta generosidad de Alejandro, que le granjeó gran popularidad, tuviese una segunda intención: los soldados de permiso difundirían la noticia de sus victorias por las provincias de Macedonia; y se había encargado a los generales aprovechar la ocasión del viaje para reclutar el mayor número posible de infantes y jinetes, a fin de aumentar sus efectivos. Alejandro era tan hábil difundiendo su propia propaganda como haciendo la guerra.

Estamos a finales del otoño del año 334 a.C. Los soldados de permiso se habían marchado, Caria estaba sometida y Alejandro reflexionaba sobre el paso siguiente de su gran guerra. Desde que estaba en campaña, no había visto pasar los días ni las semanas. Únicamente el general Eumenes, que dirigía no sólo el regimiento de los Compañeros, sino también los servicios administrativos de su ejército, siendo asimismo su secretario después de haber sido el de Filipo II, le recordaba a veces el día y mes en que estaban, cuando por la noche redactaba concienzudamente en su tienda el diario de marcha —las *Efemérides*— de Alejandro y del ejército macedonio. Cuatro o cinco meses antes, el rey de Macedonia había celebrado su vigésimo segundo aniversario, entre dos combates. Pero era incapaz de descansar.

Alejandro se había dirigido a Asia con el fin de liberar las ciudades griegas de la opresión del Gran Rey, pero sin duda se daba cuenta, a medida que caían en sus manos, que los helenos que vivían en ellas no siempre lo recibían como a un salvador. Cada día descubría que el yugo del Gran Rey era muy ligero, que los griegos de Lidia, de Jonia y de Caria lo soportaban alegremente y que el ideal panhelénico que su padre había blandido como bandera —que los oradores de Atenas y otras partes invocaban con tanta frecuencia— y del que él mismo se consideraba paladín no era la preocupación dominante de las gentes de Sardes, Mileto, Halicarnaso y de todas las ciudades que había atravesado. Estos helenos de Asia vivían muy bien estando sometidos a un soberano lejano y con la paz instaurada por los Aqueménidas.

En otros términos podemos preguntarnos si, en vísperas del invierno de 334-333 a.C. que se anunciaba, el sueño de una gran cruzada panhelénica contra aquellos persas que consideraban «bárbaros» en Atenas o en Pela, estaba a punto de difuminarse en provecho de otro sueño, más terrible. Poco a poco Alejandro iba embriagándose con sus victorias, abandonaba su papel de liberador por el de conquistador y tomaba conciencia de un hecho: cuanto más avanzaba, más lejos quería ir. Por eso, en el mes de noviembre del año 334 a.C., confía la mitad de su ejército a Parmenión, al que envía a Sardes, a tierras de los lidios, con la orden de marchar hacia el noreste y adentrarse en el vasto territorio continental de la Gran Frigia, el corazón montañoso de la actual Anatolia (por la ruta que en nuestros días va de Izmir a Ankara). A principios del invierno, él mismo parte con el resto de sus tropas a lo largo de la costa meridional de Asia Menor hacia Licia, no para «liberar» a los griegos, sino para impedir a la flota persa ir a esa región en busca de avituallamiento.

Nada detiene ya al joven conquistador, ni las distancias a recorrer, ni los fríos del invierno que avanza. Las ciudades se abren a su paso unas tras otras, y cuando no se entregan las toma al asalto. Entre Halicarnaso y Patara, recibe la alianza de más de treinta ciudades, luego asienta sus cuarteles de invierno en una ciudad de Licia, a orillas del mar, la bonita ciudad de Fasélida, no lejos de la moderna Antalia, al pie de las altas montañas que dominan el mar.

Ese año, el invierno era suave, como suele serlo a orillas del Mediterráneo turco, y Alejandro concedió a sus hombres y a él mismo unos días de descanso. Hizo incluso una fiesta, si hemos de creer una anécdota referida por Plutarco. Fasélida era la patria de un famoso poeta y orador griego, llamado Teodecto, que había enseñado en la escuela de Aristóteles, en Estagira, donde el mismo Alejandro había estudiado cuando era adolescente, y la municipalidad de la ciudad le había erigido una estatua (en una playa, asegura Plutarco, en la plaza del mercado dicen otras fuentes). Una noche, después de un banquete bien rociado de vino, a Alejandro se le ocurrió que habría que rendir un homenaje a Teodecto, por lo que arrastró a sus comensales hasta la playa y emprendió con ellos una ronda descabellada alrededor de la estatua, después de haberla coronado con una guirnalda de flores.

La estancia de Alejandro en Fasélida fue turbada por un despacho que le dirigió Parmenión en que le informaba de haber descubierto que se tramaba un complot contra su vida, fomentado por un príncipe de la tribu de los lincéstidas que llevaba el mismo nombre que él: Alejandro, hijo de Aéropo, uno de los Compañeros de Macedonia. Este hombre, cuyos hermanos habían participado en el asesinato de Filipo en 336 a.C. y que habían sido ejecutados por ese crimen, había figurado entre los primeros que lo saludaron con el título de rey, y él le había recompensado nombrándole comandante del escuadrón de caballería tesalia, en el ejército de Parmenión. Éste acababa de descubrir que el príncipe Alejandro estaba en relación con el Gran Rey: sus espías habían interceptado una carta de Darío dirigida al príncipe, ofreciéndole una importante suma de dinero y la corona de Macedonia si consentía en organizar el asesinato del rey Alejandro.

A decir verdad, el rey ya estaba al corriente de ese complot: unos días antes había recibido una carta de su madre Olimpia en la que le advertía del mismo peligro, pero había pensado que ese aviso era fruto de las obsesiones maternas, que veían en todas partes conspiraciones contra su hijo. Esta vez no se trataba de temores de madre, sino de un asunto grave de alta traición, con pruebas; no obstante, a Alejandro le repugnaba ordenar la ejecución pura y simple del príncipe felón y envió a Parmenión instrucciones para que lo detuviesen y lo mantuvieran en prisión en espera de un proceso regular y público. Esta mansedumbre para casos semejantes no era habitual en el rey, y tenemos derecho a preguntarnos cuáles eran los motivos: ¿personales (una amistad de juventud o una amistad homosexual)?; ¿políticos (no perturbar el círculo cerrado de los Compañeros de Macedonia)?; ¿estratégicos (no hacer estallar, mediante una represión demasiado inmediata, una revuelta nobiliaria, que haría el juego a Darío)? En nuestras fuentes no encontramos nada que nos permita decidir.

Una cosa parece segura (según Arriano): antes de enviar sus instrucciones a Parmenión, Alejandro convocó a los Compañeros. Éstos opinaron que había sido un error por parte del rey confiar la elite de la caballería a un hombre de pasado sospechoso y que había que neutralizarlo lo más rápidamente posible, antes de que arrastrase a sus jinetes tesalios en su revuelta. La decisión de posponer el proceso fue debatida con sensatez; tuvo lugar, en debida forma, cuatro años más tarde, muy lejos de Macedonia, en Afganistán: el príncipe Alejandro fue juzgado según las reglas, condenado a muerte y ejecutado.

Recordemos una vez más, para la historia pequeña, la siguiente anécdota. En la época en que ponía sitio a Halicarnaso, Alejandro solía tomarse unos minutos de descanso en la mitad de la jornada y hacía una siesta reparadora. Mientras dormía, una golondrina vino a revolotear alrededor de su cabeza, con un chirrido más agudo y ruidoso que de costumbre; el rey, cuyo sueño era profundo, no se despertaba, pero hacía maquinalmente gestos para echar al pájaro que, lejos de huir, se posó en la frente misma del durmiente y no se fue hasta que Alejandro se hubo despertado del todo. Éste vio en el comportamiento del pájaro un signo del destino e interrogó al inevitable Aristandro sobre él; el adivino le respondió que presagiaba una conspiración urdida por uno de sus amigos, pero que la conspiración sería desenmascarada. Tras lo cual Alejandro envió a Parmenión las instrucciones que ya conocemos sobre Alejandro, hijo de Aéropo.

El medio que empleó para hacérselas llegar también merece ser destacado. Le envió a uno de sus más allegados, llamado Anfótero, acompañado por algunos indígenas de Perga (pequeña ciudad de Panfilia) como guías y vestido como ellos, para no ser reconocido en el viaje; pero no le entregó ninguna carta, porque temía —nos dice Arriano— escribir a las claras sobre ese tema, es decir, una posible interceptación: transmitió de viva voz su mensaje a Parmenión. Y así fue como Alejandro el lincéstida fue arrestado.

Alejandro dedicó el invierno de 334-333 a.C. a la sumisión de las satrapías persas que unían las orillas meridionales de Asia Menor al este de Caria, es decir, de Licia, Panfilia y Pisidia, que constituían su prolongación continental, de las que debía ocuparse Parmenión. Alejandro no había encontrado ninguna oposición en Licia, y partió de

Fasélida en la segunda mitad del mes de enero del año 334 a.C.; se había fijado como primera etapa la ciudad de Perga, en Panfilia, famosa por su templo dedicado a Artemisa, protectora de la ciudad.

Panfilia se reduce a una llanura estrecha pero muy rica, incrustada entre el mar Mediterráneo y las montañas de la cadena del Tauro, que separan Turquía central del Mediterráneo. Dos rutas llevaban de Fasélide a Perga: una, sinuosa y difícil, franqueaba el alto macizo del Clímax («la Escala»); la otra, que bordeaba el mar, era más corta pero muy peligrosa, porque estaba bordeada por un muro casi continuo de acantilados, contra el que iban a desplomarse enormes trozos de mar cuando el viento soplaba del este o del sur, de suerte que sólo podía tomarse con viento del norte, e incluso en este caso a lo largo de la ruta había ensenadas y pequeñas bahías que estaban sumergidas. Alejandro decidió hacer pasar la mitad de su ejército por el Clímax y la otra mitad por la peligrosa orilla del mar: como si fuera un milagro, el viento del sur había caído bruscamente y le había sucedido un viento del norte, seco y frío. Sus soldados, supersticiosos como todos los macedonios, achacaron este cambio en la dirección del viento a la buena estrella de su jefe, que, como resultaba evidente, era capaz de imponerse a los mismos elementos.

De este modo, a finales del mes de enero o a principios del mes de febrero del año 333 a.C. Alejandro llegó sin obstáculos a Perga, precedido de la reputación de un rey ante el que se habían inclinado las olas del mar. La ciudad se sometió sin lucha, y cuando salió de ella, encontró a los plenipotenciarios de la ciudad vecina de Aspendo, que acudían a prometerle que le abrirían las puertas de su ciudad a condición de que no impusiese a los habitantes la humillación de una guarnición permanente; ofrecían a cambio una contribución de 50 talentos de oro y caballos. El rey aceptó su propuesta y dejó un destacamento, acantonado a cierta distancia de las murallas de Aspendo, para vigilar la comarca. La tercera gran ciudad de Licia era Side: tuvo menos suerte y hubo de aceptar una guarnición, so pretexto de que sus habitantes no hablaban el griego de sus antepasados y hacían uso de una lengua bárbara a fin de cuentas desconocida.

Alejandro marchó luego contra la única fortaleza verdadera de la región, que se llamaba Silio. Albergaba una guarnición de mercenarios extranjeros y de persas. Habría podido tomarla en un solo asalto, pero, cuando se dirigía hacia ella, se le unió un grupo de hombres que había dejado en las cercanías de Aspendo: le informaron de que los magistrados de esa ciudad no habían pagado los tributos prometidos, ni el dinero ni los caballos, y que habían cerrado las puertas de la ciudad a sus enviados. Alejandro hizo alto inmediatamente y llevó su ejército delante de Aspendo: sus habitantes, que en su mayoría vivían en pequeñas casas diseminadas por la llanura, las habían abandonado para refugiarse en la ciudadela de la ciudad, construida sobre una altura escarpada.

Cuando vieron que el ejército macedonio volvía sobre sus pasos, se produjo un momento de pánico alrededor de Aspendo, luego los delegados de la ciudad salieron al encuentro de Alejandro. Éste habría podido sitiar la ciudadela y asaltarla, pero la plaza estaba bien defendida y era susceptible de resistir mucho tiempo: prefirió imponer a los ciudadanos de Aspendo un nuevo acuerdo, más severo que el primero, doblando el tributo que les había pedido antes (100 talentos en lugar de 50), y se llevó rehenes como garantía. Una vez sometida Panfilia, Alejandro devolvió su ejército a Perga, y hacia mediados de febrero, se puso en camino hacia el norte, a fin de unirse con Parmenión. Éste debía esperarle en la Gran Frigia, en concreto en Gordio, en el río Sangario, por donde pasaba la famosa vía real de 2.700 kilómetros construida ciento sesenta años antes por Darío I el Grande, uniendo Sardes, capital de Lidia, con Susa, capital de los soberanos persas.

Desde que había franqueado el Helesponto, Alejandro sólo había conocido de Asia Menor su fachada mediterránea, donde se sucedían, como las perlas de un collar, las ciudades costeras o cercanas a la costa: Ilión, Éfeso, Mileto, Halicarnaso, Fasélida, Perga, Side, de la misma manera en que se siguen en nuestra costa del Var o en nuestra costa Azul, Hyères, Le Lavandou, Saint-Tropez, Sainte-Maxime, Saint-Raphaël, Cannes, Antibes, Niza, Mónaco y Menton. Aquellas ciudades eran griegas en su totalidad, aunque tuviesen un marcado carácter oriental y no se pareciesen a Atenas ni a Pela. Ahora iba a adentrarse por un territorio desconocido, que sus exploradores tracios le habían descrito como especialmente salvaje y lleno de emboscadas.

Su itinerario cruzaba primero una región de altas montañas esmaltadas de lagos, Pisidia, en cuyos valles vivían poblaciones bárbaras y belicosas, de lenguas desconocidas, que pasaban la mayor parte de su tiempo luchando entre sí y cuyas ciudades no eran más que aldeas groseramente fortificadas. Según sus informadores, había que realizar una decena de días de marcha por senderos de montaña para atravesar Pisidia, y quince días por lo menos para alcanzar el río Sangario, que marcaba el límite septentrional de la Gran Frigia. Cerca de este río, en la ciudad de Gordio, le esperaban Parmenión y su ejército. La capital de la satrapía, Celenas, se encontraba poco más o menos a medio camino entre Perga y Gordio.

El viaje no se anunciaba muy alegre. Alejandro había decidido renunciar a someter las tribus de Pisidia una tras otra, valle por valle. Pensaba que sería tiempo y energía perdidos; más valía combatirlos únicamente si intentaban cortar la ruta al ejército macedonio y dejar la tarea de pacificar la región a los futuros gobernadores que nombraría para Pisidia. En la Gran Frigia el rey esperaba negociar la rendición de las plazas con el sátrapa persa… ¡si es que no había huido al anuncio de su llegada!

Tenemos pues al ejército de Alejandro en ruta hacia Gordio. Deja la risueña llanura de Panfilia y luego, torciendo hacia el oeste, se adentra en las montañas poco hospitalarias de Pisidia. El camino es ascendente y pedregoso, el suelo está cubierto de una espesa capa de nieve helada; los caballos y los hombres resbalan continuamente y todos tiritan de frío. Durante dos días el ejército macedonio avanza sin encontrar alma viviente. Luego el paisaje se ensombrece. La ruta sube en zigzag por el fondo de un barranco, entre dos montañas, hasta el puerto; al otro lado se alza la ciudadela de Termeso, que controla un desfiladero cuyas dos laderas están pobladas de bárbaros armados: los hombres aptos para la lucha de la ciudad están allí, feroces y dispuestos al combate. Para pasar, será preciso matarlos a todos.

Alejandro utiliza entonces una estratagema. Hace seña a sus tropas de detenerse y les da la orden de prepararse a vivaquear en el sitio: de este modo, piensa Alejandro, los termesios, al ver a los macedonios descansar, creerán que van a pasar la noche allí mismo y no hay peligro inminente, por lo que se contentarán con que unos cuantos centinelas vigilen el desfiladero. El rey había acertado: la multitud de bárbaros se retiró y sólo quedaron unos cuantos centinelas apostados en las alturas. Alejandro ordenó de inmediato el ataque a sus arqueros, lanzadores de jabalina y destacamentos de infantería ligera: los centinelas no pudieron aguantar bajo los disparos y abandonaron el terreno. El ejército griego franqueó el desfile, pasó el puerto y acampó delante de la ciudadela.

Al día siguiente le anunciaron la llegada de parlamentarios enviados por la ciudad de Selga. Los selgeos también eran bárbaros, en guerra permanente contra los termesios: dijeron que acudían a Alejandro para restablecer las relaciones de amistad con los macedonios y concluyeron un tratado de alianza contra su enemigo común, los bárbaros de Termeso. Los selgeos cumplían la palabra dada: desde ese día Alejandro tuvo en ellos unos amigos fieles, que nunca le traicionaron fueran cuales fuesen las circunstancias.

Una vez asegurada la retaguardia, Alejandro se dirigió hacia la tercera gran ciudad de Pisidia: Sagaleso, que era de hecho una colina transformada en ciudad. Cuando llegó al pie de la colina, comprobó que los sagalesos, a los que se habían unido algunos termesios, le aguardaban a pie firme. El rey no perdió tiempo: envió la falange macedonia, que partió al asalto de la colina. Los hombres de Sagaleso eran fuertes y valientes, pero luchaban casi desnudos contra unos macedonios con corazas y superiormente armados: cayeron heridos por todas partes. Murieron quinientos en el primer asalto y los otros huyeron a gran velocidad, dado que estaban muy ligeramente armados; los macedonios, debido a sus corazas, sus cascos y sus armas, además de su desconocimiento de la topografía de la zona, no pudieron atraparlos.

Después de la toma de Sagaleso las restantes plazas fuertes de Pisidia capitularon, en su mayoría sin lucha: Alejandro veía abrirse ante sí la ruta de la Gran Frigia, el país de los frigios.

Alejandro se había hecho contar la historia de este pueblo del que se sentía un poco el heredero. En efecto, los frigios estaban emparentados con los tracios y los macedonios; se habían instalado en Asia Menor en el siglo XII a.C., entre el mar Egeo y el mar Negro, y habían creado un reino cuyo rey más célebre —y sin duda legendario—

había sido el rey Midas, al que Dioniso había dado el poder de transformar en oro cuanto tocaba y Apolo unas orejas de burro. Este Midas también estaba unido a la historia legendaria de la dinastía de los reyes de Macedonia: a él pertenecían los jardines perfumados donde antaño se habían refugiado Perdicas I y sus hermanos. En el siglo VII a.C. el reino frigio había sido invadido por jinetes nómadas procedentes de las estepas de Asia, los cimerios; luego se había vuelto vasallo de los lidios y más tarde de los persas.

Después de acabar con los pisidios, Alejandro tardó cuatro días en llegar a Celenas, una ciudadela encaramada en unas escarpadas alturas. El sátrapa que solía residir en ella había huido y sólo quedaba una guarnición compuesta por un millar de carios y un centenar de mercenarios griegos para defenderla. Esta guarnición envió una diputación al rey para hacerle saber que, si las ayudas que les habían prometido las autoridades persas no llegaban en la fecha concertada, le entregarían la fortaleza. Alejandro consintió en dejar pasar ese tiempo: organizar el asedio de una ciudadela tan inaccesible habría requerido varias semanas y le habría costado pérdidas humanas muy considerables. Esperó diez días y, como las ayudas esperadas por la guarnición no llegaban, dejó detrás de sí un destacamento de mil quinientos hombres, nombró a su hermanastro Antígono sátrapa de Frigia y marchó con el resto de su ejército hacia Gordio, donde hizo su entrada en los últimos días de abril de 333 a.C.

Gordio, antigua capital de los reyes de Frigia, pasaba por haber sido fundada en los tiempos míticos por el rey legendario Gordio, un mortal que había sido amado por Cibeles, diosa de la naturaleza y la fecundidad, a la que también llamaban la Gran Madre. De estos amores había nacido el rey Midas (*Mita* en frigio), alumno de Orfeo y protector del culto de Dioniso, con el que Alejandro creía —tal vez confusamente— tener algunos lazos: no por los jardines perfumados que habían servido de refugio a Perdicas, primer rey de Macedonia, sino porque su madre, Olimpia, había sido en su juventud sacerdotisa de Dioniso y entonces solía participar en las ceremonias orgiásticas en honor de ese dios: como hemos visto durante esos frenesíes en Samotracia, había conocido a su padre.

También dice la leyenda que en el pasado se había difundido por Frigia una profecía que anunciaba la llegada de un rey de los frigios, montado sobre un carro de campesino, que liberaría a su pueblo y que así había hecho Gordio su aparición en Frigia. Aquel carro se conservaba en el templo consagrado a Zeus, elevado sobre la acrópolis de la ciudad de Gordio: su timón estaba unido al yugo por una clavija de madera atada por un nudo de cuerda de cáñamo, que parecía imposible de desatar. El oráculo de Zeus había predicho que el hombre que supiese deshacer ese nudo se convertiría en el amo de Asia. Alejandro conocía, como todos los griegos y los macedonios, esa profecía: por lo tanto, no fue casualidad que escogiese Gordio como lugar de partida, con su gran ejército al fin reunido, para conquistar aquel vasto continente, cuyos límites ignoraba.

Alejandro fue el primero en llegar a la cita de Gordio. Recibió allí a los soldados que habían ido de permiso a Macedonia, de donde éstos habían partido el mes de noviembre anterior: nos dice Arriano que había allí tres mil infantes macedonios, trescientos jinetes macedonios, doscientos jinetes tesalios y cincuenta eléatas. Parmenión, que había partido en la misma época desde Sardes con la mitad del ejército grecomacedonio, fue el último en llegar. En los primeros días del mes de mayo el gran ejército de Alejandro estaba reunido al completo.

La presencia persa en Asia Menor había sido aniquilada apenas en un año y la región fue reorganizada según las disposiciones de Alejandro, que había roto las tradiciones militares helénicas de antaño, las de las expediciones punitivas contra tal o cual ciudad. Sin duda su objetivo era establecer un vasto Estado griego en Asia, no sólo tomando las ciudades, sino ocupando provincias enteras, creando en ellas un sistema administrativo y fiscal centralizado, unido a Pela como antes había estado unido a Susa. No obstante, no se contenta con sustituir los sátrapas persas por sátrapas griegos o indígenas: les quita sus poderes de reyezuelos y los transforma en funcionarios administrativos de un nuevo imperio cuyo soberano de hecho es él.

Así se crea, a medida que avanzan sus conquistas, un verdadero Estado asiático, cuya unidad geopolítica de base sigue siendo la satrapía, pero en la que el sátrapa no tiene otra tarea que gestionar, por cuenta del nuevo soberano, los impuestos de bienes raíces, las tasas sobre las cosechas y los rebaños, las tasas aduaneras en los puertos, los ingresos procedentes de la explotación de los recursos mineros (las minas de Asia se convierten en propiedad del Estado, lo mismo que las minas de oro de Macedonia), y las patentes comerciales.

A cambio, la unidad democrática es la ciudad concebida a la manera griega, es decir, como una comunidad local que se extiende fuera de sus murallas (como Atenas y el Ática, por ejemplo), cosa que por lo demás ya existía en Asia Menor; pero a diferencia de lo que ocurría en el Imperio persa, estas comunidades se administran por sí mismas, al modo democrático, y tienen sus propias leyes y sus propias costumbres; no han de obedecer la arbitrariedad de un lejano monarca o un sátrapa que lo representa; y también son libres de federarse, de formar ligas análogas a la gran Liga de Corinto por ejemplo. La prueba más notable de esta autonomía recuperada fue el derecho reconocido a todas estas ciudades-estado de acuñar monedas, monedas que no tienen la efigie del rey, pero que la mayoría de las veces llevan las armas de la ciudad.

El Asia Menor así conquistada se parecía ahora al Estado pluralista grecomacedonio: fue ese estado lo que descubrieron, algo más de dos siglos después, los Sila, los Pompeyo y los César.

VII

El paladín de los nuevos tiempos
(2.º *año de guerra en* Asia: *abril de* 333-*noviembre de* 333 *a.*C.)

Memnón comandante en jefe de los ejércitos persas; su muerte (abril de 333). — Darío III Codomano (mayo-junio de 333). — Alejandro zanja el nudo gordiano (mediados de mayo de 333). — Sumisión de la Gran Frigia (junio de 333) y Capadocia (junio-julio de 333). — Marcha hacia la Cilicia (julio-septiembre de 333). — Baño en el Cidno y enfermedad de Alejandro (septiembre de 333). — Sumisión de la Cilicia: Tarso (septiembre de 333). Solos (septiembre-octubre de 333). — Llegada de Darío a Socos (mediados de octubre de 333). — Cambio de Alejandro y de Darío alrededor de Isos (segunda quincena de octubre de 333). — Llegada de Darío a Isos y matanza de los heridos macedonios (finales de octubre de 333). — Preparativos de la batalla de Isos (principios de noviembre de 333). — Maniobra de Alejandro, que regresa de Miriandro hacia Isos (10 de noviembre de 333). — Discurso de Alejandro a sus generales (11 de noviembre de 333 por la mañana). — Partida de Alejandro y de su ejército hacia Isos (noche del 11 de noviembre de 333). — En Iso: la disposición de las tropas (mañana del 12 de noviembre de 333). — Batalla y fuga de Darío (12 de noviembre de 333). — Captura de la madre y la mujer de Darío: la clemencia de Alejandro y su genio político (12 de noviembre de 333 por la noche).

En la corte de Susa nadie comprendía nada, ni el gran rey Darío, tercero de su nombre, ni sus ministros, ni sus generales, ni sus favoritos. Un joven loco de veintidós años, que nunca había hecho la guerra, había desembarcado en la tierra imperial en la primavera del año 334 a.C. y, apenas un mes más tarde, había infligido un severo correctivo a Memnón de Rodas, aquel condotiero heleno al servicio de Persia que, el año anterior, había obtenido en Asia Menor victoria tras victoria sobre el ejército grecomacedonio que mandaba Parmenión, entonces lugarteniente de Filipo. Sin embargo, desde que se había asociado a Alejandro, con el mismo ejército, Parmenión estaba continuamente en el campo del vencedor. ¿Qué significaba aquello? ¿Por qué el ejército enemigo, con los mismos efectivos, los mismos medios y el mismo general, empezaba a ganar todas sus batallas en Asia Menor cuando el año anterior no había ganado una sola? ¿Qué les pasaba a aquellos occidentales?

Un heleno que se hubiese encontrado en la situación de Darío habría invocado el destino, la mala interpretación de los presagios o la cólera de uno de los múltiples dioses del Olimpo para explicar semejante acumulación de desastres. Un semita, tanto los picapleitos como los babilonios, habría hecho lo mismo o habría invocado alguna brujería, y los judíos, que adoraban a un solo Dios, habrían remitido aquellas desgracias a la maldición de su pueblo por el Eterno. Pero el soberano persa, nada supersticioso, y cuya religión era esencialmente naturalista y no implicaba la consideración de los fines últimos ni el de la salvación de un pueblo, cuyo catecismo moral se resumía en la simplista fórmula de Darío I, «saber montar a caballo, disparar el arco y saber decir la verdad», no tenía explicación que dar a las derrotas del ejército persa. Se imponían como un hecho: de la misma forma que hay hombres más veloces que otros, hay unos que hacen la guerra mejor que otros, y Alejandro era uno de éstos.

Por esa razón, aunque la noticia de la derrota del Gránico había sido acogida en Susa con cólera, no había hecho temblar a nadie. Ganaremos la próxima gran batalla, pensaban en la corte; bastará con enviar contra Alejandro dos veces, tres veces más guerreros.

La gente de Susa, empezando por el propio Darío III, no habría comprendido que Alejandro, al que se consideraba tan ardiente e intrépido en los campos de batalla, fuese tan prudente y avisado en sus designios. De hecho, lo que volvía al macedonio temible no era su intrepidez, tampoco su genio táctico o estratégico, sino su motivación primera: no hacía la guerra para apoderarse de una ciudad y sus tesoros, o para resolver un litigio de honor o para vengarse, la hacía para liberar pueblos, para crear un mundo nuevo en que los milesios, los efesios, los sardios, los halicarnasios se gobernasen a sí mismos, con sus propias leyes, sus propios impuestos, sus propias costumbres. A ojos de estos pueblos, Alejandro era el «campeón de los nuevos tiempos», como escribe Droysen, mientras que para el Gran Rey y los sátrapas no era más que un joven guerrero, algo aventurero, incluso un jefe de banda con suerte, que terminaría mordiendo el polvo un día u otro: los persas no habían comprendido que, para los griegos de Asia, Alejandro era no un Cimón o un Milcíades, sino una especie de Robín de los Bosques. Así pareció al menos durante su campaña del año 333 a.C. en Cilicia, que estuvo marcada por su victoria sobre Darío III Codomano en Iso, el 12 de noviembre.

1. *El nudo gordiano*

En la corte de Susa, Memnón se había confesado no culpable y había repetido, delante de Darío y sus ministros, el razonamiento que había hecho a los generales persas antes de la batalla del Gránico. Bastaba reflexionar cinco minutos, dijo, para comprender que un ejército de invasión, sobre todo cuando es numeroso, debe vivir en el país que invade y, si quiere estar uno seguro de derrotarle, hay que huir delante de él y aplicar la estrategia de tierra quemada para privarle de recursos; era además lo que había recomendado. Pero por un lado, los generales persas no escuchaban sus recomendaciones, ya que le odiaban por ser heleno (Memnón era oriundo de Rodas, y le hablaban «el rodio» con condescendencia), y por otro lado, cada uno de ellos veía el triunfo a su alcance. Memnón seguía creyendo —sin duda acertadamente— que, si hubiese sido el único en mandar en el Gránico, no habría habido derrota porque no habría habido batalla, y el gran ejército macedonio tal vez hubiese pasado el río, pero habría muerto de hambre y agotamiento antes de llegar a Mileto.

Ahora que el Gran Rey le había nombrado por fin comandante supremo y único de las fuerzas armadas, por mar y tierra, Memnón había ideado el proyecto de aislar a Alejandro de la Grecia continental, de encerrarlo en su conquista y convertirlo así, en cierta forma, en prisionero de Asia. Disponía para ello de una importante flota, que contaba con los navíos persas y, además, con los barcos procedentes de Fenicia, Chipre, Rodas y de todas las Espóradas; una parte de aquellos navíos estaban todavía delante de la rada de Halicarnaso, y los otros en Rodas. Por si fuera poco, los gobernadores de Quíos y Lesbos sólo esperaban una señal para romper su alianza con Macedonia, a la que les había obligado Alejandro, y aún existía un partido antimacedonio en Atenas, que no esperaba menos para manifestarse.

Lo primero que había que hacer era cortar las comunicaciones de Alejandro con sus bases macedonias. A mediados de primavera, Memnón da la orden a su flota de abandonar su fondeadero y poner rumbo a la isla de Quíos, de la que se apodera con la ayuda de los oligarcas caídos que habían gobernado antes de la llegada de Alejandro y en la que restaura el régimen oligárquico en provecho del viejo tirano Apolónides. Luego pone rumbo hacia Lesbos, donde un colono griego de origen ateniense, Cares, había desembarcado con un destacamento de mercenarios, a fin de expulsar al tirano Aristónico y asentar allí la democracia: era el mismo Cares que había acogido a Alejandro cuando éste había llegado al cabo Sigeo después de cruzar el Helesponto. Memnón mandó decirle que no se proponía llevar la guerra a Lesbos, sino «salvar a su amigo Aristónico»; de hecho, se ganó todas las ciudades de Lesbos salvo la capital, Mitilene, que quiso permanecer fiel a Alejandro, y que asedió.

Pero de pronto Memnón cayó enfermo y murió. El bloqueo de Mitilene continuó dirigido por Farnábazo, sobrino de Darío, a quien el general persa había transmitido el mando antes de morir. Por último, Cares renegó de su alianza con los macedonios y concluyó un acuerdo: la isla conservaría su régimen democrático, pero acogería una guarnición persa. Una simple ojeada al mapa de la página 484 permite comprender la importancia de la pequeña y triunfante expedición marítima de Memnón: su presencia en las islas de Quíos y Lesbos daba a los persas la posibilidad de cerrar el Asia Menor y prohibir a Alejandro tanto salir de ella por mar como recibir refuerzos de Macedonia o Grecia.

No dejaba de ser menos cierto que la muerte de Memnón libraba a Alejandro de su enemigo más peligroso y, cuando la noticia llegó a Susa, un mes más tarde, el consejo de guerra que convocó Darío resultó más bien tormentoso. Según nuestras fuentes, podemos imaginar su tenor: «¿Por quién sustituir a Memnón en Occidente para no perder Asia Menor?», preguntó sin duda Darío a sus ministros, y los señores persas, que cultivaban una moral de caballería y fidelidad al soberano, le aconsejaron que tomase él mismo el mando de su ejército:

—Ante las miradas del Rey de Reyes —dijeron— nuestros soldados y nuestros marinos se superarán y bastará una sola gran batalla para lograr definitivamente que el macedonio quede en situación de imposibilidad para perjudicar al imperio de los persas.

En cambio, los tránsfugas griegos que vivían en la corte de Darío no compartían esa opinión. Uno de ellos, Caridemo, un condotiero ateniense que había preferido exiliarse a Susa antes que someterse a Alejandro, era más realista:

—Con Alejandro hay que obrar con prudencia, y no arriesgarlo todo al resultado de una sola batalla, en la que el Gran Rey correría el riesgo de perecer —explicó—. No sacrifiquéis toda Asia por Asia Menor, que no es más que su umbral. El ejército de Alejandro cuenta, como máximo, con treinta mil o cuarenta mil hombres, bien entrenados, bien mandados: dadme cien mil hombres, que no es mucho para Persia, y yo me comprometo a aplastarlo. Posponed el sueño de una gran batalla ante los ojos del Rey de Reyes, cuya corona no debe jugarse en un golpe de dados.

Los señores persas se rebelaron violentamente contra este discurso: lo que proponía el ateniense Caridemo era un insulto a su valor y no se acomodaba a la tradición caballeresca de los guerreros persas. Suplicaron a Darío que no pusiese el destino del Imperio persa en manos de un extranjero que ya había traicionado a su patria natural, según subrayaron, y bien podría traicionar a su patria de adopción.

—Os engañáis —les gritó Caridemo—, vuestra presunción os ciega; no conocéis vuestra impotencia, ni la potencia de los griegos: no sois más que unos orgullosos y unos cobardes.

A pesar de la gravedad de la situación, Darío no podía permitir que sus príncipes y vasallos fuesen tratados de cobardes por un aventurero griego fuera de la ley. Avanzó hacia Caridemo y rozó con un gesto hierático el cinturón de su túnica. Este gesto equivalía a una condena a muerte. Entre los persas, el cinturón era el símbolo del vínculo que une al vasallo con su soberano: al rozarlo, el Gran Rey hacía saber que ese vínculo estaba roto. Al punto los guardias cogieron al griego y Darío ordenó que fuese ejecutado de inmediato, mientras el condenado Caridemo le gritaba, debatiéndose:

—Gran Rey, pronto te arrepentirás de tu gesto y recibirás el castigo del suplicio injusto que tu orgullo me inflige, cuando asistas con tus propios ojos a la ruina de tu imperio: mi vengador no está lejos.

Caridemo fue ejecutado pero, una vez aplacada su cólera, al Gran Rey no le costó mucho comprender que había cometido un error gravísimo. Diodoro de Sicilia y Quinto Curcio nos refieren que se veía hostigado incluso en sueños por el temor a los macedonios, y que en última instancia Darío III Codomano se encontró forzado a bajarse de su pedestal de descendiente de Vistaspa (nombre persa del padre de Darío I, Histaspes, que, según la tradición, habría sido protector de Zoroastro [Zaratustra], el profeta de la religión oficial de los persas) a fin de tomar en persona el mando de sus ejércitos y combatir para salvar el Imperio.

Decidieron que reunirían el mayor número de mercenarios posible (es decir, de súbditos no persas del Gran Rey, el equivalente de las antiguas tropas coloniales francesas o británicas), reclutados entre las tripulaciones de la flota persa —reducida a inactividad desde que Alejandro había licenciado a la suya—, y que los concentrarían en Trípoli, en la costa fenicia (en el actual Líbano, cerca de Beirut). Darío también hizo venir tropas de sus satrapías orientales, fijándoles Babilonia como punto de encuentro, y eligió entre sus allegados los hombres más aptos para mandarlas. Así fue como, durante el verano de 333 a.C., se vio llegar a la antigua capital de Mesopotamia más de 400.000 infantes y no menos de 100.000 jinetes (según Diodoro de Sicilia, XXXI, 1).

El comandante supremo de las tropas en el frente de Asia Menor fue dejado, hasta nueva orden, en manos de Farnábazo, con la misión de consolidar mientras tanto las posiciones de la flota en el mar Egeo; luego el enorme ejército persa, saliendo de Babilonia, se puso en marcha lentamente hacia el oeste, con el Gran Rey a su cabeza, transportando consigo en sus equipajes no sólo el tesoro real, del que jamás se separaba, sino también las mujeres y los hijos de sus serrallos.

Desde Gordio, donde se encontraba desde finales del mes de abril del año 333 a.C., Alejandro había enviado a uno de sus generales, Hegéloco, a proteger el Helesponto con la misión de detener todos los navíos, persas o atenienses, que penetraran en él en cualquiera de las dos direcciones: quería preservar sus comunicaciones marítimas con Macedonia en caso de que Atenas hiciese secesión. Desconfiaba de los juramentos de los griegos, siempre dispuestos a cambiar de bando cuando giraba la fortuna de las armas. Por el momento, los cuerpos de su gran ejército estaban reunidos en la capital legendaria de la Gran Frigia: los hombres con que había recorrido aquel gran rizo, en Asia Menor, a través de Jonia, Caria, Licia, Pisidia, hasta la ciudad del rey Midas, a orillas del Sangario (el Sakaria de la Turquía moderna), los cuerpos de caballería y de la impedimenta que habían llegado desde Sardes con Parmenión, y el regimiento de los recién casados con permiso que volvían de Macedonia.

Estamos a mitad del mes de mayo. Había llegado el momento de que Alejandro reanudase sus campañas: se había puesto como objetivo para ese año caminar hacia el este hasta el río Halis (el Kizil de la actual Turquía), luego bajar hacia el sur a través de la Gran Frigia, para llegar a Cilicia y penetrar en Fenicia. Estaría entonces a pie de obra para pasar a Egipto, aquella tierra misteriosa que le atraía, y emprender, en los años siguientes, la conquista de Asia. Pero entretanto había que volver a la acrópolis de Gordio, para contemplar por última vez el carro de Gordio.

Se dirige a la acrópolis acompañado de su estado mayor, y coge entre sus manos el nudo por el que el yugo estaba unido al carro. Los oficiales que le siguen se detienen, silenciosos. Alejandro busca con los dedos el extremo de la cuerda de cáñamo que le permitiría desanudarlo: manipuló el nudo de Gordio durante un largo rato, sin pronunciar palabra. Los asistentes le observan, inmóviles; unos, supersticiosos, están inquietos, los otros, más realistas, se sienten azorados y temen la cólera del rey si fracasa. Él mismo se ha metido en la trampa: si no encuentra el medio de deshacer aquel nudo, sus lugartenientes, sus amigos y sus soldados pueden desanimarse. Sabe que él, el jefe, no tiene derecho a dejar Gordio sin haber dado cuenta del nudo gordiano. Entonces desenvaina lentamente su espada de doble filo de su cintura y, de un golpe seco, parte el nudo en dos, separando así el yugo del timón. Luego, volviéndose hacia todos los que le miran, exclama: «Bien, ya está desatado. ¡Asia es mía!»

La noche siguiente, Zeus hizo comprender a los griegos que la profecía sobre el nudo gordiano iba a cumplirse, manifestándose mediante relámpagos y truenos cuyo estruendo sacude las montañas de alrededor. Al día siguiente Alejandro ofreció un sacrificio al rey del Olimpo para darle las gracias y, al otro día, una hermosa mañana de mayo, el gran ejército grecomacedonio se dirigió hacia el río Halis tomando la vía real creada antiguamente por Darío I el Grande, que debía conducirlo en primer lugar a Ancira (la moderna Ankara).

La ruta bordeaba el pie de la montaña que separa la satrapía de Paflagonia, cuyas costas bañaba el mar Negro, de la Gran Frigia. Los habitantes de esta región le enviaron embajadores para ofrecerle su sometimiento, a condición de que su ejército no invadiese los territorios. Alejandro da su consentimiento, a condición de que su rey acepte obedecer a Cala, el sátrapa macedonio al que había entronizado en Frigia marítima, a orillas del Helesponto (véase pág. 146). Llegó a Ancira tres días más tarde e instauró a un príncipe indígena, Sabictras, sátrapa de Capadocia.

La marcha de un ejército tan grande a través del vasto territorio de Capadocia no podía pasar inadvertida. En Ancira Alejandro recibió sin duda delegaciones procedentes de las ciudades griegas del mar Negro, que estaban gobernadas por tiranos u oligarcas, como Heracles, o por sátrapas persas, como Sínope. Pero el rey tenía preocupaciones más urgentes: no era el mar Negro lo que buscaba, sino Cilicia, aquella llanura con forma de triángulo a orillas del Mediterráneo, rodeada por los montes Tauro y a la que sólo se podía acceder por dos desfiladeros: el primero, cruzado por la ruta de Ancira, recibía el nombre de las «Puertas de Cilicia»; el segundo, atravesado por la ruta de Babilonia, se llamaba las «Puertas de Asiria». Así pues, debía llegar a las primeras antes de que el ejército persa, procedente de Babilonia, llegase a las Puertas de Asiria, donde él acudiría a esperarlo.

Esto parece fácil de escribir cuando se dispone de un buen mapa, pero los atlas de geografía no existían en esos tiempos y Alejandro únicamente tenía, como informaciones topográficas, las descripciones del historiador Herodoto y el relato realizado por Jenofonte de la desventurada expedición emprendida en el año 401 a.C. por Ciro el Joven contra su hermano, el gran rey Artajerjes II, en la que había participado el propio escritor; así pues, buscó guías indígenas que solían acompañar las caravanas.

La ruta elegida por Alejandro por consejo de esos guías cruzaba oblicuamente la llanura de Anatolia, desde Ancira hasta la ciudad moderna de Adana; terminaba en la falda norte del Tauro, que había que franquear por un estrecho desfiladero —las Puertas de Cilicia— que daba, al otro lado de los montes, a la vasta llanura cilicia. Era seguro que, si Darío llegaba antes que él a las Puertas y las cumbres que las dominan, el ejército griego se vería sorprendido en una trampa mortal: por lo tanto había que marchar deprisa y durante muchas horas, bajo el cálido sol de estío.

El gran ejército de Alejandro llegó al famoso desfiladero durante el mes de septiembre y empezó su descenso hacia la llanura cilicia. Alejandro, montado siempre en *Bucéfalo*, partió a toda prisa hacia Tarso (en la actualidad Tarsus, en la Turquía moderna, a unos sesenta kilómetros al sudoeste de la moderna Adana), la capital de la satrapía de Cilicia, con su caballería y su infantería ligera. Entró en ella antes de que el sátrapa persa Arsames hubiese tenido tiempo de destruir los graneros y las cosechas que contenían.

Agotado por esa terrible carrera, que había durado tres o cuatro días, lo primero que hizo Alejandro al llegar a la llanura fue tomar un baño en el Cidno, el río nacido en el Tauro, cuyas aguas heladas atravesaban la ciudad. Era una imprudencia; sufrió una congestión y se fue al fondo (una desgracia idéntica le ocurrió al emperador Federico Barbarroja en 1190, durante la tercera cruzada). Repescado por sus soldados, el rey fue trasladado a una tienda donde deliró durante días, sufriendo una fiebre fortísima y convulsiones; su entorno le creyó perdido: todo su ejército lloraba. Luego Alejandro recuperó poco a poco el sentido, y su médico personal, Filipo, le preparó una purga, según las reglas de la medicina hipocrática que le habían enseñado en Pela. Mientras el hombre del arte mezclaba los ingredientes de su remedio en una copa, fueron a llevar al rey de Macedonia una carta de Parmenión, en que le invitaba a desconfiar de Filipo, del que se decía que habría sido comprado por Darío para que le hiciese perecer envenenándolo. Alejandro, que se había recuperado, leyó la carta sin pestañear, tomó la copa que le tendía Filipo, le dio la carta a leer a cambio y, sin esperar su reacción, se bebió el remedio de un trago ante la mirada impasible de su médico, demostrándole así la confianza que tenía en él.

La purga y el temperamento del macedonio obraron maravillas. Esa misma noche, Alejandro ya estaba dando órdenes. Dado que el ejército persa, mandado por Darío, llegaba desde Babilonia, había que cerrarle el paso en las Puertas de Asiria, en las montañas que cierran el acceso a Cilicia, en la ruta de Babilonia; ésa debía ser la misión de Parmenión, que partió inmediatamente hacia el este con la infantería del ejército grecomacedonio, un regimiento de mercenarios griegos, la caballería tracia y la caballería tesalia. El rey mismo se dirigió rápidamente hacia el oeste, a fin de recibir el sometimiento de las ciudades de Cilicia.

La primera que visitó, a un día de marcha de Tarso, fue Anquíalo, que, según decían, había sido fundada antaño por el último rey de Asiria, el famoso Sardanápalo. Luego se dirigió a Solos (en griego: *Soloi*), una colonia de la isla de Rodas, pero muy próxima a los persas (indudablemente a causa de los orígenes rodios de Memnón), lo cual incitó a Alejandro a instalar allí una guarnición e imponer a los habitantes de esa ciudad una contribución excepcional de 200 talentos de plata. El griego hablado en esa ciudad, poco civilizada a fin de cuentas, estaba esmaltado de groseras faltas, que desde entonces se llaman *solecismo* en referencia al nombre de la ciudad. Luego Alejandro partió de Solos con tres batallones de infantes y arqueros, para dirigirse hacia las zonas montañosas de Cilicia: en una semana consiguió la sumisión de todas las aldeas que las poblaban. La más importante, Malo, era presa de una guerra civil, a la que Alejandro puso fin; y como se trataba de una colonia de Argos y él se consideraba descendiente de los Heraclidas de Argos, exoneró a esa población de impuestos.

Estaba todavía en Malo cuando los exploradores le informaron de que Darío no se hallaba lejos: acampaba con su formidable ejército en Socos (*Sochoi*, en griego), en un lugar no identificado entre Alejandreta y Alepo, en la frontera actual que separa Siria de Turquía, a menos de cinco días de marcha de Malo. Hacía un mes aproximadamente que el otoño había empezado: desde hacía unos días llovía mucho y anochecía cada vez más pronto en ese final del mes de octubre.

El Gran Rey había comprendido por fin que Alejandro no era un simple guerrero macedonio con suerte, sino el jefe de una cruzada que no sólo trataba de expulsar a los persas de Asia Menor, sino también destruir su Imperio. La anécdota del nudo gordiano, que le habían contado, resultaba significativa. Por eso, durante la primavera anterior, mientras Alejandro acumulaba éxitos puntuales en Capadocia, Darío había decretado una especie de leva en masa por todas las satrapías centrales y orientales del Imperio persa. Las tropas cuyo mando iba a asumir él mismo en Babilonia formaban el ejército más grande nunca visto en Asia; Diodoro de Sicilia, a quien ya hemos citado, habla de «400.000 infantes y no menos de 100.000 caballeros», y Arriano nos dice (II, 8, 6) que «en total, el ejército de Darío reunía alrededor de 600.000 combatientes». Estas cifras son sin duda exageradas, pero ningún otro dato las contradice.

A través de sus espías y correos, Darío conocía el itinerario de Alejandro. Había admirado su inteligencia estratégica y comprendido que las ambiciones del macedonio no se limitaban a las costas del mar Egeo y a Capadocia, cuya rápida conquista no había sido para el hijo de Filipo más que una entrada en materia, necesaria, por lo demás, para asegurar sus retaguardias y animar la moral de sus soldados y oficiales. Lo que ahora pretendía Alejandro era en primer lugar

Cilicia, la rica Fenicia, Palestina y, más allá, el fabuloso Egipto. Por eso, razonando de la misma forma que su adversario, el Gran Rey había previsto que pasaría inevitablemente por el desfiladero de las Puertas de Cilicia, las *Pyles* cilicias: ahí había decidido esperarle y destruir su ejército.

«Pero este diablo de macedonio se me ha adelantado», vociferó.

En efecto, esto cambiaba los datos del problema. Mientras que Darío había esperado dar cuenta del gran ejército de Alejandro cogiéndolo en una emboscada en la montaña, en las *Pyles*, el macedonio le imponía una batalla organizada en campo abierto, una clase de operación en la que el ejército persa no tenía experiencia y en la que, en cambio, los estrategos griegos, de los que Alejandro era heredero, resultaban maestros consumados. El resultado de un enfrentamiento así dependía en gran parte del campo de batalla escogido.

En la segunda quincena de octubre del año 333 a.C., al salir de las montañas de Asiria el Gran Rey había decidido desplegar sus tropas cerca de un lugar que los autores antiguos llaman *Sochoi* (Socos), en el corazón de una vasta llanura, lo bastante extensa para permitirle hacer maniobrar a su enorme ejército y sacar el mejor partido de su excelente caballería, cuyas cargas eran homicidas. Pero Alejandro se había retrasado en las montañas, encima de Tarso, y Darío, impaciente por acabar, en lugar de esperarle en Socos, donde tenía todas las posibilidades de vencer, pensando que Alejandro no se atrevía a tomar la iniciativa del ataque, decidió marchar hacia él. Envió a Siria, a Damasco, todo lo que podía retrasar el avance de su ejército, es decir la impedimenta y los serrallos, y penetró en Cilicia para sorprender al rey de Macedonia.

Pero mientras Darío le buscaba en dirección a Tarso, Alejandro ya se había movido hacia Socos, a lo largo de la orilla del mar, bordeando el golfo de Alejandreta. Así pues, el macedonio no había encontrado al ejército persa donde esperaba; de paso, había dejado en Isos a los enfermos y heridos de su ejército, con la intención de recuperarlos a la vuelta y, siguiendo siempre la orilla del mar, había llegado hasta los alrededores de la actual ciudad de Isjanderun (ex Alejandreta), en un lugar llamado Miriandro, a la entrada de Fenicia (en la costa sirio-libanesa actual).

Mientras tanto, Darío, al no hallar al ejército griego en Cilicia, desandaba el camino, con objeto de volver a Socos. Al pasar por Isos descubrió el hospital de campaña instalado por su adversario, mató a los enfermos y heridos y se enteró —torturándolos o por medio de sus exploradores— de que Alejandro y su ejército se encaminaban hacia el sur por la costa del Mediterráneo. De manera imprudente, Darío concluyó que su enemigo huía delante de él, y sin duda se frotó las manos de alegría. La pequeña llanura costera por la que huía el ejército macedonio se estrechaba cada vez más en dirección a Miriandro: iba a verse arrinconado entre el mar Mediterráneo por el oeste y el macizo montañoso del Amano por el este.

En otros términos, su enemigo estaba en una ratonera geográfica y a él le bastaba con cogerlo; Darío decidió por un lado encerrarlo en ella instalando sus tropas en un pequeño río que cortaba la llanura de Isos, el Pínaro, y por otro lado, perseguirle hasta que no pudiese seguir avanzando: «Tan sólo había que dividir a los miles de macedonios y griegos y despedazarlos», decía a sus generales, que le daban su aprobación prosternándose hasta el suelo. Todos menos uno, pero el Gran Rey no había querido escucharle: un tránsfuga macedonio llamado Amintas que le aconsejaba, desde que había llegado a Socos, no moverse y esperar a Alejandro a pie firme en aquella llanura, donde podría maniobrar a sus 100.000 jinetes a capricho. «¿Y si él no ataca?», había preguntado Darío. El otro respondió categóricamente que conocía el temperamento de Alejandro y que éste atacaría a los persas allí donde se encontrasen.

Darío siguió pues los consejos orgullosos de los señores persas, que le calentaban la cabeza diciéndole que los cascos de sus caballos aplastarían los cráneos de los infantes macedonios, y se adentró con sus 600.000 soldados por la estrecha banda de tierra entre el Mediterráneo y el Amano, a cuyo extremo estaba convencido de que podría acabar con los griegos.

Cuando Alejandro supo por sus exploradores que el Gran Rey, en lugar de permanecer en Socos, le perseguía con su ejército, no dio crédito a sus oídos; para él era un regalo, porque tendría que combatir contra un ejército demasiado grande para evolucionar en un campo de batalla demasiado pequeño. Hasta el propio historiador Arriano se asombra de la iniciativa de Darío:

> Debió de ser necesario algún poder divino para empujar a Darío a un emplazamiento donde su caballería no le servía de gran cosa, ni la multitud innumerable de sus combatientes, de sus jabalinas ni sus flechas, un emplazamiento donde ni siquiera podía mostrar el esplendor de su ejército, sino que, por el contrario, daba a Alejandro y a sus tropas una victoria fácil...
>
> *Op. cit.*, II, 7, 6.

¿Conque Darío estaba a su retaguardia? Demasiado bello para ser cierto. Alejandro envió a algunos Compañeros hacia Isos, a bordo de un navío rápido de treinta remeros, para verificar la información. No les costó mucho constatar que el ejército persa estaba allí. El rey de Macedonia comprendió que las cartas estaban echadas: iba a convertirse en el amo de Asia. Le bastaba con interrumpir su marcha costera hacia el sur, dar media vuelta hacia Iso, pasando al pie de las montañas del Amano, y encontrarse de este modo no seguido por el Gran Rey, sino ante las vanguardias de las tropas persas, y atacarle cuando no le esperaba y cuando se encontrase en posición desfavorable.

Entonces, lenta y majestuosamente, alzó su brazo derecho hacia el cielo y tiró levemente de las riendas de *Bucéfalo* para detenerle; a sus espaldas, su gran ejército se inmovilizó en silencio: podía oírse el chapoteo de las olas sobre las rocas. Era el 10 de noviembre del año 333 a.C. El sol se ponía sobre el Mediterráneo, el horizonte se teñía de rojo.

2. *La batalla de Isos*

11 de noviembre de 333 a.C. por la mañana: se acerca la hora de la verdad.

Alejandro sabe que la maniobra que va a emprender es difícil y que sus hombres están extenuados. Empieza por tanto por reunir a sus generales, sus jefes de escuadrones y sus oficiales para informarles de su plan, que consiste en volver hacia Isos, para sorprender allí a Darío y luchar.

El combate que vais a librar —les dice— es un combate entre vosotros, los vencedores, y los persas, a los que siempre hemos vencido. Poned vuestra confianza en el hecho de que el dios de los combates está con nosotros, puesto que ha inspirado a Darío, cuando estaba en la llanura totalmente abierta de Socos, propicia para las maniobras de su enorme ejército, la idea de venir a arrinconar sus tropas en este pasaje estrecho entre el mar y la montaña, donde nuestra invencible falange tiene de sobra el sitio necesario para su despliegue, mientras que sus cien mil jinetes, apretados unos contra otros, ni siquiera podrán cargar. Vosotros, macedonios, expertos desde hace tanto tiempo en las fatigas y los peligros de la guerra, vais a batiros contra los persas, cobardes por el lujo. Vosotros, mis aliados griegos, tal vez vais a combatir a vuestros compatriotas, los mercenarios griegos del Gran Rey, pero no por el mismo objetivo: ellos por un salario, e incluso por un buen salario, vosotros por Grecia y su libertad. Y finalmente vosotros, mis aliados bárbaros, vosotros tracios, ilirios, peonios, agrianos, vosotros sois los pueblos más fuertes y belicosos de Europa y vais a combatir a las razas bárbaras más indolentes, más afeminadas de Asia. En nuestro campamento es Alejandro quien manda, en el campamento enemigo sólo es Darío. Y las recompensas que os valdrán los peligros que vais a correr estarán en relación con el rango de vuestros adversarios: no son los pequeños sátrapas de Asia Menor o los jinetes que habían tomado posiciones en el Gránico los que vais a vencer, es al Gran Rey mismo, a la elite de los medos y los persas, y vuestra recompensa será reinar sobre toda Asia. Esta noche volveremos sobre nuestros pasos, pero pasando por las montañas y no por la orilla del mar, franquearemos de nuevo las Puertas de Cilicia y mañana por la mañana caeremos sobre Darío y su ejército. ¡Y venceremos!

Cf. ARRIANO, II, 7.

El discurso ha terminado. Sus hombres le dedican una ovación entusiasta y de todas partes acuden para estrechar las manos de su rey, pidiéndole que los lleve inmediatamente al combate. Alejandro los calma, los invita a tomar una buena comida y a prepararse en cuanto caiga la noche. Luego envía exploradores hacia los desfiladeros que conducen a Cilicia para reconocer la ruta y, al final de la tarde, el gran ejército grecomacedonio se pone en movimiento. La luna está ya muy alta en el cielo cuando llega al pie de los desfiladeros. A medianoche los ha cruzado y, tras haber situado sus puestos de avanzada con el mayor cuidado, Alejandro ordena a sus soldados descansar y dormir allí mismo, entre las rocas.

Cuando la oscuridad mengua, al alba del 12 de noviembre del año 333 a.C. ya no hay bruma y, desde las alturas donde se encuentran, los soldados y sus jefes pueden divisar ya el futuro campo de batalla. Es una llanura que se extiende, ensanchándose progresivamente, desde los desfiladeros hasta la villa de Isos, unos veinte kilómetros más al norte. Se ve el Pínaro, que es más un pequeño torrente que un río, bajando del Tauro, y al otro lado de ese curso de agua el gigantesco campamento militar de los persas.

El ejército grecomacedonio baja lentamente hacia la llanura. Al principio en fila india, porque el paso es muy estrecho, luego en columna, y a medida que se ensancha, cada columna se despliega progresivamente en línea. Alejandro hace que su ejército se deslice hacia los flancos, unos tras otros: los batallones de hoplitas que cubren la izquierda, hacia el lado del mar; la caballería y la infantería ligera, que cierran la parte derecha, hacia la montaña. Una vez llegado a terreno descubierto, hace que su ejército adopte la formación de combate:

— en el ala derecha, por la parte de la montaña, bajo su mando, las unidades macedonias de infantería (Compañeros e infantería ligera) y caballería (1.200 Compañeros, 600 jinetes griegos y 1.800 jinetes tesalios, que tienen fama de ser los mejores de todos);
— en el centro, la infantería griega (3.500 hoplitas y 3.500 peltastas que forman la infantería ligera);
— en el ala izquierda, al mando de Parmenión, el resto de la infantería (12.000 mercenarios, griegos de Asia Menor o balcánicos) y 1.000 arqueros (agrianos), seguidos por 4.600 jinetes griegos y 900 jinetes tracios; Parmenión había recibido la orden de permanecer pegado al mar, para evitar el cerco por parte de los persas, que eran innumerables. Parmenión, hombre muy piadoso, hizo importantes sacrificios a las divinidades del mar, rogándoles que impidiesen a los bárbaros forzar sus líneas en la playa de arena que bordeaba el Mediterráneo.

Alejandro avanzaba así, al paso, hacia el río Pínaro, donde se encontraba Darío en el centro de sus tropas. El Gran Rey había hecho pasar el río a unos 30.000 jinetes y unos 20.000 infantes, para poner el resto de su ejército en orden de batalla a lo largo del río, sin verse inquietado. Su formación de combate era la siguiente:

— en el centro, 30.000 infantes, mercenarios griegos de Asia en su mayoría, con su séquito, por cada lado, de unos 60.000 infantes de distintos orígenes; era todo lo que el terreno de batalla podía contener en línea, porque como hemos dicho era muy estrecho;
— en su ala izquierda, pegado a la montaña, frente al ala derecha de Alejandro, 20.000 hombres de infantería ligera repartidos en fondo y algunos jinetes que ya había colocado al otro lado del río;
— en su ala derecha, del lado del mar, donde la playa era propicia para las evoluciones de la caballería, el resto de esos jinetes.

El resto de su ejército —unos 500.000 hombres según las fuentes— se había repartido en fondo, al azar, siguiendo la configuración del terreno. Él mismo, de acuerdo con la costumbre persa, estaba en el centro de su dispositivo.

Dicho en otros términos, Alejandro podía sacar el máximo partido a su ejército, bien disciplinado, con buenos jefes y ocupando el terreno en línea, mientras que Darío estaba desbordado por la multitud de sus hombres de armas: tenía la ventaja del número, pero no la de la posición, porque se veía totalmente imposibilitado para rodear al ejército griego, debido al poco espacio de que disponía; por el contrario, cuando Alejandro vio que Darío enviaba su caballería a la playa, contra Parmenión, desplegó su caballería tesalia por su ala derecha, para apoyar a este último.

Así dispuestas las tropas, Alejandro hizo avanzar las suyas lentamente, con tiempos de parada, para demostrar a Darío que se tomaba su tiempo para avanzar. En cuanto al Gran Rey, hizo regresar a los jinetes que antes había enviado hacia la orilla derecha del Pínaro. Luego se mantuvo inmóvil, de pie en su carro (una cuadriga tirada por cuatro caballos blancos), en el centro de sus tropas, detrás del Pínaro, en espera del ataque macedonio. Como anota Arriano: «de pronto, a ojos de Alejandro y su entorno, [Darío] les pareció que tenía una mentalidad de vencido» (II, 10, 1).

Cuando la infantería de Alejandro alcanzó la orilla izquierda del río y estuvo a alcance de tiro, los persas lanzaron contra los hoplitas griegos y macedonios una lluvia de dardos, pero era tan abundante el número de flechas y jabalinas que éstas chocaban entre sí y caían al río.

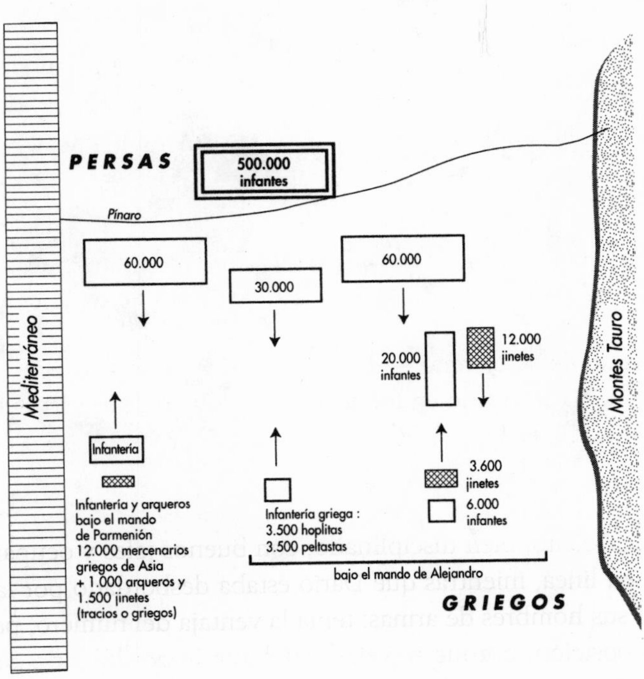

DISPOSICIÓN DE LAS FUERZAS AL PRINCIPIO DE LA BATALLA DE ISOS
La estrechez del campo de batalla impidió a Darío hacer maniobrar su ejército y envolver al ejército macedonio. La punta de lanza del ejército persa eran los 30.000 mercenarios griegos del centro.

Luego en los dos campamentos sonaron las trompetas dando la señal del combate. Los macedonios, según nos dice Diodoro de Sicilia, fueron los primeros en lanzar su grito de guerra y su clamor llenó todo el valle; pero cuando luego los numerosísimos persas les respondieron lanzando el suyo, las montañas de alrededor le sirvieron de eco y el grito de los persas se propagó como un rugido de rayo de ladera en ladera.

Alejandro y su ala derecha fueron los primeros en saltar al río, tanto para espantar a los persas con la rapidez del ataque como para llegar lo antes posible al cuerpo a cuerpo, reduciendo así considerablemente la eficacia de los arqueros enemigos. Ataca el ala derecha (los 20.000 infantes persas de Darío), que se dispersa bajo el ímpetu de los asaltos de la falange. En cambio, su centro (los 7.000 infantes griegos) es zarandeado por los 30.000 mercenarios griegos de Darío y está a punto de hundirse; al comprobar que los infantes persas a los que combatía en su ala derecha huyen en desbandada, ordena a sus hombres volverse hacia el centro y apoyar a sus camaradas en dificultades, atacando también ellos a los mercenarios de Darío; éstos son rechazados al otro lado del río, rodeados por los soldados de Alejandro (los del ala derecha y los del centro) y finalmente aplastados.

Mientras tanto, en el ala izquierda de Alejandro, del lado del mar, se desarrollaba un combate encarnizado entre la caballería tesalia y los jinetes persas. Pero el destino de las armas ya cambiaba: viendo su centro rodeado y exterminado, los persas pasan el río, perseguidos por los tesalios, que mataron tantos jinetes enemigos como infantes había matado la falange. En el campo de Darío la desbandada era general, hasta el punto de que el propio rey, tras comprobar el hundimiento y luego el exterminio de su ala izquierda por Alejandro, fue presa de pánico y, dando media vuelta a su cuadriga, huyó a través de la llanura hacia las montañas que la bordean con la caballería de Alejandro a sus talones.

La huida de Darío fue espectacular y digna de inspirar una de esas películas de gran espectáculo cuyo secreto tenía Hollywood en otro tiempo. La cuadriga real escapaba a la velocidad del viento hacia los montes Tauro, tirada por cuatro humeantes corceles, sobre el suelo arenoso de la playa de Iso. Darío lucía su soberbio atuendo de Gran Rey, con su tocado amarillo de rodetes e incrustado de piedras preciosas y, flotando al viento, su larga túnica púrpura de mangas abiertas, cruzada por una ancha banda blanca con dos hileras de estrellas de oro.

Detrás de él galopaban Alejandro y varios de los suyos, entre ellos

Ptolomeo, hijo de Lago, su fiel lugarteniente. Habían perdido de vista el carro del rey, pero podían seguir la huella que sus dos ruedas habían impreso en el suelo seco y arenoso de la llanura cilicia. Darío es confiado: piensa que cuando haya alcanzado las montañas, Alejandro será incapaz de encontrarle. Pero cuando, de arenoso que era, el suelo se volvió rocoso, la velocidad de la cuadriga aminoró y Darío vio a lo lejos la nube de polvo que le indicaba la aproximación de los jinetes. Abandona entonces su carro, su túnica, su escudo e incluso su arco y salta sobre un caballo que lo lleva al galope.

Alejandro lo persiguió hasta el fin del día sin encontrarlo. Cuando llegó la noche, volvió al campamento de los persas, que, entretanto, había pasado a manos de los macedonios. De camino, encontró en un barranco el carro de guerra de Darío, su túnica, su arco y su escudo, y se unió a los suyos en Isos, cargado con esos magros pero simbólicos trofeos.

Había llegado la hora de los siniestros balances. Primero intentaron contar los muertos. La llanura estaba sembrada de cadáveres, hasta el punto de que sólo podían franquearse algunos barrancos caminando sobre los cuerpos de los enemigos que había amontonados allí. Los persas habrían tenido unos 100.000 muertos, 10.000 de ellos jinetes —cifras verosímilmente exageradas, dadas por las fuentes— y se encontraron los cadáveres de cinco de sus jefes. Entre los griegos había que deplorar 450 muertos según Diodoro de Sicilia, menos de 200 según Quinto Curcio, 280 según Justino; Arriano no da la cifra total de víctimas, pero menciona que 120 macedonios «de alto rango» perecieron en la batalla. El propio Alejandro fue herido en el muslo, pero se ignora por quién.

El campamento de los persas fue saqueado, como era la norma de la época, pero el botín fue relativamente escaso, porque, como se ha dicho, el tesoro real había sido puesto en lugar seguro en Damasco (adonde Parmenión ira a buscarlo poco más tarde) antes de la batalla: sólo se encontraron tres mil talentos de oro (1 talento equivalía a 26 kilos) en la tienda del Gran Rey, pero se capturó a las mujeres de la familia real y a las de los parientes y amigos del Gran Rey que habían acompañado al ejército, según la costumbre ancestral de los persas, transportadas en carros dorados de cuatro ruedas, provistos de un techo y de cortinas de cuero. Los vencedores se apoderaron también de los muebles preciosos, las joyas y los adornos de todo tipo que las mujeres llevaban consigo. Según Diodoro de Sicilia, que nos describe su infortunio, habrían sido algo maltratadas:

> ¡Penoso infortunio el de estas mujeres llevadas a cautiverio! Ellas, a las que antes se transportaba lujosamente en carruajes suntuosos, sin que dejasen ver ninguna parte de su cuerpo, ahora, vestidas con una simple camisa, con las ropas desgarradas, escapaban de sus tiendas lamentándose, invocando a los dioses y cayendo de rodillas ante los vencedores. Despojándose de sus adornos, desnudas, con el cabello suelto, imploraban gracia, yendo las unas en ayuda de las otras. Pero los soldados las arrastraban: unos las tiraban de los pelos, otros desgarraban sus ropas y tocaban sus cuerpos desnudos, que golpeaban con su lanza.
>
> DIODORO, XVII, 35.

Alejandro había vuelto extenuado de su infructuosa persecución. Habían reservado para su persona la tienda del mismo Darío, y después de haberse desembarazado de sus armas, entró en la «sala de baños» del Gran Rey diciendo: «Vamos a lavar y limpiar el sudor de la batalla en el baño de Darío.» Uno de sus favoritos, que lo esperaba, le habría replicado, diciéndole (según Plutarco): «En el baño de Alejandro, pues en la guerra los baños de los vencidos pertenecen por derecho propio a los vencedores.» Se dice también que, cuando penetró en la alta y espaciosa tienda de Darío y vio la riqueza de sus muebles y, al entrar en el baño caliente, las cajitas de perfume de oro fino, los frascos y las ricas túnicas, se volvió hacia sus familiares y les dijo: «Esto es ser rey, ¿no?»

Luego, cuando se sentaba a la mesa para cenar, vinieron a comunicarle que le llevaban unas mujeres llorando: era la madre de Darío, Sisigambis, y Estatira, su esposa, así como dos de sus hijas: habían sabido que Alejandro había traído la túnica y el arco del Gran Rey, y le creían muerto. No las recibió, pero uno de sus compañeros, Leónato, fue encargado de comunicarles que Darío estaba vivo y que había abandonado su arco y su túnica en la huida; les dijo también que Alejandro les concedía a cada una el título y los atributos de reina, con séquito y guardia real, porque Alejandro no había hecho la guerra por odio a Darío, sino únicamente para reinar en su imperio.

La anécdota, que cuentan todas las fuentes, es significativa. Lo que revela no es tanto la magnanimidad de Alejandro cuanto su inteligencia política. El macedonio no está conquistando Persia para saquearla, o para vengar a Grecia —o a él mismo— de ofensas pasadas: ha ido para reinar en Persia como reina sobre los griegos y los macedonios, no como un sátrapa o un tirano, sino para que cada ciudad, cada satrapía viva según el régimen de los nuevos tiempos cuyo paladín es él, a saber: gobernada por ella misma, según el modo que desee, y en paz con todos los demás.

Este régimen descansa, evidentemente, en una autoridad central —real, si se quiere— distinta de la del Gran Rey. Alejandro no ha olvidado las lecciones de Aristóteles: una ciudad, un Estado, no es la simple reunión de seres humanos que se han dado unas reglas para no causarse daños mutuos y para intercambiar servicios, económicos o de otra clase; una ciudad es una reunión de familias, un Estado es una reunión de pueblos que se han unido para vivir bien, es decir, para que cada uno de ellos pueda llevar una vida perfecta e independiente, en relación con lo que podría llamarse su personalidad política e histórica.

Como ejemplo de ese gran proyecto podemos recordar la manera en que Alejandro trató los territorios que había conquistado desde que puso los pies en Asia. Cuando liberó Mileto, Halicarnaso, Lidia, Caria y otras satrapías, no las obligó a someterse a las leyes ni al régimen fiscal de Macedonia; restableció las leyes bajo las que vivían antes de haberse convertido en vasallos del Gran Rey, y obligó a sus ciudadanos a pagar impuestos al jefe responsable del Estado que esas ciudades constituían. Y tales contribuciones no estaban destinadas a aumentar el tesoro de ese jefe, sino al bienestar de la ciudad-estado y de sus ciudadanos.

Alejandro intenta o sueña con construir un sistema político a imagen del racionalismo aristotélico. Aristóteles le había enseñado que el conocimiento —la ciencia, si se quiere— consistía en hacer uno y varios al mismo tiempo, en conciliar la *multiplicidad* de las percepciones y la *unidad* del concepto, de la idea. Asimismo, la política, el arte de gobernar la *polis* —la ciudad— es hacer de modo que cada ciudadano sea libre de ser lo que es, pero que el conjunto de esos ciudadanos sea al mismo tiempo un conjunto de ciudadanos justos. En un Estado así cada uno es libre y al mismo tiempo está coaccionado por la ley, sin que haya necesariamente una ley que sea superior a las demás.

Ahora bien, debido a una especie de necesidad histórica, en el Mediterráneo grecooriental se constituyó un conjunto de ciudades-estados que durante mucho tiempo se hicieron la guerra entre sí, lo que engendró una desgracia común, es decir su sometimiento al Gran Rey persa, al que están sometidos igualmente la multitud de pueblos de su imperio: cilicios, frigios, capadocios, fenicios, babilonios, partos, y muchos más. Alejandro quiere a un tiempo unirlos bajo una misma autoridad —por el momento la suya— y revelarlos a ellos mismos, para que se impongan o recuperen sus propias leyes. No será por tanto un nuevo Gran Rey, sino un liberador-unificador de los pueblos de Grecia y Asia. Y la forma generosa en que trató a la madre y la esposa adorada de Darío es mucho más el signo de su genio político que una determinada grandeza de alma.

VIII

De Isos a Gaza

(3.er año de guerra en Asia: diciembre del año 334-diciembre de 332 a.C.)

Organización de Cilicia (diciembre de 333). — Retrato psicológico de Alejandro: su continencia; Alejandro y las mujeres: Sisigambis, la princesa Ada; se casa con Barsine, la viuda de Memnón (mediados de diciembre del año 333). — Una jornada de Alejandro. — Esbozo de una organización global del Imperio macedonio (diciembre de 333-principios de enero del año 332). — Partida para Fenicia (finales de diciembre de 333). — Intercambio de cartas entre Darío y Alejandro (finales de diciembre de 333). — Sumisión espontánea de Biblos y Sidón (finales de diciembre de 333). — Sitio de Tiro (enero-julio de 332). — Caída de Tiro (julio de 332). — Paso a Jerusalén (agosto de 332) y llegada a Gaza (septiembre de 332). — Asedio y conquista de Gaza (octubre-noviembre de 332). — Llegada a Pelusio (diciembre de 332).

Después de dos años de campañas en Asia, Alejandro había conseguido, de manera irrefutable, la reputación de un héroe, pero no la de un gran general. Por su descaro y su audacia, y gracias al formidable ejército formado por su padre Filipo, había sustraído todo el Asia Menor y las tierras del interior hasta Cilicia a la dominación del Gran Rey, pero ¿qué había hecho en el plano militar? Había ganado dos batallas: una, la del Gránico, no era más que un simple encuentro cuyo resultado feliz se debía más a su propio heroísmo y a la *furia* macedonia de sus Compañeros que a unas cualidades de estratega que aún no se le conocían; la otra, en Isos, había sido espectacular por la importancia numérica de las fuerzas del enemigo persa, pero era más una batalla perdida por el Gran Rey que una batalla ganada por el macedonio, que se había aprovechado simplemente del error monumental de Darío, tan monumental por otra parte que los historiadores griegos intentaron ver en él la obra de algún poder divino (*cf.* la opinión de Arriano, págs. 184-185).

Entre el Gránico e Isos, ¿qué había pasado? Dos asedios difíciles (Mileto y Halicarnaso) de los que había resultado vencedor empleando métodos tradicionales, algunas escaramuzas (en Silio, en Sagaleso), luego Alejandro no había tenido que hacer otra cosa que tender los brazos para ver caer, sin combate, las ciudades de Caria, Licia, Panfilia, la Gran Frigia y Cilicia. A ojos de los pueblos que lo recibían no era «el Conquistador», sino el joven héroe de cabellera rubia y ojos azules que, montado sobre *Bucéfalo*, su caballo loco, y su penacho al viento, expulsaba a los sátrapas incapaces e injustos y devolvía a los licios, los panfilios, los frigios y los capadocios sus propias leyes sin imponerles las macedonias: ¡eso era lo realmente nuevo!

Después de su victoria sobre Darío, en Isos, el personaje cambia. La carta que va a recibir del emperador persa vencido (véase página 204) tal vez le hace tomar conciencia de sus responsabilidades políticas. No olvida que su expedición es una cruzada panhelénica destinada a proteger definitivamente el mundo griego del peligro que representa para la Hélade una Persia poderosa; ahora que ha liberado a los griegos de Asia de la dominación del Gran Rey, ahora que sus armas han rechazado hasta el río Halis y el río Píramo las fronteras del helenismo, el sueño que acunaba la imaginación de los atenienses, los más helenos de los helenos, desde hacía dos generaciones, debe proteger el Mediterráneo de toda nueva incursión de estos persas bárbaros y, para ello, hacerse dueño de las costas sirias y egipcias y de las tierras del interior. Su primer objetivo, por tanto, va a ser la conquista del país fenicio, cuyas costas están bañadas, de Alejandreta a Gaza, por ese mar que quiere convertir en el mar exclusivo de los helenos. Va a dedicar a ese proyecto todo el año 332 a.C., marcado por dos acontecimientos militares importantes: el sitio de Tiro, que duró seis meses, y el de Gaza, que debía abrirle las puertas de Egipto.

1. *Retrato de un vencedor*

Al día siguiente de su victoria Alejandro, cojeando a consecuencia de su herida en el muslo, pero con la mirada viva y el rostro descansado, fue a visitar a sus soldados heridos, recompensando a unos y otros por su valor o sus hazañas. También hizo reunir los cuerpos de los que habían sido muertos: tuvieron derecho a funerales grandiosos en presencia de todo el ejército, dispuesto en orden de batalla, y él mismo dirigió personalmente las exequias. Luego hizo levantar altares a Zeus, Atenea y Heracles, su antepasado, en las orillas del Píramo; les ofreció sacrificios y acciones de gracia por haberle permitido vencer.

Alejandro se ocupó luego de los asuntos de Cilicia. Esta provincia era importante desde el punto de vista estratégico: aislada del continente asiático por los montes Tauro, habitada por tribus libres, salvajes e intrépidas, era, en su zona litoral, una vía de paso entre el Asia Menor y Siria y, más allá de ésta, Babilonia; necesitaba por tanto un gobernador férreo: Alejandro designó para ese cargo a uno de los Compañeros de la Guardia Real, Bálacro, hijo de Nicanor. Además, se acordó de que había impuesto a la villa de Solos 200 talentos de plata por haber sido partidaria de los persas y que aún seguía debiéndole 50 talentos: se los perdonó y le devolvió los rehenes que había tomado como garantía.

Alejandro volvió a ver a Sisigambis, la madre de Darío, y entró en su tienda con su amigo Hefestión, que llevaba las mismas ropas que él, pero que era más alto y bello; al verlos entrar la madre de Darío fue a prosternarse delante de Hefestión, que le parecía el rey, luego, comprendiendo por las señas que le hacían que se había equivocado volvió a empezar, confusa, otra prosternación ante Alejandro. Éste la levantó diciéndole: «No te preocupes, madre, no has cometido ningún error. Hefestión es como yo mismo.»

¿La llamó «madre» por respeto a su mucha edad y a sus canas, o por error? Los autores antiguos insisten, en efecto, sobre el atractivo que ejercían sobre este joven, recién salido de la adolescencia, las mujeres de edad que cruzaron por su vida, como aquella Ada, reina de Caria (véase pág. 153) o, en su infancia, su nodriza Lanice (véase pág. 57). De hecho, prodigó a Sisigambis las mayores muestras de respetuoso afecto; después de afirmar que la consideraba como su segunda madre, hizo que se le rindieran los honores a los que antes tenía derecho y puso personalmente a su disposición más criados de los que tenía en Persia. Y, como el hijo de Darío, un niño de seis años, estaba junto a su abuela, Alejandro se agachó, lo tomó entre sus brazos y lo levantó en el aire; el niño se echó a reír y, sin miedo alguno, le pasó sus bracitos alrededor del cuello: «Es más valiente que su padre», dijo Alejandro, sonriendo a Hefestión.

Alejandro prometió además velar por que las jóvenes princesas —las hijas de Darío— fuesen respetadas y que más tarde trataría de casarlas con príncipes de su rango. Plutarco —y no es el único— se maravilla, como buen moralista, de la forma en que aquellas jóvenes, que verosímilmente eran muy bellas (como su padre y su madre), fueron tratadas:

> La más honorable, la más hermosa y la mejor gracia que hizo a estas princesas prisioneras, que siempre habían vivido de la forma más honesta y más púdica, fue que no oyesen jamás ninguna palabra que habría podido hacerlas temer, o simplemente sospechar, que podría atentarse contra su honor. Tuvieron su aposento privado, sin que nadie las importunase, ni siquiera pudiese verlas o dirigirles la palabra; eran como religiosas en un convento sagrado.
>
> El mismo Alejandro, estimando en mi opinión que era más digno de un rey vencerse a sí mismo que vencer a sus enemigos, no las tocó, ni a ellas ni a las demás mujeres prisioneras...
>
> PLUTARCO, *Vida de Alejandro*, XXXVIII.

Y nuestro autor nos informa de que Alejandro se comportó igual con las demás damas de Persia que acompañaban a los vasallos del Gran Rey. Eran todas «bellas y grandes maravilla» nos dice Plutarco (habría quedado sorprendido si aquellos grandes señores hubiesen tenido mujeres feas en sus serrallos), y el hijo del lujurioso Filipo afirmaba galantemente que «las damas de Persia dañaban los ojos de quien las miraba», oponiendo a su belleza física la belleza moral de su propia castidad (sigue siendo Plutarco quien lo escribe), pasando delante de ellas como se pasaría ante unas bellas estatuas de mármol.

¿Era pues de mármol, al menos ante las mujeres? Sería sorprendente para un joven que entonces tenía poco más de veintitrés años, en una época en que la moral cristiana aún no había puesto la lujuria en el rango de los pecados capitales. De hecho, sucumbió a la tentación, siempre según Plutarco, instigado por su lugarteniente Parmenión.

Alejandro había enviado a Parmenión a Damasco, para que se apoderase del tesoro real que Darío había puesto a buen recaudo antes de enfrentarse al ejército macedonio. Pues bien, Parmenión había vuelto de esa ciudad no sólo con el tesoro imperial y el de los grandes señores de Persia, sino también con los serrallos del Gran Rey, que contaban con 329 cortesanas reales «para la música y para la danza», 49 tejedores de guirnaldas, 275 cocineros, 17 escanciadores para mezclar las bebidas, 70 para calentar el vino, 40 perfumistas para preparar los bálsamos... y con la bella Barsine, viuda del general Memnón, que había muerto en Mitilene la primavera anterior. Era, según dicen, una mujer bonita, dulce y graciosa, pero también culta, que leía y recitaba a los poetas griegos; según Plutarco, Parmenión se la habría puesto a Alejandro en los brazos, rogándole «que gozara del placer de una bella y noble dama», cosa que el rey hizo.

Pero que lo hiciese con ardor es otra cuestión. Ningún autor, en efecto, nos habla de las aventuras femeninas que habría podido tener Alejandro desde su adolescencia, mientras que todos nos describen con profusión las juergas y las orgías de su padre Filipo, y no nos privan de recordarnos que su madre Olimpia participaba, en su juventud, en las orgías dionisíacas de Samotracia. Y en Pela, cuando Alejandro tenía unos quince años, las tentaciones femeninas no debían de faltar y, entre las mujeres —jóvenes o maduras cuyos maridos estaban en la guerra—, a muchas sin duda se les iban los ojos tras el joven príncipe heredero. La misma Barsine era hija de un viejo general persa, Artábazo, que había participado en un golpe de Estado en Susa y que se había refugiado en la corte de Macedonia en 336 a.C. (el año del nacimiento de Alejandro) con toda su familia; así pues, Barsine había conocido a Alejandro siendo éste un bebé, luego de muchacho, antes de regresar con su padre a Persia cuando éste había terminado consiguiendo el perdón del Gran Rey, y se había casado con Memnón: en la memoria de Alejandro, esta mujer, que tal vez tenía veinte años más que él, era un vago recuerdo de infancia.

¿Cuáles son las razones que hacen de este joven de veintitrés años, casi virgen por lo que se refiere a mujeres, el amante, luego el enamorado y más tarde el marido (se casó con ella más o menos oficialmente y Barsine le habría dado un hijo que durante cierto tiempo fue considerado como posible príncipe heredero) de una mujer que quizá tenía veinte o veinticinco años más que él (no era común entonces, ni en Grecia ni en Persia, esa diferencia de edad en el matrimonio)? La respuesta —trivial en nuestros días— a esa pregunta consiste en invocar una potente influencia materna: es muy probable que la personalidad envolvente, exigente y devoradora de su madre Olimpia haya desempeñado un papel determinante en la conducta afectivo-sexual del rey de Macedonia.

¿Se sentía más atraído por los hombres? Por supuesto, nuestros autores hablarán más tarde de sus favoritos (era cosa corriente en el mundo griego, lo mismo que en el mundo persa, desde hacía mucho tiempo), pero en la época, en ese terreno, Alejandro era tan continente como con las mujeres. Él, que tal vez habría querido ser un dios, decía a menudo que se reconocía un mortal (y por lo tanto, un ser imperfecto) sobre todo por dos cosas: por la necesidad de dormir y por la necesidad de placer sexual; y añadía que lamentaba no poder superarlos siempre.

Su indiferencia hacia las mujeres —aunque fuesen sus amantes— queda bien ilustrado por el siguiente incidente contado por Plinio (*Historia natural*, XL, 36): el pintor Apeles, el que había hecho su retrato en Éfeso, se había enamorado de una tal Pancasta, que era entonces amante de Alejandro; éste había pedido al artista pintarla desnuda. Cuando Alejandro se dio cuenta de ese amor, ofreció de inmediato Pancasta al pintor y no volvió a preocuparse por ella. En cambio, había prohibido formalmente, so pena de muerte, la violación de las cautivas después de las batallas, que era costumbre corriente en la época; así, habiendo sabido que dos soldados macedonios a las órdenes de su lugarteniente Parmenión habían violado a las mujeres de algunos soldados extranjeros, le había enviado una carta para pedirle que ordenase una investigación y, si resultaba confirmada la acusación, hacer ejecutar a los culpables como a bestias salvajes. En esta misma carta, tomándose como ejemplo, escribía:

> En cuanto a mí, tanto da que haya tomado la libertad de ver o incluso desear ver a la mujer de Darío [Stateira], no podría sufrir que se hablara de su belleza delante de mí.
>
> PLUTARCO, *Vida de Alejandro*, XXXVIII.

Su desinterés —podría decirse incluso su aversión— por los asuntos de la carne se muestra también en estas dos anécdotas en relación con la pederastia que cuenta Plutarco:

> Filóxeno, que era su lugarteniente, le escribió una vez que cierto mercader tarentino, llamado Teodoro, tenía dos muchachos jóvenes para vender [como esclavos], de gran belleza, y le preguntaba si deseaba que se los comprase. Alejandro se indignó tanto ante la proposición que exclamó varias veces delante de sus amigos: «¿Qué depravación ha creído Filóxeno descubrir en mí para hacerme semejante

propuesta?», e inmediatamente le respondió, con muchas injurias, que mandase al mercader tarentino al diablo, y su mercancía con él.

Del mismo modo arremetió con severidad contra un joven llamado Hagnón, que le había escrito que quería comprar un muchacho llamado Cróbulo, famoso en la ciudad de Corinto por su belleza.

PLUTARCO, *Vida de Alejandro*, XXXVIII.

Indiferente a la lujuria, Alejandro tampoco se dejaba llevar por la glotonería: «Se imponía a su estómago», escribe Plutarco. La vieja princesa Ada («vieja» para la época: era simplemente sexagenaria), a la que había hecho reina de Caria y a la que consideraba como su madre (¡otra más, después de Olimpia y la madre de Darío!), le enviaba todos los días, con idea de complacerle, viandas exquisitas, pastas, confituras y golosinas que preparaban para ella los mejores cocineros y pasteleros de su país. Le escribió afectuosamente que no se molestase tanto por él porque su preceptor —el severo Leónidas— le había acostumbrado a un régimen mucho más tonificante: levantarse antes del alba, comer poco en el almuerzo, caminar por la noche a manera de cena. Este Leónidas, le decía Alejandro, llegaba incluso a inspeccionar los arcones donde estaban colocadas sus mantas y sus ropas para comprobar que su madre Olimpia no había escondido entre ellas golosinas u otras cosas superfluas.

A diferencia de su padre, no era un gran bebedor, aunque el vino fuese la bebida nacional en Macedonia. Sin embargo, cuando no estaba ocupado en la guerra o la política, le gustaba permanecer mucho tiempo a la mesa, para hablar; y como siempre mantenía largas conversaciones con sus comensales, a menudo le llenaban su vaso de vino. Pero cuando estaba concentrado en los asuntos, se tratase de combates o tratados, no había banquete, ni festín, ni juego, ni bodas que pudiesen detenerle en lo que hacía y, en este caso, cuando le proponían algún placer, respondía, como más tarde Clemenceau: «¡Yo hago la guerra!»

Al margen de las batallas o los asedios —y ya hemos visto que, desde que había franqueado el Helesponto, no había tenido muchos—, su empleo del tiempo era casi siempre el mismo.

Por la mañana, después de levantarse, ofrecía sacrificios a los dioses, luego se sentaba a la mesa para tomar su primera comida —frugal— del día, que los griegos llamaban el *acratismos*. Por regla general estaba compuesta de pan mojado en vino, de olivas e higos. Luego salía de caza, actividad que amaba con pasión, como todos los macedonios, sólo o acompañado, hostigando a los jabalíes o disparando simplemente con el arco a algunas aves. A veces, cabalgando sobre *Bucéfalo*, perseguía una liebre o un zorro. Cuando estaba harto de cazar, caminaba campo a través o entre los viñedos y se ejercitaba con el arco y la jabalina, o también en la esgrima y la lucha, con amigos de su edad.

Todos los días, o casi todos, pasaba un par de horas dictando el diario de sus hechos y gestas a Eumenes, el jefe de su secretariado, que, en tiempo de campaña, también llevaba el diario de a bordo de su ejército. A medida que se extendían sus conquistas, los problemas administrativos exigían cada vez más tiempo de Alejandro: había que ordenar, decidir, recompensar, castigar a los generales y los administradores, próximos o lejanos, que tenían a su cargo el gobierno de los territorios conquistados a los persas. Poco a poco organizó en torno a él una especie de administración central del Imperio en relación con los gobernadores de provincias, que habían sustituido a los antiguos sátrapas persas.

Cuando había terminado con la caza, el deporte, la administración, la política y la lectura, cuya pasión le había transmitido Aristóteles, Alejandro volvía a su casa, es decir, la mayoría de las veces a una lujosa tienda, dispuesta a la manera persa, y se relajaba en un baño, frío o caliente, según la estación, y se hacía dar masajes, frotar y aceitar. Luego iba a inspeccionar las cocinas, se aseguraba de que nada faltase en ellas, y empezaba a cenar muy tarde, de noche la mayoría de las veces, con compañeros, generales y embajadores por comensales. Estas cenas, que, como ya se ha dicho, no eran festines, terminaban muy tarde, porque a Alejandro le gustaba hablar mucho tiempo, tanto de sus proyectos como de sus hazañas. Los autores antiguos dicen que le gustaba hacerse valer, contar sus proezas, como escribe Plutarco, y que gozaba con la adulación. A veces se vanagloriaba puerilmente, como un soldado fanfarrón, y, con la ayuda del vino, la cena terminaba muchas veces al alba.

Cuando sus invitados habían desaparecido, Alejandro no tenía para compartir su intimidad más que a su amigo Hefestión y, a veces, a Barsine, aunque nuestras fuentes rara vez la mencionan. En el fondo, este joven conquistador, al que todo le salía bien de una forma incomprensible, era un solitario, convencido interiormente de que estaba en la tierra para cumplir una misión que cada día se hacía mayor a medida que se realizaba. Al punto a que había llegado, su cruzada panhelénica estaba acabada; pero de manera confusa sentía que, para él, aquello no era más que un principio.

Antes de proseguir sus conquistas, el joven rey debía reorganizar política y administrativamente los países conquistados, que, en líneas generales, y después de la batalla de Isos, correspondían a la parte de la Turquía moderna situada entre el mar Negro y la actual frontera siria. La ciudad más septentrional era Sínope, en las orillas del mar Negro; la más meridional, Alejandreta, en el golfo del mismo nombre. En la época de la conquista, estos territorios se hallaban divididos en satrapías (véase el mapa del mundo persa, pág. 486).

En las satrapías definitivamente anexionadas al reino de Macedonia, Alejandro estableció una distinción fundamental entre las «tierras del Gran Rey» y las de las antiguas ciudades griegas (cuyo territorio se extendía siempre al otro lado de sus murallas). Las primeras eran extensiones de tierras habitadas únicamente por quienes las cultivaban, hasta ese momento, a cuenta del Gran Rey, o simples espacios cubiertos de vegetación natural (pastos de montaña, bosques, estepas arboladas o herbáceas); ahora van a cambiar simplemente de propietario y a convertirse en las «tierras del rey» (de Macedonia). Bajo el régimen persa, las segundas eran administradas por una oligarquía local (griega) o por un rey (*tyrannos*), sometido al sátrapa de la provincia, al que pagaban un tributo anual destinado, en principio, al tesoro del Gran Rey. En todas, Alejandro se esforzó por restablecer la democracia a la manera ateniense, con asamblea del pueblo, senado y magistrados elegidos, pero mantuvo o suprimió el principio del tributo según la acogida que le habían reservado. La autonomía (marcada por la exención total del tributo) y la libertad (consecuencia de un régimen democrático aceptado sin reticencia) no les fueron concedidas de entrada. Una vez que las habían adquirido, las ciudades tenían derecho a adherirse a la Liga de Corinto, que era una especie de ONU grecomacedonia.

Junto a estas medidas, más o menos transitorias, que variaron según las ciudades, hubo otras más generales como el derecho a acuñar moneda, la instauración de una contribución voluntaria administrada por el fisco macedonio, o la autorización concedida a ciertas ciudades de agruparse en uniones político-religiosas (que no se permitía a las ciudades griegas de Europa). Se puede ver ahí el esbozo de una política de conjunto, con vistas a la creación de un Estado mediterráneo unificado e incluso centralizado, que no verá la luz sino tres siglos más tarde, gracias a la obra de Julio César.

Lo que fue sin duda más duradero y logrado en esta tentativa de unificación fue la creación de una administración financiera centralizada. Alejandro instituyó (al parecer a partir del año 330 a.C.) una *caja de imperio* que reemplazó progresivamente a la *caja militar*, cuyos recursos provenían de la venta de los botines y los prisioneros a ricos particulares, así como de los tributos impuestos a las poblaciones vencidas; la caja de imperio, especie de Tesoro Público cuya institución debe adjudicarse al crédito de Roma, absorberá la caja militar y será alimentada, además, por impuestos cobrados por una administración adecuada.

Todas estas disposiciones no fueron decididas de golpe; se pusieron en marcha de forma progresiva, en función de las circunstancias, porque, después de la derrota del Gran Rey, Alejandro iba a lanzarse a nuevas conquistas.

El vencedor de Isos podía elegir entre dos estrategias: perseguir a Darío, que había huido hacia Tápsaco, a orillas del Éufrates, de donde iba a dirigirse a Susa atravesando Mesopotamia y conquistar así el Imperio persa; o bien acabar la conquista de las costas del Mediterráneo (las de Siria y Egipto) y reducir de este modo a la impotencia a la flota persa, que era dueña del mar Egeo. La primera era audaz: convertirse en el Gran Rey de Asia, sustituyendo a los Aqueménidas, ¡qué perspectiva grandiosa! La segunda era más política y prudente, y condicionaba el éxito de la primera. Alejandro decidió ser prudente primero y audaz después: eligió dirigirse hacia Siria.

Pero antes, había que tratar y negociar. Con Bálacro como gobernador de Cilicia, esa provincia marítima estaba en buenas manos y podía partir tranquilamente hacia Siria; en cambio, la marcha hacia Tiro y Gaza, las dos ciudades importantes de la costa siria, le obligaban a firmar acuerdos de paso con la pequeña isla de Arados y la aldea de Marato que estaba enfrente, en el continente, en tierra fenicia.

A finales del año 333 a.C., Alejandro deja pues Isos en dirección sur, a lo largo de la costa sirio-fenicia, con su gran ejército, aumentado con los prisioneros persas, los bagajes del Gran Rey y sus serrallos. Después de tres días de marcha, encuentra al fenicio Estratón, hijo de Geróstrato, rey de la isla de Arados y de los territorios continentales situados enfrente: le informa de que su padre navega con el almirante persa Autofrádates, cuya imponente flota navega por las aguas del Peloponeso. Luego Estratón pone una corona de oro sobre la frente de Alejandro y le entrega oficialmente la isla de Arados, la pequeña ciudad de Marato y cuatro villas costeras vecinas. Esta negociación llevó dos o tres días; mientras se desarrollaba, llegaron a Marato enviados de Darío, portadores de una carta para Alejandro.

En esta misiva el Gran Rey le recordaba que su padre, Filipo II de Macedonia, había sido amigo de su propio predecesor, Artajerjes III, y que había firmado con él un tratado de alianza; que era Filipo el primero que había cometido faltas hacia Arses, sucesor de Artajerjes y que desde que él, Darío, se había convertido en rey de los persas, Alejandro no había hecho nada para restablecer la alianza rota. Al contrario, había entrado en Asia con su ejército y él, Darío, había tenido que bajar hacia la costa cilicia con sus tropas, porque se encontraba en estado de legítima defensa y en derecho a conservar el poder heredado de sus padres. La suerte de las armas había sido favorable al macedonio, de acuerdo, pero Darío, al dirigirse a Alejandro como un rey a otro rey, le pedía que le devolviese a su madre, su mujer y sus hijos que había hecho prisioneros. Tras lo cual, estaba dispuesto a tratar con los embajadores que tuviera a bien enviarle el rey de Macedonia.

Este último redactó inmediatamente la siguiente respuesta, que hizo llevar al Gran Rey a través del mensajero Tersipo, que partió hacia Susa con los enviados de Darío:

CARTA DE ALEJANDRO A DARÍO III CODOMANO

Vuestros antepasados invadieron Macedonia y el resto de la Hélade, y les hicieron mal sin haber sufrido anteriormente malos tratos de parte de los helenos. Yo, Alejandro, elegido estratego supremo de los helenos y decidido a vengar esos ultrajes, he pasado a Asia, porque nos habéis proporcionado nuevos motivos de guerra. Habéis socorrido a la ciudad de Perinto, culpable con mi padre [Alejandro, adolescente, había asistido al asedio en 340 a.C.] cuando la asediamos y Artajerjes Oco envió un ejército a Tracia, que estaba bajo nuestra hegemonía. Mi padre fue asesinado por conspiradores que actuaron instigados por vosotros, y tú te has vanagloriado de ello en cartas que todo el mundo conoce. Después de haber asesinado a Arses con la ayuda de Bagoas, te has apoderado del poder de una manera ilegítima, con desprecio de la ley persa y haciendo daño a los persas. Has mandado distribuir por todas las ciudades griegas una carta vergonzosa, incitándolos a guerrear contra mí. Has hecho llegar ayudas a los lacedemonios y a otras ciudades griegas; éstas los han rechazado, pero los lacedemonios las han aceptado. Tus emisarios han alentado a mis amigos contra mí y han tratado de romper la paz que yo había conseguido para los helenos. Por eso he partido en campaña contra ti, pero eres tú el que ha tomado la iniciativa de manifestarme tu odio. Ahora he vencido, en un combate leal, a tus generales y tus sátrapas. Luego te he vencido a ti y también a tu ejército. Ahora, por la gracia de los dioses, yo soy el amo de este país. Me cuido de los que, tras haber combatido contra mí a tu lado, han abandonado la lucha y buscado refugio a mi lado. No tienen motivo de queja contra mí. Al contrario, se han puesto bajo mis órdenes por propia voluntad. En estas condiciones, puesto que soy el amo de Asia, ven tú también hacia mí. Si una vez aquí temes sufrir malos tratos, envía amigos tuyos y toma garantías. Una vez que estés aquí, pídeme tu madre, tu mujer, tus hijos: todo lo que desees, lo tendrás. Pero en adelante, cuando tengas nuevos mensajes que dirigirme, hazlo como al rey de Asia. No vuelvas a escribirme como de igual a igual, sino como a aquel que es el dueño de todo lo que antes poseías. En caso contrario, reflexionaré y castigaré, por falta de lesa majestad. Si no estás de acuerdo sobre la posesión del poder, enfréntate a mí otra vez, te espero a pie firme. Pero no huyas: donde estés, yo sabré encontrarte.

ARRIANO, *op. cit.*, II, 14.

Tras enviarla, Alejandro prosiguió su avance hacia el país de los fenicios, en dirección a Biblos y Tiro. El mes de enero del año 333 a.C., que acababa de empezar, se anunciaba radiante.

2. *Conquista de Fenicia*

En el tercer milenio antes de nuestra era, al mismo tiempo que unos pueblos semitas, los acadios y los babilonios, se establecían en Mesopotamia, otros semitas tomaban posesión, más al oeste, de los territorios que corresponden a los estados modernos de Siria, Líbano, Israel y Jordania, en esa región también llamada Siria-Palestina por los geógrafos y «país de Canaán» en la Biblia. Estos pueblos, que globalmente se llaman cananeos, van a sufrir a lo largo del II milenio a.C. una serie de invasiones de pueblos no semitas (sucesivamente, los hurritas, los hicsos, los hititas y, hacia el 1200 a.C., los pueblos del mar, entre los que figuran los *pelesetes* o filisteos, que dieron a Palestina su actual denominación). A estas invasiones militares y destructoras se superpusieron las lentas infiltraciones de semitas nómadas, que no cesan de afluir a la región con dos pueblos importantes entre ellos: los arameos y los hebreos, que son sin duda una tribu aramea precozmente individualizada.

Hacia el año 1100 a.C., los cananeos no representan prácticamente nada en esta región de paso, tan convulsionada, del mundo del Oriente Próximo, salvo en la costa mediterránea donde algunos de sus elementos —llamados fenicios por los griegos— dan una fortuna nueva a las antiguas ciudades costeras como *Ugarit* (en el actual yacimiento de Ras Shamra, al norte del puerto sirio de Lattaquié, cerca de la frontera turca) y *Biblos* (al norte de Beirut). Estos fenicios, instalados en el actual Líbano, son origen de toda una serie de factorías comerciales en la costa siria primero (Arados, Biblos, Sidón, Tiro), luego en el Mediterráneo occidental, hasta Gibraltar. La conquista persa había hecho de la Fenicia una circunscripción administrativa integrada en la satrapía de Siria.

Desde siempre, los fenicios se habían dedicado al comercio marítimo en el Mediterráneo, y el Imperio persa representaba una enorme salida a las mercancías que transportaban en sus navíos. También habían respondido a la llamada del Gran Rey cuando éste había tratado de llevar la guerra a aguas helénicas. Ahora que el Gran Rey no era nada, las ciudades fenicias —todas ellas dirigidas por un monarca local— estaban pensando en romper los vínculos de vasallaje que las unían a Darío, para aliarse con su vencedor. Así se explica el gesto de Estratón de Arados ofreciendo una corona dorada al vencedor de Isos. Alejandro, que en ese mes de enero de 332 a.C., continuaba su avance hacia el sur, recibió así, de pasada, la sumisión de Biblos, con un tratado en debida forma; luego de Sidón, cuyos habitantes detestaban a los persas y a Darío.

Desde Sidón, Alejandro avanzó hacia Tiro que, como Arados, era una ciudad doble: la antigua ciudad seguía existiendo, construida en tierra firme, pero el palacio real, los almacenes y los puertos se encontraban en una islita, notablemente defendida por las murallas que la rodeaban: tenían cincuenta metros de altura aproximadamente y casi otro tanto a lo ancho. Durante la ruta, el rey encontró a los embajadores tirios que habían salido a su encuentro, encabezados por el hijo del príncipe Acemilco, que reinaba en la ciudad; le informaron de que Tiro estaba dispuesta a someterse y acogerle. Alejandro les dio las gracias por su cortesía, hizo el elogio de su ciudad y anunció que tenía la intención de dirigirse a ella para ofrecer un sacrifico a Heracles, el antepasado de su dinastía. Y fue entonces cuando empezaron las dificultades.

Los tirios eran ante todo comerciantes y banqueros. Una parte de su flota navegaba por el Mediterráneo con la flota persa, de acuerdo con el estatuto de Tiro, que era vasallo del Gran Rey, pero en el conflicto entre Macedonia y Persia trataban de permanecer neutrales. Cuando sus embajadores volvieron para informarles de la propuesta de Alejandro, sus conciudadanos mandaron responder que aceptaban de buen grado hacer todo lo que el rey de Macedonia les pidiese, y que el templo de Heracles situado en la ciudad insular estaba consagrado no al Heracles griego, es decir, al hijo de Zeus y de Alcmena, que era el antepasado de Alejandro, sino al dios solar fenicio *Baal Melqart*, al que los griegos llamaban el «Heracles tirio». Por lo tanto, aconsejaban al rey de Macedonia hacer su sacrificio en el templo del Heracles griego, que se encontraba en la ciudad continental. De cualquier modo, se negaban en redondo a dejarle entrar con armas y bagajes en la ciudad insular, pues ello supondría romper su tratado con el Gran Rey. Los tirios se atrincheraban detrás de su estatuto de Estado neutral: no permitirían a ningún persa ni a ningún macedonio entrar en su ciudad.

Cuando Alejandro fue informado de esta respuesta, dio rienda suelta a su cólera y reunió a sus generales:

—Amigos —les dijo—, considero que sería una locura marchar sobre Egipto abandonando el control de los mares a los tirios y los persas. Sería igual de ilógico perseguir a Darío hasta Susa, dejando detrás de nosotros esta ciudad de Tiro que nos cierra sus puertas, y abandonando tanto Egipto como la isla de Chipre a los persas que son sus dueños. Si marchamos sobre Babilonia, corremos el riesgo de ver a los persas ir, aprovechándose de nuestra ausencia, por el mar a reconquistar las plazas del litoral o a llevar la guerra a Grecia, con sus navíos. Se entenderán con los espartanos, que son nuestros enemigos declarados, y verosímilmente con los atenienses, que siguen siendo aliados nuestros debido más al temor que les inspiramos que por simpatía hacia nosotros.

—¿Qué propones? —le pregunta Parmenión.

—Propongo tomar Tiro, la ciudad insular; entonces seremos los amos de toda Fenicia, y la poderosa marina tiria, la más fuerte del partido persa, pasará a nuestro lado.

—¿Estás seguro?

—Evidentemente; una vez sometida su ciudad, los marineros y soldados de la infantería de marina se negarán a correr a la muerte por cuenta únicamente de los persas o los espartanos.

—¿Y los chipriotas? Están cerca y su marina es por lo menos tan poderosa como la de los tirios.

—O bien comprenden que su interés es unirse a nosotros, o bien no nos costará mucho conquistar su isla. A partir de ese momento, reuniendo las tres flotas, la macedonia, la tiria y la chipriota, seremos los dueños absolutos del Mediterráneo y entonces la expedición de Egipto no será más que un juego de niños. Con un Mediterráneo por fin amigo a nuestra espalda y las riquezas de Egipto, podremos lanzarnos a una expedición contra Babilonia y contra Darío sin ningún riesgo. Por eso debemos apoderarnos sin más tardanza de la Tiro insular.

Se nos dice que, a estos argumentos estratégicos, Alejandro añadió, como hacía a menudo, razones místicas. Pretendió haber tenido un sueño, durante la noche anterior a su consejo de guerra, en que se había visto acercándose por mar a las murallas de la Nueva Tiro: Heracles le habría abierto entonces las puertas de la ciudad. Aristandro, el adivino que había vinculado a su persona, interpretó su sueño de la siguiente manera: Tiro sería tomada, pero con esfuerzo, porque con esfuerzo había emprendido Heracles sus famosos trabajos.

El asedio de Tiro duró siete meses, de enero a julio del año 332 a.C., no sin dificultades, si hemos de creer la minuciosa descripción que de él hace Arriano.

La idea inicial de Alejandro fue construir una escollera de madera, un pontón, para unir la isla con la tierra firme. El pequeño brazo de mar que la separaba del continente era poco profundo, salvo en la proximidad de la isla, donde había seis metros de profundidad y donde el fondo del mar era fangoso, lo que facilitaba la plantación de postes destinados a sostener la escollera. Los trabajos empezaron de inmediato, bajo la dirección de Alejandro, que animaba a los pontoneros, les prometía primas, les hacía saborear los placeres de la victoria. Al principio, avanzaron deprisa. Pero en cuanto se acercaron a la ciudadela insular, los obreros, acribillados con flechas y jabalinas lanzadas desde lo alto de las murallas, atacados por marinos tirios montados en rápidas trirremes, tuvieron que replegarse presurosamente a tierra firme.

Entonces Alejandro mandó construir al final de la escollera dos torres de madera sobre las que colocó máquinas de guerra como las que se utilizaban en los asedios terrestres, recubiertas de cueros y pieles de animales, lo que las protegía de las flechas encendidas que los tirios lanzaban desde sus murallas. Con mucha habilidad, los sitiados llenaron de ramas y leña muy seca un navío que servía para el transporte de caballos, en cuya proa amontonaron, bien apiladas, virutas de madera y antorchas cubiertas de pez y llenas de azufre y otras materias fácilmente inflamables; también colocaron dos mástiles que unieron mediante una verga doble de los que colgaban calderos llenos de líquidos inflamables que debían activar las llamas de las virutas de madera. Asimismo habían cargado de peso la popa del navío, de modo que su proa se alzaba muy por encima del agua.

Una vez acabados estos preparativos, los tirios acecharon la llegada del viento en dirección de la escollera y, cuando éste se levantó, remolcaron su navío, transformado en bomba incendiaria flotante, hasta la escollera y las torres que habían construido los pontoneros; en cuanto estuvieron cerca, prendieron fuego a las virutas de madera. Pronto empezaron a arder las torres, y los soldados macedonios que trataban de acercarse para apagar el incendio fueron acribillados a flechas por los arqueros apostados en las murallas.

Todo ardió en poco tiempo: las torres, la escollera, los andamiajes, los techos de protección, los pilotes, y hubo gran cantidad de víctimas entre los macedonios, algunos de los cuales se preguntaban por qué se empeñaba Alejandro en una empresa como aquélla, condenada evidentemente al fracaso. Luego, cuando las torres que eran presa de las llamas se derrumbaron, los tirios hicieron una salida en masa, en pequeñas chalupas, se dirigieron hacia la escollera e incendiaron todo lo que no había sido destruido por el fuego de su diabólico navío.

Cuanto más parecía escapársele Tiro, más se empeñaba Alejandro en apoderarse de la ciudad. Ordenó reconstruir una escollera a partir de tierra firme, pero más ancha que la que había ardido para poder disponer en ella de más máquinas de guerra, más ingenieros y obreros, más soldados. Mientras los trabajos volvían a empezar, partió para Sidón con el objetivo de encontrar trirremes, porque se había dado cuenta de que mientras no tuviese el control absoluto del mar no se apoderaría de Tiro. En los días siguientes tuvo la sorpresa de ver acudir en su ayuda, con sus flotas, a unos aliados inesperados: Geróstrato, rey de Arados, Enilo, rey de Biblos, y a los sidonios, todos ellos fenicios, con ochenta navíos en total. También llegaron barcos armados para la guerra de Soles, de Malo, en Cilicia, de Licia, un navío de cincuenta remos de Macedonia, y —¡oh, maravilla!— ciento veinte navíos chipriotas. Una verdadera coalición de potencias marítimas se había organizado espontáneamente contra Tiro: unas para eliminar a un competidor poderoso, otras porque apostaban a Alejandro ganador frente a Darío. Mientras tanto, el rey de Macedonia montaba una expedición «limpieza» contra las tribus árabes del Anti-Líbano que aprovechaban las perturbaciones para acosar a las poblaciones sedentarias de la costa y, sobre todo, a las caravanas procedentes de Damasco.

El verano acababa de empezar. El sitio de Tiro duraba hacía seis meses. Alejandro había decidido lanzar todas sus fuerzas al mismo tiempo contra la isla, unas por la escollera que había sido reconstruida —con un número imponente de máquinas de guerra—, otras en un combate naval sin cuartel. En el día por él fijado, hacia finales del mes de julio de 332 a.C., una imponente armada sale de Sidón y pone rumbo hacia Tiro: por el lado de alta mar avanzan, majestuosas, las flotas de Chipre, Sidón y Biblos, guiadas por sus reyes; la flota macedonia ocupa el ala izquierda, por el lado de las tierras. Los tirios, al comprobar que se hallan en inferioridad numérica, resisten a la tentación de un combate naval perdido de antemano y reúnen en los puertos de su isla todas las trirremes que pueden encontrar para impedir el acceso a los navíos enemigos.

Llegado a la vista de la Tiro insular, Alejandro da la orden a la flota chipriota de bloquear la salida del puerto tirio que mira hacia Sidón (es decir, hacia el norte), y a la flota fenicia hacer otro tanto en el lado que mira hacia Egipto (es decir, hacia el sur). Las máquinas de guerra avanzan sobre la escollera. Los tirios hacen retroceder a los asaltantes disparando sobre los navíos jabalinas y flechas encendidas lanzadas desde lo alto de sus murallas; como han colocado grandes bloques de piedra en las aguas (bajas) que rodean la isla, los grandes navíos de transporte de los macedonios no pueden avanzar y hay que retirar esos bloques del mar. Pero el trabajo sólo puede realizarse desde los puentes de los propios barcos, que echan el ancla como pueden; los buceadores tirios, muy hábiles bajo el agua, cortan los cables que unen las anclas a los navíos y éstos se alejan a la deriva. Entonces los macedonios sustituyen los cables por cadenas y terminan por limpiar el fondo del mar alrededor de la isla tiria.

Esta vez los heroicos tirios se encuentran bloqueados por todas partes. Deciden hacer una salida y lanzar un ataque sorpresa contra los navíos chipriotas, fondeados al norte de la isla. Con este objetivo, tienden durante la noche enormes toldos delante de la entrada del puerto a fin de ocultar sus preparativos al enemigo. Al día siguiente, hacia mediodía, sus barcos y marinos están preparados para el combate, mientras que Alejandro se ha retirado a su tienda, sin duda para comer o descansar, porque el sol de julio es ardiente, y los marineros enemigos se dedican a sus ocupaciones de rutina. Los tirios sacan entonces hacen salir trece bajeles rápidos y potentes del puerto, que se lanzan sobre las naves chipriotas y, mientras los remeros aceleran la cadencia, los soldados de la infantería de marina tiria, lanzando gritos de guerra, pasan al ataque de los navíos enemigos. Unos están vacíos, otros anclados con tripulaciones reducidas y el ataque por sorpresa tiene éxito: dos navíos de guerra chipriotas de cinco filas de remeros por cada lado son enviados a pique.

Alejandro reacciona rápidamente. Ordena a la mayoría de los navíos que están con él, a medida que cada uno completa su tripulación, acercarse al puerto que mira hacia Sidón para impedir otra salida de los navíos tirios y parte con navíos de guerra para atacar los barcos tirios que habían hecho aquella salida. Al verlo, desde lo alto de sus murallas los tirios gritan a sus conciudadanos que vuelvan a refugiarse, pero los navíos de Alejandro son más rápidos y alcanzan a casi todos. Durante los días siguientes, los navíos macedonios pudieron acercarse a las murallas de Tiro, lanzar pasarelas, desalojar a los tirios metro a metro, mientras que los bajeles de fenicios y chipriotas forzaban la entrada de los dos puertos de la ciudadela, y la matanza de los tirios empezó: los macedonios mataron cuatro mil y sólo tuvieron unos cuatrocientos muertos.

Los magistrados tirios y los sacerdotes se habían refugiado en el templo de Heracles-Melqart: Alejandro les perdonó la vida. Los demás habitantes de la ciudad fueron reducidos a esclavitud: treinta mil tirios y extranjeros fueron vendidos en los mercados de esclavos de la costa. Luego Alejandro ofreció un sacrifico a Heracles y organizó una procesión y una revista naval en honor de su mítico antepasado.

Así fueron tomadas la ciudad y la isla de Tiro, en el mes de julio del año 332 a.C.

Mientras terminaba el sitio de Tiro, Alejandro recibió a unos embajadores enviados por Darío. Le hicieron saber que el Gran Rey estaba dispuesto a darle 10.000 talentos por el rescate de su madre, su mujer y sus hijos, y que le proponía cederle sus territorios en Asia, desde el Éufrates hasta el Mediterráneo. Como prenda de un buen acuerdo futuro, ofrecía incluso a su hija como esposa al rey de Macedonia.

El ofrecimiento de Darío superaba todo lo que habrían podido esperar los griegos más exigentes en la época de Demóstenes e Isócrates. Alejandro reunió en consejo a sus generales y sus Compañeros para discutir la propuesta y Parmenión habría dicho entonces: «Si yo fuera Alejandro, aceptaría.»

Alejandro, que tenía ambiciones mayores, le dio esta respuesta, digna de un espartano: «También yo, si fuera Parmenión.»

Alejandro hizo saber a los embajadores que, por lo que se refería a los 10.000 talentos, no tenía necesidad de dinero, y que en caso de necesitarlo tomaría lo que quisiese donde quisiese, porque era el rey de Asia y todo lo que Darío poseía era suyo. En cuanto al matrimonio ofrecido por el Gran Rey, respondió que, si hubiese tenido el deseo de casarse con su hija, no habría necesitado pedirle permiso. En cuanto al reparto del Imperio persa, tampoco era posible, ya que, una vez vencido Darío en Isos, ese imperio pertenecía a Alejandro en su totalidad. Y le repitió, como en su última carta, que si deseaba ser tratado generosamente, no tenía más que dirigirse a él como un suplicante debe dirigirse a su rey, y que entonces ninguna petición razonable le sería negada.

Notemos de paso que esta fanfarronada de Alejandro amenazaba con volverse contra su autor. El macedonio estaba a punto de partir con su ejército hacia Gaza y emprender la campaña de Egipto: a Darío le bastaba con reconstituir un ejército y aprovechar la ausencia de Alejandro para reconquistar sus territorios perdidos. Estamos, pues, en condiciones de hacernos la siguiente pregunta: ¿por qué el joven rey, que acababa de cerrar el pico a Parmenión con una frase lacónica y humillante, había podido dejarse llevar por semejante imprudencia, la primera de esa clase en su corta vida de conquistador? Todos nuestros autores cuentan esta algarada, que algunos completan con otra respuesta, más simbólica y racional. Según Diodoro de Sicilia, por ejemplo, Alejandro habría dicho a los embajadores que le habían propuesto el reparto del Imperio de parte de Darío:

> Si hubiese dos soles, el mundo no podría conservar su hermoso ordenamiento, y si dos reyes ejerciesen el poder supremo, la tierra habitada no podría permanecer mucho tiempo sin perturbaciones y sin sediciones.

DIODORO DE SICILIA, XVII, 54, 5.

El Gran Rey era el único que había presentido la caída de Tiro. Todas las ciudades importantes de la región trataban de atraerse unas los favores, otras el perdón, del futuro dueño de Siria y enviaban hacia Alejandro embajadores o mensajeros, asegurándole su apoyo (principalmente material). Sólo Jerusalén permaneció fiel a Darío, al menos según Flavio Josefo, que nos refiere el incidente en estos términos, en su *Historia de los judíos:*

> Mientras asediaba Tiro, Alejandro escribió a Jeddua, Gran Sacrificador de los judíos, para decirle que le pedía tres cosas: ayuda, comercio libre con su ejército y las mismas asistencias que daba a Darío, y le aseguró que, si se las concedía, no tendría que lamentar haber preferido su amistad a la de Darío. El Gran Sacrificador le respondió que los judíos habían prometido a Darío, bajo juramento, no alzar armas contra él y que no podían renegar de su promesa mientras él estuviera vivo. Alejandro se irritó tanto por esta respuesta que hizo saber al Sumo Sacerdote que, inmediatamente después de tomar Tiro, marcharía contra Jerusalén con su ejército para enseñarle, a él y a todo el mundo, a quién debían hacerse juramentos semejantes.
>
> FLAVIO JOSEFO, *op. cit.*, XI, VIII, 451.

Sin embargo, el mismo autor nos dice que Jeddua tenía un hermano, Manasés, casado con Nicasis, hija del gobernador persa de Samaria, Sanabaleth. Este matrimonio era contrario a la ley judía, porque casarse con una extranjera suponía «establecer una mezcla profana con las naciones idólatras, que había sido la causa de tantos males para los judíos y de su cautiverio en Babilonia» (*op. cit.*, XI, VIII, 450), y Jeddua hubo de prohibir a su hermano acercarse al altar de los sacrificios. Manasés fue a quejarse a su suegro; éste lo tranquilizó, le prometió mandar construir un templo en Samaria, de donde él era gobernador, y nombrarle Gran Sacrificador. Dio además a su yerno «dinero, casas y tierras», e instaló asimismo a otros judíos que se habían casado con mujeres no judías, lo cual, nos dice Josefo, «aporta gran turbación en Jerusalén».

Luego las cosas se complican: el viejo Sanabaleth traiciona a Darío, se dirige a Alejandro con sus soldados (según Josefo, eran ocho mil) y le pide, como precio de esa traición, mandar construir un templo judío en Samaria para su yerno. Alejandro comprendió de inmediato la ventaja que podría sacar de la existencia de un partido antipersa en Jerusalén, dirigido por Manasés, cuya influencia podría contrarrestar la del partido propersa de Jeddua, y el templo pedido fue construido rápidamente mientras terminaba el sitio de Tiro.

El anuncio de la caída de Tiro causó un efecto tan importante en las poblaciones ribereñas del Mediterráneo, y sobre todo del Mediterráneo oriental, como el de la derrota del Gran Rey en Isos en los pueblos de oriente. Sin embargo, Alejandro debía chocar aún con algunas resistencias antes de entrar en Egipto.

Tras la toma de Tiro, había ido hasta Damasco donde había confirmado en sus poderes al sátrapa persa de Samaria, adjudicándole, como gobernador militar, al estratego macedonio Andrómaco; se aseguró luego de que las plazas de Palestina en la ruta de Egipto no pondrían obstáculo alguno a su paso. Luego se dirigió a Jerusalén donde el Sumo Sacerdote, temiendo la cólera de Alejandro, organizó plegarias públicas en la ciudad, ofreció al Dios de los judíos sacrificios, según nos cuenta Flavio Josefo, que acabó manifestándose:

> Dios se le apareció en sueños y le dijo que mandase derramar flores por la ciudad, abrir todas las puertas, e ir, vestido con sus ricos hábitos sacerdotales, con todos los sacerdotes igualmente vestidos con los suyos y los demás vestidos de blanco, ante Alejandro sin tomar nada de este príncipe, porque él, Dios, los protegería. [...] Cuando se supo que Alejandro estaba cerca, el Sumo Sacerdote acompañado de los demás sacerdotes fueron ante él con esa pompa. Los [soldados] del ejército de Alejandro no dudaban de que con la cólera que tenía contra los judíos les permitiría saquear Jerusalén y que infligiría un castigo ejemplar al Sumo Sacerdote. Pero ocurrió todo lo contrario: cuando Alejandro vio aquella multitud de hombres vestidos de blanco, aquella tropa de sacerdotes vestidos de lino, y al Sumo Sacerdote con su túnica de color azul enriquecida de oro y su tiara sobre la cabeza, con una banda de oro sobre la que estaba escrito el nombre de Dios, el rey se le acercó, solo, se prosternó ante él y le saludó como nunca nadie le había saludado. Entonces los judíos se reunieron alrededor de Alejandro y le desearon, todos a coro, toda suerte de prosperidades [...]. El mismo Parmenión le preguntó por qué él, que era adorado por todo el mundo, adoraba al Sumo Sacer-

dote de los judíos: «No es a él, el Sumo Sacerdote, a quien adoro —había contestado Alejandro—, es al Dios del que es ministro.»

FLAVIO JOSEFO, *op. cit.*, XI, VIII, 452.

Ninguna otra fuente hace alusión a este incidente, que tal vez fue inventado por Flavio Josefo.

Más tarde, Alejandro se dirigió a Gaza, capital de los filisteos, ante la que llegó a finales del mes de agosto o principios del mes de septiembre de 332 a.C.

Gaza era una ciudadela encaramada sobre un montículo de laderas abruptas, a tres o cuatro kilómetros del mar. Rodeada de impresionantes murallas, estaba gobernada, en nombre del Gran Rey, por un eunuco negro llamado Batis que, confiando en el espesor de sus murallas y seguro del valor de su guarnición, formada por soldados persas y árabes, y también de no carecer de víveres, se negó a someterse a Alejandro: por supuesto, había oído hablar de la toma de Tiro, pero sin duda estaba convencido de que Darío no tardaría en volver a poner orden en Fenicia o que recibiría alguna ayuda del vecino Egipto.

Así pues, Alejandro se vio obligado a poner sitio a Gaza, operación que se anunciaba difícil debido a la topografía de aquellos lugares. Esperaba poder utilizar las máquinas de asedio que había empleado en Tiro, pero sus ingenieros le hicieron observar que las cuestas de la pequeña colina sobre la que estaba construida la ciudad eran demasiado abruptas para montar allí esas máquinas, pesadas y voluminosas. Propusieron construir una escollera circular alrededor de las murallas, hasta la que podrían levantar las máquinas con la ayuda de una serie de planos inclinados: una vez colocados los arietes en posición, las murallas de Gaza parecían fáciles de abatir.

La escollera quedó terminada al cabo de unas semanas. Antes de utilizar las torres y los arietes, hubo una breve ceremonia religiosa durante la que Alejandro, con la cabeza ceñida por una corona de flores, debía sacrificar una víctima a los dioses. En el momento en que iba a empezar la ceremonia, una gran ave de presa que revoloteaba por encima del altar dejó caer una piedra sobre la cabeza o el hombro del real sacrificador: Aristandro, el adivino del que nunca se separaba el rey, interpretó el presagio de inmediato: «Rey, tú tomarás la ciudad de Gaza, pero debes preocuparte de ti hoy mismo.»

Así pues, empezó el asedio, pero Alejandro, teniendo en cuenta las recomendaciones de su adivino, se mantuvo alejado de las murallas de la ciudad. Al cabo de unos días, los sitiados hicieron una salida y los soldados árabes que defendían Gaza intentaron incendiar las máquinas de guerra. Los macedonios se encontraron momentáneamente en mala posición y algunos ya empezaban a huir. Al verlo, olvidando la predicción del adivino, Alejandro corrió al combate y, con su sola presencia, enderezó la situación. Durante la escaramuza, fue herido en el hombro por un proyectil: esta herida le llenó de alegría, porque era la prueba de que la mitad de la predicción de Aristandro era cierta («debes preocuparte de ti hoy mismo»), y sacaba la conclusión optimista de que la otra mitad («tú tomarás la ciudad de Gaza») también debería cumplirse.

Le cuidaron la herida, luego llegaron de Tiro otras máquinas y las murallas fueron echadas abajo. Pero no se necesitaron menos de cuatro asaltos para tomar la ciudad e, incluso una vez abatidas las murallas, sus habitantes, árabes en su mayoría, lucharon valientemente y la mayoría murió con la espada en la mano. Al final de la jornada contaron diez mil muertos en las calles de Gaza; sus mujeres y sus hijos fueron vendidos como esclavos y el botín fue importante: Gaza era uno de los términos del itinerario de las caravanas que venían de Arabia del Sur y que transportaban sobre todo especias, mirra e incienso, plantas que representaban auténticas fortunas en la época.

Entre el botín, había en Gaza un bellísimo cofrecito de perfumes. Alejandro se lo quedó, pero no para conservar en él perfumes, objetos indignos de un soldado: hizo guardar en su interior el ejemplar de la *Ilíada* del que jamás se separaba, que había recibido de Aristóteles y que desde entonces se llamó «el ejemplar del cofrecito».

A mediados de noviembre o en diciembre del año 332 a.C., Alejandro abandonó Gaza para dirigirse hacia Pelusio, la primera gran fortaleza de Egipto, en el brazo más oriental del Nilo, a unos 220 kilómetros de Gaza: todos los autores nos dicen que llegó a esa ciudad con su ejército tras siete días de marcha, salvo Arriano, que habla de seis. Su flota le seguía por mar y también fue a fondear en Pelusio.

IX

Egyptos, Egyptos...

(principios del 4.º año de guerra en Oriente: diciembre de 334-mayo de 331 a.C.)

Los persas en Egipto, de Cambises a Darío III (526-332). — Alejandro en Pelusio: sumisión del sátrapa de Egipto (diciembre de 332). — Alejandro en Menfis (enero de 331). — Alejandro en Canope: decide la fundación de la futura Alejandría (finales de enero de 331). — Peregrinación a Siwah, al santuario de Zeus-Amón (principios de febrero de 331). — Alejandro deja Menfis (principios de la primavera de 331).

El país al que llamaban «Egipto» se reduce a un largo oasis, sinuoso y fértil, de unos 2.000 kilómetros de longitud y una veintena de kilómetros de anchura de media, el valle del Nilo, que serpentea en medio de desiertos aparentemente infinitos: por el oeste, el desierto de Libia, que prolonga hacia occidente el enorme Sáhara; por el este, el desierto arábigo, bordeado por el mar Rojo; al sur, el desierto de Nubia. En este valle, ocupado desde los tiempos prehistóricos por pueblos nómadas venidos de no se sabe dónde y que vivían de las riquezas del río a partir de finales del siglo IV a.C., se ve constituirse embriones de estados, que reagrupan algunas aldeas alrededor de una ciudad-templo (el *nomos*), cuyos jefes eran al mismo tiempo los sumos sacerdotes de los dioses locales.

Pero no fue hasta principios del siglo III a.C. cuando esos nomos se agruparon poco a poco en dos pequeños reinos: al norte, el del Bajo Egipto, con Menfis como capital, y, más al sur, el del Alto Egipto, cuya ciudad principal fue Tebas. Según el conjunto de inscripciones y papiros llamado comúnmente *Libro de las pirámides*, el rey del país del norte era llamado *Biti*; y el del país del sur, *Nesu*. Esos mismos textos nos cuentan la forma en que los nomos del delta habrían sido unificados por el dios Osiris, y los del Alto Egipto por su hermano Set (Tifón entre los griegos), el dios de las tinieblas. Este último habría matado a Osiris y entonces los dos reinos se habrían fusionado. Desde esa época, dice la leyenda, el rey único de los dos Egipto —el faraón— lleva un emblema que combina ambas coronas, el *pschent*.

En la Antigüedad el país egipcio era una especie de vasto campo, muy estrecho, donde se cultivaba el trigo, el centeno y otros cereales. La crecidas del Nilo ritmaban la vida. En el mes de junio las aguas del río están muy bajas y son de color azul claro: el Nilo apenas es más ancho que el Sena, corre lentamente entre riberas de fango y barro, mientras que el viento de arena que sopla desde el sur reseca la vegetación, quema los ojos de los hombres y aminora la fuerza de la vida en todas partes. Luego ese *Nilo azul* empieza a crecer, aunque del cielo no caiga lluvia alguna: según los antiguos egipcios, esos desbordamientos del Nilo eran provocados por las lágrimas de la diosa Isis llorando la muerte de su hermano-esposo Osiris. Empiezan a caer aguas verdosas y malsanas y en primavera el río se convierte en el *Nilo verde,* cargado de detritos procedentes de las zonas pantanosas. Luego esos detritos son sustituidos por barros rojos y, al cabo de unos días, el río se convierte en el *Nilo rojo* que, hacia el 15 de julio, rompe sus diques; sus aguas se desparraman entonces por los campos circundantes, depositando en ellos un limo fertilizante: en los meses de agosto y septiembre la crecida alcanza su apogeo. Durante el otoño, el Nilo vuelve poco a poco a su cauce; es en diciembre cuando se hacen las siembras, seguidas en el mes de abril por la cosecha. Y el ciclo recomienza todos los años.

La historia del Egipto antiguo, debido a su aislamiento geográfico, no presenta, como la de los pueblos del Oriente Medio antiguo o el mundo helénico, esos innumerables conflictos económicos, políticos, demográficos, religiosos o raciales que enumera la Biblia, por ejemplo, o los manuales de historia clásica. Se reduce esencialmente a dos aspectos: cambios dinásticos, sin grandes repercusiones sobre el modo de vida de sus habitantes ni sobre sus creencias religiosas, ni siquiera sobre la civilización material que parece fijada, «eterna» (hecho que para una civilización, sea la que fuere, no supone una cualidad); invasiones por parte de pueblos cuyo origen ignoramos, que instalaron dinastías extranjeras, como por ejemplo:

— los *hicsos,* semitas procedentes de Siria-Palestina, que dominaron el valle del Nilo aproximadamente desde 1730 a 1580 a.C.;
— los *hititas,* indoeuropeos llegados de la Anatolia turca, que se imponen entre 1280 y 1200 a.C. aproximadamente;
— los *pueblos del mar*, indoeuropeos a los que se mezclaron otros

pueblos mal conocidos, como los filisteos, que se imponen durante todo el siglo XII a.C.

A partir de las invasiones de los pueblos del mar, el Egipto faraónico, entregado al desorden y a la fragmentación permanente, abandona la escena del mundo oriental y pasa bajo el poder de los reyes de Nubia (que los textos llaman los «reyes etíopes»). Es la época en que el poder asirio (semítico) hace temblar el Oriente Medio: los soberanos de Asur y de Nínive, Asaradón y luego Asurbanipal, saquean Menfis y Tebas y expulsan a los reyes nubios. Pero no hacen más que pasar, y los faraones de la XXVI Dinastía (664-525 a.C.), llamada *saíta* por referencia a su capital, Sais, situada en el corazón del delta del Nilo.

Los reyes saítas, con el apoyo de mercenarios y la ayuda de los administradores griegos, hacen que renazca la grandeza egipcia de antaño (estaba muerta desde las invasiones hititas). El mayor de ellos fue Necao II (609-594 a.C.), que emprendió la tarea de horadar un canal desde el Nilo al mar Rojo.

Contrariamente a la mayoría de las grandes civilizaciones semíticas e indoeuropeas de la Antigüedad, la civilización egipcia no dejó herederos. Ello se debe principalmente a ese mismo aislamiento que protegió a Egipto de las invasiones y las influencias exteriores, pero también porque no tenía gran cosa que transmitir: ni su cultura escrita, esencialmente orientada hacia lo religioso, y por lo tanto específica del pueblo egipcio y difícilmente aceptable por otros; ni su cultura política, rudimentaria, que, basada en la noción absolutista del monarca-dios, apenas evolucionó durante los casi veinticinco siglos de su historia. Por eso, cuando grandes pueblos herederos de una larga historia cultural, como los asirios, por ejemplo, o que habían conocido una evolución político-religiosa muy afirmada, como los medos y los persas, invadieron Egipto, no tenían nada o casi nada que descubrir que fuese digno de ser asimilado, teniendo en cuenta el alto grado de civilización al que éstos habían llegado. Sólo se quedaron con el pintoresquismo: las pirámides, las estatuas colosales, las divinidades con cabeza de animal y las curiosas inscripciones jeroglíficas, que los dejaban perplejos.

De modo que muy pronto se asentó en el mundo mediterráneo

la leyenda de la existencia de un «saber misterioso» entre los antiguos egipcios; más realista, Herodoto se contentará con la fórmula de que Egipto es un don del Nilo. De ese Egipto sin ciudades (en la época de su mayor esplendor apenas poseía una decena, mientras que en Mesopotamia había un centenar), de ese país de templos y santuarios en el desierto, de sacerdotes y labradores, va a apoderarse Alejandro en el año 332 a.C. No tiene nada de sorprendente, por lo tanto, que este heleno haya querido dotar a Egipto de una verdadera ciudad a la que impondrá su nombre.

1. *La ocupación de Egipto*

El Egipto de los faraones saítas fue conquistado por los persas durante el reinado de Cambises II (528-522 a.C.), que eliminó la dinastía egipcia reinante (la XXVI Dinastía) e instauró una XXVII Dinastía, persa (522-405 a.C.), cuyos faraones fueron los grandes reyes Cambises II, Darío I, Jerjes I, Artajerjes I, Jerjes II, y Darío II. Luego una sublevación nacional, dirigida por un tal Amirteo, estalló en el año 410 a.C. y desembocó, en el 404 a.C., en el reconocimiento por parte de Persia de la independencia de Egipto. No se sabe nada de este personaje, que fue el único faraón de la XXVIII Dinastía (404-398 a.C.).

Las condiciones en que Cambises se apoderó de Egipto fueron contadas por Herodoto: son bastante rocambolescas.

Cambises era hijo del fundador del Imperio persa Ciro el Grande. Envió un embajador a Egipto para pedir al viejo faraón saíta Amasis III (reinado: 570-526 a.C.) que le concediese la mano de su hija, que, al parecer, era muy hermosa. Amasis sabía que los reyes de Persia no tomaban por esposas más que a mujeres persas, y había comprendido que Cambises le pedía su hija para convertirla en concubina y no en esposa legítima. No obstante, como no se atrevía a negársela a un rey tan poderoso, recurrió a una estratagema: envió a la corte de Cambises una de las hijas de su predecesor que, a pesar de sus cuarenta años, todavía era muy seductora, adornándola con ropajes suntuosos y joyas de oro. Como estaba previsto, Cambises hizo de ella una de sus concubinas, pero cierto día en que le hablaba llamándola «hija de Amasis», ésta le interrumpió diciéndole: «Oh rey, no te das cuenta de que Amasis se ha burlado de ti. Ha fingido darte a su propia hija, cuando en realidad yo soy la hija del faraón al que él ha sucedido, después de haberlo matado para reinar en su lugar.»

Esta revelación sumió a Cambises en gran furia y le incitó a partir con un ejército a Egipto, para castigar al faraón que le había engañado escandalosamente. No obstante, el rey desconocía todo lo referente a este país, ignorando incluso la ruta que había que seguir para ir hasta Menfis, su capital. El azar, que en ocasiones hace bien las cosas, quiso que un mercenario griego al servicio del faraón Amasis, un tal Fanes, hombre de consejo prudente y valiente en la guerra según nos dice Arriano, huyó de Menfis en una trirreme para volver a Halicarnaso, de donde era oriundo, con la intención de ponerse al servicio del Gran Rey. Como Fanes conocía los secretos de los asuntos de Egipto, Amasis lanzó unos hombres en su persecución, con la misión de atraparle y degollarlo, que es sin duda la mejor forma de hacer callar a un traidor en potencia. Pero Fanes engañó a sus perseguidores y terminó llegando a la corte del rey Cambises. Proporcionó a éste todas las informaciones que necesitaba para su expedición punitiva a Menfis, aconsejando al Gran Rey dirigirse a Siria y hacerse guiar por árabes hasta Gaza primero; luego, a través del desierto, hasta la ciudad de Pelusio, a orillas del Nilo; finalmente le propuso incluso enviar un mensajero a estos árabes para prevenirles de su llegada.

El pobre Fanes pagó muy cara esta traición: denunciado al faraón, éste se vengó en sus hijos, que se habían quedado en Egipto. Los jóvenes fueron arrestados y degollados por mercenarios griegos, que recogieron su sangre en una gran copa, se le añadió vino y agua, y todos los soldados que habían participado en el arresto de los hijos de Fanes bebieron algunos tragos de aquel brebaje infame. Después de beber, los mercenarios llegaron a las manos y se mataron unos a otros, ante los ojos del ejército egipcio horrorizado. Poco tiempo después, cuando Cambises y sus tropas avanzaban hacia Gaza, el viejo faraón Amasis moría (en 526 a.C.) y su hijo, Psamético III, le sucedía en el trono. No permaneció en él más que seis meses: Cambises, guiado por los árabes, llegó para asediar la ciudadela de Menfis, que hubo de rendirse. Hizo matar al faraón Psamético III, obligándole

—¡oh, sacrilegio!— a beber la sangre del toro sagrado Apis, haciendo pagar así al hijo las locuras de su padre y recuperando el reino de Egipto (el dios-toro Apis era adorado por los egipcios en Menfis; cuando el animal alcanzaba la edad de veinticinco años, se le mataba sin efusión de sangre, ahogándolo: venía después un período de luto nacional, hasta que los sacerdotes descubrían un joven becerro portador de ciertos signos, que se convertía en el nuevo Apis). Luego, tras nombrar un sátrapa persa en Menfis, Cambises partió para el Alto Egipto, que se sometió sin resistencia, y envió un regimiento a ocupar la Nubia. De creer a Herodoto, esta conquista de Egipto concluyó en sangre, aunque los egipcios se habían sometido en su totalidad. Cambises enloqueció y empezó a asesinar a sus allegados (incluyendo a su hermano), luego se casó con cierto número de hermanas y mandó matar a las demás, así como a varios grandes de Persia, en medio de los más atroces suplicios. En el camino de regreso, en 522 a.C., también él acabó muriendo cerca de Damasco, en circunstancias que ignoramos; tal vez fue muerto por alguno de sus hermanos, que había escapado a su locura homicida.

El sucesor de Cambises, el gran rey Darío I, adoptó una política conciliadora respecto a las poblaciones egipcias, que habían sufrido la dictadura homicida de Cambises. Era un rey constructor y conquistador, que había comprendido que Egipto podía convertirse en la provincia más rica de su Imperio. Por lo tanto, mandó construir carreteras y terminó de abrir el canal del Nilo al mar Rojo que había empezado el faraón Necao II. Pero como hemos explicado al principio de este libro, Darío I y su hijo Jerjes I, que le sucedió, fueron los héroes desgraciados de las guerras Médicas que acababan de empezar y las derrotas sucesivas de los persas en Maratón, Salamina y Platea (véase Anexo II) los llevaron a dejar poco a poco Egipto. Los egipcios se sublevaron contra la dominación persa en 460 a.C., durante el reinado de Jerjes I y, tras un período de vacilaciones que duró hasta el año 404 a.C., fueron gobernados, hasta el 341 a.C., por los faraones indignos de las dinastías XXVIII (Amirtea, de 404 a 398 a.C.), XXIX (398-378 a.C.) y XXX (378-341 a.C.).

En 341 a.C., los persas conquistaron por segunda vez Egipto, región sobre la que reinaron los dos últimos Grandes Reyes persas: Artajerjes III Oco (de 341 a.C. a su muerte, en 338 a.C.) y Darío III

Codomano. La dominación persa del país de los faraones acabó tras la derrota de este último en la batalla de Isos, en 333 a.C.; Egipto iba a convertirse en «macedonio».

Después de la conquista de Fenicia y Palestina en el año 332 a.C., Egipto era la última provincia mediterránea que todavía estaba, al menos teóricamente, en poder del Gran Rey. Alejandro tenía tres buenas razones para partir a conquistarla: en primer lugar una razón política, ya que esta conquista remataría su cruzada panhelénica y haría del Mediterráneo un mar totalmente griego; en segundo lugar una razón económica, porque las riquezas agrícolas de este país eran proverbiales y el mundo griego solía carecer regularmente de harina y cereales, que eran la base de su alimentación; por último una razón mística, porque era en el desierto libio de Egipto, al oeste de Menfis, donde se encontraba el santuario de su «padre» Zeus-Amón, en el oasis de Siwah.

Además, ya en el siglo VIII a.C., cuando Egipto era el Estado más poderoso del mundo mediterráneo, había conseguido un prestigio considerable a ojos de los griegos que habían establecido allí una factoría en Naucratis, en la parte occidental del delta; navíos mercantes griegos subían y bajaban regularmente el Nilo, entre el Mediterráneo y Nubia (donde había minas de oro y cobre). Además, numerosos griegos servían de mercenarios en las tropas de los faraones y, a partir del siglo VI a.C., muchos intelectuales griegos habían ido a estudiar o trabajar a Egipto; Solón, el legislador de Atenas, así como, según la tradición, Tales de Mileto, Pitágoras y otros pitagóricos, y, más recientemente, el ilustre e inmortal Platón, del que tanto había hablado Aristóteles a Alejandro cuando éste era su alumno: en 390 a.C., el filósofo había emprendido un viaje a Sicilia, sin duda para entrar en contacto con las escuelas pitagóricas de la Magna Grecia, y había traído consigo un cargamento de aceite, producto de sus olivares, para venderlo en el mercado de Naucratis y financiar así su viaje.

Los mercaderes y los soldados griegos que durante esos siglos visitaron el Egipto faraónico, contaron muchas leyendas y tradiciones religiosas relativas a ese país, que parecía tan misterioso a los contemporáneos de Alejandro como las Américas a los europeos del siglo XVI.

Los egipcios eran el único pueblo al que los griegos no llamaban «bárbaros», y se vio surgir en Grecia numerosos templos de Amón, el dios solar de los egipcios: uno en Atenas, en 333 a.C., y verosímilmente otro en Pela, en Macedonia. Las profanaciones que los persas habían hecho sufrir a los templos y los dioses de Egipto cuando lo conquistaron, y que Herodoto refiere, chocaban profundamente a las mentalidades griegas; en Menfis, en el pasado, ¿no había matado Cambises el toro sagrado Apis y se había bebido su sangre? A ojos de muchos, cuando Alejandro expulsó a los persas de Egipto, apareció como el héroe que liberaba este país de los bárbaros orientales que lo oprimían y despreciaban sus dioses.

Egipto fue ocupado por Alejandro a principios del año 331 a.C. Como se ha dicho en el capítulo anterior, el rey había dejado Gaza en diciembre de 332 a.C. y había llegado a Pelusio tras seis días de marcha; su flota, que había salido de Fenicia, le esperaba allí. El sátrapa persa Mázaces, a quien Darío había confiado el país, también se hallaba presente en la cita. Se había enterado de la derrota de su soberano en Isos, así como de su huida deshonrosa: sabía también que Siria, Fenicia y Arabia (la actual Jordania) estaban en manos de Alejandro... y que no disponía más que de una débil guarnición para enfrentarse al joven conquistador. Por eso acogió al macedonio como amigo y no como enemigo y le autorizó a instalar una guarnición griega en Pelusio, lo cual era una manera como otra cualquiera de confiarle las llaves de Egipto; ¿qué otra cosa podía hacer este desventurado sátrapa, separado de Babilonia como estaba, salvo someterse?

Alejandro ordenó de inmediato a su flota remontar el Nilo hasta Menfis, adonde él mismo se dirigió con su ejército, pasando por Heliópolis. En todas las ciudades y los pueblos que atravesó las autoridades locales le rindieron sumisión, mientras que las poblaciones le recibían en todas partes con un entusiasmo delirante, como a un liberador. Egipto estaba en efervescencia: la crecida anual del Nilo terminaba, había vuelto el tiempo de la siembra.

El macedonio conocía la importancia política que tenía congraciarse con el clero egipcio. En las ciudades por donde pasaba visitaba los templos, ofrecía sacrificios a los dioses y, sobre todo, al toro Apis, antiguamente profanado por Cambises. En todas partes se afirmaba como el representante de la cultura griega, pero alimentaba la leyenda inculcada por su madre (en la que sin duda el antiguo alumno del racionalista Aristóteles no creía) de que era el hijo místico de Zeus-Amón, una especie de mesías que debía restaurar la grandeza pasada de Egipto y de sus dioses. En Menfis llegó a ofrecer grandiosos sacrificios a las divinidades egipcias, en particular al toro sagrado, y grandes festejos al pueblo: juegos gimnásticos como los que se organizaban en Grecia, concursos musicales, espectáculos en los que participaron los atletas y los artistas más famosos del mundo helénico que acompañaban a su ejército.

El Seudo-Calístenes, fuente que hay que utilizar con circunspección, también nos dice que Alejandro fue entronizado faraón del Alto y el Bajo Egipto y que se puso el *pschent*. Es poco probable porque, por un lado, ninguna de las restantes fuentes ofrece ese dato y, por otro, Alejandro se quedó muy poco tiempo en las orillas del Nilo. En efecto, podemos pensar que llegó a Pelusio a finales del mes de diciembre del año 332 a.C. y que no entró en Menfis hasta tres semanas o un mes más tarde, en la segunda quincena de enero de 331 a.C.. Su gira por el Alto Egipto le llevó al menos dos meses y su peregrinación al santuario de Zeus-Amón, en Siwah, tuvo lugar, como más pronto, en el mes de marzo y verosímilmente en el mes de abril de 331 a.C., es decir, en vísperas de la cosecha. A partir del mes de mayo, el sol egipcio sumirá lentamente al país en los torpores del estío, en el mes de junio se levantará el terrible viento de arena y ya no hay posibilidades de festejos populares ni de entronización.

2. *La fundación de Alejandría*

Después de permanecer algún tiempo en Menfis, Alejandro descendió el Nilo hasta el puerto de Canope; Arriano precisa que había embarcado en su navío una pequeña infantería ligera, arqueros y la Guardia Real, lo que podría sugerir que todavía quedaban fuerzas persas en el delta. De ahí, siempre en barco, contorneó el lago Mareotis (en la actualidad, lago Mariut), una laguna separada del Mediterráneo por un cordón litoral de rocas y arena, bastante ancha para construir ahí una ciudad.

Alejandro tenía todavía en la memoria el sitio de Tiro, aquella ciudad que tanto se le había resistido, construida sobre un islote rocoso separado de la costa fenicia por un brazo de mar, algo así como lo estaba el cordón litoral de la costa egipcia por el lago Mareotis. Se le ocurrió la idea de que sería útil para el comercio y la defensa naval de Egipto disponer de un puerto fácil de defender en el Mediterráneo. Reemplazaría el de Tiro, que acababa de destruir, y además podría convertirse en el puerto comercial y el almacén que faltaba en el Mediterráneo oriental: desempeñaría en esta parte del mundo mediterráneo un papel análogo al de Atenas en el mar Egeo. El emplazamiento era ideal, fácil de defender y conectado, a través de los brazos del Nilo, con Menfis, las principales ciudades de Egipto y la ciudad griega de Naucratis. Además, a unos dos kilómetros del cordón litoral, surgía del mar la isla de Faros, demasiado pequeña para construir en ella una ciudad, pero susceptible de servir de rompeolas entre alta mar y el nuevo puerto que pensaba construir.

Uno de los rasgos más notables del carácter de Alejandro era su impetuosidad: cuando deseaba una cosa, tenía que hacerla inmediatamente. Había llevado consigo en su barco al arquitecto Deinocrates, y lo arrastró hasta el emplazamiento de lo que consideraba su futura ciudad, para mostrarle cómo deseaba que fuese construida. Como no tenía tiza para trazar los límites sobre el suelo rocoso, ordenó a los que le acompañaban que los dibujasen con harina, indicando cuál debía ser la forma de las murallas, dónde estaría situado el palacio real, del que debería arrancar una gran avenida de quince *estadios* (3.000 metros) de longitud y un *pletro* (30 metros) de ancho —«la avenida de Canope»— con inmuebles a uno y otro lado, provistos de pórticos y columnatas, para que se pudiese pasear por allí al abrigo del sol. Las demás arterias de la ciudad deberían ser menos anchas y paralelas o perpendiculares a la avenida de Canope. Entre la orilla del mar y esa avenida central pretendía construir un templo a Poseidón, el dios del elemento marino, una biblioteca, una universidad, un teatro y otros monumentos de esta clase; al otro lado de la avenida estarían los edificios administrativos, un gimnasio, un palacio de justicia, etc.

—Mi ciudad será echa a imagen de mi reino: estará habitada por griegos de Europa y Asia, por macedonios, cilicios, armenios, egipcios, fenicios, judíos, sirios, que tendrán sus propias casas y vivirán en paz unos con otros.

—¿Cómo se llamará? —preguntó Deinocrates, que ya sabía la respuesta.

—Alejandrópolis, evidentemente. Suplantará a Atenas por su lujo y su ciencia, se convertirá en la capital del mundo. Y es ahí donde enterrarán mis despojos cuando haya acabado mi vida terrestre.

En este momento, escribe Plutarco, una bandada de grandes aves de todas las especies se elevó por encima del lago Mareotis, en número tan grande «que oscureció el cielo como si fuera una enorme nube», yendo a posarse sobre las rocas donde Alejandro había dibujado el plano de su ciudad; luego se comieron toda la harina sin dejar un solo grano. El adivino Aristandro sacó la conclusión, maduramente pensada, de que Alejandrópolis sería próspera y gloriosa, mientras Alejandro, de pie sobre una roca, con el pelo al viento, declaraba los versos premonitorios del divino Homero:

> Hay, en este mar de olas, un islote que se llama Faros: delante de Egipto, está a la distancia que franquea en un día uno de nuestros navíos vacíos, cuando sopla en su popa una brisa muy fresca. En esta isla hay un puerto con arenas desde donde pueden lanzarse al agua los finos cruceros, cuando han hecho del agua en el agujero negro de la aguada.
>
> *Odisea*, IV, 355.

Los deseos de Alejandro eran mucho más que órdenes: las obras de Alejandría empezarán oficialmente el 30 de marzo de 331 a.C. Pero el rey no asistió a los primeros golpes de pico: se había ido a visitar al dios Amón, al oasis de Siwah, en Libia. Antes, uno de sus generales, Hegéloco, que había llegado a Egipto por vía marítima, le había traído buenas noticias de Asia Menor; Farnábazo, el almirante persa, se había dejado sorprender delante de la isla de Quíos y había sido hecho prisionero, los pueblos de las ciudades de Lesbos y de la isla de Cos habían expulsado a sus tiranos (reyes) y se habían pasado al campo macedonio: desde entonces, el rey de Macedonia no corría peligro de verse separado de sus bases en Macedonia.

Antes de abandonar Egipto, Alejandro debía hacer —se lo había prometido a su madre— la peregrinación tan esperada al santuario de Amón, en el oasis de Siwah, situado en el confín remoto del desierto libio. Inconscientemente sin duda, acunado como lo había sido durante su infancia por las palabras de Olimpia, no dudaba un solo instante de que sería la voz terrible de Zeus-Amón, soberano dios de los griegos y los egipcios, lo que oiría allí y que lo que oiría sería la verdad sobre su destino. Antes que él, habían sido muchos los héroes del pasado que lo habían consultado, y Alejandro creía a rajatabla en esas leyendas. ¿No decía que Heracles le había visitado dos veces, la primera cuando había matado al rey egipcio Busiris, que quería inmolar a Zeus-Amón, la segunda antes de partir a combatir al gigante Anteo? Y Perseo ¿no había hecho lo mismo cuando había sido enviado contra la monstruosa Gorgona? Y estos dos semidioses ¿no eran acaso los antepasados de la estirpe real a la que pertenecía él, Alejandro? Y si precisamente descendía de estos dos héroes, que a su vez eran los hijos que Zeus había tenido de las mortales Alcmena y Dánae, ¿no era él, por tanto, el descendiente del gran dios?

A principios del mes de febrero de 331 a.C., Alejandro, llevando consigo una tropa reducida (varios cientos de hombres), partió pues a lo largo de la orilla desértica de Egipto, en dirección al puerto de Paratonio, a unos 220 kilómetros del lugar de la futura Alejandría. Fue recibido, dice la leyenda dorada del Conquistador, por los embajadores de la colonia griega de Cirene que, informados de su llegada, le habían preparado nobles presentes: trescientos caballos, dos carros y, para él, una corona de oro. Le ofrecieron la sumisión de los cireneos, cuyos territorios se extendían, a través del desierto de Libia, hasta los de los cartagineses, los fenicios del norte de África.

Después de alcanzar Paratonio, Alejandro torció hacia el sur y se adentró en el sombrío desierto libio, siguiendo las huellas de las caravanas impresas en la arena por el paso de los camellos. Zeus fue clemente con él al principio: hizo caer del cielo una lluvia abundante. Pero al cabo de unos días, se levantó el terrible simún y, con él, una tempestad de arena que hizo desaparecer todo punto de referencia. Ya no se sabía dónde había que marchar en aquel océano de arena enfurecida, y los guías indígenas que le acompañaban dudaban sobre los caminos que debían tomar.

Fue entonces cuando se produjo un milagro, al menos así fue como Aristandro, el adivino del rey, lo interpretó: dos serpientes surgieron de las arenas silbando y huyeron ante la columna. Alejandro ordenó a los guías confiar en Zeus-Amón y seguirlas. Según Aristóbulo o Arriano, menos crédulos, esta historia de serpientes no sería más que un cuento: habrían sido pájaros —cuervos sin duda—, volando delante de la columna, los que guiaron a Alejandro hasta el oasis de Siwah, donde estaba situado el santuario de Zeus-Amón.

El oasis, que aún puede visitarse en nuestros días, se extiende sobre unos 20 km^2 (2.000 hectáreas); crecen en él numerosos árboles, en particular, palmeras y olivos. Brota también una fuente, cuya agua ofrece la particularidad de estar fresca de día y caliente de noche; a medianoche alcanza su máximo grado de temperatura, luego se enfría progresivamente hasta mediodía, hora en que está más fría (Arriano *dixit*; sería interesante consultar con los geólogos). El suelo posee también sal natural, que se extraía cavando; es una sal de granos gruesos, puros como el cristal.

Entre las palmeras del oasis se alza un pequeño templo servido por sacerdotes egipcios, cuya misión era celebrar el culto del dios greco-egipcio y transmitir sus oráculos a quienes acudían a consultarle desde todos los rincones de la Hélade y de Egipto.

Alejandro fue introducido solo en el templo. Arriano, como historiador prudente que era, se limita a decirnos:

> Alejandro admira el lugar y consulta al dios. Después de entender los deseos de su corazón, tal como pretendía, sueña en Egipto.

No tenemos ningún motivo para dudar de la historicidad de esta peregrinación: el santuario libio era lo bastante famoso en el mundo grecomediterráneo para que el Conquistador haya sentido deseos de visitarlo. La cuestión que se plantea al historiador moderno es la siguiente: ¿en qué estado de ánimo hizo Alejandro esa peregrinación? ¿Quizá por simple curiosidad turística? ¿Porque creía sinceramente en la santidad de los oráculos y de aquél en particular? ¿Tal vez con un objetivo político, para ganarse a la clase sacerdotal, un poco a la manera en que Enrique IV se convirtió diciendo: «¡París bien vale una misa!»?

Dejaremos de lado la hipótesis de la curiosidad turística: es difícil imaginar que la intención de un jefe de ejército realista como él era ir a perder el tiempo —y tal vez la vida— en el desierto para visitar un lugar famoso. Las otras dos hipótesis, en cambio, merecen ser examinadas.

La mayoría de los historiadores han subrayado el carácter místico de la personalidad de Alejandro, invocando, con razón, la influencia que había podido tener su madre en su forma de pensar. Si estos historiadores están en lo cierto, podemos admitir que Alejandro se dirigió a Siwah como hoy día un paralítico creyente que va a Lourdes y que preguntó sinceramente al oráculo. Pero ¿sobre qué? Arriano, como buen positivista, nos dice «sobre lo que su corazón deseaba»: ¿qué puede desear un enfermo que va a rezar a Lourdes sino la curación de su mal? ¿Y qué puede desear, en su corazón, un joven jefe de ejército metido en una guerra formidable, sino la victoria? Así pues, si admitimos la hipótesis de un Alejandro lo bastante creyente para ir a consultar al dios supremo de los helenos, la respuesta a la cuestión que hemos planteado es: porque creía sinceramente en la santidad de los oráculos y de éste en particular. Ésa es la actitud de Diodoro de Sicilia que, abandonando el tono frío y descriptivo que suele emplear, cuenta así la anécdota:

> Alejandro fue introducido por los sacerdotes en el interior del templo y se recogió ante el dios. El profeta, un anciano, avanzó hacia él. «¡Salud, hijo mío! Y recibe esta salutación como procedente del dios.» Alejandro tomó la palabra y dijo: «¡Sí, acepto tu oráculo, oh padre mío! ¿Me das en el futuro el imperio de la tierra entera?» El sacerdote avanzó entonces hacia el recinto sagrado y los portadores del dios [de la estatua del dios] se pusieron en movimiento. Por ciertas señales convenidas, el profeta proclamó entonces que el dios le concedía firmemente lo que le pedía.
>
> DIODORO, XVII, 51, 2.

Con más sutileza, Arriano adopta la explicación mística, pero no sin cierto escepticismo: Alejandro, nos dice, ha podido oír lo que quería oír.

Nos inclinaríamos de mejor gana por la tercera hipótesis, sin descartar sin embargo totalmente la segunda. Que haya habido fuertes pulsiones inconscientes derivadas de su educación y de la personalidad de su madre en Alejandro, es seguro, pero desde que asume su cargo de rey de Macedonia, se ha mostrado más realista que místico. Y si tuviésemos que quedarnos con algunas de sus palabras que nos han contado, tenderíamos a pensar que su conversación con Diógenes, si ocurrió, tiene más relación con su conducta de jefe de Estado y jefe militar —incluso joven— que su excursión al templo de Siwah. No hay que olvidar pese a todo que ha sido alumno de un maestro en materia de racionalismo, y que la influencia de Aristóteles sobre su pensamiento y su conducta debió de ser poderosa: la filosofía ateniense no mantenía tratos con dioses ni oráculos, y ya sabemos que Sócrates murió por afirmar esa ideología.

En cambio, ese racionalismo es perfectamente compatible con el utilitarismo político. En el entorno de Alejandro hay escépticos y, a su vuelta de Egipto, va a tener que convencer a sus generales y sus tropas de que hagan tres mil kilómetros a pie para conquistar el Imperio persa; desde luego, para ello hará valer argumentos realistas (políticos, económicos, etc.), pero no despreciará los argumentos oscurantistas que evidentemente no convencerán a un Parmenión o a un Eumenes, pero que animarán a la tarea a una buena parte de sus soldados y sus mercenarios, cuyo espíritu zafio y supersticioso conocía.

Una anécdota que refieren todos los autores (salvo Arriano) es significativa a este respecto (en caso de ser cierta). El sacerdote que acogía a Alejandro en el santuario le dice en griego: «O paidion», lo que quiere decir poco más o menos «Oh, hijo mío» (véase nuestra cita de Diodoro de Sicilia, pág. 232); pero como el griego no era su lengua natural, pronunció: «O pai Dios», lo que significa «Oh, hijo de Dios», y, añade Plutarco, Alejandro se alegró mucho con este lapsus, porque entre los suyos corrió el rumor de que Zeus le había llamado hijo suyo y se encargaron de difundirlo.

Pensamos, en resumen, que Alejandro fue a consultar el oráculo de Siwah mucho más por necesidad política que por misticismo, de la misma forma que había consultado el de Delfos antes de partir de campaña contra los persas en el otoño del año 336 a.C. No es imposible, sin embargo, que otras motivaciones conscientes (por ejemplo: complacer a su madre) o inconscientes (el ambiente místicomágico en el que ha sido educado) hayan reforzado su decisión de hacer una peregrinación a Siwah.

Tras esa peregrinación, Alejandro no prolongó mucho su estancia en Egipto: en la primavera de 331 a.C. tendría que reanudar la guerra contra Darío III Codomano, que se había replegado al otro lado del Éufrates y cuyo ejército acampaba en la región de Babilonia. No parece que haya tenido nunca la intención de instalarse en presencia de la clase sacerdotal egipcia sobre el trono sagrado del faraón-dios de Menfis. Apenas tuvo tiempo de regularizar el estatuto de Egipto, nombrando (para alegría de sus nuevos súbditos) dos gobernadores indígenas, Doloapsis y Petisis, para dirigir de común acuerdo el Alto y el Bajo Egipto con Tebas y Menfis como capitales respectivas. Según Arriano, Petisis declinó ese cargo y ese honor, y Doloapsis se quedó como único gobernador de la totalidad de Egipto. Alejandro procedió también al nombramiento de altos funcionarios, griegos o macedonios, al frente de los servicios administrativos, y nombró a dos Compañeros para mandar las guarniciones de Menfis y de Pelusio. Finalmente también Libia y Arabia fueron dotadas de sus gobernadores respectivos, los dos griegos.

Alejandro no debía volver nunca más a Egipto, pero dejó en ese país un recuerdo imperecedero y, si puede decirse, fue oficialmente el último faraón. Alejandro recibió los nombres y los títulos de los faraones: se han encontrado en las inscripciones jeroglíficas y en los bajorrelieves de la época. Los antiguos dueños de Egipto eran tradicionalmente llamados «Reyes-Gavilanes» (sin duda refiriéndose al tótem de la tribu de los primeros faraones) y recibían un sobrenombre particular que les era dado por los sacerdotes. Éstos nombraron por tanto a Alejandro «Rey-Gavilán, príncipe de la Victoria», lo mismo que si se tratase de un faraón; añadieron a ese sobrenombre tres calificativos:

— el de «Rey-Junco», dado que el junco era el símbolo del Alto Egipto;
— el de «Rey-Avispa», dado que la avispa era el sobrenombre del Bajo Egipto;
— el de «Escogido de Amón, predilecto del dios Sol».

Tampoco tuvo tiempo de asistir a la inauguración de las obras de Alejandría. Le había llegado la noticia de que Darío había reunido un ejército mayor aún que el que había combatido en Isos y debía volver a Asia. Así pues, dejó Menfis a principios de la primavera; lanzaron puentes sobre el Nilo y sobre todos los brazos del delta para permitir pasar a su ejército y Alejandro volvió a partir hacia Pelusio y Fenicia.

Llegó a Tiro al mismo tiempo que su flota. La breve estancia que hizo ahí fue ocasión de magníficos festejos, igual que antes se habían organizado en Menfis: hubo juegos gimnásticos, representaciones teatrales, sacrificios en el templo de Heracles. Se vio entrar incluso en el puerto fenicio la galera oficial de Atenas (llamada la *Páralo*) con cuatro filas de remeros, que transportaba a los embajadores de diversas ciudades griegas, que llegaban para desear a Alejandro el cumplimiento feliz de sus deseos y para asegurarle la fidelidad de las ciudades del Ática. El rey les dio las gracias devolviendo su libertad a todos los atenienses mercenarios que habían combatido en los ejércitos del Gran Rey en la batalla del Gránico.

Una vez acabados los regocijos y las fiestas oficiales, las trompetas sonaron por última vez, se reunieron las tropas macedonios y Alejandro dio a su gran ejército la orden de dejar Tiro y marchar en dirección del Éufrates, pasando por Damasco y por el valle del Orontes.

Una nueva expedición, más fabulosa que la que le había llevado de Pela a Isos y de Isos a Siwah, iba a empezar. Y cuando al anochecer de uno de los últimos días del mes de mayo de 331 a.C., se durmió en su tienda, en la playa de Tiro, acunado por el dulce chapoteo de las olas, volvía a ver confusamente las etapas de su odisea: Sesto, Ilión, Sardes, Éfeso, Mileto, Halicarnaso, Side, Celenas, Gordio, Tarso, Miriandro, Isos, Sidón, Tiro, Gaza, Pelusio, Menfis, Siwah...

X

De Tiro a Susa: *la cabalgada fantástica*

(finales del 4.º año de guerra en Asia: mayo-diciembre de 331 a.C.)

Partida de Tiro hacia Babilonia (finales de mayo de 331). — Alejandro franquea el Éufrates y atraviesa Mesopotamia (junio-julio de 331). — Parada del ejército macedonio a orillas del Tigris (agosto-septiembre de 331); el ejército de Darío está en Gaugamela, a 60 estadios de Alejandro. — Eclipse total de luna en Mesopotamia (20 de septiembre de 331). — Alejandro marcha hacia Gaugamela (21 de septiembre de 331) y acampa a 30 estadios del ejército persa (24-29 de septiembre de 331). — Muerte de Estatira y desesperación de Darío (29 de septiembre de 331). — El sueño de Alejandro antes del combate (noche del 29 al 30 de septiembre de 331). — El descenso hacia Gaugamela y los dispositivos de los dos años (1 de octubre de 331 por la mañana). — La batalla (jornada del 1 de octubre de 331). — Alejandro en Arbela (2 de octubre de 331). — Rendición de Babilonia (finales de octubre de 331). — Estancia de Alejandro en Babilonia (noviembre de 331). — Entrada de Alejandro en Susa (finales de diciembre de 331).

El año 331 a.C. fue realmente para Alejandro el año de todos los triunfos: en cuatro meses había conquistado Egipto como se conquista una mujer, no violentándola, como habían hecho los persas, sino seduciéndola, honrando a sus dioses y sus encantos, inclinándose ante sus sacerdotes, confiando su administración a sátrapas indígenas, y había firmado su conquista con la fundación de Alejandría de Egipto. En los meses que debían seguir iba a pasar el Éufrates, atravesar Mesopotamia, franquear el Tigris, aniquilar el ejército de Darío en la llanura de Gaugamela, cerca de las ruinas de la antigua Nínive, invadir y ocupar Babilonia, y, en el mes de diciembre, instalarse finalmente en Susa, sobre el trono de Darío III Codomano, el último de los Aqueménidas.

1. *Conquista de Mesopotamia: Gaugamela*

Alejandro dormía en la playa de Tiro. Un viento fresco lo despertó, salió de su sueño, abrió los ojos y vio la estrella de la mañana. Su resplandor blanco y suave iluminaba débilmente la parte superior de los mástiles cuya presencia se adivinaba y los pescadores se alejaban ya de la orilla; a lo lejos se oía el ruido de los remos, y más allá todavía, en la tierra, las esquilas de los rebaños, los ladridos de los perros y el rebuzno de los burros.

La víspera, los últimos navíos griegos habían abandonado la costa tiria, en dirección al mar Egeo, con la misión de vigilar el Peloponeso, cuyos puertos albergaban guarniciones espartanas fuertemente armadas, susceptibles de fomentar sediciones en Grecia cuando Alejandro estuviese en el confín remoto de Asia, así como la isla de Creta, cuyos piratas —una especialidad insular— amenazaban permanentemente las islas del mar Egeo. Ese día les tocaba a sus 40.000 infantes y sus 8.000 jinetes partir hacia Damasco y marchar hasta el Éufrates, a través de Siria y sus desiertos. Debían tomar la ruta —o mejor dicho la pista— de los caravaneros que, desde tiempos inmemoriales, comerciaban con plantas aromáticas, con la mirra y el incienso procedente de la fértil Arabia del Sur, destinados a los sacerdotes y los soberanos de Mesopotamia y Egipto.

Los soldados de Alejandro tenían prisa por luchar. No habían librado ninguna batalla desde Gaza, es decir, desde hacía casi seis meses, y estaban impacientes por volver al combate: los oficiales —casi todos macedonios— porque sabían que con Alejandro «combatir» era sinónimo de «vencer» y que «vencer» significaba apoderarse de las riquezas de los enemigos, incluyendo a sus mujeres, y saborear durante un tiempo los placeres y los fastos de que estaba hecha la vida de estos bárbaros orientales; los soldados porque su objetivo primordial era llevar la mayor cantidad posible de botín a sus casas, una vez acabada la guerra.

Alejandro estaba igual de impaciente, y podemos preguntarnos con razón si esa impaciencia se transformó en frenesí, con desprecio de las reglas estratégicas más elementales. Desde luego no se adentró en la ruta de las caravanas que debía llevarle a Mesopotamia y a Persia sin haberse informado antes entre los caravaneros de la distancia y las condiciones del trayecto. Éstos debieron de decirle que el mejor momento del año, tanto para atravesar el desierto sirio como para franquear el Éufrates, era el final del invierno, cuando los días son frescos y el río está más bajo y es susceptible de ser franqueado a pie o a caballo.

Pero despreciando toda prudencia, Alejandro deja Tiro en vísperas del verano. Deberá atravesar por tanto el desierto sirio en el período más cálido del año (la temperatura es siempre superior a los 30 °C, y a veces puede alcanzar incluso 50 °C), un desierto sin oasis, sin ninguna vegetación. El avance de su ejército será largo y muy penoso: tendrá que marchar durante más de un mes, al ritmo de unos veinte kilómetros diarios, con pocos víveres y menos agua.

Y cuando sus infantes y sus jinetes lleguen a Tápsaco, donde es posible vadear el Éufrates en invierno, el río alcanza el máximo de su altura; para franquearlo, tendrá que construir un puente precario sobre barcas.

Alejandro no podía ignorar todo esto cuando partió de Tiro, y el abecé de la estrategia militar le exigía no intentar nada antes de finales del otoño. No obstante, la impaciencia prevaleció en él sobre la prudencia más elemental y puede apostarse a que si los grecomacedonios que partieron de la costa tiria fueron cuarenta mil, no pasaron de treinta mil los que llegaron al río.

Durante la ruta, sin duda por los consejos de los caravaneros o los guías que le acompañaban, Alejandro envió un regimiento de pontoneros e ingenieros macedonios, apoyados por mercenarios griegos, para construir dos puentes precarios sobre el Éufrates (barcas y troncos de árboles unidos). Pero los persas vigilaban. Darío había encargado a uno de sus generales, un tal Maceo, montar guardia en la orilla izquierda del río con tres mil jinetes y algunos miles de infantes: los pontoneros griegos fueron puestos en fuga y el puente tendido sobre el Éufrates no pudo ser terminado. No obstante, cuando Maceo supo que el ejército de Alejandro se acercaba, huyó a su vez con sus hombres; entonces los puentes pudieron ser terminados y Alejandro cruzó el Éufrates con sus tropas, seguramente a principios de junio de 331 a.C.

Desde ahí, si nos atenemos tan sólo a la geografía, Alejandro habría debido tomar la ruta del sur a lo largo del río hasta Babilonia (primera capital histórica a conquistar antes de tomar Susa), y sin duda librar batalla a las tropas de Darío, reunidas, como Alejandro creía, en la llanura babilonia. Pero el Conquistador había leído la *Anábasis* de Jenofonte: setenta años antes, el ilustre escritor y los diez mil mercenarios griegos habían seguido aquella ruta desértica, y aquél había contado lo tórrido que en esa estación era el calor y lo difícil del avituallamiento de un ejército. Por eso Alejandro tomó la sabia decisión de no cometer el mismo error; en lugar de dirigirse hacia el sur, decidió torcer hacia el noroeste, atravesar la llanura mesopotámica por su mayor anchura y dirigirse hacia el Tigris por Harrán (*Jarai* en griego), y por Nisibis, para volver a bajar luego hacia Babilonia. En esta decisión se había dejado guiar por sus exploradores, así como por los judíos (abundantes en esa región), que le estaban agradecidos por haberles dispensado una acogida especial en Alejandría.

Suponía dar un gran rodeo, pero a través de un país lleno de valles, donde era fácil encontrar forraje verde para los caballos y víveres en abundancia para los hombres, y donde el calor no era tan abrumador como en la zona desértica que atravesaba la ruta directa. Cierto que para alcanzar Babilonia por esa vía el ejército macedonio debía cruzar dos veces el Tigris, pero para Alejandro era un inconveniente mínimo comparado con las ventajas que presentaba el itinerario que había elegido.

En el camino, a los dos o tres días de marcha, los jinetes que cabalgaban en vanguardia capturaron elementos del ejército persa que habían salido de reconocimiento para observar los movimientos del enemigo. Los prisioneros revelaron que Darío esperaba a los grecomacedonios a pie firme, en la orilla derecha del Tigris, con un ejército mucho más numeroso que el que había sido derrotado en Isos. Cuando lo supo, Alejandro aceleró la marcha y se dirigió rápidamente hacia el río; pero cuando lo hubo alcanzado, no encontró allí a Darío ni al gigantesco ejército persa que normalmente habría debido esperarle, por lo que cruzó el Tigris con sus tropas sin ninguna dificultad.

Sin embargo, realmente hacía demasiado calor para continuar. Los soldados de Alejandro estaban extenuados, lo mismo que la familia real de Persia (la madre, la esposa y los hijos de Darío) que acompañaban al ejército del vencedor en carruajes entoldados, y sin duda también la propia mujer de Alejandro, Barsine, que seguía a su Conquistador esposo con el hijo que había tenido de él, Heracles. Entonces el rey, indiferente al calor, al hambre, a la sed y la fatiga, arrastrado como estaba por lo que consideraba su misión divina de liberador, alzó el brazo, inmovilizó a *Bucéfalo* e hizo pasar la orden de detenerse, de uno en uno, a sus regimientos y escuadrones, porque había decidido conceder un tiempo de reposo a su ejército. Se acercaba el fin del mes de agosto de 331 a.C.

El ejército macedonio había instalado su campamento a orillas del Tigris, que había vadeado. Durante dos o tres semanas, los soldados de Alejandro se tomaron unas vacaciones bien merecidas, pasando sus jornadas bañándose, pescando, cazando o simplemente durmiendo, mientras su jefe, infatigable, estudiaba con sus ingenieros un proyecto que tenía en la cabeza desde el paso del Éufrates. Pensaba construir una fortaleza cerca del vado por el que había franqueado el Tigris, y hacer partir de él dos rutas, provistas de relevos de posta: una, hacia Tiro, que seguiría el camino que hemos descrito; la otra hacia Susa. De este modo, Siria y Egipto estarían unidas a la capital del Imperio persa, lo mismo que Asia Menor lo estaba por la Vía Real construida en el pasado por Darío I.

En la noche del 20 de septiembre de 331 a.C. se produjo un fenómeno que sumió al ejército macedonio en el pánico. Era una noche de plenilunio y la maravillosa luz del astro iluminaba el río, los bosques y las innumerables tiendas blancas bajo las que dormían los soldados de Alejandro. Sólo vigilaban los centinelas, apostados en las colinas circundantes. De repente, vieron una sombra a orillas del disco lunar que iba ensanchándose poco a poco: al principio creyeron que era el paso de una nube oscura, anunciadora de una tormenta como las que estallan a finales del verano. Pero progresivamente esta sombra invadía el disco blanco de la luna, que terminó desapareciendo del cielo, y el campo entero quedó sumido en la oscuridad más completa.

Los centinelas dieron la alarma, los soldados salieron de sus tiendas, se llamó a los astrólogos, que explicaron que se trataba de un eclipse de luna, y todo el mundo se puso de acuerdo para ver en aquel signo celeste un aviso de los dioses. El adivino Aristandro, que sin duda dormía profundamente el sueño tranquilo y necio del ignorante que cree saberlo todo, fue convocado de inmediato por Alejandro, e hizo al rey una demostración bellísima. Cuando al principio de la primera guerra Médica Jerjes se había puesto en ruta hacia Grecia, hacía ciento cincuenta años, le dijo, se había producido, visible desde Sardes, un eclipse de sol que los magos persas, sus colegas en pamplinas, habían interpretado declarando que el sol era el astro de los helenos y la luna el de los persas, y que el eclipse de sol significaba la derrota próxima de los griegos. Ahora, prosiguió, los dioses ocultaban el astro de los persas para anunciar que pronto les llegaría el turno de ser vencidos. Aquel eclipse, concluyó Aristandro, era por tanto excelente augurio y un presagio benéfico.

Alejandro omitió comentar al adivino que, antaño, había sido Jerjes el vencido por los griegos (en Salamina: véase Anexo II), a pesar de la ocultación del astro propicio a estos últimos. Estimó que lo que había ocurrido con la luna le era favorable y ofreció un sacrificio a las divinidades de la Luna, del Sol y de la Tierra. Aristandro inmoló a las víctimas e inspeccionó sus entrañas: aseguró que prometían a Alejandro la victoria.

Al día siguiente, 21 de septiembre, el macedonio se pone en marcha hacia las ruinas de Nínive (cuyo emplazamiento está cerca de la actual Mosul), la antigua capital de Asurbanipal, apartándose de la orilla derecha del Tigris y teniendo a su izquierda los montes de Armenia. Tres días más tarde, el 24 de septiembre, uno de los exploradores de su vanguardia se le une a todo galope y le revela que él y sus compañeros han visto a lo lejos, en la llanura asiria, jinetes enemigos, en apariencia numerosos, pero sin que hayan podido hacerse una idea de su número. Alejandro dispone su ejército en orden de batalla, porque la llanura era lo bastante amplia para hacerlo, y ordena que avance en formación de combate. En ese momento llega un segundo grupo de exploradores con un nuevo mensaje: los jinetes persas no parecen ser más de un millar.

Alejandro no duda un instante. Toma consigo la Guardia Real, formada por Compañeros, y un escuadrón de caballería, y ordena al resto del ejército seguirle lentamente, a paso de marcha. Carga al galope sobre los jinetes enemigos, que huyen a rienda suelta. Alejandro y sus jinetes los persiguen. La mayoría de los persas consiguen sin embargo salvarse, pero los macedonios capturan a algunos. Interrogados delante del rey, revelan que Darío no está lejos y que acampa en la llanura con considerables efectivos, en el lugar llamado Gaugamela, palabra que significa «campamento de barracas de camellos».

—¿Cuántos son? —pregunta Alejandro.

—Unos cuarenta mil jinetes, un millón de infantes, doscientos carros cuyas ruedas están provistas de hoces cortantes como navajas, y una quincena de elefantes.

En efecto, Darío había tocado a rebato por todo su Imperio. En su ejército había no sólo persas y mercenarios griegos, sino también soldados procedentes de Bactriana y Sogdiana (provincias al norte del actual Afganistán), arqueros sacas (rama escita de Asia), arios a los que también se llamaba indios de las montañas, partos, hircanos, medos, albanos del Cáucaso, pueblos ribereños del mar Rojo y, por supuesto, babilonios, armenios, capadocios y sirios.

Todas estas fuerzas acampaban a poco más de cien kilómetros al oeste de la ciudad de Arbela, en la llanura de Gaugamela, que Darío había escogido como campo de batalla. Se acordaba del desastre de Isos —según sus estrategas, debido a la estrechez del lugar—, y había preparado meticulosamente el terreno de Gaugamela e igualado perfectamente el suelo para facilitar la evolución de sus carros de hoces y las maniobras de su caballería.

Del 26 al 29 de septiembre Alejandro acampó a diez kilómetros del ejército persa: trataba de que sus soldados descansaran y estuvieran frescos y dispuestos el día del combate; tal vez también esperaba atraer a Darío fuera del campo de batalla que había elegido. Dedicó esos cuatro días a fortificar su campamento con una empalizada —había muchos árboles en la región— y a instalar atrincheramientos. Por primera vez en su vida, Alejandro el impetuoso, el «loco de Macedonia» como lo llamaban algunos enemigos suyos, se tomaba su tiempo y no se lanzaba sin mirar sobre el enemigo, como solía hacer. Sin duda había comprendido la importancia de la batalla que iba a librar; si la perdía, el mundo griego, del que se consideraba el paladín predestinado, desaparecería para siempre.

Entre los dos campos había, nos dicen nuestras fuentes, sesenta estadios (unos doce kilómetros), y sin embargo los dos ejércitos aún no se veían, ocultos uno a otro por los repliegues del terreno. Alejandro había decidido marchar al combate con sus hombres, que habían recibido la orden de no llevar más que sus armas: los bagajes, los inválidos, los heridos, la familia real de Persia y la servidumbre que se les había adjudicado, el hijo de Alejandro y su madre, Barsine, debían permanecer en el campamento, detrás de las empalizadas. El estado de Estatira, la mujer de Darío, inquietaba al rey de Macedonia; estaba embarazada, se debilitaba día a día y, según Quinto Curcio y Arriano, murió en el transcurso de esas cuatro jornadas de septiembre (Plutarco la hace morir de parto unas semanas más tarde, pero esa fecha es poco compatible con la anécdota relativa al eunuco Tireo narrada por ese mismo autor: véase el párrafo siguiente). Alejandro se sintió muy turbado por la muerte de Estatira, a la que, desde Isos, había tratado como a su propia hermana; cuando penetró bajo la tienda donde la mujer acababa de expirar, fue incapaz de contener sus lágrimas, lloró con la reina madre, «como si hubiese sido su hijo», nos dice Quinto Curcio, y le concedió, a pesar de la urgencia de la batalla, exequias reales al modo persa.

Según Plutarco (*Vida de Alejandro*, LV), en cuanto la reina muere, uno de sus eunucos-ayudas de cámara, llamado Tireo, saltó a un caballo y huyó hasta el campamento de Darío para llevarle la triste nueva. En cuanto lo supo, el Gran Rey se pone a gritar de dolor, se golpea el pecho, la cabeza y en un mar de lágrimas exclama:

> ¡Oh dioses! ¡A qué desdichado destino han sido entregados los asuntos de Persia! No sólo la mujer y la hermana del rey [Darío se había casado con su hermana, de conformidad con una costumbre persa] ha sido hecha prisionera cuando estaba en vida, sino que no ha podido tener siquiera los honores de una sepultura real a la hora de su muerte!

El eunuco le responde al punto, en parte para consolarle, en parte para defender el honor de Alejandro:

> Por lo que se refiere a la sepultura, Gran Rey, y a los honores a los que tenía derecho, no podrías acusar de infortunio a Persia, porque ni la reina Estatira, durante todo el tiempo que vivió cautiva, ni la reina tu madre, ni tus hijas han sido privadas de nada en materia de bienes y honores a los que estaban acostumbradas, salvo la dicha de ver la luz de tu gloria, una gloria que Nuestro Señor Oromasdes [el dios supremo de los Aqueménidas] restituirá en su totalidad si le place, y la reina, en la hora de su muerte, no ha sido privada de las exequias a las que habría tenido derecho en Persia, al contrario, ha sido honrada con lágrimas incluso de tus enemigos, porque Alejandro es tan dulce y humano en la victoria como áspero y valiente en la batalla.
>
> *Ibíd.*, LV.

No aplacan estas palabras el dolor de Darío, al contrario: tienen por efecto destinar en su alma el veneno de los celos. Se lleva a Tireo aparte y le dice:

> Tireo, quizá te has vuelto macedonio por cariño hacia Alejandro, pero te conmino a que en tu corazón reconozcas de nuevo a Darío por tu amo y, en nombre de la veneración que debes a nuestro Dios de Luz, dime la verdad. Su cautiverio y su muerte, por las que yo lloro, ¿no han sido los menores males que ha tenido que sufrir Estatira? ¿No ha sufrido lo peor en vida? ¿No habría sido su sufrimiento menos indigno y vergonzoso si hubiese caído entre las manos de un enemigo cruel e inhumano? ¿Qué clase de relación puede tener un joven príncipe victorioso con la mujer de su enemigo convertida en su prisionera, a la que ha concedido tantos honores, salvo deshonroso y miserable?
>
> *Ibíd.*, LV.

A estas palabras, el eunuco se arroja a los pies de Darío y le suplica que no ofenda el honor de Alejandro ni la virtuosa memoria de su mujer: «Gran Rey, has sido vencido por un enemigo cuya virtud es sobrehumana, que se ha mostrado tan casto con las persas como valiente fue contra los persas —le dice—, y que después de mi muerte mi alma caiga en el infierno al pasar el puente del *Contable de almas* si miento.»

Entonces Darío regresó con sus familiares y, tendiendo las manos al cielo, dirigió a los dioses la siguiente plegaria:

> Oh dioses, autores de la vida y protectores de los reyes Aqueménidas y de sus reinos, os suplico ante todo que hagáis de tal modo que yo pueda devolver su buena fortuna a Persia, a fin de que deje a mis sucesores mi imperio tan grande y tan glorioso como lo recibí de mis predecesores y que, victorioso, pueda devolver la misma humanidad y la misma honestidad a Alejandro; pero si por alguna venganza divina o por la necesidad de las cosas de este mundo debiese ocurrir que acabe el Imperio persa, haced que Asia no tenga más rey que Alejandro.
>
> *Ibíd.*, LV.

Según Plutarco, este relato edificante es referido por «la mayoría de los historiadores». Los modernos son más escépticos. Ya hemos dicho que es probable que Alejandro se haya comportado con la madre de Darío como con su propia madre, y con Estatira, que tenía veinte años más que él, con el mayor respeto. Además, en el plano afectivo-sexual no se parecía en nada a su padre, y no es por virtud por lo que no tocó a la mujer de Darío (mientras que sus generales no se privaron de violar a las demás cautivas, que eran en su totalidad grandes damas persas), sino más bien por indiferencia hacia su belleza demasiado madura o por su falta de ánimo, o también por cálculo político, con vistas a una eventual reconciliación futura con Darío. No dio muestras de la misma reserva con Barsine, con la que según ciertos autores se habría casado. En cambio, que haya dejado circular la historia, verdadera o falsa, de Darío confiándole el Imperio de Asia en caso de que llegase a desaparecer, o incluso que la haya inventado él mismo es, a nuestros ojos, más que probable: Alejandro vivía en un mundo y una época en que las querellas de sucesión eran la norma (¿no había tenido él mismo que hacer frente a ellas, y de manera contundente?), y el testimonio de Darío III Codomano, bien rumoreado, siempre podía servir. Sobre todo porque la reina madre, Sisigambis, que le consideraba como a hijo suyo, no vacilaría sin duda en apoyarle. Nada es nunca gratuito en la conducta de los grandes y la muerte súbita de Estatira no es una simple anécdota histórica.

Además, es cierto que los dos adversarios vacilaban en entablar combate: ¿por qué detiene Alejandro la marcha de su ejército durante cuatro días, antes incluso de la muerte de la reina? ¿Y por qué Darío, con una superioridad numérica enorme, no le ataca?

Por lo que se refiere a este último, la respuesta es fácil. El gigantismo del ejército persa obliga al Gran Rey a combatir en un vasto campo de batalla donde pueda maniobrar y donde sus carros, su caballería y sus elefantes tengan el espacio necesario para cargar: ha preparado el terreno de Gaugamela con este fin y no tiene razón alguna para aventurarse por los valles y las colinas que lo separan del campamento de Alejandro. En cambio, por lo que se refiere al macedonio, podemos dudar entre tres respuestas posibles, que proporcionan razones igualmente plausibles: antes de meter a su ejército en un combate de uno contra cincuenta, tiene que reunir la mayor cantidad de información sobre el terreno donde debe librarse la batalla y sobre los efectivos del enemigo (especialmente sobre sus elefantes y sus carros con hoces, de los que carece el ejército de Alejandro); la amplitud de las fuerzas enemigas le hace dudar, y Alejandro puede elegir instalarse a orillas del Tigris y esperar: si el adversario deja la llanura y se aventura en ese *no man's land* accidentado que separa los dos campamentos en una decena de kilómetros, está seguro de vencer a Darío como lo había hecho en Isos; por último, no descarta la idea de una posible negociación, sobre todo porque tiene a la familia de Darío prisionera en sus carros y acaba de mostrarse magnánimo con la difunta Estatira.

En la noche del 29 al 30 de septiembre, comprobando que Darío sigue sin moverse, Alejandro decide hacer un movimiento hacia Gaugamela. Avanza lentamente en la oscuridad seis o siete kilómetros con su ejército en orden de batalla y se detiene en las laderas de las colinas que bajan hacia la llanura donde acampa el ejército de Darío, a unos treinta estadios de las líneas enemigas (recuérdese que 1 estadio equivale a 180 metros). Allí reúne a su estado mayor y comienza la discusión. ¿Hay que lanzar inmediatamente el ataque y sorprender al enemigo antes del alba, o acampar allí mismo e inspeccionar primero el terreno? ¿No había obstáculos peligrosos que franquear? ¿Los persas habrían excavado trincheras, ocultado estacas en fosos, instalado trampas u otra clase de ardides?

El envite es demasiado grande para trabar combate a la ligera. Parmenión se decide por la prudencia y la circunspección y, por una vez, Alejandro se pone de su lado. Con algunos destacamentos de infantería ligera y la caballería de los Compañeros, procede en persona a un minucioso reconocimiento de los lugares y constata que no ocultan ninguna trampa, ningún obstáculo infranqueable. A su vuelta, convoca a los generales, los jefes de escuadrones y los oficiales superiores. En dos palabras les declara que no arengará a las tropas como solía hacer: los soldados, les dice, están hace tiempo galvanizados por su propio valor y sus numerosas proezas, y cada oficial deberá arengar a su propia unidad, el jefe de batallón a su batallón, el jefe de escuadrón a su escuadrón, el comandante de compañía a su compañía, y así sucesivamente; hay que hacer comprender a todos que el envite de la batalla que va a librarse no es Cilicia, Tiro o Egipto, sino todo Asia, de la que se apropiarán quienes venzan en el combate.

Alejandro concluye su breve exposición con algunas recomendaciones prácticas y técnicas. No era necesario que los jefes hiciesen largos discursos a sus hombres; que exhorten simplemente a todos a conservar el puesto que le sea adjudicado, a permanecer en silencio cuando haya que avanzar discretamente, pero en cambio lanzar un grito de guerra terrorífico cuando haya que atacar; los jefes deberán obedecer las órdenes en el plazo más breve, casi instantáneamente, y retransmitirlas con la mayor celeridad a sus unidades; que no olviden que la menor negligencia de uno solo puede poner a todo el ejército en peligro. Finalmente ordenó a todos comer y descansar en espera del momento del asalto.

Fue entonces cuando Parmenión, su general más antiguo, fue a su encuentro: era de la opinión de atacar a los persas antes del alba, a fin de sorprenderlos en plena confusión. Alejandro se negó: sería deshonroso actuar así, porque eso sería robar la victoria y él, Alejandro, debía vencer sin estratagemas. Además, así vencido, Darío siempre podría negarse a reconocer su inferioridad y la de sus tropas y justificar su derrota por la sorpresa. Por eso había decidido atacar cuando saliese el sol. Mientras tanto, declaró que se iba a dormir, como sus soldados.

Al pie de la colina donde acampaba su ejército la llanura estaba iluminada por las fogatas del enemigo, que parecía innumerable, y el murmullo confuso de aquella multitud se propagaba en el silencio de la noche, semejante al bramido lejano del mar. Era evidente que Darío, esperando un ataque nocturno, había ordenado a sus hombres permanecer despiertos, lo que favorecía los planes de Alejandro: mientras los persas velaban sobre sus armas, los griegos y los macedonios, después de haber comido bien, recuperaban las fuerzas durmiendo tranquilamente, y al día siguiente estarían más frescos y dispuestos que sus adversarios. Pero el rey de Macedonia, atormentado sin duda por la inquietud de la batalla que se avecinaba, no conseguía dormir. Mandó llamar a Aristandro y a sus demás adivinos, vestidos completamente de blanco, con un velo en la cabeza, para que realizasen algunos de aquellos ritos misteriosos que su madre le había enseñado cuando era niño, y dedicó buena parte de la noche a invocar a los poderes invisibles. Por último, cuando la noche acababa, su insomnio terminó y se durmió.

Cuando el 1 de octubre de 331 a.C. salió el sol, su secretario

Eumenes y sus amigos se llegaron hasta la tienda de Alejandro para despertarle; dormía tan profundamente que ni siquiera los oyó. Su entorno, con Parmenión a la cabeza, se felicitaba por este sueño: después de haber descansado de aquella manera, Alejandro estaría en mejor forma para partir al combate. Pero el tiempo pasaba y Alejandro seguía sin despertar. Al verlo, Parmenión asumió la responsabilidad de ordenar a las tropas disponerse para la batalla, luego entró en la tienda del rey y le sacudió para sacarle de su sueño.

—¿Cómo puedes dormir una mañana como ésta? —preguntó a Alejandro cuando éste abrió los ojos.

Alejandro le respondió sonriendo, pero todavía dormido.

—¿Por qué despertarme cuando Darío está a punto de caer entre mis manos?

—Has soñado, rey, Darío está abajo, en la llanura.

Alejandro se irguió en su lecho, sacudió la cabeza y su mirada se volvió brillante. Saltó de la yacija, se mojó la cara con agua fresca y dio la orden de que sus soldados desayunasen mientras él se vestía para el combate. Llevaba una saya de Sicilia que le caía hasta las rodillas, nos dice Plutarco, con una cota de lino y una gola cubierta de pedrerías encima; su casco era de hierro, pero brillaba como plata, rematado por un penacho de plumas blanco. Como armas, disponía de una espada ligera y de buen temple que le había regalado la ciudad de Citium, en la isla de Chipre, y de un viejo escudo abollado que se había traído de Ilión.

Salió de su tienda, montó en *Bucéfalo* —que se hacía viejo, pero que seguía siendo valiente— y fue a pasar revista a su ejército alineado, acompañado por el adivino Aristandro, con una corona de oro en la cabeza. Se dice que cuando apareció delante de sus tropas un águila volaba encima de su cabeza, y que Aristandro, apuntando su índice en dirección al ave, le ordenó, con algunas fórmulas mágicas, lanzarse contra los enemigos de los helenos.

Todo el mundo estaba preparado. Alejandro había dispuesto su ejército en dos líneas, con cierto espacio entre ellas para que pudiese combatir eventualmente en dos frentes. Contaba unos 7.000 jinetes y 40.000 infantes (según Arriano); él mismo mandaba el ala derecha, asistido por Filotas, el hijo de Parmenión, que a su vez mandaba el conjunto del ala izquierda, como en Isos. El rey ordenó a su caballo dar tres pasos hacia adelante, alzó lentamente el brazo como era su costumbre, hizo un majestuoso gesto con la mano para dar la señal de partida y descendió al frente de su ejército, al paso, hacia la llanura donde, durante toda la noche, le había esperado el enorme ejército persa. También éste se hallaba dividido en dos alas bajo el mando único de Darío III Codomano, que estaba en el centro, sobre su carro, rodeado de su parentela. Aquella prolongada espera, de pie bajo las armaduras y las armas, había embotado la combatividad de los soldados del Gran Rey y, como escribe Arriano, el miedo empezaba a enseñorearse de su ánimo.

La batalla de Gaugamela estaba a punto de empezar. Los historiadores la llamaron más tarde «batalla de Arbela», por el nombre de la ciudad situada a poco menos de un centenar de kilómetros al sudeste de la llanura donde tuvo lugar el famoso combate (es la actual ciudad de Arbil o Erbil, en Irak). El relato más preciso y documentado de esta batalla es el de Arriano (III, 11-15), que es el que seguimos, completándolo con el de Diodoro de Sicilia (XVII, 57-61); las consideraciones de Plutarco (*Vida de Alejandro*, LXI-LXII) son más literarias.

Arriano nos describe larga y minuciosamente las disposiciones de los dos ejércitos. Sorprende ante todo el carácter eminentemente cosmopolita del ejército de Darío, que cuenta veintiséis nacionalidades de combatientes además de los persas (bactrianos, escitas, medos, partos, etc.), mientras que el ejército de Alejandro está formado principalmente por macedonios (los infantes de la falange y la caballería de los Compañeros de Macedonia, dividida en escuadrones), aumentada con unidades aliadas (griegos y tesalios esencialmente). A primera vista, el combate se presenta desigual: con un millón de infantes, 40.000 jinetes, sus carros de hoces y sus elefantes venidos de India (véase pág. 244), el Goliat persa parece que tiene que destrozar en un abrir y cerrar de ojos al David macedonio. No obstante, ese Goliat era un monstruo cuyos movimientos eran imposibles de coordinar en la práctica: varios cientos de metros, incluso kilómetros, separaban a Darío de sus distintos generales, lo que desde luego no facilitaba la transmisión de las órdenes del Gran Rey.

Ambos ejércitos se acercaban ahora el uno al otro. Sus soldados, lo mismo que sus enemigos, podían distinguir, incluso desde lejos, el penacho de plumas blanco de Alejandro y seguir sus movimientos. Avanzaba apoyándose en su derecha y los persas, que iban a su encuentro, trataban de desbordarlo por su izquierda, para intentar rodear su ala derecha; de suerte que, cuanto más avanzaba Alejandro, más se echaba el ala derecha de Darío hacia la izquierda, donde el terreno —más accidentado que en el centro— volvía inutilizables sus carros.

Darío se dio cuenta y ordenó a las formaciones de cabeza de su ala izquierda (los jinetes bactrianos, escitas y árabes) no desviarse hacia ese lado y rodear el ala derecha enemiga. Al verlo, Alejandro transmite a la caballería de sus aliados griegos (que estaba en retaguardia) la orden de cargar contra la caballería del ala izquierda persa: ésta retrocedió primero, luego contraatacó, Alejandro lanzó una nueva carga y se entabló un verdadero combate de caballería, caballo contra caballo, jinete contra jinete, particularmente sangriento por ambas partes, en el que Darío tenía una ventaja numérica aplastante.

Fue entonces cuando el Gran Rey, que tal vez tenía la victoria al alcance de la mano, cometió una falta táctica grave: lanzó sus doscientos carros de hoces (que estaban en su ala derecha) contra el ejército macedonio, para sembrar la confusión en sus filas. Pero el resultado no fue el esperado porque, cuando los carros se lanzaron hacia adelante, fueron acribillados con flechas y dardos por los arqueros y lanzadores de jabalinas del ejército de Alejandro, que habían tomado posiciones delante del Escuadrón Real, en primera línea a la derecha; los conductores de carros, heridos, fueron arrancados de sus asientos por los tiradores que, apoderándose de las riendas, volvieron los caballos contra la caballería persa, cortando con las hoces a sus caballos y matando a los jinetes.

Darío no tenía más carros y había perdido una buena parte de sus jinetes, heridos de muerte. Cambia entonces de táctica y ordena a sus tropas atacar a lo ancho del frente, a lo que Alejandro replica ordenando a sus tropas cargar contra la primera línea persa y, penetrando él mismo en las filas de ésta, llega hasta el carro de Darío mientras la falange macedonia, gigantesca tortuga de hierro y bronce erizada de *sarisas,* zarandea a los persas y los demás bárbaros.

La situación le pareció terrorífica a Darío, que, desde hacía largo rato, estaba muerto de miedo. Su guardia personal se encontraba diezmada, su carro, con las ruedas hundidas entre montañas de cadáveres, ya no podía avanzar ni retroceder; hubo de abandonarlo, saltó sobre un burro y huyó a rienda suelta hacia la ciudad de Arbela, que se encontraba a un centenar de kilómetros del campo de batalla. Su caballería le pisaba los talones, perseguida por la caballería macedonia: la derrota de los persas era total.

Sin embargo, el combate no había terminado. Alejandro y la caballería de los Compañeros de Macedonia atraparon a los fugitivos, que fueron masacrados, mientras el resto del ejército macedonio y sobre todo su ala izquierda, que aún no había entrado en combate, tuvo que hacer frente al ala derecha de los persas (la caballería armenia y capadocia, los indios con sus elefantes, etc.). Ésta había hundido el centro de las líneas macedonias y rodeaba su ala izquierda, mandada por Parmenión. La situación se volvía crítica debido a la enorme superioridad numérica de los bárbaros y Parmenión envió un mensajero que, arrastrándose por el suelo, llegó hasta Alejandro para pedirle ayuda.

Cuando le llevó el mensaje, el rey, renunciando de mala gana a perseguir a Darío y a sus tropas, dio media vuelta con toda su caballería y se dirigió al galope hacia el campo de Gaugamela. Allí se libró un nuevo combate de caballería, el más encarnizado de toda la batalla según Arriano, enfrentando a los persas, los partos y los indios con los macedonios. Los dos adversarios luchaban realmente codo con codo, y ya no se trataba de tiros de jabalina o de maniobras de rodeo: se entabló un terrible combate cuerpo a cuerpo, en el que cada uno combatía no por la victoria de su campo, sino para salvar su propia vida. En última instancia fue Alejandro quien obtuvo la victoria a pesar del número. Los bárbaros huyeron hacia el este en una galopada frenética, perseguidos por los helenos; consiguieron franquear el Lico, un afluente del Tigris (el actual Gran Zab) y reunirse con el Gran Rey en Arbela.

También Alejandro pasó el Lico, asentó en sus orillas un campamento provisional, a fin de que sus hombres y sus caballos tomasen un respiro, y luego, llegada la noche, partió hacia Arbela para tratar de apoderarse de Darío. Pero como era previsible, Darío no le había esperado y, cuando los jinetes macedonios entraron en la ciudad, el 2 o el 3 de octubre de 331 a.C., el Gran Rey, que había dejado a sus espaldas armas y bagajes e incluso el voluminoso tesoro real (varias toneladas de oro), ya se había adentrado en los montes Zagros y huía hacia Media. Lo acompañaban en su fuga su parentela y unos dos mil mercenarios extranjeros.

El macedonio había obtenido una victoria total. Le había costado, según Arriano, un centenar de hombres —en su mayoría Compañeros— y más de mil caballos, pero en el campo de Gaugamela quedaron, según el mismo autor, unos trescientos mil cadáveres bárbaros. Queda por saber lo que vale esta estimación...

2. *Conquista de Babilonia y Susiana*

La derrota de los persas en Gaugamela marca el final del poderío militar de Darío, pero no el de su poder político: el Aqueménida, que sigue vivo y libre, continúa siendo el rey de reyes de Asia, y Alejandro no es más que el rey de Macedonia, provisionalmente estratego en jefe de la Liga panhelénica. No es inverosímil que, después de pasar una noche en Arbela, haya pensado en perseguir al Gran Rey para obligarle a cederle su corona; pero no podía hacer pasar su ejército, con sus animales y sus carros, por los estrechos senderos de las montañas armenias. Además, el envite de la guerra era evidentemente las grandes capitales del Imperio, Babilonia, Susa, Persépolis y Pasagarda: Alejandro podía dejar para más tarde la captura de Darío. Por lo tanto, no lo dudó mucho y, sin más tardanza y a galope tendido, se dirigió hacia Babilonia, que se encontraba a unos 260 kilómetros al sur de Arbela.

Necesitó cerca de dos semanas para llegar a la vista de la legendaria ciudad que, desde hacía dos siglos, servía de capital de invierno a los soberanos aqueménidas. Mientras cabalgaba, Alejandro veía acudir cada día hacia él a los grandes de Persia que, abandonando a su soberano vencido a su triste destino, se unían al nuevo dueño de Asia, lo mismo que habían hecho los sátrapas y los dignatarios persas en Tiro, Gaza y Menfis. Lo mismo ocurrió en Babilonia, la ciudad de las cien puertas de bronce, donde se había refugiado el general persa Maceo, que había sido uno de sus más valerosos adversarios en Gaugamela. El hombre había comprendido que Asia estaba a punto de cambiar de manos y, cuando en los últimos días de octubre de 331 a.C., el ejército macedonio tomó posiciones delante de las enormes murallas de la ciudad, cuyo perímetro tenía noventa kilómetros, aconsejó a los habitantes entregar la ciudad a Alejandro sin resistencia.

El macedonio vio, pues, salir a recibirle a la población de Babilonia, con Maceo al frente, acompañado de los sacerdotes y magistrados de la ciudad, con vestimenta de ceremonia. Los babilonios se habían puesto sus ropas de fiesta y cada grupo de ciudadanos le llevaba un regalo, unos guirnaldas de flores, otros un cordero destinado a ser inmolado. Todos acogían al macedonio como al guerrero que liberaría su ciudad del yugo de los Grandes Reyes persas: ¿no había desmantelado Darío I el Grande sus legendarias fortificaciones? ¿No había robado su hijo, Jerjes, la estatua de oro de Bel, su dios tutelar, creador del cielo y de la Tierra, de los hombres y los animales, y abatido su templo? ¿Y no habían sido trasladados todos los tesoros de Babilonia a Pasagarda, a Susa y Parsa (Persépolis para los griegos) por los soberanos aqueménidas?

Así fue como Alejandro, de pie en su carro como un triunfador, y no montado sobre *Bucéfalo* como un conquistador, entró en Babilonia por la más hermosa de sus puertas, la que daba a la orilla izquierda del Éufrates. Las calles de la ciudad estaban sembradas de flores, el aire tibio del otoño estaba cargado de perfumes e incienso y una multitud numerosa y cosmopolita de babilonios, cierto, pero también de armenios, árabes, sirios, persas, indios —reconocibles por sus ropajes y su aspecto—, acompañó su carro hasta el atrio del palacio real. El macedonio pasó, deslumbrado, ante los famosos monumentos de Babilonia: sus murallas, los jardines colgantes de la reina asiria Samuramat (Semíramis para los griegos), la torre cuadrada del templo de Bel y las ruinas de los demás templos, destruidos por los persas. Finalmente llegó al palacio del Gran Rey y se proclamó «nuevo rey de Babilonia».

Alejandro pasó treinta y cuatro días en Babilonia, donde sus soldados saborearon los placeres de un reposo bien merecido, descubriendo maravillados las tabernas y los lupanares de esta ciudad que les parecía concebida para el placer (Quinto Curcio escribe, con el hipócrita moralismo romano, que «se revolcaron en los vicios de esta ciudad perversa»), mientras su jefe trataba de reconciliarse con los grandes de Persia a los que había combatido, pero también de acoger en las filas de la nobleza macedonia a los señores babilonios, mantenidos desde hacía cinco siglos lejos del poder y de las dignidades por los conquistadores persas. El vencedor se mostró respetuoso con la religión y las costumbres de Babilonia, ordenando que los templos de Bel (dios de la tierra y dios local de Babilonia bajo el nombre de Marduk), de Anu (dios del cielo), de Ea (diosa de las aguas), de Shamash (dios del sol) y de las restantes divinidades fuesen reconstruidos. A Marduk —conocido por los griegos bajo su nombre de Zeus-Belos y a quien Alejandro identificaba con su padre místico Zeus-Amón— le ofreció suntuosos sacrificios y prometió a los sacerdotes dones considerables en oro: el oro de Darío, por supuesto.

En el plano político y administrativo actuó con Babilonia como había hecho en Egipto y Asia Menor: Maceo fue confirmado en sus funciones de sátrapa, e incluso recibió el privilegio de acuñar moneda para ayudar al renacimiento del comercio babilonio, pero le dio como adjunto al compañero Apolodoro, oriundo de Anfípolis, como recaudador, tesorero y jefe de la guarnición macedonia que instala en la ciudad. También organiza la relación militar entre Babilonia, Siria, Fenicia y Cilicia, y pone las fuerzas armadas de la región bajo el mando de un jefe único (macedonio), Menes, oriundo de Pela. Su principal papel será asegurar el paso de las caravanas y los convoyes que a menudo son atacados por beduinos saqueadores entre Babilonia y las costas del mar Mediterráneo.

Alejandro tampoco olvidó a los griegos de Europa. Les hizo saber que los había liberado para siempre de la amenaza de Persia y que la cruzada panhelénica lanzada en otro tiempo por su padre, Filipo II, acababa de concluir con victoria. Sus mensajes y la forma en que había ideado la reorganización del Imperio persa que se disgregaba causaron profunda impresión en los griegos y los persas: los primeros comprendieron, con cierta amargura, que el rey de Macedonia estaba aboliendo la gran distinción entre helenos y bárbaros —de la que estaban tan orgullosos—; los segundos, que tenían mucho que ganar sometiéndose al macedonio sin segundas intenciones.

No obstante, el Conquistador se daba cuenta mejor que nadie de que el asunto no estaba zanjado todavía. Los territorios que había conquistado o reconquistado sobre Darío no eran tierras persas, y si los pueblos que las ocupaban —fenicios, egipcios, babilonios— le habían acogido con tanta alegría, era simplemente porque a sus ojos era el liberador. El proyecto que confusamente maduraba en su cabeza de construir un imperio unificado heleno-persa, del que por otro lado no medía la amplitud ni la viabilidad, exigía someter al país de los persas —el actual Irán— y poner fin a la existencia política del imperio de los Aqueménidas. Para ello debía apoderarse de Susa, la capital histórica de los Aqueménidas y, a principios del mes de diciembre de 331 a.C., partió hacia Susiana.

Susa, situada a unos 240 kilómetros al noroeste del golfo Pérsico, era una ciudad más antigua aún que Babilonia. Había sido creada tres mil años antes, en el emplazamiento de la actual Shush, cerca de Dizful, en Irán, por montañeses procedentes del Zagros, los elamitas, un pueblo que había desaparecido hacía siglos. Darío I la había convertido en una de las capitales de su Imperio en los alrededores del año 500 a.C.

A decir verdad, para Alejandro Babilonia no había sido más que una etapa. Desde Gaugamela, no pensaba más que en Susa y, la noche misma de su victoria, había enviado a un hombre de su confianza, Filóxeno, para tomar posesión de los tesoros amasados por los reyes de Persia y organizar la rendición pacífica de la ciudad. Estaba confiado, por tanto, cuando abandonó Babilonia y llegó sin problemas a la vista de Susa tras unos veinte días de marcha. A su encuentro salieron Oxatres, hijo de Abulites, sátrapa de Susa, y un emisario de Filóxeno. El primero le llevaba la rendición oficial de la ciudad; el segundo, una carta de su colaborador en que le informaba de que había entrado en Susa sin derramar una gota de sangre, que el tesoro real estaba a su disposición, intacto, y que todo estaba dispuesto en la capital persa para recibirle fastuosamente.

Lo mismo que en Babilonia, el sátrapa Abulites, los sacerdotes y los dignatarios de la ciudad salieron al encuentro de Alejandro para recibirle más como a libertador que como conquistador. El rey entró en la ciudad, que había abierto para él todas sus puertas, bajo las flores y las aclamaciones.

Luego Filóxeno lo condujo hasta el palacio real, donde el rey de

Macedonia debía tomar oficialmente posesión del trono y el tesoro de los reyes de Persia. Llegado ante el asiento real, se sentó en él, pero una vez sentado constató que el trono era demasiado alto: Darío no era sólo un hombre de altísima estatura, sino que además, en virtud de una tradición religiosa persa, los pies del Gran Rey nunca debían pisar el suelo cuando estaba sentado: sus pajes disponían entonces un taburete de oro bajo sus pies. Alejandro, claramente de menor estatura que Darío, estaba pues sentado con las piernas colgando, en una posición algo ridícula. Al verlo uno de los pajes le llevó una mesita de oro que había en la sala y la colocó bajo sus pies. Como se adaptaba perfectamente, Alejandro le felicitó. Pero entre los dignatarios persas que lo rodeaban, de pie junto al trono, un eunuco, turbado por aquel espectáculo, se echó a llorar.

—¿Qué has visto que te haga llorar así? —le preguntó Alejandro.

El eunuco le respondió:

—La mesita que han colocado bajo tus pies no es otra que aquella en que Darío, mi amo, solía tomar sus comidas, tumbado en su diván, y ahora veo el mueble que más estimaba él bajo los pies de un nuevo amo y eso me hace llorar, porque yo amaba a Darío.

Alejandro comprendió de repente que el hecho de sentarse en el trono en lugar de Darío era el signo del cambio radical que se había producido en el Imperio persa, y que su gesto tenía algo excesivamente arrogante. Llamó al paje que había colocado la mesita bajo sus pies y le ordenó retirarla. Pero uno de sus Compañeros que se encontraba a su lado, un tal Filotas, le dijo:

—Tu gesto no tiene nada de arrogante, porque no has sido tú quien ha ordenado que te pongan la mesita de oro bajo los pies. Procede de la Providencia o la voluntad de algún genio bueno. Considera un feliz presagio tener bajo tus pies la mesita que servía a tu enemigo.

Supersticioso como era, Alejandro ordenó no tocar la mesa y sin duda apoyó con más fuerza sus pies en ella.

Cumplidas estas formalidades, Alejandro tomó posesión del tesoro de Darío: 50.000 talentos de plata (1 talento equivalía a 26 kilos), el suntuoso mobiliario real y los numerosos objetos de arte que Jerjes se había llevado de Atenas en 480 a.C., durante la segunda guerra Médica.

En el lote había sobre todo dos estatuas de bronce, sin gran valor monetario, pero particularmente estimadas por los atenienses, las de dos jóvenes nobles, Harmodio y Aristogitón, que en otro tiempo (511 a.C.) habían puesto fin a la tiranía de Pisístrato y de sus hijos Hipias e Hiparco, apuñalando a este último. Estos dos jóvenes, que mediante un acto absolutamente antidemocrático habían permitido el restablecimiento de la democracia, habían pagado con su vida la causa del pueblo, y fueron presentados luego como mártires de la libertad. Alejandro, que era no sólo un buen guerrero, sino también un perfecto manipulador de las opiniones, hizo enviar de inmediato las dos estatuas a Atenas, esperando, con este gesto simbólico, mantener a los atenienses en el recto camino de la cruzada panhelénica que había emprendido.

En cuanto a los 50.000 talentos de plata, hizo un uso prudente. Una parte sirvió para distribuir primas importantes a los Compañeros y a los soldados de su ejército, que se habían visto privados de botín, porque la ciudad de Susa había sido decretada «ciudad liberada» y no «ciudad conquistada» (por lo que no podía ser objeto de pillaje). Otra parte (3.000 talentos, nos dice Arriano) fue confiada a uno de los Compañeros de la Guardia Real, Menes, al que nombró gobernador de las satrapías de Siria, Fenicia y Cilicia, y que se encargó de hacerlos llegar al general Antípatro, regente de Macedonia, a fin de que este último tomase las disposiciones necesarias para reducir la resistencia de Esparta a la hegemonía macedonia en Occidente.

Al actuar en Susa como había actuado en Babilonia, Alejandro confirmó al sátrapa persa Abulites en sus funciones, nombró como adjunto a un Compañero de Macedonia, Mázaro, como comandante de la guarnición de la ciudadela, y a otro, al general Arquelao, como jefe militar de Susiana. Luego volvió su atención hacia el destino de la reina madre, Sisigambis, a la que profesaba un verdadero afecto, y hacia el de los hijos de Darío, que seguían al ejército macedonio desde Isos en carros. Les anunció que su infortunio tocaba a su fin y los instaló, para mayor alegría suya, en el suntuoso palacio de invierno de Darío, con una numerosa servidumbre y los miramientos debidos a su rango. Por último, preocupado de helenizar a los persas, consideró que el ejemplo debía proceder de la corte, y mandó traer profesores de lengua griega para las hijas y el hijo de Darío.

En las intenciones de Alejandro no figuraba la de eternizarse en

Susa, pero tenía que adornar con alguna solemnidad la caída pacífica de la misma. Así pues, ofreció sacrificios públicos a los dioses, organizó una carrera de antorchas y un gran concurso gimnástico y se dispuso a partir en campaña otra vez. En esta ocasión, ya no se trataba de liberar ciudades del yugo persa, sino de conquistar un imperio. Al este de una línea que iba desde los montes de Armenia hasta la entrada del golfo Pérsico, que en cierto modo constituía la frontera natural de los territorios asiáticos caídos en sus manos, se extendía el verdadero dominio persa que Alejandro aspiraba ahora a conquistar: Uxia, Media, la Persia iraní (la Pérside), Partia, Carmania; y, más al este todavía, territorios desconocidos de los griegos, pero cuyos nombres había oído pronunciar sin duda a los sátrapas y los generales persas que había sometido: Gedrosia, Aracosia, Bactriana, Sogdiana, India. Poco a poco, Alejandro, el unificador de los helenos, el liberador de los griegos de Asia, el cruzado panhelénico, se convertía en un nuevo guerrero al que nada ni nadie parecía poder detener: se convertía en Alejandro el Conquistador.

Antes de partir hacia ese nuevo destino, el macedonio completó sus efectivos con tropas traídas de Macedonia por Amintas, hijo de Andrómeno (15.000 hombres según Quinto Curcio; los infantes fueron repartidos por etnias y los jinetes reforzaron la caballería de los Compañeros de Macedonia).

Alejandro salió de Susa en el mes de enero del año 330 a.C. Se dirigió hacia el sudeste, hacia el país de los uxios, que debía cruzar para alcanzar las otras dos grandes capitales persas: Parsa, que los griegos llamaron Persépolis, y Pasagarda. La suerte estaba echada: Alejandro y sus hombres iban a vivir una fabulosa anábasis.

XI

La conquista de los países persas y la muerte de Darío

(seis primeros meses del 5.º año de guerra en Asia: enero-julio de 330 a.C.)

Alejandro abandona Susa para marchar sobre Persépolis y castiga a los uxios de la montaña (principios de enero de 330). — Paso de las Puertas Pérsicas (mediados de enero de 330). — Entrada de Alejandro en Persépolis y saqueo de la ciudad (finales de enero de 330). — El incendio del palacio de Darío (abril de 330). — Conquista de Media y toma de Ecbatana (principios de junio de 330). — Alejandro en Raga (15-30 de junio de 330). — Alejandro persigue a Darío: conquista de Hircania (principios de julio de 330). — La muerte de Darío (mediados de julio de 330).

Al día siguiente de su victoria en Gaugamela, Alejandro esperaba recibir la visita de los embajadores de Darío portadores de propuestas aceptables de paz: sabemos que no ocurrió nada. Sin embargo, su generoso comportamiento en Babilonia y en Susa había sido el de un vencedor abierto a las negociaciones: su objetivo no era aniquilar la dinastía de los Aqueménidas, sino asegurarse la soberanía de Asia, y ahora demostraba que era capaz de hacerlo mediante las armas; ¿no habría sido mejor, aunque sólo fuese para evitar los horrores de la guerra a los pueblos del Imperio persa, destinados a ser dominados a pesar de todo, conseguirlo mediante un buen tratado de paz?

Para ello habría sido preciso entablar una negociación entre Alejandro y Darío. Pero este último sólo pensaba en huir y refugiarse en la vasta llanura iraní, separada de Occidente por los montes de Armenia y las altos montes Zagros. Si quería alcanzar el objetivo que se había fijado, el macedonio se veía obligado por tanto a la conquista y, una vez establecido el nuevo orden político en Susiana, tomó con su ejército la ruta de Persia y de Media, con tres metas en la cabeza: apoderarse de las ciudades reales (Persépolis, Pasagarda y Ecbatana); establecer el orden político macedonio en los países persas, es decir, en términos generales, en las satrapías situadas entre el valle del Tigris y las montañas de Afganistán; por último, capturar vivo a Darío.

1. *Conquista de Persia: el incendio de Persépolis*

Adelantándose a la llegada de Alejandro a Susa, Darío había huido hacia la Persia propiamente dicha, hacia la alta planicie iraní, una comarca desconocida para los griegos y los viajeros occidentales. Alejandro había interrogado a los persas que se encontraban en su entorno, por ejemplo a Abulites, a quien había mantenido en sus funciones de sátrapa: para ellos, el problema no planteaba dudas, Darío se había refugiado en Parsa —Persépolis en griego—, la famosa capital de verano de los Grandes Reyes, fundada por Darío I hacia el año 513 a.C. en las montañas, a unos sesenta kilómetros al noroeste de la actual ciudad de Chiraz.

Para la mayoría de los allegados de Alejandro la guerra había acabado: Darío había huido definitivamente, lo cual podía considerarse una abdicación de hecho, y todas las satrapías que había atravesado Alejandro, desde hacía cuatro años que había desembarcado en Asia, se le habían sometido, así como las dos grandes ciudades reales, Babilonia y Susa. Además, Alejandro había tomado posesión oficialmente del tesoro real y se había sentado en el trono de oro de Darío en Susa, convirtiéndose, *de facto*, en el nuevo Gran Rey.

Pero Alejandro veía las cosas de otro modo. Sólo se había apoderado del cuerpo del Imperio persa, ahora debía atacar su cabeza, su corazón y su alma: tenía que conquistar las otras dos capitales de los Aqueménidas, Ecbatana y sobre todo Persépolis, símbolo de su poder. De Persépolis habían partido, hacía ciento cincuenta años, los persas que habían saqueado e incendiado Atenas y habían profanado en Egipto, especialmente en Menfis, los santuarios de Amón; en cuanto a él, Alejandro, había ido a Persia para vengar a los helenos, tratando a los persas como éstos habían tratado a los griegos, destruyendo Persépolis mediante el fuego.

¿Era ésa su verdadera motivación? ¿Deseaba cumplir hasta el final su vocación de gran justiciero, o bien la fiebre de la conquista lo había invadido, como había hecho con tantos otros vencedores en la historia? Debemos dudar de estas dos explicaciones y nos inclinamos más bien por una tercera, más prosaica: el éxito no transformó a Alejandro en conquistador, lo convierte, al menos en el momento en que está en Susa, en un ambicioso que va a perder poco a poco el sentido de la realidad. Ya no tiene nada que demostrar en los campos de batalla, dado que no hay adversario; en cambio, ha saboreado con alegría los pocos minutos en que se ha sentado en el trono del Gran Rey, con los pies sobre su taburete de oro, y no tiene intención de robar ese trono —del que puede apoderarse sin lucha— a Darío: quiere ser el heredero legítimo y no el usurpador. Para ello es preciso que sea Darío quien le transmita esa legitimidad y debe capturarlo vivo.

Ése es el motivo, en nuestra opinión, por el que Alejandro deja Susa en los primeros días de enero de 330 a.C., al frente de su ejército. Los persas de su entorno le han informado de la ruta a seguir para llegar a Persépolis: le han dicho que pasa por el país de los uxios, algunas de cuyas tribus —las de la llanura de Susa— están sometidas desde hace dos siglos a las autoridades persas; pero hay otras —las de los uxios de la montaña— que son turbulentas y suelen hacer pagar un derecho de peaje a los viajeros, los funcionarios e incluso a los ejércitos persas que toman la ruta real que une Susa, la capital de invierno del Gran Rey, con Persépolis, su capital de verano.

Ya tenemos al ejército macedonio alejándose hacia el sudeste, para una marcha de por lo menos treinta días (Persépolis está aproximadamente a seiscientos kilómetros de Susa).

El primer día, franquea el río Pasitigris (el actual Karún), un afluente del Tigris, y por la noche vivaquea en la llanura susiana, que va a tardar de cuatro a cinco días en atravesar; los uxios de la llanura, pacíficos agricultores o criadores de bovinos, lo ven desfilar, curiosos o indiferentes.

Al final del quinto día el ejército macedonio acampa en las alturas que anuncian las feroces gargantas del Fars (región montañosa de Irán, cerca de Chiraz). Alejandro está descansando en su tienda cuando le anuncian la llegada de un grupo de emisarios: son uxios de la montaña, pastores de aspecto guerrero, que no parecen asustados ante aquel enorme número de hombres en armas. Van a comunicarle, de parte de las tribus montañesas a las que representan, que sus compatriotas no les dejarán pasar a Persia con su ejército si no pagan un derecho de peaje equivalente al que solía pagar el Gran Rey. Alejandro manda responderles, a través de los intérpretes, que respetará esa costumbre y recibirán los presentes que les correspondan el día en que hayan alcanzado los puertos y los desfiladeros, cuyo control, según le habían asegurado, condicionaba el paso a Persia de su ejército. Los uxios le dan las gracias y le prometen acudir a la cita.

En lugar de presentes, el macedonio les reservaba un castigo terrible. Nada más abandonar los emisarios de los uxios el campamento, Alejandro convoca a los Compañeros de la Guardia Real, a los soldados armados con escudos y a unos ocho mil hombres de infantería ligera. Al caer la noche parte hacia los desfiladeros, guiado por indígenas, a través de un camino rocoso y difícil, distinto a la ruta tomada por los uxios para volver a su territorio. La pequeña tropa llega en plena noche a su aldea, donde no hay más que mujeres, niños y ancianos, porque todos los hombres aptos han partido hacia los puertos, para tomar posiciones e impedir el paso de Alejandro si llegaba a romper su promesa. Los soldados macedonios sorprenden a los habitantes durmiendo y matan a todos, viejos, mujeres y niños; luego prenden fuego a sus cabañas e incendian graneros y establos.

Una vez terminada esta expedición punitiva, Alejandro se dirige a toda velocidad hacia los desfiladeros para llegar antes que los uxios y envía a uno de sus mejores lugartenientes, Crátero, a apostarse con arqueros en las cimas que dominan los puertos de alrededor. De modo que cuando los guerreros uxios llegan en masa a los lugares, con la intención de ocupar los desfiladeros y no dejar pasar al ejército macedonio sino después de pagar los derechos de peaje, tuvieron la desagradable sorpresa de encontrarse en la situación del cazador cazado, e incluso doblemente cazado, porque frente a ellos tenían el ejército de Alejandro dispuesto para el combate y, apostados en las cumbres de alrededor, los hombres de Crátero, que ya estaban acribillándolos con flechas y dardos: mediante la rapidez, Alejandro había invertido la situación.

Estupefactos, los uxios se dieron a la fuga sin entablar siquiera combate: unos perecieron bajo los golpes de los soldados macedonios que los perseguían, otros, huyendo hacia los puertos, toparon con las tropas de Crátero, que los despedazaron, y otros incluso, que habían intentado escapar por un camino estrecho encima de los precipicios, resbalaron sobre el hielo y en su mayoría se precipitaron en los barrancos.

Sisigambis, la madre de Darío, sintió una gran emoción cuando supo la matanza de los uxios: escribió una carta a «su hijo bienamado» Alejandro, intercediendo por aquel desdichado pueblo, para que les permitiese reconstruir sus poblados y vivir en ellos en paz. El macedonio, que no sabía negar nada a la que consideraba su madre adoptiva, accedió a su demanda: autorizó a los uxios de la montaña a conservar sus tierras, mediante el pago de un tributo anual de cien caballos, quinientas bestias de carga y treinta mil corderos.

Para Alejandro, la escaramuza con los uxios sólo había sido un incidente del trayecto y lo más duro quedaba por hacer: llegar a Persia por los caminos de alta montaña cuyo paso acababa de forzar. Pero la ruta que se abría ante sus ojos era larga, penosa y estaba erizada de dificultades; por eso el macedonio decidió que Parmenión tomase la vía real —por la que podían circular los carros— que unía Susa con Persépolis por las actuales ciudades de Kazerún y Chiraz, con los carruajes, los bagajes, la caballería tesalia, las tropas de armas pesadas y los mercenarios extranjeros, mientras que él guiaría a la infantería macedonia, la caballería de los Compañeros, los exploradores y los arqueros, acortando por las montañas.

Alejandro iba, por tanto, a tener que recorrer más de trescientos kilómetros por unos macizos montañosos cuya altura variaba de 2.000 a 5.000 metros, cubiertos de nieves perpetuas y de hielo, cuya topografía y senderos resultaban desconocidos muchas veces para los guías que había contratado, con una temperatura (invernal) que por la noche descendía hasta –20 °C, y todo esto con un ejército de unos treinta mil hombres, carros y bagajes. La empresa era prácticamente imposible, y tan loca como la travesía de los desiertos sirios o mesopotámicos en pleno verano que había impuesto a sus tropas dieciocho meses antes. Sin embargo, al cabo de seis días de una marcha forzada y agobiante, llegó a un desfiladero conocido por los geógrafos antiguos con el nombre de «desfiladero de las Puertas Pérsicas», que controlaba el descenso hacia Persépolis.

Pero el rumor de su llegada por ese camino extraño y peligroso le había precedido y Alejandro encontró las Puertas Pérsicas bloqueadas en su centro por un muro de piedras con un ejército persa de 700 jinetes y 40.000 hombres al otro lado del muro (según Arriano; Diodoro de Sicilia y Quinto Curcio hablan de 25.000 hombres), mandado por Ariobarzanes, sátrapa de Pérsida (nombre que los griegos daban a la región del Fars), totalmente decidido a impedirle el paso costara lo que costase. Enfrentado a este obstáculo inesperado, y caída la noche, Alejandro montó su campamento a una hora de marcha del desfiladero y decidió asaltar la muralla construida por los persas al amanecer.

Al día siguiente, con el alba, el ejército macedonio se adentra en el desfiladero. Fue recibido con una lluvia de flechas, jabalinas y proyectiles diversos lanzados por hondas o catapultas, mientras que, desde lo alto de los acantilados que enmarcan el desfiladero, los persas lanzaban sobre los macedonios grandes bloques de piedra. Atacado por tres lados a la vez, Alejandro hubo de retroceder y retirarse a su campamento, llevando consigo algunos prisioneros. La situación era crítica: al punto a que había llegado, aquel paso era el único que llevaba al corazón de la alta Persia, y si no conseguía franquearlo, el resto de su ejército —mandado por Parmenión—, que debía llegar al mismo tiempo que él a Persépolis, sería masacrado por las tropas de Darío. El futuro de su expedición iba a jugarse delante de las Puertas Pérsicas: ¿cómo arreglárselas para franquearlas?

«Debe de haber algún medio de contornear este desfiladero, pero cual?», preguntaba el rey a sus guías.

Los guías permanecían mudos; no sabían qué responder. Fue entonces cuando la idea brotó, evidente, deslumbrante, tal vez del propio Alejandro, tal vez de un guía o un lugarteniente: ¿por qué no interrogar a los prisioneros que acaban de ser capturados? Entre ellos debía de haber alguno que conociese la montaña. El interrogatorio se hizo con rotundidad. En menos de una hora Alejandro supo que los flancos del desfiladero estaban cubiertos por un espeso bosque de coníferas, por el que serpenteaban, de trecho en trecho, senderos casi a pico, cubiertos de nieve helada: tomándolos, podrían escalar las paredes del paso, bajar por el otro lado y sorprender por la espalda al ejército de Ariobarzanes. No obstante, la escalada resultaba peligrosa, debido a la acumulación de nieve. Uno de los prisioneros, licio de origen y antiguo pastor, se ofreció para guiar al ejército a cubierto de los árboles y llevarlo hasta las espaldas del ejército persa.

Alejandro expulsó de su pensamiento el temor del peligro e ideó al instante un plan loco que expuso a sus lugartenientes.

—Cuando caiga la noche, en el mayor silencio y sin que el enemigo se aperciba de nada, iré con una parte del ejército a escalar la montaña por los senderos que va a mostrarme este licio; el resto de las tropas permanecerá aquí, bajo el mano de Crátero, que deberá tratar de impedir que el enemigo se dé cuenta de mi partida...

—¿Y cómo lo haré? —preguntó Crátero.

—Encendiendo fogatas por todas partes, gritando órdenes, haciendo relinchar a los caballos, en resumen dándole la impresión de que todos estamos detrás de la muralla y que esperamos el día para atacar de nuevo. Los persas no deben sospechar nada a ningún precio.

—¿Y luego?

—Luego, cuando yo haya llegado al otro lado de la montaña, enviaré un destacamento de pontoneros a la llanura para echar un puente sobre el río que corre al pie de los montes y que tendremos que franquear para penetrar en el país de los persas. —El nombre actual de ese río es Siván—. Luego, con mis jinetes y mis infantes, caeré sobre la retaguardia de Ariobarzanes al que atacaremos repentinamente, de noche, lanzando nuestro grito de guerra y haciendo sonar las trompetas. En cuanto lo oigas, Crátero, asaltarás la muralla que intercepta las Puertas Pérsicas, los persas se verán atrapados entre dos fuegos y conseguiréis pasar.

La maniobra salió de maravilla. Mucho antes del amanecer, Alejandro y sus hombres habían franqueado las paredes del paso y contorneado la montaña; cayeron de improviso sobre el primer puesto de guardia de los persas y lo aniquilaron, lo mismo ocurrió con el segundo, y los soldados del tercer puesto huyeron hacia la llanura sin prevenir siquiera al ejército persa, que dormía. De suerte que Alejandro pudo acercarse al campamento enemigo sin que éste se enterase. Cuando llegó la aurora, él y sus hombres saltaron sobre los persas lanzando terribles aullidos mientras las trompetas avisaban de la carga y advertían a Crátero de que asaltase la muralla que impedía el paso.

Los persas estaban atrapados entre las dos mandíbulas de una tenaza, con Alejandro por un lado, que les presionaba de cerca, y por el otro Crátero, que llegaba a paso de carga. Los que osaron luchar cuerpo a cuerpo fueron destrozados, los otros trataron de huir, pero en su mayoría resbalaron en el hielo y cayeron a los precipicios. Su jefe Ariobarzanes consiguió escapar, seguido por algunos jinetes.

Alejandro y su ejército descendían luego las laderas de la montaña, en dirección a Persépolis. Nada más llegar a la llanura, el rey vio dirigirse hacia él unos hombres horriblemente mutilados: eran griegos, ancianos en su mayoría, que habían sido hechos prisioneros por los persas durante las guerras anteriores y habían sufrido el tratamiento bárbaro que éstos infligían a sus prisioneros. Eran alrededor de ochocientos: unos habían perdido las manos, otros los pies, la nariz o las orejas. A los que tenían un oficio o profesión determinados, los verdugos persas les habían cortado las extremidades, salvo aquellas que eran útiles para su profesión. El rey, compadecido, no pudo contener las lágrimas y decidió hacerlos curar y devolverlos a su patria. Pero, tras haber deliberado, aquellas pobres gentes le dijeron que preferían quedarse en Persia antes que ser dispersados por sus patrias respectivas, donde serían objeto de chismes y burlas, mientras que si seguían viviendo juntos, afligidos por las mismas miserias, su destino común los consolaría de su infortunio. Alejandro confirmó su decisión, ofreció a cada uno 3.000 dracmas, ropas para ellos y eventualmente para sus mujeres, dos yuntas de bueyes, cincuenta cabezas de ganado menor y los eximió de cualquier impuesto y tributo.

Luego el macedonio prosiguió su marcha hacia Persépolis. Temiendo que la guarnición persa saquease el tesoro real antes de que él llegase a la ciudad, deja la infantería a su espalda y galopa a rienda suelta hacia la capital imperial, donde entra en los últimos días del mes de enero del año 330 a.C.

Persépolis es una gran aglomeración que se extiende en una llanura, al pie de una montaña, en cuyas laderas se tallaron las tumbas rupestres de Artajerjes II y III (más tarde, se les sumará la de Darío III Codomano, que todavía puede verse en nuestros días). Está formada por tres barrios: la ciudadela, la terraza real donde se alzan los palacios reales y la ciudad propiamente dicha, de la que una buena parte de sus habitantes ha desertado al acercarse el ejército macedonio.

¿Cuál va a ser el destino de la ciudad? Antes de decidir nada, Alejandro quiere consultar con sus generales, y en particular con

Parmenión, que también marcha hacia Persépolis con la otra mitad de su ejército. Mientras lo espera, ordena apoderarse del tesoro real: encuentra en él 120.000 talentos de oro (1 talento equivalía a 26 kg), que tiene la intención de poner bajo custodia en el palacio de Susa. Así pues, ordena que traigan a Persépolis tantas bestias de carga como son necesarias para transportar esas 3.000 toneladas de oro. Diodoro de Sicilia habla de una «multitud» de mulos de albarda y de tiro, así como de 3.000 camellos de albarda llegados de Babilonia, Mesopotamia y Susiana; Quinto Curcio habla de 30.000 bestias de carga y Plutarco de 10.000 yuntas de mulos y 5.000 camellos.

Por fin llega Parmenión y Alejandro convoca un consejo de guerra para decidir el destino de Persépolis. Él mismo se pronuncia por el saqueo de la ciudad, seguido de su destrucción; así satisfará a los «ancestros» (puro discurso de propaganda: fueron los antepasados de los griegos los que tuvieron que sufrir a los persas, y no los antepasados macedonios de Alejandro) y destruirá esta ciudad que luchó contra Grecia. Parmenión, por su parte, predica la razón y la moderación: «No debes permitir la destrucción de los bienes y los palacios que ahora te pertenecen», le dice, haciéndole observar además que, al hacerlo, Alejandro da la impresión de querer vengarse de Persia más que de querer tomar posesión de ella.

Pero Alejandro piensa en sus soldados: en Menfis, en Babilonia y Susa había entrado como liberador y, por lo tanto, habría prohibido el pillaje a sus hombres, que hoy necesitan una compensación, y él quiere complacerles. En cambio decide que Pasagarda, la antigua capital de Ciro el Grande (556-530 a.C.), el fundador de la dinastía de los Aqueménidas, cuya tumba hizo restaurar piadosamente, sea salvaguardada, puesto que ese Gran Rey nunca fue enemigo de los griegos. Por lo tanto, el problema queda resuelto. Alejandro se dirige a sus tropas, les presenta a Persépolis como su peor enemigo entre las ciudades de Asia y se la entrega al pillaje, según las leyes de la guerra, a excepción de la terraza real.

Los macedonios se dispersan y penetran en las casas, matando a los hombres y violando a las mujeres. Roban todo el oro y las joyas que contienen y los suntuosos ropajes persas, bordados de púrpura o adamascados de oro, los vasos más preciosos, las piedras más raras se convierten así en propiedad de aquellos soldados que pasaron la jornada saqueando, llegando a pelearse entre ellos, matando incluso a algunos de sus compañeros que se apropiaban de una parte demasiado grande del botín, partiendo en dos los objetos más preciosos para repartírselos, llevándose por la fuerza a las mujeres, adornadas con sus joyas más bellas.

Como escribe Diodoro de Sicilia: «Tanto como había sobrepasado Persépolis a las demás ciudades en prosperidad, tanto las sobrepasó ese día en infortunio.»

Alejandro se instaló entonces en el suntuoso palacio de Darío, célebre por su *apadana*, la sala de audiencia de las treinta y seis columnas. La primera vez que se sentó sobre el trono del Gran Rey, bajo un dosel de oro, el viejo amigo de su padre, Demarato de Corinto, que en el pasado había reconciliado a Alejandro y Filipo de Macedonia (véase pág. 89), no pudo dejar de llorar de alegría («como buen anciano que era», añade Plutarco), y entre sollozos dijo que los griegos que habían muerto demasiado pronto habían sido privados del placer de ver a Alejandro sentado en el trono real de Jerjes.

¿Hubiese llorado lo mismo pensando en todos aquellos griegos que habían muerto demasiado pronto para ver a Alejandro como un potentado oriental tontamente pródigo? Olimpia había escrito desde Pela a su hijo para aconsejarle ser más moderado en los regalos que hacía a sus amigos: «Los haces iguales a reyes —le decía ella en su carta— y así les das los medios de hacerse partidarios quitándotelos a ti mismo.»

Alejandro permaneció en Persépolis hasta finales del mes de abril, época en que anunció a sus generales que todavía le quedaba una ciudad real por conquistar antes de volver a Macedonia: Ecbatana, capital de Media (en el emplazamiento de la ciudad moderna de Hamadán), donde Darío se había refugiado.

Antes de partir, el rey ofreció a los dioses sacrificios y a sus amigos un espléndido banquete para festejar a un tiempo su partida y la llegada de la primavera, que había permitido la reapertura de la ruta montañosa Susa-Ecbatana, cerrada en invierno por causa del mal tiempo. El palacio de Darío, donde Alejandro vivía, había sido vaciado sin duda de la mayor parte de sus muebles, tapices y colgaduras que, bien embaladas, iban a tomar la ruta de Occidente, pero se había poblado de hermosas mujeres, griegas o macedonias, que los oficiales habían hecho ir a Persépolis, con el deseo de alternar el tiempo de los combates y el de los placeres. Por ejemplo, Filotas, el hijo de Parmenión, se paseaba con su bella amante, Antígona de Pidna, que había llegado de Macedonia, y todo Persépolis sólo tenía ojos para una ateniense llamada Tais, cortesana de profesión, amante de Ptolomeo, hijo de Lago, uno de los lugartenientes de Alejandro.

El rey, como sabemos, era particularmente continente por lo que se refiere a los placeres del amor, pero tenía la costumbre de demorarse en la mesa, bebiendo abundantes copas de vino. Con él, las cenas se prolongaban hasta altas horas de la noche. Y una noche, que había festejado con los Compañeros y algunas jóvenes beldades y que la embriaguez crecía a medida que los vasos se vaciaban, la hermosa Tais sugirió entre carcajadas organizar una zarabanda orgiástica con todas las mujeres presentes y prender fuego al palacio de Darío: «¡Mi bello Alejandro, destruir por mano de mujeres estos lugares que eran el orgullo de Persia será la más alta de tus proezas en Asia! Y en los siglos futuros se podrá decir que fueron mujeres las que vengaron de la forma más magnífica a Grecia de los males que le habían hecho sufrir los persas en el pasado.»

A estas palabras, los favoritos de Alejandro, que asistían al banquete, empiezan a aplaudir, lanzar gritos de alegría y animar a Alejandro para que forme un cortejo triunfal en honor de Dioniso, dios del vino. El rey se deja llevar por la excitación general. Se levanta del lecho en que estaba tumbado, coge un sombrero de flores que se pone en la cabeza, se apodera de una antorcha encendida que enarbola muy alto y abandona la sala del banquete, seguido por Tais, que le da la mano, y por todos los macedonios, también provistos de antorchas y hachones. Se forma la zarabanda, guiada por la cortesana, los músicos que habían sido invitados al banquete la acompañan y, al sonido de las flautas, los caramillos y los tamboriles, Alejandro lanza su antorcha encendida contra el palacio del Gran Rey. Tais fue la primera, tras él, en lanzar la suya, y todos hicieron lo mismo, cantando y bailando, alrededor del incendio que, atizado por el viento de la noche, avanzaba cada vez más. No tardó la terraza real de Persépolis en arder bajo la luna; así, escribe Diodoro de Sicilia, el sacrilegio del que en otro tiempo se había hecho culpable el rey persa Jerjes hacia Atenas incendiando los santuarios de la acrópolis (en el año 480 a.C.) fue vengado por el capricho de una simple mujer, una noche de orgía.

Arriano juzga con mayor severidad el comportamiento de Alejandro. Lo considera un antojo de borracho:

> Personalmente creo que Alejandro no ha demostrado tener buen juicio con su actuación, y que esto no coincide más que con su pretensión de vengarse de los persas de antaño.
>
> *Op. cit.*, III, 18, 12.

Plutarco es de una opinión contraria, y da a entender que el macedonio habría tenido una intención política: no fue por juego, en una noche de borrachera, por lo que Alejandro incendió Persépolis, sino tras madura deliberación, escribe, fuera la que fuese:

> [...] es del todo conocido su arrepentimiento en el mismo momento y que ordena que se extinga el fuego.
>
> *Vida de Alejandro*, LXIX.

¿Cuál podría haber sido esa intención? ¿Proclamar simbólicamente, a la faz de Asia, la desaparición del poderío aqueménida? ¿Hacer saber a las lejanas ciudades griegas —sobre todo a Esparta— que había resultado vencedor absoluto de la gran cruzada panhelénica de la que le habían encargado?

Nadie lo sabrá jamás. Por mi parte, tendería a ver en ese incendio el signo precursor de una mutación de la personalidad de Alejandro, a la que vamos a asistir unos meses más tarde y que describiremos en su momento. En cualquier caso, dicha mutación que transformará al héroe homérico de corazón puro que había saltado sobre el suelo troyano después de cruzar el Helesponto, en el mes de abril del año 334 a.C., en un potentado oriental sanguinario y vengativo que siembra la muerte a su paso.

2. *Conquista de Media: la muerte de Darío*

Dos o tres días después de esa noche orgiástica y demente, Alejandro partió con destino a Media, cuya frontera estaba a unos trescientos kilómetros de Persépolis. Antes había nombrado sátrapa de Pérsida a un gran señor local llamado Frasaortes —cuyo padre, antiguo vasallo de Darío, había muerto en la batalla de Isos—, y había dejado en Persépolis una guarnición macedonia de tres mil hombres; ya hemos visto que ésa era su forma de comportarse en las provincias del Imperio persa que caían en su poder.

En cuanto a Darío, después de huir de Arbela, se había refugiado entre los medos, en Ecbatana (la actual Hamadán), en las altas montañas del Kurdistán iraní actual. Había adoptado la siguiente estrategia: si Alejandro permanecía en las capitales del sur (Babilonia, Susa, Persépolis), él esperaría allí la evolución de la situación; pero si el macedonio hacía algún movimiento en dirección a Ecbatana, el Gran Rey había decidido huir a través de Hircania (una satrapía cuyos territorios montañosos se extendían sobre las riberas del Caspio, véase mapa, pág. 486 y, desde ahí, hasta Bactriana (satrapía del norte del actual Afganistán, cuyo territorio abarcaba una parte del Turkmenistán y el Uzbekistán, al otro lado del Amu-Daria, el río Oxo de los antiguos).

Según esta última hipótesis, Darío tenía la intención de practicar la estrategia de tierra quemada, asolándolo todo a su paso para imposibilitar el avance del ejército macedonio. El proyecto de Darío, que se preparaba a huir de su vencedor a través de un país de altas montañas y desiertos, era de una temeridad loca: ¿qué podía seguir esperando el Gran Rey? Sin embargo, más loca era la de Alejandro, que se disponía a perseguirle desconociendo las características geográficas de aquellos territorios, de sus recursos y las poblaciones que corría el peligro de encontrar.

En un primer momento, ignorando las intenciones de Darío, Alejandro marchó rápidamente sobre Ecbatana. Hacia el 15 de mayo, en la ruta a medio camino entre Persépolis y esa ciudad, supo que su adversario no había podido reunir un ejército suficiente para combatirlo, y que huía a través de Media, hacia la ciudad de Raga (actualmente: Rey, cerca de Teherán), con unos 6.000 infantes y 3.000 jinetes, llevando consigo el tesoro de la provincia de Media (7.000 talentos de oro). Alejandro vaciló entonces sobre el partido a tomar: ¿había que torcer hacia Raga o abandonar a Darío a su suerte y apoderarse de Ecbatana? La cuestión quedó rápidamente resuelta: con un ejército disminuido, Darío no era una amenaza y, además, se acercaba el verano: sus guías le habían advertido de que era tórrido en Media; en cambio, la toma de Ecbatana y de su tesoro, que se anunciaba fácil, le permitiría apoderarse de una nueva satrapía, limítrofe con Persia, y en otoño tendría tiempo de proseguir la caza del Gran Rey. Alejandro decidió pues dirigirse hacia la capital de Media, donde entró a finales de mayo o principios de junio, y dejar correr a Darío.

En Ecbatana el rey aprovechó el reposo que había concedido a sus tropas para poner un poco de orden en la administración de su ejército. No hay que olvidar que los cuarenta mil hombres que le seguían habían salido cuatro años antes de Pela, y que algunos empezaban a murmurar, sobre todo los jinetes tesalios y los mercenarios griegos. Se hacía urgente, por tanto, enviarlos a sus hogares si no quería asistir a movimientos de rebelión. Con mucha habilidad, Alejandro les ofreció la opción de hacerse desmovilizar y cobrar, además de la totalidad de su sueldo, una importante prima de desmovilización pagada de sus fondos personales, o alistarse de nuevo como mercenarios.

Todas estas formalidades se desarrollaron sin choques. Los tesalios y los jinetes griegos eligieron volver a Grecia, y fueron guiados hacia las costa del mar Negro y el Mediterráneo, desde donde unas trirremes los llevaron luego a Grecia (a Eubea): una vez que volvieron, se convirtieron en los mejores agentes de propaganda de Alejandro sobre el suelo griego. En cuanto a los que quedaban, pasaron varias semanas en Ecbatana donde, debido a la altitud (unos 2.000 metros), el clima era fresco y relajante en verano, y luego fueron divididos en dos grupos: Parmenión partió sin prisa hacia Hircania con el grueso de las tropas; Alejandro llevó consigo las unidades de elite —la caballería de los Compañeros, la caballería de los mercenarios griegos, los arqueros de la falange macedonia— con objeto de perseguir a Darío. Antes había puesto a salvo los tesoros conquistados en Susa y en Persépolis, de los que no había querido separarse hasta entonces: fueron a unirse al tesoro de Ecbatana en la fortaleza de esta ciudad, bajo la buena guardia del macedonio Hárpalo, uno de sus amigos más fieles de juventud que, como veremos más adelante, iba a mostrarse muy poco delicado.

Luego, en la segunda quincena de junio, Alejandro dejó seis mil soldados macedonios en Ecbatana para guardar esa preciosa ciudadela y partió con su ejército hacia Raga, tan deprisa como podía, para alcanzar a Darío. Llegó a esta ciudad a finales del mes de junio: Darío acababa de pasar y huía hacia Bactriana, rodeado de algunos fieles, como el general Artábazo, pero también de sátrapas ambiciosos que esperaban aprovechar la situación, como Beso, sátrapa de Bactriana, y Barsaentes, sátrapa de Aracosia (región de Kandahar, en el actual Afganistán). Alejandro decidió hacer un alto, concedió cinco días de descanso a su ejército y empleó ese tiempo en informarse sobre el itinerario que debía seguir para alcanzar a su adversario.

Sus informadores le hicieron saber que debería dirigirse primero hacia las montañas que se extendían al norte de Raga (los montes Elburz), luego, tras dos días de marcha, tendría que franquear el desfiladero de las Puertas Caspias; una vez pasadas, una ruta, montañosa y difícil, lo llevaría hasta un desierto interminable de arenas negras, particularmente cálido en el mes de julio, sin punto de agua ni forraje (el actual Karakum, en el Turkmenistán). Una vez cruzado ese desierto, alcanzaría el río Oxo (el actual Amu-Daria) y, al otro lado de ese río, Bactriana.

En la mañana del sexto día después de haber nombrado al persa Oxidares sátrapa de Media, Alejandro dejó Raga al frente de su ejército y tomó la ruta que llevaba a Hircania y al país de los partos (la Partia), sin saber muy bien lo que iba a hacer porque ignoraba las intenciones de Darío. Al atardecer llegó a la entrada de las Puertas Caspias y allí montó su campamento. Al día siguiente el rey emprendió la ascensión del desfiladero con su ejército, lo que le llevó tres largas horas; al final de la jornada llegó a los límites de una estepa que parecía extenderse hasta el infinito y cuyo paisaje desolado anunciaba ya el desierto de arenas negras que le habían descrito sus informadores. Alejandro decidió entonces detenerse para avituallarse de forraje, porque le habían prevenido de que, pasadas las Puertas Caspias, ya no había poblaciones ni vegetación.

Mientras sus jinetes realizaban las requisas necesarias, Alejandro vio llegar hacia él, a galope tendido, un grupo de jinetes persas procedente del desierto. Entre ellos reconoció al general Maceo, a quien había nombrado sátrapa de Babilonia, acompañado por su hijo, Antibelo, y un noble babilonio, llamado Bagistanes: ¿qué venían a anunciarle? Para saberlo, hemos de remontarnos varios días atrás.

Darío había huido de Ecbatana unos días antes de la llegada de los macedonios en las condiciones que ya conocemos, pero paradójicamente no había ido muy lejos. Se encontraba en efecto a unos cuarenta kilómetros de Raga, al otro lado de las Puertas Caspias, en Hircania, y en su campamento reinaba la disensión. La mayoría de los grandes que lo acompañaban en su fuga eran partidarios de llegar a la lejana Bactriana; ésa era la opinión de los políticos, como Beso, sátrapa de esa provincia, o de Barsaentes, sátrapa de Aracosia (la actual región de Kandahar, en Afganistán), y de otros sátrapas orientales, pero también de los militares, como Nabarzanes, uno de los principales generales de Darío. Éste, en cambio, conociendo por experiencia la rapidez fulgurante con que Alejandro era capaz de desplazar a un ejército de treinta mil hombres, tenía la sensación de que sería alcanzado antes de llegar a Bactriana. Peor aún: si seguía huyendo, oficiales y soldados desertarían cada vez más y se pasarían al bando de Alejandro. Por lo tanto, la opinión del Gran Rey era detener aquella huida inútil y hacer frente a Alejandro. Lo declaró con toda sinceridad a sus amigos y a su estado mayor.

Semejante decisión dejó estupefactos a casi todo el mundo. Excepto el general persa Artábazo, que afirmaba estar dispuesto a sacrificar hasta su vida por su rey, todos los grandes eran de la opinión contraria. Nabarzanes afirmó sin ambages que una batalla campal contra Alejandro estaba perdida de antemano y que era preferible seguir huyendo hacia el este y reclutar nuevas tropas; llegó incluso a añadir estas palabras sacrílegas: «Los pueblos del Imperio han perdido confianza en tu estrella, Gran Rey. En cambio, Beso tiene el apoyo de los pueblos orientales del Imperio; los escitas y los indios son aliados suyos, otros se unirán a ellos para defenderlo si se los llama y, además, está emparentado con la dinastía de los Aqueménidas: la única posibilidad del Imperio es que tú le entregues la tiara imperial, que te será devuelta una vez vencido el enemigo.»

Al oír estas palabras, Darío saca el puñal de su cinto y se abalanza sobre el general felón. Pero Nabarzanes logra escapar sin esfuerzo y abandona el campamento real, con su cuerpo de ejército (tenía el grado de *quiliarco,* es decir que mandaba un regimiento de mil hombres). Beso hace lo mismo y parte con el ejército que había reclutado en Bactriana, su satrapía; los demás sátrapas vacilan, pero es evidente que se pondrán del lado del más fuerte. Sólo el fiel Artábazo permanece junto a su rey y trata de convencerle por última vez de que calme su cólera: la partida contra Alejandro está perdida, no hay otra salida que la huida hacia Bactriana, y el Gran Rey debe perdonar a Nabarzanes y a Beso, cuyas palabras han ido más allá de sus verdaderos pensamientos.

Ante la gravedad de la situación, la cólera real se aplaca. Los dos rebeldes, temiendo la reacción de sus tropas, no se atreven a seguir adelante con sus intenciones de golpe de Estado; vuelven a prosternarse ante Darío y le expresan su pesar.

Al día siguiente el ejército persa reanuda su marcha hacia el este. Camina en silencio al pie de los montes Elburz, cuyas cumbres se elevan a su izquierda, sombrías e inquietantes. De repente, el jefe de los jinetes griegos que sirven entre los persas lanza su caballo fuera de las filas, hasta el carro de Darío, que rodean los jinetes bactrianos de Beso. Se abre difícilmente paso entre ellos y logra acercarse al Gran Rey. Rápidamente le dice en griego que su vida está en peligro y le suplica que vaya a ponerse bajo la protección del escuadrón que él manda. Beso no comprende el griego, pero por los gestos de ambos hombres adivina que el mercenario ha puesto en guardia a Darío y decide no perder un solo día para actuar.

Al atardecer el ejército vivaquea en la llanura. Los bactrianos han recibido la orden de levantar sus tiendas alrededor de la del rey. La noche cae suavemente sobre el campamento dormido. Beso, Barsaentes, Nabarzanes y algunos otros grandes entran bruscamente en la tienda real; un bactriano amordaza a Darío, que rápidamente es maniatado, enrollado en una manta y transportado a un carro entoldado: los tres conjurados contaban con mantenerle vivo, llevarlo con ellos a Bactriana y ofrecerlo a Alejandro a cambio de un tratado de paz que, entre otras disposiciones, los convertiría a ellos en los monarcas independientes de las satrapías orientales.

Sin embargo, a pesar de las precauciones tomadas, la noticia del golpe de mano se propagó de tienda en tienda por todo el campamento, del que se apodera el pánico. Para cortar en seco cualquier desorden, Beso ordena a sus tropas levantar las tiendas y ponerse en marcha hacia el este. Los bactrianos obedecen sin discutir, sobre todo porque para ellos se trata de regresar a su país, seguidos por la mayoría de los soldados persas. Los mercenarios griegos se desbandan: no desean terminar su carrera en Bactriana, ese país que dicen frío, montañoso e inhóspito, y se retiran hacia el norte, a los contrafuertes de los montes Elburz. Los fieles de Darío, sobre todo Artábazo y su hijo, se despiden de su desventurado rey, por el que no pueden hacer nada, y siguen a los mercenarios griegos. Otros persas, entre ellos Maceo y su hijo así como Bagistanes, de Babilonia, dan media vuelta y parten hacia Raga, a fin de informar a Alejandro de la situación y de implorar su clemencia.

Así es como lo encuentran, como ya se ha dicho, acampando con su ejército en la linde de las estepas desérticas del Turkmenistán, en espera del regreso de sus forrajeadores. Antibelo y Bagistanes se arrojan a sus pies y le anuncian que Beso y el general Nabarzanes huyen hacia la Bactriana con Darío, que ahora es su prisionero, y que ignoran el destino reservado al Gran Rey. Alejandro reacciona con su presteza habitual. Dejando tras de sí el grueso de su ejército, bajo el mando de Crátero, parte sin dilación con su caballería de Compañeros, sus infantes más robustos, sus exploradores más rápidos, y se lanza, a la mayor velocidad posible, en persecución de los que huyen. Pero esta vez no es a Darío al que quiere alcanzar; su nuevo adversario se llama Beso.

Fue una persecución enloquecida que duró cinco días a través de las estepas del Turkmenistán, bajo el terrible sol de julio, que Arriano nos describe día a día. Seguiremos su relato.

Primer día. Al final de la tarde Alejandro parte en dirección este, hacia Bactriana, con su tropa reducida, que sólo tiene dos días de víveres; marcha sin detenerse hasta el día siguiente a mediodía.

Segundo día. Después de conceder unas horas de descanso a sus hombres, se pone de nuevo en marcha hasta el atardecer y toda la noche.

Tercer día. Al alba Alejandro alcanza el campamento de donde habían partido, cuatro días antes, Antibelo y Bagistanes, para ir a avisarle. Allí sólo queda una docena de lisiados y rezagados, que no han tenido la fuerza o el valor de seguir a Beso. Entre ellos se encuentra Melo, el intérprete griego de Darío: le informa de que Beso ha tomado el poder, en medio de las aclamaciones de los bactrianos, y que el Gran Rey es su prisionero; los mercenarios griegos y los persas del séquito de Darío han asistido, impotentes, a este golpe de fuerza y han huido a las montañas circundantes. Según Melo, el plan de los amotinados sería negociar la entrega de Darío a Alejandro a cambio de la adjudicación a Beso de las satrapías orientales, desde el Oxo (el actual Amu-Daria) hasta el Indo y el océano Índico (véase mapa pág. 489). Si el rey de Macedonia rechazaba sus propuestas y avanzaba contra ellos, los rebeldes tenían la intención de reclutar un gran ejército en las satrapías que estaban en su poder y luchar contra él hasta el final.

Tales palabras, como es lógico, no pueden sino incitar a Alejandro a acelerar la persecución que ha iniciado. Da un descanso a sus hombres agotados durante las horas más cálidas de la jornada y prosigue su carrera infernal a la puesta del sol: galopa con ellos hasta el mediodía del día siguiente.

Cuarto día. Hacia mediodía, Alejandro llega a un pueblo (sin duda en la región de la actual ciudad de Ajkabad) donde Beso había acampado la noche anterior, con sus cómplices, su tropa y el carro entoldado en que se encontraba Darío. Hace interrogar a sus habitantes por medio de un intérprete bactriano y se entera de que los que huyen han decidido hacer camino durante la noche. El rey les pregunta entonces si conocen un atajo que le permita alcanzar a Beso; los aldeanos le responden que sí, pero que pasa por el desierto, donde no existe ningún punto de agua. No obstante, aceptan guiarle. Tras esto, Alejandro hace apearse de sus caballos a unos quinientos jinetes y ordena a sus infantes más vigorosos y resistentes montar en ellos, con todo su armamento; al atardecer parte con ese grupo a galope tendido. El resto de su ejército, dirigido por el general Nicanor, tomará el itinerario normal, a través de la estepa.

Quinto día. Al alba, después de haber recorrido cerca de ochenta kilómetros durante la noche, Alejandro y sus jinetes caen por fin sobre la tropa de Beso, que avanzaba en desorden y de manera cansina. Su llegada desencadena el pánico entre los bárbaros, que se dispersan por la llanura; los que tratan de resistir son destrozados, los demás huyen por todas partes. Al verlo Beso y sus cómplices, que cabalgan en cabeza junto al carro entoldado en que han arrojado a Darío, apuñalan al Gran Rey encadenado y huyen.

El cuerpo sanguinolento de Darío rueda al fondo del carro, los dos caballos uncidos a él, al no dirigirlos nadie, se alejan al trote lento y terminan por detenerse en la parte inferior de la ruta. Fue allí donde un pequeño grupo de soldados macedonios los descubrieron, con el Gran Rey bañado en su propia sangre. Uno de ellos se inclina sobre el cuerpo del monarca, que abre los ojos y le pide de beber gimiendo; luego le levanta la cabeza y acerca una cantimplora de agua fresca a los labios de Darío que, en un último soplo, articula débilmente el nombre de Alejandro, alza la mano como para hacer un signo de agradecimiento a sus vencedores y entrega su postrer suspiro en un último espasmo.

Unos minutos más tarde, Alejandro llega de la batalla, agotado y cubierto de polvo. La tradición cuenta que depositó un beso en la frente de Darío y que, delante de su cuerpo sin vida, dijo llorando: «Te juro que yo no he querido esto.»

Luego el macedonio se quitó su manto de púrpura y lo envolvió en él.

Así murió, a la edad de cincuenta años, el último de los Aqueménidas: unos días más tarde, el 21 de julio de 330 a.C., Alejandro debía celebrar su vigésimo sexto aniversario. El cuerpo del Gran Rey fue introducido en un ataúd improvisado y transportado bajo buena guardia a Ecbatana. Por orden de Alejandro, los despojos mortales fueron embalsamados y enviados a Persépolis, donde la reina madre, Sisigambis, celebró dignamente y con pompa los funerales de su hijo.

XII

La «locura» de Alejandro
(fin del 5.º año de guerra en Asia: julio-diciembre de 330 a.C.)

Llegada a orillas del mar Caspio, a Zadracarta (finales de julio de 330). — Conquista de la Hircania y sumisión de los mardos (agosto-septiembre de 330). — Revelación de la personalidad psicótica de Alejandro (octubre de 330). — Conquista de la Aria y marcha sobre la Drangiana (finales de noviembre de 330). — Complot y ejecución de Filotas, de Parmenión y Alejandro, hijo de Aéropo (diciembre de 330).

En nuestra opinión, sobre la formación de la personalidad de Alejandro pesaron tres acontecimientos muy cargados de energía pulsional. Los tres están unidos al tema clásico de la muerte del padre. El primero fue el incidente de las bodas de Filipo con Cleopatra, la sobrina de Átalo, en la primavera del año 337 a.C.; el segundo fue el asesinato de su padre Filipo por Pausanias en septiembre de 336 a.C., y el tercero la muerte de Darío III Codomano, casi en sus brazos, en esa terrible jornada de julio de 330 a.C.

Alejandro quedó profundamente emocionado por la muerte de su adversario, al que consideraba un poco —al menos sin saberlo realmente— como a un padre, por la misma razón que veía en Sisigambis una segunda madre. El choque —no nos atrevemos a escribir el traumatismo psíquico— no fue determinante por lo que se refiere a sus comportamientos ulteriores, pero supuso su punto de partida: a partir de la muerte de Darío, el generoso Conquistador va a convertirse poco a poco en un ambicioso sanguinario, que desconfía de todo y de todos, y llega incluso a mandar matar a sus amigos más queridos, como Parmenión y su hijo Filotas, presa de una especie de delirio, a medio camino entre la manía persecutoria y el delirio de grandeza.

1. *La conquista de Hircania y Aria*

La infernal persecución no había terminado como Alejandro deseaba: habría querido capturar a Darío vivo y que éste le entregase, en cierto modo oficialmente, la tiara de Gran Rey. Tal vez pensaba incluso en que Sisigambis lo adoptase como hijo; a ojos de todos los pueblos del Imperio persa, se habría convertido entonces en un Aqueménida y la legitimidad de su poder no habría podido ser negada por ningún sátrapa, por ningún gran señor del Imperio. Por desgracia, había llegado demasiado tarde y Beso, en fuga con sus cómplices, se había ceñido o estaba a punto de ceñirse fraudulentamente la corona imperial, con el nombre de Artajerjes IV.

Alejandro no podía pensar en perseguirlos de inmediato: su pequeña tropa estaba agotada y disminuida, muchos caballos habían muerto también de agotamiento o sed. Por otro lado, tenía que esperar a su ejército, que había dejado tras de sí al salir de Raga y cuya vanguardia hizo su aparición al final de aquella quinta y siniestra jornada de persecución. Los restantes cuerpos de tropa, conducidos por Nicanor, llegaron los días siguientes: desde Ecbatana y Raga, infantes y jinetes habían recorrido cerca de ochocientos kilómetros, durmiendo de día y caminando de noche. Todo el mundo sentía la fatiga. Alejandro reunió a sus unidades a medida que llegaban en la ciudad vecina de Hecatompilo, capital del país de los partos, una ciudad opulenta donde, según Diodoro de Sicilia, «había en abundancia todo lo que tiene que ver con los placeres de la vida», y donde sus hombres se alegraron de tomar unos días de descanso; en efecto, para ponerse de nuevo en marcha el rey esperaba el regreso de los exploradores que había enviado a informarse de los movimientos de Beso y de sus conjurados.

Volvieron tres o cuatro días más tarde, con las informaciones esperadas. Los asesinos de Darío, después de haberlo apuñalado, habían tomado dos rutas diferentes: Beso y Barsaentes habían partido hacia sus satrapías (Bactriana y Aracosia), en dirección a las montañas de Afganistán, mientras que el general Nabarzanes y algunos otros marchaban hacia el norte, en dirección al país de los tapurios y el mar Caspio (véase mapa pág. 489).

Alejandro no podía plantearse dirigirse hacia Bactriana en pleno verano: la ruta era demasiado larga (unos 1.500 kilómetros), demasiado difícil y penosa para sus hombres, que sin duda consideraban que la guerra había terminado, dado que Darío estaba muerto, y amenazaban con amotinarse. Así pues, les anunció su intención de llevarlos a la satrapía vecina de Hircania, a orillas del mar Caspio, más exactamente a Zadracarta, su capital (cercana a la actual ciudad iraní de Bender Chah, donde podrían pasar el resto del verano bajo un clima que les prometía paradisíaco, ni demasiado fresco ni demasiado cálido, y prepararse para nuevos combates.

Tenemos, pues, al gran ejército macedonio en la ruta de Hircania. Franquea las montañas arboladas y elevadas donde vive el pueblo de los tapurios (el actual Elburz) y llega a Zadracarta sin tropiezo. Allí Alejandro recibe la rendición de las autoridades persas; ratifica, según su costumbre, a los sátrapas en su puesto, y tiene el placer de ver salir a su encuentro al viejo general Artábazo, con cuya hija Barsine se había casado, tras Iso y sus tres hijos. Lo estrecha entre sus brazos e invita a los cuatro a permanecer a su lado, no sólo porque formaban parte de los mayores dignatarios persas, sino en razón de la fidelidad que habían testimoniado a Darío.

Es interesante subrayar el comportamiento de Alejandro respecto a los mercenarios griegos que combatían en las filas persas. Perdonó a los griegos que formaban parte de los ejércitos persas antes del comienzo de la guerra que había emprendido: en su mayoría eran griegos oriundos de las ciudades de Asia Menor, que siempre habían vivido bajo la dominación de los Aqueménidas y que, en última instancia, eran más persas que griegos; los liberó y los envió a sus respectivas ciudades. En cuanto a los que se habían alistado al lado de Darío después del inicio de la guerra, les hizo saber que para un griego era un crimen hacer la guerra contra Grecia en las filas de los bárbaros, y los condenó a servir en su ejército, por la misma soldada que recibían de los persas. Su regimiento fue puesto bajo el mando de Artábazo y de un general griego; según Arriano, eran alrededor de mil quinientos.

Mientras su ejército descansaba y se divertía en Zadracarta, Alejandro, incapaz de permanecer inactivo, tomó un escuadrón de caballería e invadió el país de los hircanios, ocupando todas las ciudades y aldeas. Hizo esto durante los meses de agosto y septiembre, y le dio ocasión de apreciar las riquezas naturales de este pequeño país, en que cada planta de vid puede producir de cuarenta a cincuenta litros de vino por año, donde las higueras son prolíficas y las abejas silvestres producen una miel líquida deliciosa. Durante los meses de agosto y septiembre del 330 a.C., recorrió el litoral del mar Caspio e invadió el territorio de los mardos, un pueblo salvaje que vivía a lo largo de la costa, famoso por su carácter belicoso: necesitó más de un mes para someterlos.

Durante los combates que hubo de librar contra ellos, un grupo de guerreros mardos raptó a *Bucéfalo*, el caballo que había sido el compañero de armas de Alejandro en todos los combates que había librado en Asia. El rey sintió dolor y cólera. Ordenó cortar todos los árboles de la región e hizo proclamar, por medio de algunos de sus oficiales que hablaban el dialecto indígena de los mardos, que si éstos no le devolvían de inmediato su caballo, devastaría el país y haría degollar a la población en masa. Y, para demostrar a los mardos que no bromeaba, empezó a poner en práctica la amenaza y a incendiar algunos bosques. Aterrorizados, los bárbaros le devolvieron a *Bucéfalo* y enviaron unos cincuenta hombres para implorar el perdón del rey. Toda la Hircania estaba ahora pacificada.

Acababa de empezar el otoño. Cuando Alejandro volvió a Zadracarta, a principios del mes de octubre de 330 a.C., pasó quince días ofreciendo sacrificios a los dioses según las costumbres del país y organizando juegos deportivos para distraer a su ejército, al que había encontrado descansado y sin nada que hacer.

No había perdido, desde luego, ninguna de sus capacidades combativas, porque Alejandro sólo se había llevado la elite de sus soldados a la conquista de Hircania —20.000 infantes y 3.000 jinetes esencialmente—, dejando guarniciones en muchos lugares, sin contar el cuerpo de ejército acampado en Ecbatana. No obstante, su ardor empezaba a menguar. Los hombres estaban cansados de aquella vida de nómadas que llevaban desde hacía casi seis años, dedicados más a marchar o perseguir a un Darío que sin cesar se escapaba que en combatir, y en las filas corrió el rumor de que Alejandro pensaba volver a Macedonia.

Por supuesto, era un rumor falso: Alejandro tenía otras ideas en la cabeza. Hacía dos meses había cumplido veintiséis años, había conquistado un vasto imperio, pero no estaba satisfecho. Tenía que igualar a Darío y convertirse en el amo de lo que él creía ser toda Asia, es decir, las tierras que se extendían entre el Caspio y el océano Índico, hasta los macizos montañosos del Este (el Himalaya), de cuyas cimas algunos decían que tocaban los cielos y constituían la extremidad del mundo.

Además, se había producido un cambio en su personalidad. En Hecatompilo ya había empezado a vestir «al estilo de los bárbaros», nos dice Plutarco, con una indumentaria más modesta que la de los medos (formada por una larga bata que llegaba hasta el suelo y un gorro puntiagudo), pero más pomposo que el de los persas (de los que sin embargo no tomó el amplio pantalón, incómodo para un jinete, ni la blusa de largas mangas, incómoda para un guerrero). Había tomado la costumbre de ver a los grandes de Persia a los que había derrotado prosternarse ante él, y no perdía la esperanza de introducir esta costumbre entre los macedonios.

En resumen, Alejandro se comportaba más como potentado oriental que como monarca macedonio. Diodoro de Sicilia nos cuenta que mantenía en su corte ujieres de raza asiática (persas); que ponía sobre los caballos de sus cuadras arneses persas; como Darío, se desplazaba llevando a todas partes tantas concubinas como días hay en el año, de una belleza excepcional, que todas las noches giraban alrededor de su cama, ofreciéndose a él, sin duda inútilmente, porque seguía siendo continente con las mujeres. Se desplazaba rodeado por una corte de grandes señores persas que se postraban ante él como antes lo hacían ante el Gran Rey y le ofrecían sus hijas como concubinas. Y desde esa época dejó de introducir fórmulas de cortesía en sus cartas, salvo cuando escribía a Foción, casi cincuenta años mayor que él y jefe del partido aristocrático de Atenas, y a Antípater, regente de Macedonia. E incluso con este último no podía dejar de adoptar un tono condescendiente y ligeramente superior; en cierta ocasión en que elogiaban en su presencia la victoria de Antípater sobre Esparta, se le pudo oír hacer esta reflexión descortés: «¡Sí, la batalla de los ratones!»

Como observa uno de sus biógrafos contemporáneos (Weigall), la conducta de Alejando se volvía compleja e incluso contradictoria. Cuando cabalgaba a través de las estepas o sobre los campos de batalla, era «el Macedonio», el jefe de la falange de los Compañeros de Macedonia, cubierto de polvo, bebedor, espadachín, generoso con sus soldados, feroz con sus enemigos. Una vez acababa la batalla o la persecución, se ponía su atavío de rey persa del que se burla Plutarco, se retiraba a su tienda y medía de arriba abajo a los que se prosternaban a sus pies, siendo al mismo tiempo «el hijo de Zeus-Amón» y «el heredero del Gran Rey», imperial y majestuoso, capaz de hacer nacer el rayo o la muerte de sus manos. Cuando en Persépolis o en Ecbatana hablaba con políticos o intelectuales era «el heleno», joven, hermoso, elegante y erudito que citaba a Platón o Aristóteles, ateniense y demócrata hasta la médula, artista que recitaba algunos hexámetros homéricos, heroico a la manera de Aquiles.

Esta triple personalidad no podía engendrar sino comportamientos contradictorios, más psicológicos que neuróticos si es que se nos permite utilizar aquí los conceptos de la psiquiatría y del psicoanálisis. El yo múltiple de Alejandro no obedece a las exigencias de la realidad ni rechaza las reivindicaciones de sus pulsiones: *rompe con lo real*, cayendo entonces —sobre todo durante sus períodos de «crisis»— bajo el imperio del polo pulsional de su personalidad, de lo que la teoría psicoanalítica del aparato psíquico llama el ello, incendiando luego Persépolis, matando a su mejor amigo o negando la realidad, para reconstruir una nueva conforme con sus pulsiones... tomándose, por ejemplo, por hijo de Zeus-Amón.

De suerte que, cuando en Zadracarta le anuncian que Beso se ha puesto la tiara real, lleva el traje persa y se hace llamar no ya Beso sino Artajerjes IV y se proclama rey de Asia, Alejandro el macedonio considera ese comportamiento como una amenaza contra el mundo griego del que él es el Aquiles, Alejandro-el-heredero del Gran Rey ve en todo ello una escandalosa usurpación y Alejandro-hijo-de-Zeus-Amón una blasfemia sin precedentes. Tres excelentes razones para saltar sobre *Bucéfalo*, reunir a su ejército y llevarlo hasta Bactriana para castigar al usurpador sacrílego.

Alejandro partió de Zadracarta hacia mediados del mes de octubre, cortando en línea recta hacia el este por el encajonado valle del Atrek. Un mes más tarde, llegaba a la ciudad parta de Suzia (la moderna Meched), en la frontera de Aria, una satrapía así llamada por el nombre del pueblo que habitaba en ella, el pueblo de los arios, pariente cercano del pueblo iraní (Aria corresponde en nuestros días a la región de Harat, en Afganistán). El sátrapa de esa provincia, Satibarzanes, salió espontáneamente a su encuentro para rendirle sumisión, y se postró a sus pies; el macedonio lo mantuvo en su cargo y dejó con él a uno de los Compañeros de su ejército, llamado Anaxipo, con cuarenta jinetes lanzadores de jabalinas, para alcanzar a las columnas de su ejército que cerraban la marcha y para tener un ojo sobre el sátrapa, del que desconfiaba. Luego tomó la ruta del norte, que iba de Susa a Bactra, capital de Bactriana, pero tenía el corazón entristecido: acababa de saber que su amigo de siempre, el general Nicanor, hijo de su lugarteniente Parmenión, había muerto de enfermedad.

Mientras Alejandro cabalgaba hacia Bactriana, se le unieron dos mensajeros portadores de una gran noticia: Satibarzanes había hecho matar a Anaxipo y a sus lanzadores de jabalina, había armado a los arios y los había reunido en el palacio real de Artacoana, capital de Aria, con el objetivo de unirse a Beso y atacar con él a los macedonios. La reacción de Alejandro fue, como siempre, extremadamente rápida: dejando que su ejército prosiguiese su camino hacia el norte bajo el mando de Crátero, dio media vuelta con la caballería de los Compañeros, un destacamento de lanzadores de jabalina, arqueros y dos batallones de infantes; recorrió en dos días los 120 kilómetros que lo separaban de Artacoana, penetró en la ciudad, detuvo a todos los rebeldes (según las fuentes eran 17.000) y a los que los habían ayudado, condenó a muerte a los unos y a esclavitud a los otros. Este castigo expeditivo y ejemplar incitó a numerosos arios a someterse.

Mientras tanto, Alejandro había llamado a Crátero, que se le había unido en Artacoana. En efecto, acababa de saber que el sátrapa de Aracosia, Barsaentes, uno de los asesinos de Darío, hacía también la ley en Drangiana (en nuestros días: región de Zarandj, en Afganistán) y antes de partir a la conquista de Bactriana y a la captura de Beso, tenía que asegurarse las espaldas: imposible dejar a Barsaentes armando las satrapías orientales del sur (Aria, Aracosia y Gedrosia) contra él mientras se dedicaba a guerrear en el norte. Antes de abandonar Aria, fundó una ciudad nueva, Alejandría de Aria (la moderna Herat), donde dejó una guarnición compuesta por macedonios, griegos y mercenarios arios; fue ésta una innovación que confundió sin duda a un buen numero de sus oficiales, que veían con malos ojos a unos bárbaros que hablaban una lengua distinta de la suya y adoraban a otros dioses ser tratados como helenos. Esta iniciativa, que debía ser seguida por un grandísimo número de otras del mismo género, correspondía al designio todavía secreto de Alejandro de unir en tareas comunes con vistas a un destino común a los helenos y a los innumerables pueblos del Imperio persa.

Una vez recuperada Aria, Alejandro marcha sobre Frada, la capital de Drangiana, con su gran ejército reconstituido. Atraviesa las montañas de Afganistán, bajo la lluvia y las nieves de un invierno siempre precoz en esa región (estamos a finales del mes de noviembre o a principios de diciembre), donde las aguas de los ríos y los lagos ya están helados. En su trayecto topa con una tribu que se niega a someterse y se retira a la falda arbolada de una montaña vecina, cuya otra falda está constituida por abruptos acantilados. Sin vacilación alguna, Alejandro ordena a sus hombres incendiar los bosques y, como hacia la montaña sopla un viento violento, ésta pronto está en llamas: los montañeses rebeldes no tienen otra opción que morir achicharrados o romperse el cráneo y los miembros arrojándose desde lo alto de los acantilados. El macedonio contempló sus cuerpos retorcerse en medio de las llamas sin sombra alguna de emoción, como si se tratase del incendio de un hormiguero.

Cuando Barsaentes supo que el ejército macedonio se acercaba, huyó a toda prisa hacia Oriente, a través de Aria y luego de Aracosia, y así llegó a las orillas del Indo con la intención de buscar refugio en la otra orilla de ese ancho río. Allí los indios que vivían a orillas del río lo detuvieron y lo entregaron más tarde a Alejandro, que debía ejecutarlo, sin otra forma de proceso, por haber asesinado a Darío.

2. *La conspiración de Filotas*

Fue durante el mes de diciembre del año 330 a.C., encontrándose en Drangiana, y mientras sus hombres perseguían a los partidarios de los sátrapas rebeldes, cuando Alejandro vivió uno de los más sombríos momentos de su existencia de gran conquistador: la traición de su amigo Filotas, hermano del joven general Nicanor que acababa de morir, e hijo, como él, de Parmenión. Arriano cuenta el caso de forma sumaria, Plutarco (*op. cit.*, LXXXIII) con numerosos detalles (inverificables), y Diodoro de Sicilia (*op. cit.*, XVII, 79-80, es la versión que seguiremos) de una manera menos novelada.

Entre los macedonios, había muchos jóvenes de la misma edad que Alejandro que habían crecido y luchado con él y cuyos padres habían sido amigos de Filipo II. Uno de ellos, Filotas, le era particularmente querido; era hijo de Parmenión, el mejor general macedonio, que ahora era el segundo de Alejandro después de haberlo sido de su padre. Filotas mandaba los Compañeros de Macedonia; era, nos dice Plutarco, animoso y ardiente en la tarea, pero su orgullo, su munificencia ostentosa y el lujo de que se rodeaba lo volvían antipático a más de uno.

Su padre, como viejo sabio macedonio, le decía a menudo: «Sé más humilde, hijo mío, sé más humilde», pero él no le hacía caso, como prueba la siguiente anécdota que tiene por marco la campaña llevada por Alejandro en Cilicia. Como se recordará, a finales del año 333 a.C., Parmenión había sido enviado a Damasco para apoderarse del tesoro que Darío había puesto a salvo en esa ciudad antes de la batalla de Isos; el general había vuelto entonces al campamento de Alejandro no sólo con el tesoro real, sino también con los serrallos del Gran Rey, que contaban con cientos de cortesanas, a cual más bella. Entre estas jóvenes había una cortesana llamada Antígona, natural de la ciudad de Pidna, en Macedonia, que Filotas se había adjudicado como amante (ella participó en el incendio del palacio de Darío en Persépolis). Cuando cenaba con ella en público, el joven se dejaba llevar por fanfarronadas de borracho, llamando con cualquier motivo a Alejandro «este joven muchacho» y pretendiendo que era a él y a su padre a quien debía su gloria y su corona.

La hermosa pájara tenía la lengua muy larga: contó las palabras de su amante a sus amigos y, de uno a otro, las palabras de Filotas llegaron a oídos de Crátero, el general que hacía campaña con Alejandro en Afganistán. Éste llevó a Antígona ante su jefe y le ordenó repetir lo que había dicho de Filotas. Alejandro la escuchó tranquilamente, luego le ordenó seguir tratando a Filotas y referirle diariamente lo que decía de él. No obstante, no tomó ninguna medida contra su amigo, seguramente por deferencia hacia Parmenión, que ya había perdido dos hijos: Héctor, que se había ahogado en Egipto, y Nicanor, muerto de enfermedad.

Ahora bien, en el ejército de Alejandro que había partido de Zadracarta en el mes de julio de 330 a.C. había numerosos descontentos. A estos militares les había parecido bien partir hacia Bactriana en busca del usurpador Beso, pero no aprobaban la marcha hacia el sur que bruscamente había decidido Alejandro y estaban hartos de aquella guerra sin fin: la mayoría aspiraba a volver al suelo de su Grecia y su Macedonia natal. A algunos se les ocurrió la idea de suprimir físicamente a Alejandro, y en torno a uno de los amigos del rey, llamado Dimno, y de algunos más se tramó una conjura. El propio Dimno habló de ella a su favorito, un tal Nicómaco, a quien convenció de que se uniera a la conspiración.

Nicómaco, que era demasiado joven para comprender los misterios de la política, habló de ella a su hermano Cebalino, y éste, temiendo que alguno de los conspiradores revelase la conjura al rey, tomó la decisión de ir él mismo a denunciarla; como no tenía acceso a Alejandro, habló con Filotas, recomendándole que transmitiese la información al rey cuanto antes. Pero cuando Filotas fue introducido ante el rey, bien por frivolidad, bien porque acaso él mismo estuviese en la conjura, sólo le habló de temas indiferentes, sin contarle nada de las palabras de Cebalino.

La tarde de la audiencia, este último le pregunta si ha transmitido el mensaje al rey; le responde que no ha tenido ocasión, pero que próximamente debe mantener una nueva entrevista, a solas, con Alejandro, y que entonces todavía estarían a tiempo de advertirle de lo que se tramaba. Sin embargo, al día siguiente, y a pesar de una larga audiencia a solas con el rey, Filotas siguió sin decir nada. Cebalino empieza a sospechar alguna traición, deja plantado a Filotas y esa misma noche se dirige a Metrón, uno de los efebos al servicio del rey; le da parte del peligro que amenaza a su soberano y le suplica que le prepare una entrevista secreta.

Esa noche, Metrón hace entrar discretamente a Cebalino en la sala de armas de Alejandro, a quien refiere la información a la hora en que éste tiene la costumbre de tomar su baño diario. Luego hace entrar a Cebalino, que confirma las palabras del efebo:

—¿Por qué no me habéis avisado antes? —le pregunta el rey.

—Primero he avisado a Filotas, que no ha hecho nada; su comportamiento me ha parecido irregular, y por eso me he decidido a hablarte directamente —responde Cebalino.

Según Arriano (*op. cit.*, III, XXVI, 1), Alejandro ya había sido informado cuando estaba en Menfis, en enero-febrero de 331 a.C., de un complot tramado por el hijo de Parmenión, Filotas, al que consideraba uno de sus amigos más próximos; pero no había creído nada debido a su vieja amistad y al respeto que tenía por Parmenión. Esta vez el asunto le parece más serio, porque el informe de Cebalino es más que convincente: así pues, ordena detener a Dimno de inmediato y éste, al ver denunciado su plan, se suicida sin confesar nada.

Alejandro convoca entonces a Filotas, que se declara no culpable; asegura haberse enterado del comportamiento de Dimno por Nicómaco, interpretándolo —un poco a la ligera, eso sí lo admite— como una simple fanfarronada que no merecía ser contada al rey. Confiesa sin embargo que le sorprende el suicidio de Dimno. El rey le escucha sin manifestar duda alguna sobre su sinceridad, lo despide y lo invita a ir a cenar con él esa misma noche. Luego convoca a sus generales y a los más fieles de los Compañeros a un consejo de guerra a puerta cerrada; estaban allí el general Ceno, cuñado de Filotas, el general Crátero, su amigo y consejero Hefestión, el estratega Perdicas —el héroe de la toma de Tebas— y algunos más. Ningún autor nos refiere las palabras que se dijeron (Diodoro de Sicilia se limita a decirnos que «se pronunciaron muchos discursos», *op. cit.*, XVII, 80, 1). Alejandro les recomienda luego guardar silencio sobre sus deliberaciones y volver a palacio a medianoche para recibir sus órdenes.

Esa noche se celebra la anunciada cena, muy tarde. Filotas asiste a ella y a media noche todo el mundo se separa. Poco tiempo después llegan los generales y los Compañeros que habían sido convocados por Alejandro, acompañados de una escuadra armada. Alejandro les ordena reforzar los puestos de guardia del castillo, vigilar las puertas de Artacoana (en particular, aquellas de las que parten las rutas que llevan a Ecbatana) y detener, con el mayor secreto, a los conjurados, cuya lista les da. Filotas tiene derecho a un trato especial: el rey envía trescientos hombres de armas para apoderarse de su persona, porque teme resistencias. Y cae la noche, silenciosa y callada, sobre la capital de Aria.

A la mañana siguiente el ejército macedonio es reunido en el campo de Marte de la ciudad (según Quinto Curcio, sólo se habrían juntado seis mil hombres). Nada se ha traslucido todavía de la conspiración, cuando aparece Alejandro, que toma la palabra; podemos imaginar su discurso (según Quinto Curcio y fuentes anexas: indudablemente no es auténtico y tal vez ni siquiera fue pronunciado, pero su contenido resulta verosímil): «Macedonios, os he convocado para que os constituyáis en tribunal de guerra, según nuestra costumbre. Acaba de ser descubierta una conspiración contra vuestro rey: tenía por objetivo asesinarme. Escuchad a los testigos que han denunciado esta maquinación.»

Aparecen entonces Nicómaco, Cebalino y Metrón. Cada uno de ellos hace su declaración y se exhibe el cadáver de Dimno para confirmar sus acusaciones. Luego Alejandro continúa su arenga: «Tres días antes de la fecha que habían escogido para el atentado sobre mi persona, Filotas, hijo del general Parmenión, ha sido avisado del complot por Cebalino, que le ha encargado expresamente hacérmelo saber. Pero Filotas no ha dicho nada, ni el primer día ni el segundo.»

En ese momento Alejandro habría blandido por encima de su cabeza unas cartas escritas por su segundo, el general Parmenión, a sus hijos Nicanor y Filotas, y que habrían sido interceptadas por sus servicios secretos: «"Hijo mío, sé humilde", aconseja Parmenión a Filotas. "Ocupaos de vosotros y de los vuestros, y así conseguiréis vuestros fines", escribe Parmenión a sus dos hijos. Estas recomendaciones me parecen más que sospechosas.»

Y Alejandro dio al complot unas dimensiones inesperadas, implicando a Parmenión, el compañero de armas de su padre Filipo y su mejor lugarteniente. ¿No había ofrecido Parmenión a su hija —la hermana de Filotas— en matrimonio al general Átalo, que a su vez había puesto a su propia hija, Cleopatra, en los brazos de Filipo, para mayor desgracia de Olimpia, su madre (ver pág. 106)? Y después de haberse reconciliado Alejandro con su padre Filipo, ¿no se habían puesto de acuerdo Átalo y Parmenión, enviados como vanguardia al Asia Menor, para rebelarse contra el rey de Macedonia? A la muerte de Filipo II, ¿no se había sumado Filotas al partido del pretendiente

Amintas III contra él mismo, contra Alejandro? Y durante la batalla de Gaugamela, ¿no era el general Parmenión el que, rodeado por los persas, había llamado a Alejandro en su ayuda, lo cual había permitido a Darío huir hacia Arbela, privando así al Conquistador de una victoria inmediata y definitiva (ver pág. 254)?

Este discurso es un buen ejemplo de interpretación delirante: Alejandro rompe con la realidad de los hechos y la sustituye por un delirio de interpretación de tendencia paranoica que lo lleva a la conclusión de que la familia de Parmenión le ha perseguido desde siempre y desde siempre ha buscado su muerte; mientras que él, Alejandro, seguía fiándose de sus representantes, éstos armaban a sus futuros asesinos y habían fijado incluso el día de su muerte.

Se llevó al acusado, Filotas, cargado de cadenas ante el consejo de guerra. Algunos ya infaman al culpable; su cuñado, el general Ceno, se alza vehemente contra los conjurados y propone lapidarlos, según la costumbre macedonia: hasta él tiene ya una piedra en la mano para proceder al castigo de los criminales. Pero Alejandro detiene su brazo: hay que dejar al acusado la posibilidad de defenderse, dice. Y para no influir en la asamblea con su presencia, se retira.

Filotas empieza entonces a defenderse. Niega cualquier participación en el complot, recuerda los servicios que su familia —su padre, su hermano y él mismo— han rendido a la patria macedonia y reconoce no haber transmitido al rey las revelaciones de Cebalino: las creía infundadas, explica, y no le pareció necesario molestar al rey con rumores de pasillo. Y cita un precedente: en septiembre del año 333 a.C., Parmenión había puesto en guardia a Alejandro, enfermo y con fiebre, contra su médico, que quería hacerle beber un brebaje envenenado, pero Alejandro no había tenido en cuenta la advertencia, que denunciaba un peligro imaginario (ver pág. 17). Y concluyó, como un experto ante el tribunal: «El odio y el miedo se disputan el alma del rey, y son esas fuerzas las que lo impulsan a acusarme, como acusará a otros mañana, y todos nosotros lo deploramos.»

Diodoro de Sicilia afirma que Filotas fue sometido entonces a tortura y que reconoció haber conspirado. Esta sesión de tortura —si tuvo lugar— excitó la imaginación de los autores antiguos, pero Arriano no la cita, y sin duda hace bien: cualquiera que fuese el grado de barbarie de los macedonios, no vemos a Alejandro entregando a Filotas a las vergas y los carbones encendidos ante los ojos de sus soldados y sus antiguos amigos, con riesgo de desencadenar un motín.

Haya confesado bajo el tormento o haya seguido proclamando su inocencia, Filotas fue condenado al castigo supremo junto a sus cómplices, y todos fueron ejecutados de manera inmediata, mediante lapidación según Quinto Curcio, atravesados por las jabalinas de los macedonios según Arriano. El mando de los Compañeros, que ejercía Filotas, fue dividido entre Hefestión, de quien Alejandro decía que era su *alter ego* (véase pág. 195), y Clito el Negro, el hermano de Lanice, la nodriza de Alejandro (véase pág. 57), que eran, junto con el general Crátero, los tres amigos de los que más se fiaba el rey.

¿Qué hemos de pensar de esta conspiración? ¿Se produjo realmente o es puro producto de la imaginación delirante de Alejandro? Arriano, nuestra fuente más digna de fe, admite su existencia y pretende que Alejandro habría sido informado de los designios criminales de Filotas cuando estaba en Egipto (es decir, unos quince meses antes de la denuncia de Cebalino), pero que no habría podido decidirse a creer en la conspiración. De cualquier modo, con o sin Filotas, la conjura existió y no tiene nada de inverosímil: es el destino de todas las guerras que duran demasiado tiempo (piénsese en los motines de la Primera Guerra Mundial). Es posible incluso que haya sido más importante de lo que se piensa, porque la investigación continuó durante cierto tiempo en Frada y sus alrededores.

Quedan por decir unas palabras sobre la suerte que corrió Parmenión. El viejo general, que había participado en todas las victorias macedonias, con Filipo II primero (desde el año 358 a.C.) y luego con Alejandro, también había sido condenado a la pena de muerte, aunque no hubiese participado en la conjura tramada por Dimno y por su hijo, por las razones dichas más arriba, sino también y sobre todo porque no trata de vengar a su hijo.

La sentencia que lo condenaba no podía ejecutarse de inmediato, porque Parmenión se había quedado en Ecbatana, a treinta o cuarenta días de marcha de Artacoana, con la misión de proteger el tesoro real que se guardaba allí y todavía ignoraba tanto el proceso como la sentencia.

No obstante, había que ejecutarla lo antes posible, porque Parmenión disponía de tropas que le eran fieles y podía reclutar otras si lo deseaba, gracias al enorme tesoro cuya guarda se le había confiado. Así pues, Alejandro envió a Ecbatana al heleno Polidamante, portador de una orden escrita ordenando a tres oficiales superiores, un tracio y dos macedonios, eliminar discretamente a Parmenión, condenado por felonía. Polidamante partió hacia la capital de la Media acompañado por tres árabes. Montados en rápidos dromedarios, los cuatro hombres llegaron a Ecbatana doce días más tarde, por la noche, y la sentencia se ejecutó de inmediato y en secreto.

A consecuencia de este asunto, Alejandro hizo juzgar también y condenar a muerte a Alejandro, hijo de Aéropo, un lincéstida que había tratado de asesinarle cuatro años antes, durante la campaña en Asia Menor, y al que hasta ese momento había mantenido simplemente preso (véase pág. 158). En efecto, dado que Filotas había reconocido (¿bajo tortura?) que el objetivo de la conjura era suprimir a Alejandro, eso significaba que los conjurados pensaban en otro príncipe para ceñir la diadema real; pero ¿en quién? El pretendiente más directo era Arrideo, el hermanastro de Alejandro, enfermo de idiocia mental (véase pág. 99), al que por supuesto nadie pensaba entregar el poder; tras él venía Alejandro, hijo de Aéropo. Este personaje fue sacado de su cárcel, juzgado por el consejo de guerra, condenado a muerte y ejecutado en el acto.

Este asunto de la conspiración, cuyo trágico resultado fue lamentable, no fue un simple incidente coyuntural en la aventura persa de Alejandro. Es revelador, por un lado, del enfado creciente de su ejército, que ha perdido su entusiasmo inicial, y por otro de la ruptura que se ha producido en el seno de la personalidad de Alejandro, como ya hemos subrayado anteriormente (véase pág. 291). Y, como anota Plutarco (*op. cit.*, LXXXV), «la ejecución de Parmenión hizo de Alejandro desde entonces un objeto de terror para muchos de sus amigos». Otro Alejandro ha nacido, sanguinario, despiadado e insaciable, que sólo piensa en ir más lejos, siempre más lejos…

XIII

La guerra en Afganistán
(6.º y 7.º año de la guerra en Asia: 329-328 a.C.)

Divergencias de puntos de vista entre Alejandro y los macedonios a la muerte de Darío. — Reorganización del ejército macedonio y partida para Bactriana (finales de diciembre de 330). — Descanso en Aracosia (enero-marzo de 329). — Paso del Hindu-Kush (abril de 329). — Ocupación de Bactriana y travesía del Oxo (¿mayo de 329?). — Toma de Maracanda e inicio de la campaña de Sogdiana (verano de 329). — Alejandro marcha sobre el Jaxartes: primer encuentro con los montañeses de Sogdiana (agosto de 329). — Rebelión nacionalista de Espitámenes en Sogdiana (agosto-septiembre de 329). — Fundación de Alejandría Extrema (septiembre de 329). — Victoria sobre los escitas (octubre de 329). — Liberación de Maracanda, sitiada por Espitámenes (octubre-noviembre de 329). — Cuarteles de invierno en Bactra-Zariaspa (diciembre de 329-marzo de 328). — Orientalización del comportamiento de Alejandro: la proskynesis *(principios de 328). — Juicio y ejecución de Beso (marzo de 328). — Las embajadas escitas a Zariaspa (principios de 328). — Nueva sublevación en Sogdiana y muerte de Espitámenes (febrero-octubre de 328). — Alejandro toma sus cuarteles de invierno en Nautaca (invierno de 328-327). — Alejandro en la Roca de Sogdiana: Roxana (primavera de 327).*

A los ojos de los macedonios —generales, oficiales y soldados—, extenuados por la fatiga, las heridas y la gloria, ricos con mil botines, la muerte de Darío, a mediados del verano del año 330 a.C., significaba el final de la guerra en Asia, el término de aquella colosal anábasis emprendida cinco años antes por su joven rey. Ahora su tarea había terminado: lo único que a Alejandro le quedaba por hacer era ocupar el trono abandonado del Gran Rey, como sucesor legítimo de los Aqueménidas, y volver a su patria.

Alejandro no ve las cosas de la misma forma. Las hazañas que ha realizado y las conquistas que ha hecho no son para él otra cosa que el prólogo de su epopeya. Él, el sucesor de los Aqueménidas, debe restablecer su Imperio y su autoridad. Debe castigar a Beso, el usurpador, que se ha proclamado rey y dueño de las provincias orientales del Imperio persa después de haber asesinado a Darío, y aplicarle la ley del talión. Debe castigar a los señores persas rebeldes y recompensar a los aliados. Así, poco a poco, se convertirá en el amo de Asia, como le había prometido el oráculo de Zeus en Gordio, en el mes de mayo de 334 a.C., cuando había cortado el nudo gordiano. Y a partir de ahí, ¿por qué él, el hijo de Zeus-Amón, no podría llegar a ser el amo de la totalidad del mundo habitado?

Así pues, entre Alejandro y su ejército existe un malentendido latente. Sus soldados piensan que la anábasis toca a su fin y el retorno a Macedonia está cerca; Alejandro, en cambio, considera que su epopeya no ha hecho más que empezar, y no es imposible que el complot de Filotas, a finales del año 330 a.C., sea la señal anunciadora de ese desacuerdo tácito, que será seguido por otros incidentes en el transcurso de los dos o tres años futuros. No obstante, no son sus hombres los que murmuran: las primeras resistencias proceden de su estado mayor y su entorno próximo. Le reprochan, sobre todo, no comportarse como vencedor tras sus victorias, sino trabajar por la reconciliación de vencedores y vencidos y la fusión de las naciones y los pueblos, griegos, macedonios o bárbaros. Y quizá porque confusamente tenía conciencia de la existencia de un desacuerdo posible entre él y sus generales había reaccionado con tanta rapidez y severidad frente a Filotas y Parmenión, a pesar de los lazos que lo unían a estos dos hombres.

Dicho esto, en diciembre de 330 a.C. todavía no ha acabado con los sátrapas orientales, asesinos o cómplices de los asesinos de Darío. Como hemos referido anteriormente, se había librado de dos de ellos, Barsaentes, sátrapa de Aracosia, y Satibarzanes, sátrapa de Aria; por lo tanto, le quedaba apoderarse de Beso, sátrapa de Bactriana, y someter a su autoridad todas las satrapías orientales (las que los griegos llamaban las «satrapías superiores»), es decir Gedrosia (el Beluchistán actual), territorio a caballo entre Pakistán y Afganistán; Aria, Aracosia, Bactriana (las tres correspondientes poco más o menos al Afganistán actual) y Sogdiana (parte del actual Uzbekistán). Estas operaciones politicomilitares le llevaron tres años: concluyeron durante la primavera o el verano de 327 a.C. Pero al mismo tiempo Alejandro se afirmaba como el sucesor de los Aqueménidas, adoptaba las costumbres y la etiqueta de los persas y hacía de los vencidos los iguales de los vencedores: esto era inadmisible para los macedonios y los griegos, y de ello derivaron conjuras y dramas.

1. *Primer año de guerra en Afganistán (329 a.C.)*

La guerra que se dispone a librar Alejandro no se parece en nada a las expediciones que ha conducido hasta entonces tanto en Asia Menor como en Persia o en Media. Va a tener por teatro principal el territorio del actual Afganistán.

En efecto, Alejandro va a adentrarse por comarcas de las que no dispone de ninguna información y que va a descubrir prácticamente a medida que avance. Apenas sabe nada de las poblaciones que tendrá que someter, salvo que son numerosas, unas veces sedentarias y otras nómadas, y que están particularmente adaptadas a los combates en alta montaña y a la guerrilla, semejantes a esa población que se ha visto obligado a combatir en Drangiana y a la que sólo pudo vencer incendiando los bosques en los que se escondía. Finalmente los guías arios y partos que lo acompañaban le habían advertido que tendría que franquear montañas que tocan el cielo, por rutas cubiertas de nieve y hielo y sin ningún medio para conseguir avituallamiento.

Antes de abandonar Frada, a finales del mes de diciembre del año 330 a.C., Alejandro debe proceder por tanto a la reorganización de sus tropas, dado que va a lanzarse no contra un ejército nacional como era el de Darío, sino contra bandas de guerreros dirigidas por señores locales y apasionadamente apegados a su independencia. Adoptarán sin duda una estrategia de acoso, los combates que tendrá que librar no serán batallas campales, como las de Isos o Gaugamela, sino combates defensivos frente a grupos más o menos numerosos de jinetes atacando a los elementos aislados de su ejército, para luego huir a la estepa o al desierto y volver a aparecer en otra parte unas horas o unos días más tarde.

El macedonio va a fragmentar por tanto su gran ejército en pequeñas unidades móviles, a aumentar su caballería ligera (los países que atraviesa poseen excelentes caballos, pequeños y nerviosos, adaptados al terreno y al clima); inspirándose en el armamento asiático, crea escuadrones de lanzadores de jabalina y arqueros a caballo (los primeros reciben en griego el nombre de *hippocontistes*; los segundos, el de *hippotoxotes*). Alejandro piensa también en lo que nosotros llamaríamos los uniformes de sus soldados, que deben corresponder a las condiciones climáticas propias de Afganistán: necesitan turbantes para proteger sus cráneos de las insolaciones y, para calzar a los infantes destinados a caminar sobre la nieve o el hielo, sustituye las sandalias griegas o macedonias por una especie de botas.

Además, dada la topografía montañosa de las regiones que se verá obligado a atravesar y su ignorancia respecto a la existencia o no existencia de ciudades importantes en estos países misteriosos, tiene que desplazarse no simplemente con soldados, sino también con administradores, funcionarios civiles, servicios de intendencia y sanidad, almacenes, tiendas rodantes necesarias para el equipamiento y el avituallamiento de hombres y caballos. Al parecer, Alejandro también pensó en las expansiones de sus hombres y proveyó a su ejército de un numeroso séquito de cortesanas, sin duda el primer lupanar militar de campaña de la historia. Finalmente, preocupado por comportarse como conquistador civilizador, el macedonio lleva consigo toda una tropa de rétores, encargados de enseñar el griego a los hijos de los señores vencidos y de educarlos, de ingenieros, de corresponsales de guerra, de mercaderes, de arquitectos: para dominar el país ocupado, instalará a lo largo de su camino de conquistador colonias militares en las pequeñas ciudades que encuentre o en las que funde a ese efecto, y que siempre recibirán el nombre de Alejandría.

Digamos algunas palabras más sobre los países atravesados (véase el mapa de la pág. 489). La Bactriana, donde se ha refugiado Beso, es una llanura bien irrigada que se extiende entre el pie del macizo montañoso del Hindu-Kush (cima culminante: 7.690 metros; los antiguos creían que se trataba de una prolongación del Cáucaso y lo llamaban el «Cáucaso indio») y el alto valle del Amu-Daria (el Oxo, para los griegos). Entre este río y el Sir-Daria (el Jaxartes de los griegos) se extiende otra zona fértil: es Sogdiana. Más allá de ésta nomadeaban los escitas independientes (los Saca), que llevaban sus rebaños hacia el norte, hasta el lago Balkash.

De Frada (cuyo emplazamiento estaba cerca de la moderna Farah), el macedonio se dirigió primero a Aracosia. Allí fundó Alejandría de Aracosia (la actual Kandahar) y dispuso una guarnición e indudablemente un embrión de administración; luego se dirigió hacia la actual Kabul (que está situada a 1.800 metros de altitud), y alcanzó los montes de Parapamísada donde, según las fuentes (por ejemplo, Diodoro de Sicilia, *op. cit.*, XVII, 82, 1), tuvo que luchar contra el pueblo de los parapámisos, al pie de los cuales fundó Alejandría del Cáucaso (a cincuenta kilómetros al norte de Kabul). Luego hubo de franquear la alta barrera montañosa del Hindu-Kush, cosa que hizo sin duda a principios del mes de abril de 329 a.C., después de haber permanecido inactivo de enero a marzo, porque la nieve era muy espesa en las montañas e impedía el avance de hombres y carros.

Escuchemos a Diodoro de Sicilia:

> Su país [el de los parapámisos] está totalmente cubierto de nieve y el frío excesivo hace difícil su acceso a los demás pueblos. La mayor parte de la comarca [al pie del Parapámiso] está formada por una llanura desprovista de árboles, dividida entre numerosas aldeas. El techo de las casas está hecho de una cúpula de ladrillos reunidos en punta. En medio del techo se ha dejado una lucera por donde escapa el humo y, como el edificio está cerrado por todos los lados, sus habitantes están bien abrigados. La abundancia de la nieve hace que la población pase una buena parte del año en casa, donde todos tienen su provisión de víveres. [...] Esta comarca entera no ofrece a la mirada verdor ni cultivo, sino la blancura resplandeciente de la nieve y del hielo que se ha solidificado en ella. Ningún pájaro anida allí, ningún animal salvaje que pase: todos los cantones de este país son inhóspitos y difícilmente accesibles.
>
> *Op. cit.*, LXXXII, 1-4.

A pesar del clima y de los obstáculos de toda clase, el ejército macedonio franqueó el Parapámiso, luego el «Cáucaso indio», saludando tal vez de paso la enorme roca (4 estadios de altura, es decir, 720 metros y 10 estadios de perímetro, 1.800 metros) sobre la que habría sido encadenado el Prometeo de la fábula mitológica. Finalmente Alejandro llega a la vertiente noroeste del Hindu-Kush, es decir, a Bactriana.

Delante de sí tiene varias pistas que conducen en su totalidad hacia la llanura por desfiladeros que controlan las aldeas de Drapsaco (actualmente Kunduz) y de Aornos (actualmente Tash-Kurgan) y que llevan a Bactra (la actual Balj), la capital de Bactriana, también llamada Zariaspa. Beso y su ejército (siete mil jinetes bactrianos, más un contingente de sogdianos) le esperan a la salida de Aornos: el sátrapa está decidido a no dejarle seguir adelante. Pero Alejandro desemboca en la llanura por el paso de Drapsaco y enfila directamente hacia Bactra-Zariaspa. Cuando Beso se entera, comprende que todo está perdido, ya que el ejército macedonio es mucho mayor y más poderoso que el suyo, y trata de salvarse huyendo.

El sátrapa abandona por tanto Aornos y decide refugiarse en la orilla derecha del Oxo («el más grande de los ríos del Asia», afirma Arriano), cuyas aguas en esta época del año (a principios de primavera) están muy crecidas (alcanzan su más alto nivel en el mes de julio). Pero la mayor parte de su caballería se niega a seguirle y sus guerreros bactrianos regresan a sus casas: a Beso no le queda otra solución que retirarse con los elementos sogdianos de su ejército hasta Nautaca en el emplazamiento de Karachi (en Uzbekistán) y Maracanda (la actual Samarcanda).

Mientras tanto, Alejandro se ha apoderado, casi sin tener que combatir, de la aldea de Drapsaco y las ciudadelas de Aornos y Bactra: se había convertido en el amo de Bactriana. Sólo permaneció en Bactra-Zariaspa unos pocos días, el tiempo necesario para desmovilizar a los soldados que habían terminado su temporada (se trataba de macedonios y tesalios) y reponer su caballería, porque había perdido muchos caballos al franquear el Hindu-Kush. Tras confiar esta provincia, rica y fértil, a su suegro, el viejo general Artábazo, avanzó sin más tardar hacia el Oxo, que franqueó a la altura de Alejandría Tarmita (la actual Termez).

La travesía del Oxo le planteó un problema. El río tenía seis estadios (más de un kilómetro) de ancho y era más profundo que ancho. Alejandro no poseía barcos y no había en la región bosques que pudiesen procurarle madera en cantidad suficiente para construir un puente. Además, el fondo del río era arenoso y su corriente impetuosa: las estacas y postes que los pontoneros habían intentado plantar habían sido barridos como paja.

Al ver esto, Alejandro mandó reunir las pieles que los soldados utilizaban para levantar sus tiendas, ordenó llenarlas con la paja más seca posible y coserlas todas juntas, sólidamente, muy prietas, para que el agua no pudiese penetrar. El enorme edredón flotante así confeccionado fue lanzado sobre la superficie del río, que el ejército atravesó sin mayores problemas, durante cinco días, en el mes de abril o mayo del año 329 a.C. (Arriano, II, 30, 4).

Una vez cruzado el Oxo, Alejandro persiguió a Beso y a sus guerreros sogdianos en la ruta de Maracanda. Fue entonces cuando Espitámenes y Datafernes, los principales jefes sogdianos, que no querían ver a Alejandro invadir su provincia, le enviaron emisarios para decirle que estaban dispuestos a entregarle a Beso: le bastaría con enviarles un pequeño destacamento, con un oficial al mando, y ellos le entregarían al sátrapa, a quien por el momento consideraban su prisionero. Los sogdianos creían que Alejandro sólo quería a Beso y que, una vez capturado éste, volvería sobre sus pasos.

Al recibir estas propuestas, el macedonio aminora la marcha de su ejército y, a guisa de «pequeño destacamento», envió a los sogdianos un verdadero regimiento de tres mil o cuatro mil hombres (jinetes, infantes, arqueros) a las órdenes de uno de sus mejores lugartenientes, Ptolomeo, hijo de Lago, que recorrió los trescientos kilómetros que separaban los dos ejércitos en cuatro días, mientras Alejandro seguía tranquilamente su marcha hacia la capital de Sogdiana.

Cuando Ptolomeo llegó al campamento de los sogdianos, no encontró alma viviente: según Arriano, Espitámenes y Datafernes todavía dudaban de entregarle a Beso, porque era ésta una acción contraria a su código de honor. Ptolomeo recorrió unos cuantos kilómetros y llegó a una gran población fortificada, donde Beso acampaba con unos pocos soldados: los jefes sogdianos y sus tropas ya habían abandonado el lugar, porque sentían vergüenza de entregar ellos mismos a Beso. El general macedonio ordenó a su caballería rodear la plaza y mandó a un heraldo que proclamase a los bárbaros que les dejaría la vida y la libertad a cambio del sátrapa. Los sogdianos abrieron las puertas de la plaza, Ptolomeo penetró en ella y se apoderó del asesino de Darío; luego dirigió una carta a su rey para preguntarle qué debía hacer con Beso. Alejandro le respondió que lo depositase desnudo, encadenado y con un collar de hierro al cuello, a la orilla de la ruta por la que él mismo avanzaba con su ejército. Ptolomeo obedeció al rey sin dudar.

Cuando al día siguiente o a los dos días de esta detención llegó el rey y vio a Beso, sentado y desnudo, en el borde de un foso, mandó detener su carro y lo interrogó: ¿por qué haber detenido a Darío, que era pariente y benefactor suyo, le preguntó, y haberlo llevado cargado de cadenas para luego matarlo? Beso le respondió que no había actuado solo, sino que ese arresto se había hecho de acuerdo con el entorno de Darío, con la esperanza de conciliarse la buena voluntad de Alejandro vencedor. Tras esta respuesta, el rey de Macedonia ordenó al verdugo que azotase a Beso delante de las tropas mientras enumeraba sus crímenes. Luego el sátrapa fue entregado a Oxiartes, hermano de Darío, y conducido a Bactra-Zariaspa para ser juzgado y ejecutado (según Arriano); según otras fuentes, Beso habría sido mutilado al modo persa y llevado luego a Ecbatana, para ser ejecutado delante de una asamblea de medos y persas durante el invierno de 329-328 a.C. (véase pág. 320).

En cuanto a los nobles sogdianos, que habían esperado salvaguardar la independencia de su provincia, lo consiguieron a su propia costa: cuando Beso hubo sido entregado, los macedonios se apoderaron de los caballos que había en los pastos y, una vez equipada su caballería, Alejandro continuó su ruta, al galope, hacia la capital de Sogdiana, Maracanda, sin preocuparse siquiera de tomar la ciudad de Tribactra (la moderna Bujara). Los sogdianos no pudieron hacer otra cosa que someterse, pero muchos lo hicieron de boquilla, mientras Alejandro, después de haber tomado Maracanda (verosímilmente a finales del mes de junio del año 329 a.C.), se movía en dirección al río Jaxartes (el Sir-Daria), atravesando la satrapía durante el verano de 329 a.C.: empezaba la campaña de Sogdiana (o, si se quiere, de Transoxiana, el país al otro lado del Oxo).

Así pues, Alejandro marcha ahora hacia el Jaxartes, anunciando con ello su intención de anexionarse la provincia caspia entera, lo cual no deja de crear cierto malestar entre sus soldados y oficiales, que están hartos de esa guerra interminable: dado que Beso ha sido capturado y Darío está vengado, ¿qué va a hacer su rey en aquel infierno afgano? La respuesta es clara: Alejandro considera que, para su Imperio, el Jaxartes es una frontera más segura que el Oxo. De todos modos, el rey ha renovado sus efectivos y los veteranos que protestan han sido recompensados y desmovilizados; ¿por qué habrían de quejarse ahora?

La campaña empieza mal. Algunos macedonios que se habían dispersado para buscar forraje fueron atacados de improviso por una importante tropa de bárbaros de las montañas (Arriano afirma que eran unos treinta mil). La mayoría fueron muertos o llevados en cautividad. Estos bandidos, una vez dado el golpe, se refugian en sus montañas, erizadas de rocas y bordeadas de precipicios. Alejandro monta rápidamente una expedición punitiva contra los asaltantes. Al principio, los macedonios tienen que retroceder ante las nubes de dardos y el propio Alejandro es alcanzado por una flecha que le atraviesa la pierna y le rompe el peroné. Sin embargo, sus soldados terminan apoderándose de las posiciones y los bárbaros son matados allí mismo o perecen al arrojarse desde lo alto de sus rocas (según Arriano, sólo sobrevivieron ocho mil). Este encuentro, primer hecho de armas de la campaña de Sogdiana, tuvo lugar seguramente en el mes de agosto del año 329 a.C.

Pocos días más tarde, unos emisarios se presentan en el campamento de Alejandro; son embajadores de unos pueblos que nomadean desde hace siglos en las fronteras orientales del Imperio persa, los escitas, llamados «independientes», debido sobre todo a su pobreza y su justicia (según Arriano). Alejandro los devuelve a sus tierras, acompañados de plenipotenciarios encargados en principio de concluir un tratado de amistad, aunque en realidad su objetivo es observar la naturaleza de su territorio, su número, sus costumbres y su armamento.

Alejandro aprovechó estas relaciones de amistad con los escitas para explorar el más oriental de los territorios persas: el amplio valle del Fergana, muy fértil, cuyo centro atraviesan las bullentes aguas del Sir-Daria, que bajan de las montañas del vecino Kirguizistán. Para proteger su imperio de las invasiones nómadas, y sobre todo de los escitas, los Aqueménidas habían edificado siete ciudades-fortaleza, la más grande y mejor defendida de las cuales se llamaba Cirópolis. Después de inspeccionar el entorno a caballo, el rey proyectó construir una octava a orillas del Jaxartes, en el emplazamiento de la moderna Jodjen (la Leninabad soviética); el lugar le parecía estratégicamente bien situado, tanto en el plano ofensivo (con vistas a una invasión del país de los escitas) como en el defensivo (para proteger el Imperio persa contra las invasiones de los bárbaros). En razón de su posición geográfica, tenía la intención de llamarla Alejandría Extrema (Alex.-Eskhaté): debía cerrar el valle del Fergana.

Fue entonces cuando a finales del mes de agosto o a principios del mes de septiembre de 329 a.C., Sogdiana se rebela brutalmente. En Maracanda y las ciudades del Fergana, los sogdianos se apoderan de los soldados macedonios de las guarniciones, los matan y empiezan a reforzar las defensas de sus ciudades. Luego, desde Bactriana y Sogdiana, rebeldes armados llegan en muchedumbre y el movimiento se generaliza. El hombre que había preparado este levantamiento no era otro que Espitámenes, el señor sogdiano que había entregado Beso a Alejandro unas semanas antes, y tenía a los escitas por aliados.

En ese momento Alejandro presidía en Zariaspa una asamblea de nobles de Sogdiana, que habían pactado con su vencedor. Cuando se entera de que Sogdiana se subleva, el rey reacciona con su rapidez habitual. Improvisa una campaña de asedios en las orillas del río: tiene que apoderarse una por una de las ciudades rebeldes, donde los habitantes se han atrincherado detrás de las murallas.

La fortaleza más peligrosa es Cirópolis, cuyas murallas había construido en otro tiempo Ciro el Grande y en la que se han reunido la mayoría de los rebeldes de la región. El general Crátero tiene por misión recuperar la plaza y el sitio dura varios días porque sus altas murallas resisten los asaltos de los infantes y de las máquinas de asedio. Finalmente Alejandro descubre que es posible penetrar en la ciudad siguiendo el lecho de un torrente que la atravesaba y que entonces estaba seco; toma consigo un pequeño número de hombres, algunos arqueros y, escurriéndose por ese sendero improvisado, llega con ellos al corazón de Cirópolis sin que los bárbaros, ocupados en combatir en las murallas y vueltos hacia las máquinas de asedio, se den cuenta. Una vez en el interior de la ciudadela, Alejandro manda abrir dos o tres puertas que no están defendidas y el resto de su ejército penetra fácilmente.

Al darse cuenta de que su ciudad ha sido invadida, los sogdianos se precipitan, con las lanzas y las espadas en la mano, sobre los macedonios. La batalla es dura: el mismo Alejandro recibe una pedrada en la cabeza y otra le golpea en el cuello; Crátero resulta herido por una flecha, así como otros oficiales; luego llega el encuentro cuerpo a cuerpo y los macedonios, más numerosos y mejor armados, se apoderan de la plaza después de matar a ocho mil sogdianos, mientras otros quince mil se refugian en la ciudadela que domina la ciudad. Alejandro invade ese imponente edificio y, dos días más tarde, la falta de agua obliga a los bárbaros a rendirse: todos fueron ejecutados. Los restantes nidos de águila del Fergana fueron fácilmente recuperados por las fuerzas macedonias y, en todas estas ciudades, el castigo fue terrible: los hombres fueron pasados a cuchillo, las mujeres y los niños sorteados y entregados a la soldadesca, y así miles de bárbaros fueron exterminados o reducidos a esclavitud.

Alejandro piensa que ha ganado la partida, pero surge otro peligro: un ejército de escitas —los que unos días antes le habían enviado emisarios— llega a orillas del Jaxartes y se prepara para franquearlo; por otro lado, Espitámenes ha asediado la guarnición macedonia de Maracanda. El rey tiene que batirse en dos frentes. Envía un cuerpo de 2.400 hombres, mandado por el licio Farnuces, para liberar la capital invadida y hacer frente a los escitas. Además, activa la construcción de Alejandría Extrema: en tres semanas la ciudadela está terminada, provista de murallas y llena de soldados (macedonios, mercenarios griegos y bárbaros) y Alejandro se permite el lujo incluso de organizar, fuera de las murallas, un concurso hípico y juegos atléticos (¿septiembre de 329 a.C.?). A orillas del Jaxartes, sin embargo, la situación es más delicada. Al otro lado del río los escitas son cada vez más numerosos; insultan a Alejandro, que les hace frente, a la manera de los bárbaros: «Si te atrevieses a venir a luchar con nosotros, te darías cuenta de la diferencia que hay entre los escitas y unos bárbaros de Asia como los sogdianos.» Alejandro, exasperado por estas provocaciones, decide pasar el río con sus hombres y atacarles: manda preparar un puente flotante como había hecho para franquear el Oxo y ofrece un sacrificio a Zeus con vistas a la batalla que va a librar. Pero los presagios no le son favorables y debe renunciar a llegar a las manos con los escitas, que siguen tratándole de cobarde. Ruega al inevitable adivino Aristandro que lea los presagios en las entrañas de nuevas víctimas: éste cumple a conciencia su tarea y declara a su rey que los presagios anuncian que va a correr un grave peligro. Alejandro le responde que es preferible afrontar los mayores peligros antes que ser objeto de burla por parte de los escitas, después de haber conquistado todo Asia como él ha hecho.

«Los presagios no son súbditos tuyos —le dice entonces Aristandro—, y no te darán predicciones diferentes porque tú les pidas predicciones diferentes.»

A pesar de todo, Alejandro decide seguir adelante. Lanzan sobre el río pieles de tienda llenas de paja y cosidas; en su orilla se apostan las tropas macedonias y en el punto en que el Jaxartes es menos ancho se colocan las piezas de artillería (catapultas y otras máquinas). Luego, a una señal convenida, las máquinas disparan dardos y piedras contra los escitas que, a caballo, van y vienen a lo largo del río:

sorprendidos ante estos proyectiles que los alcanzan desde tanta distancia, se alejan del río. Al verlo Alejandro ordena que toquen las trompetas y, abriendo la marcha, avanza sobre el puente flotante; el resto del ejército le sigue con arqueros y honderos a la cabeza: mediante una descarga abundante e ininterrumpida impiden a los escitas avanzar y de este modo cubren el desembarco de los infantes y los jinetes.

Cuando todo su ejército ha pasado el Jaxartes, Alejandro ordena cargar y se lanza sobre el enemigo con su caballería dispuesta en columnas, mientras que sus arqueros y lanzadores de jabalinas siguen alejando a los escitas. La táctica tradicional de estos últimos consistía en rodear a sus adversarios y hostigarlos acribillándoles con flechas: el método de combate decidido por Alejandro les impide aplicarlo, porque las columnas que los atacan son demasiado largas para poder ser rodeadas impunemente. Poco a poco los escitas se desbandan y terminan por huir, perseguidos por los jinetes macedonios y griegos. Su derrota habría sido total... si sus adversarios, y Alejandro el primero, no hubiera cometido la imprudencia de beber agua del río para apagar su sed (hacía mucho calor y la sed los atenazaba). ¡Ay!, aquel agua no era potable y pronto se pudo ver a los veinte mil soldados de Alejandro y a su jefe presa de una violenta e incoercible diarrea que salvó la vida a los escitas: sin esa *turista* imprevista que acababa de herir a sus adversarios, todos habrían sido aniquilados. ¡Gracias a las amebas y los colibacilos, sólo dejaron en el campo un millar de muertos —entre ellos su jefe, un tal Satraces— en las orillas del Sir-Daria!

En cuanto a los macedonios, volvieron al campamento agotados, vacíos y enfermos. El mismo Alejandro se encontraba en un estado crítico y no podía sostenerse sobre el caballo. Así se verificó la profecía de Aristandro: había vencido, pero corriendo un gran peligro... intestinal. Sea como fuere, la lección dio sus frutos. Unos días más tarde, embajadores enviados por el rey de los escitas fueron a ver a Alejandro para presentarle las excusas de su rey: lo que había ocurrido no era cosa de la nación escita, le dijeron, sino de bandidos y saqueadores a los que el rey de los escitas desaprobaba totalmente. Alejandro aceptó la versión y las excusas, y todo quedó en eso.

Se acercaba el invierno. Con la conquista de Cirópolis y la derrota de los escitas en las orillas del Sir-Daria, la calma había vuelto a la frontera oriental del antiguo Imperio de los Aqueménidas, pero el fuego de la insurrección aún no se había apagado en Maracanda.

Hemos visto más arriba (pág. 315) que Alejandro había enviado al licio Farnuces a liberar la capital de Sogdiana, sitiada desde el comienzo de la insurrección por el infatigable Espitámenes. Éste había levantado el asedio al anuncio de la llegada de los macedonios y había salido a su encuentro: los había esperado en el río Politimeto (el actual Zeravchan), con un ejército sogdiano reforzado por 600 jinetes escitas. El general de Alejandro se había dejado sorprender y, de los 2.400 hombres de su contingente, sólo le quedaban 300 jinetes, todos los demás habían sido muertos y Maracanda estaba de nuevo sitiada.

Arriano (*op. cit.*, IV, 6, 6) nos describe claramente cómo se desarrollaron los combates. Farnuces había dispuesto su ejército en orden de batalla (infantes y jinetes) en un terreno descubierto, con vistas a un enfrentamiento clásico; pero como se sabe, los sogdianos y los escitas luchaban de otra forma: sus jinetes describían grandes círculos alrededor de sus enemigos inmóviles y los acribillaban con flechas, lanzando gritos de guerra y, cuando los macedonios hacían algún movimiento para cargar, huían a galope tendido en caballos mucho más rápidos que los de sus adversarios.

Farnuces se había retirado entonces hacia un valle arbolado cercano al Politimeto, donde los bárbaros ya no podían aplicar esa táctica; por desgracia, Cárano, que mandaba la caballería macedonia, comete entonces un error imperdonable; trata de buscar refugio para sus hombres y sus caballos al otro lado del río, sin indicárselo a su jefe ni a los demás comandantes de unidades. Los infantes, al ver a los jinetes alejarse del campo de batalla, los siguen sin haber recibido la orden, y los sogdianos, advirtiendo el error cometido por los macedonios, se precipitan a caballo en el río, les impiden avanzar, los acribillan con flechas y el pánico se apodera de los hombres de Farnuces, que se refugian como pueden en un islote en medio del Politimeto. De inmediato son rodeados por los escitas y la caballería de Espitámenes, que abaten a todos con sus flechas y jabalinas, sin hacer prisionero alguno.

Alejandro se enteró del desastre del Politimeto a principios del mes de noviembre de 329 a.C. y decidió marchar sin tardanza contra Espitámenes. Aunque en esa época del año los días fuesen más cortos, la temperatura aún era clemente y podían hacer largas etapas a caballo sin sufrir el calor ni la sed. Se lleva consigo a la mitad de la caballería de los Compañeros, sus infantes y sus arqueros, y en poco más de tres días cubre los casi trescientos kilómetros que separan Alejandría Extrema de Maracanda. Al alba del cuarto día llega ante la capital de Sogdiana y contempla, con el corazón encogido, los dos mil cadáveres de macedonios que siembran la llanura o flotan sobre las aguas del río. Manda enterrar a sus soldados como puede y, lleno de rabia, parte en persecución de Espitámenes y de sus tropas, que huyen hacia el desierto: asola todo el valle del Politimeto hasta Bujara, quemando las aldeas y las cosechas, matando a las poblaciones sin distinciones de edad ni sexo (otros autores afirman que su locura vengadora causó más de cien mil víctimas), hombres, mujeres y niños, y rechaza a los escitas al desierto. Luego, a finales del mes de noviembre, abandona Sogdiana, vuelve a pasar el Oxo y regresa a Zariaspa, capital de Bactriana, donde dispone sus cuarteles de invierno.

2. *Segundo año de guerra en Afganistán (328 a.C.)*

La pacificación sanguinaria de Sogdiana —sanguinaria y provisional, como vamos a ver— y la guerra contra los escitas, que empezaban a parecerle un peligro mayor para el Imperio aqueménida del que se había apoderado, habían impedido a Alejandro concentrarse en lo que podríamos llamar «asuntos de Estado». Se dedicó a esa tarea durante los meses del invierno del 329-328 a.C., que impedía cualquier campaña militar en aquellas regiones cubiertas ahora de nieve y hielo.

Alejandro había instalado su corte y su cuartel general militar en Zariaspa (también llamada Bactra; en el emplazamiento de la moderna Balj, que separa ese estado del Uzbekistán mediante el Amu-Daria). Las modificaciones de su personalidad que habían aparecido en Zadracarta el año anterior se afirman entonces. Si seguimos los relatos de sus antiguos biógrafos, el fogoso conquistador se transformó en monarca aqueménida: en Zariaspa reina un fasto oriental que nada tiene que ver con la etiqueta estricta y militar de un campamento macedonio.

El rey, vestido a la oriental la mayoría de las veces, convoca allí a los señores que, desde la época de Darío, cumplían la función de subgobernadores (con un grado inmediatamente inferior al de sátrapa) y que los griegos llamaban *hiparcas*. Estos notables se comportan con Alejandro como lo hacían con el Gran Rey: cuando se presentan ante él, se arrodillan, tocan el suelo con su frente y no se levantan hasta que se les invita a hacerlo. Este rito de prosternación —la *proskynesis*— era entre los griegos un honor reservado a los dioses y, excepcionalmente, a los héroes. En Zariaspa, Alejandro se complace en esta clase de homenaje que le testimonian sus súbditos persas, y desea extender su uso a sus vasallos macedonios y a los helenos que, como es evidente, lo rechazaron (véase más adelante, pág. 333, la actitud de Calístenes, que llevaba su diario de campaña).

Alejandro había pretendido organizar aquella potente guerra afgana para apoderarse de Beso; ahora que había conseguido sus fines, debía juzgarlo y condenarlo por el sacrilegio que este último había cometido asesinando a Darío y poniéndose la tiara imperial del Gran Rey. Por esa razón, entre otras, había convocado a los hiparcas de Bactriana y Sogdiana, a fin de aplacar sin duda su gusto por la rebelión. También había ordenado detener a los cómplices de Beso que a finales del año 330 a.C. todavía estaban en libertad, es decir los generales persas felones Arsaces y Brazanes. Estos dos personajes fueron capturados (el primero en Aria, el segundo en Partia) por los sátrapas de esas provincias, que se llamaban respectivamente Estasanor y Fratafernes, y llevados por ellos a Zariaspa para ser juzgados.

De acuerdo con las costumbres persas, Beso, regicida y usurpador, compareció ante la asamblea de los hiparcas, presidida por Alejandro, que leyó personalmente el acta de acusación. Para el juicio se había puesto la túnica blanca de los Grandes Reyes y había trocado su casco de penacho blanco por la tiara de los emperadores persas. Los hiparcas declararon de forma unánime a Beso culpable de los crímenes de que se le acusaba y decidieron que sería ejecutado de acuerdo con las costumbres de Persia. Así pues, Alejandro ordenó que le cortasen la nariz y las orejas, como esas costumbres exigían, y que lo llevasen a Ecbatana, la capital del Imperio. Allí, el día de la fiesta nacional y religiosa persa (sin duda durante el equinoccio de primavera, el 21 de marzo de 328 a.C.), fue crucificado en un árbol, en el que murió. Aunque los autores antiguos no nos lo precisan, podemos pensar que sus cómplices sufrieron el mismo destino.

Arriano juzga con mucha severidad al rey de Macedonia por haberse comportado así, y es verosímil que el entorno de Alejandro quedase tan sorprendido como él (de ahí los sucesos trágicos que relatamos más adelante, págs. 329 y ss.):

> Por lo que a mí se refiere, lejos de aprobar este castigo excesivo de Beso, juzgo bárbara esa mutilación de las extremidades y admito que Alejandro se dejó llevar a rivalizar con la riqueza de los medos y los persas, y con la costumbre de los reyes bárbaros [es decir, no griegos] de mantener la desigualdad entre ellos y sus súbditos, para las relaciones de todos los días [es el demócrata griego el que habla, aunque escriba durante el reinado del emperador Adriano]; y no alabo en absoluto el hecho de que, pretendiendo descender de Heracles, haya adoptado la indumentaria meda en lugar de la indumentaria macedonia de sus antepasados; y en que no haya sentido vergüenza de cambiar por la tiara persa de los vencidos los tocados que él, el vencedor, llevaba desde siempre, no veo nada que elogiar; al contrario, las proezas de Alejandro demuestran, mejor que cualquier otra cosa, según mi criterio, que ni la fuerza física, ni el brillo de la raza, ni los éxitos militares continuos e incluso mayores que los de Alejandro [...], nada de todo esto sirve de nada para la felicidad del hombre, si el hombre que ha realizado grandes hazañas no posee al mismo tiempo el control de sus pasiones [no hay que olvidar que Arriano ha sido discípulo del filósofo estoico Epicteto, cuyas *Conversaciones* y cuyo famoso *Manual* redactó].
>
> *Op. cit.*, IV, 7, 4-5.

Mientras estaba en Zariaspa, probablemente en el mes de enero del año 328 a.C., Alejandro recibió considerables refuerzos procedentes de Macedonia y Asia Menor: 17.000 infantes y 2.600 jinetes procedentes de Licia, Caria, Siria y Tracia. Vinieron para colmar los vacíos causados en su ejército por la guerra, por el final del tiempo de servicio de algunos de sus soldados, que había tenido que enviar a Macedonia, y por la necesidad en que se encontraba de desplegar fuerzas de ocupación en las provincias recientemente conquistadas, donde la calma sólo era aparente, como por ejemplo en Sogdiana, y por el lado de los escitas. Así pues, estos refuerzos fueron bienvenidos, porque entonces no tenía más que 10.000 hombres sanos y la Sogdiana aún no estaba totalmente pacificada.

En el transcurso de los primeros meses del año 328 a.C., también se vieron llegar a la capital de Bactriana numerosas embajadas más o menos inesperadas.

Primero fue la de los escitas que nomadeaban entre el mar Negro y el Caspio (los «escitas europeos», al norte del Cáucaso —el Cáucaso georgiano—; pasaban por estar emparentados con los «escitas de Asia», que nomadeaban al norte del Sir-Daria). Traían la misión de negociar una alianza con Alejandro y ofrecerle en matrimonio a la hija del rey de ese pueblo: Alejandro rechazó a la princesa escita, pero consintió en estudiar las condiciones de una alianza con su padre.

Cuando los embajadores escitas aún estaban en Zariaspa, el rey de otro pueblo escita, que nomadeaba al este del Caspio, entre ese mar y el mar de Aral, fue en su busca en persona: le proponía aliarse con él para declarar la guerra a los escitas de Europa. Alejandro le respondió que no era el momento, ya que tenía otros proyectos en la cabeza, y que más tarde le llamaría, cuando fuese a explorar la región montañosa que bordeaba el mar Negro (el Cáucaso georgiano).

El visitante más inesperado fue el rey de los corasmios, un pueblo de agricultores, de la misma raza que los persas, que vivían en el delta del Oxo, en las orillas del mar de Aral (Corasmia se convertirá en la Edad Media en el sultanato independiente de Jarezm, que fue destruido por Tamerlán en 1380). Este rey se llamaba Farásmanes. Había llegado a Zariaspa con una escolta de 1.500 guerreros, con el objetivo de rendir homenaje al nuevo amo del Imperio aqueménida: temía, en efecto, parecer sospechoso a los ojos de Alejandro, porque un pueblo cuyo territorio lindaba con el suyo, el de los escitas maságetas, había dado asilo a Espitámenes. Para demostrar su buena fe, le propuso aliarse con él para emprender una expedición contra los pueblos que vivían al norte del mar Negro, ofreciéndose para servirle de guía y subvenir a las necesidades de su ejército durante el tiempo que durase la expedición.

Ignoramos la respuesta que dio Alejandro al rey de los corasmios. No obstante, por la continuación de sus aventuras guerreras, tenemos derecho a pensar que declinó su oferta, puesto que había tomado la decisión de proseguir sus conquistas no hacia el norte, sino hacia el este, al otro lado de las montañas de Afganistán. La idea que Alejandro se hacía de la geografía de la Tierra era la que le había enseñado Aristóteles y, a través de éste, Platón y los pitagóricos. Como ellos, pensaba que la Tierra era una esfera sobre la que reposaba un inmenso continente —Eurasia, a la que él unía África— rodeado por un vasto océano del que el mar Mediterráneo y el mar Egeo no eran más que partes, así como las aguas del golfo Pérsico. Cuando llegó a esa región de Asia, al descubrir con sus propios ojos las riberas meridionales del mar Negro y el Caspio, creyó que se trataba no de mares cerrados, sino de una especie de golfos que terminaban desembocando en aquel gran Océano. Había podido convencerse, tanto por sus observaciones personales como por los informes de los viajeros y los guías a los que interrogaba, de que caminando hacia el norte sólo encontraría una enorme llanura más o menos desértica y fría, prolongando casi al infinito la llanura escítica, mientras que, caminando hacia el este, no sólo permanecería en la zona que en la actualidad llamamos la zona templada, sino que encontraría cada vez más países ricos que conquistar y pueblos que dominar.

Se había dado cuenta también de que el Imperio iraní, cuyo nuevo emperador era él, estaba protegido por valles que tenían poco más o menos la misma dirección, del norte hacia el sur, y por lo tanto grandes ríos que eran una especie de fronteras naturales, es decir, yendo de Occidente hacia Oriente, el Éufrates, el Tigris, el Amu-Daria, el Sir-Daria y, más al este todavía, el Indo, del que le habían hablado numerosos caravaneros. Por eso respondió sin duda al rey Farásmanes que, antes de hacer campaña hacia las provincias situadas más allá del mar Negro —las provincias pónticas—, primero debía asegurar los valles que rodeaban la llanura iraní y que su próxima conquista no podía ser otra que la de la región por donde fluye el río Indo, es decir, India, que para él era el final de Asia: «Entonces

—quizá concluyó Alejandro, dueño de Asia—, regresaré a Grecia y luego volveré al Helesponto, cruzaré de nuevo el estrecho con mi ejército y marcharé hacia las regiones pónticas [ribereñas del mar Negro] con todas mis fuerzas, terrestres y marítimas. De aquí a entonces, Farásmanes, ten paciencia: más tarde me concederás tu ayuda.»

Y según Arriano, después de haber explicado de este modo al rey de los corasmios que su preocupación actual era India, Alejandro recomendó este monarca a Artábazo, a quien había confiado los asuntos de Bactriana, y a todos los sátrapas vecinos; luego se despidió de él tras haberle cubierto de ricos presentes.

En el mes de febrero del año 328 a.C. llegó la noticia de que Sogdiana volvía a sublevarse: la mayor parte de sus habitantes, indignados por el carácter sanguinario de la represión que había tenido lugar el otoño anterior, habían respondido a la llamada del eterno resistente que era Espitámenes, se habían refugiado en las ciudades-fortaleza y se negaban a obedecer al nuevo sátrapa nombrado por el rey en esa provincia. Empieza una nueva guerra de Sogdiana, que va a durar nueve meses.

Después de reforzar por precaución la ocupación de Bactriana, donde deja a cuatro generales, Alejandro sale precipitadamente de Zariaspa. Una vez más se dirige hacia el Oxo, al frente de su ejército. Llega al río tras varios días de marcha y, antes de emprender sus operaciones, acampa en sus orillas. Por la noche, Ptolomeo (hijo de Lago) le despierta: su guardia personal acaba de informarle de que un chorro de aceite negro ha brotado al lado de su tienda (se trataba sin duda del actual yacimiento petrolífero de Kaudang, cerca de Termez). El adivino Aristandro, consultado sobre el valor de este presagio, dio su tradicional respuesta ambigua: aquella fuente de aceite presagiaba pruebas abrumadoras y, tras éstas, la victoria.

Alejandro divide su ejército en cinco columnas de marcha; cada una debe recorrer una región de Sogdiana y pacificarla, bien por las armas, bien consiguiendo un tratado de sumisión; dos de ellas tienen orden de operar contra los escitas maságetas, entre los que se ha refugiado Espitámenes (como le había dicho el rey de los corasmios el mes de enero anterior). Él mismo se dirige hacia Maracanda, punto de reunión de los cinco regimientos. Dividida así en zonas por las fuerzas del orden macedonio, la Sogdiana rebelde no debía resistir mucho tiempo.

Eso era no contar con la obstinación y la rapidez de reacción de su adversario. Nada más enterarse de la partida de Alejandro hacia Sogdiana, Espitámenes y algunos nobles que lo acompañan reúnen un escuadrón de seiscientos jinetes escitas y cabalgan al galope en sentido inverso, hacia Zariaspa. Cuando llegan a una de las fortalezas que guardan las fronteras de Bactriana, hacen prisionero al comandante de la plaza, que no esperaba su llegada, y matan a la guarnición. Envalentonados por el éxito, repiten la misma operación, siempre en fortalezas aisladas, y llegan a Zariaspa, la capital de la provincia. No obstante, renuncian a atacar la ciudad, sin duda bien defendida, y vuelven a tomar la ruta de Sogdiana llevándose un importante botín.

Ahora bien, en Zariaspa había un pequeño número de Compañeros que se habían quedado allí porque estaban heridos o enfermos y que ahora se encontraban restablecidos. Deciden reaccionar, enrolan a ochenta jinetes mercenarios y algunos pajes del rey y hacen una salida contra los maságetas. Sorprendidos, los escitas son destrozados o huyen, el botín es recuperado y los Compañeros vuelven en desorden a Zariaspa. Por desgracia para ellos, en ruta caen en una emboscada tendida por Espitámenes, que seguía a los escitas a distancia: siete compañeros y sesenta jinetes mercenarios resultan muertos, así como uno de los jefes de la operación, el tañedor de cítara Aristónico, que luchó con un valor que nadie hubiera esperado en un citarista; el otro jefe, Pitón, encargado de la casa del rey, fue capturado vivo y llevado prisionero por los escitas.

Estos hechos le son referidos al general Crátero, de guarnición cerca de Zariaspa; tras celebrar una reunión, sale en persecución de los escitas maságetas, que huyen hacia sus estepas. Los alcanza en las lindes del desierto, y entabla una batalla encarnizada de la que salen vencedores los macedonios, después de haber matado a 150 jinetes escitas.

Mientras tanto, Alejandro ha sido informado del golpe de mano de Espitámenes y decide acabar con este rebelde, que sigue sembrando Bactriana de sangre y fuego. El fiel general Artábazo, sátrapa de

Bactriana, decididamente demasiado viejo para guerrear, es sustituido a petición propia por Amintas, hijo de Nicolao, y el rey organiza la represión. La consigna es capturar a Espitámenes por el medio que sea. Es uno de los jefes de la Guardia Real, Ceno, quien dirige las operaciones. En cuanto a Alejandro, decide trasladar sus cuarteles de invierno en Sogdiana a Nautaca (en el emplazamiento de la moderna Darbent), a fin de asegurar la protección de la provincia y de estar en condiciones de capturar a Espitámenes durante el invierno, en el transcurso de alguno de sus desplazamientos.

Pero el sogdiano tiene la piel dura y el patriotismo en el cuerpo. A pesar de la importancia del dispositivo puesto en marcha para capturarlo, a pesar de la dureza del invierno, se mueve entre el Oxo y la Sogdiana, manteniendo la fe nacionalista de sus compatriotas. Termina el invierno y pasan la primavera y el verano. Mientras tanto, en Nautaca (véase pág. 226), a la vez que guerrea —de lejos— contra Espitámenes, Alejandro prepara con el mayor de los secretos su futura campaña, cuyo objetivo es la conquista del valle del Indo. A finales del verano de 329 a.C., Espitámenes, que ha podido pasar al territorio de los escitas maságetas (del lado del mar de Aral) y reclutar entre ellos tres mil jinetes, decide dar un gran golpe y librar batalla a Ceno. Sabe que sus guerreros maságetas, que viven como nómadas en la miseria más extrema, no tienen aldeas que proteger ni seres queridos que salvaguardar, y que pasan sin estados de ánimo de una batalla a otra porque para ellos sólo cuenta el botín, incluso aunque se reduzca a un caballo o un puñal.

Ya lo tenemos con su horda en Sogdiana. Ceno y su estado mayor han ido a su encuentro y caminan hacia él con su ejército. Los soldados macedonios conocen ahora la táctica de los escitas, que consiste en rodear a caballo a sus adversarios, lanzando gritos de guerra y acribillándolos con flechas, como los indios en los *westerns* más clásicos; ya no les asustan. La batalla tuvo lugar en alguna parte de la frontera con Sogdiana, a unos pocos kilómetros al norte del Oxo, a principios del otoño de 328 a.C. Duró su buena media jornada: Ceno perdió una docena de infantes y veinticinco jinetes; los maságetas dejaron ochocientos cadáveres en el campo y huyeron a galope tendido hacia sus desiertos, llevándose a Espitámenes consigo.

En ruta recibieron la noticia de que Alejandro había reaparecido y se dirigía también hacia el desierto. Para alejarle de su territorio y de sus ideas de venganza, decapitaron a Espitámenes, metieron la cabeza en un saco y se la enviaron al rey, a Nautaca (octubre de 328 a.C.).

Así pues, ¿qué hacía Alejandro en Nautaca (en el emplazamiento de Darbent, el actual Uzbekistán), en el año 328 a.C., en vísperas del invierno? Nuestras fuentes no dicen nada sobre este punto, ni siquiera Arriano. En el mes de febrero anterior, cuando había procedido a la división militar por zonas de Sogdiana, se había atribuido una de las cinco zonas de vigilancia de la provincia: parece que la eficacia de los generales que operaban bajo la dirección de Ceno había sido suficiente y que él no tuvo que participar en la campaña de pacificación. Sin duda estaba absorbido por la preparación de su próxima expedición conquistadora, la de India.

Según Arriano, volvemos a encontrarlo en Nautaca, «en pleno invierno». Nuestro autor nos dice brevemente que han vuelto a su lado Ceno (comandante en jefe para Sogdiana), el general Crátero, que sigue de guarnición en Zariaspa (véase pág. 324), y los sátrapas de las dos provincias persas más cercanas a Afganistán: Fratafernes, gobernador de Partia, y Estasanor, gobernador de Aria. El rey envía al primero a las riberas del Caspio, entre los mardos y los tapurios, para traer al sátrapa de esa región (Hircania) que no responde a sus convocatorias; al segundo, a Drangiana y un tercer personaje, Atrópates, a Media, donde sustituirá al sátrapa, un tal Oxidrates (Alejandro pensaba que éste trataba de perjudicarle). También procede al nombramiento de un nuevo sátrapa (Estámenes) en Babilonia, cuyo gobernador, Maceo, acaba de morir, y envía a Nautaca los nuevos contingentes que acaban de ser reclutados en Macedonia (no olvidemos que Macedonia está a más de tres mil kilómetros a vuelo de pájaro de Afganistán).

Por más secas que sean estas informaciones que nos ofrece Arriano, nos muestran que Alejandro, que está alejado de las regiones persas, es decir, del corazón del Imperio de los Aqueménidas desde hace dos años (desde diciembre de 330 a.C.), no ha perdido de vista su administración, a pesar de sus aventuras en Sogdiana, y que son persas los que nombra para los más altos cargos administrativos. Podemos deducir por tanto que se apresta a nuevas campañas, puesto que necesita tropas frescas (macedonias y no griegas) y que Sogdiana está totalmente pacificada.

¿Enteramente? Tal vez no sea seguro. A finales del invierno de 328-327 a.C. o a principios de la primavera del año 327 a.C., un gran señor feudal sogdiano, Oxiartes, ha tomado de nuevo la bandera de la resistencia nacional. Ha llamado a su lado a un gran número de sogdianos, que ha reunido en una plaza inexpugnable, la Roca de Sogdiana, encaramada en el monte Hisar (en la región de Darbent), rodeada de precipicios. Ha acumulado allí armas y provisiones, poniendo a salvo a su mujer y a sus hijas, una de las cuales, Roxana, es de una belleza que dicen resplandeciente.

Así pues, Alejandro parte con un pequeño ejército hacia la Roca de Sogdiana. Llegado a las alturas, que están cubiertas de nieve, ofrece a los defensores de la plaza una capitulación honorable: si se rinden, podrán volver a sus casas sanos y salvos. El jefe de la guarnición, un tal Ariamazes, rechaza la oferta y, riendo, invita a Alejandro a volver con soldados que tengan alas, porque hombres ordinarios nunca podrán apoderarse de la Roca.

Vejado y furioso, Alejandro promete doce talentos de oro al soldado que alcance las primeras cumbres que rodean la fortaleza. Se presentan trescientos voluntarios, que tienen experiencia en escalar montañas. Se reúnen, preparan pequeñas clavijas metálicas —las que les servían para montar y fijar sus tiendas— para clavarlas en la nieve helada o en los intersticios de las rocas; luego, una vez caída la noche, parten hacia la Roca de Sogdiana con sólidas cuerdas de lino. Al alba inician la ascensión, que se revela más difícil de lo previsto: treinta de ellos caen a los precipicios circundantes, pero los demás llegan a la cumbre sin que los sogdianos los vean. Así lo comunican a los macedonios que se han quedado al pie de la montaña, agitando banderas de lino. De inmediato Alejandro envía un heraldo hacia la fortaleza, para anunciar a los sitiados que efectivamente ha encontrado hombres con alas y que, si levantan la cabeza, podrán verlos por encima de ellos, ocupando la cima de la Roca.

Estupefactos, y convencidos de que los soldados alados de Alejandro son muy numerosos, los sogdianos se rinden en bloque y los macedonios hacen prisioneros no sólo a los guerreros que defendían la plaza, sino también a los civiles, las mujeres y los niños y, en particular, a las hijas de Oxiartes, entre ellas la hermosa Roxana. Nada más verla, Alejandro se enamora de ella, tanta era su belleza. En calidad de vencedor, tiene derecho a violarla y a llevársela a su tienda como cautiva; pero no lo hace y, lo mismo que había respetado a la mujer de Darío, respeta a la hija de Oxiartes y manda pedir a éste la mano de su hija en calidad de esposa. El jefe sogdiano, demasiado contento sin duda al ver que un asunto de guerra terminaba en un asunto de amor, capitula. Alejandro trató a su futuro suegro con los honores debidos a su rango y éste se convierte, con sus tres hijos, en uno de sus más fieles sostenes en Sogdiana.

Muerto Espitámenes, convertido Oxiartes en el aliado del Conquistador por la virtud de los hermosos ojos de Roxana, los demás señores de la provincia se sometieron, uno tras otro, al general Crátero. Por su parte, Oxiartes se encargó de convencer a los más reticentes a la sumisión, mientras sus valientes soldados se alistaban en el ejército de Alejandro, que en adelante contará, al lado de los macedonios, los mercenarios griegos, los tracios y los tesalios, con la flor y nata de los guerreros de Bactriana, de Sogdiana e incluso de Escitia.

Estamos a principios del mes de junio del año 327 a.C. La guerra afgana había sido la más larga y dura de las campañas de Alejandro: había durado un año. La paz reinaba ahora en el Imperio de los Aqueménidas, y el macedonio, que ya merece el sobrenombre de «Conquistador», podía pensar por fin en su última conquista, aquella que, según creía él, iba a llevarle al fin del mundo habitado: la conquista de India.

3. *La locura asesina de Alejandro*

No obstante, antes de seguir a Alejandro el Conquistador por la ruta de las Indias, tenemos que retroceder un año, al mes de junio del 328 a.C., para evocar y tratar de comprender lo que ciertos historiadores denominan la «crisis asiática», que había sido anunciada por la conjura de Filotas en diciembre de 330 a.C.

Como ya hemos señalado, la orientalización del comportamiento de Alejandro a principios del año 328 a.C. habría creado un malentendido entre el rey y los suyos, ya fuesen griegos o macedonios. Estos últimos le habían visto con amargura introducir en la corte un ceremonial exótico cuando menos chocante, si no humillante, admitir al hermano mismo de Darío entre los Compañeros de Macedonia y llegar incluso a firmar con el sello del Gran Rey los tratados y las actas relativas a los países conquistados. Por otro lado, durante los consejos de guerra los generales sufrían en silencio tener que hablar como cortesanos y no como generales; todos habían resultado emocionados e incluso irritados en particular por la condena a muerte de Parmenión, dos años antes, que muchos consideraban un asesinato disfrazado (véase pág. 300-301), y, para muchos otros, el proceso y la condena a muerte de Filotas les habían parecido demasiado expeditivos.

Pero los asuntos de Sogdiana habían hecho olvidar todo eso. Por primera vez desde que seis años antes había atravesado el Helesponto, Alejandro había sido puesto en jaque por un enemigo que, rechazando las batallas campales en que sobresalía su ejército, había adoptado una estrategia de guerrilla que terminaba ridiculizándolo. ¿Qué se había hecho del invencible macedonio? En junio de 328 a.C., un año después de la caída de Maracanda, la capital de Sogdiana, el inasequible Espitámenes, con sus golpes de mano, su imaginación guerrera y la rapidez de sus desplazamientos, seguía hostigando al ejército macedonio. Y mientras tanto, Alejandro mimaba a los señores sogdianos, nombraba a algunos de ellos para los más altos cargos del Imperio e instituía en la corte el rito de la *proskynesis* (pág. 319). La mentalidad racionalista de los griegos no comprendía nada de esa forma de actuar, que les parecía indigna de un vencedor.

La crisis empezó en junio del año 328 a.C., en Maracanda (Samarcanda), la capital de Sogdiana.

Todos los años, al acercarse el solsticio de verano, los macedonios solían ofrecer sacrificios a Dioniso, el dios de la vid. Ahora bien, ese año Alejandro se había despreocupado de ese dios y había dedicado los sacrificios a los Dioscuros, Cástor y Pólux, los gemelos nacidos de los amores de Zeus y la mortal Leda, con los que sentía cierta afinidad: ¿no era también él fruto de los amores de Zeus con la mortal Olimpia? ¿Y no era como ellos un ardiente luchador? Todo el mundo estaba contento. Se produjo sin embargo un ligero incidente. Unos marineros habían ofrecido frutas a Alejandro, que había invitado a su amigo Clito a saborearlas con él (Kleitos, llamado Clito el Negro, era el hermano de su nodriza Lanice: mandaba ahora su caballería con el grado de hiparca).

Este último abandona el sacrificio que está haciendo y se dirige a casa del rey. Pero tres de los corderos que están a punto de ser inmolados escapan. El adivino Aristandro hace observar a Alejandro que es un mal presagio, que hay que repararlo inmediatamente procediendo a otro sacrificio. El rey obedece, luego se come las frutas con Clito, no sin cierta angustia: acaba de recordar un sueño que había tenido la víspera, en que había visto al hiparca, vestido de negro, sentado entre los dos hijos de Parmenión (Nicanor y Filotas) que perdían su sangre.

Después de los sacrificios hubo juegos y concursos y, por la noche, como todas las noches desde hacía algún tiempo, hubo un banquete muy bien rociado de vino en los aposentos de Alejandro. La juerga se prolongó hasta bien entrada la noche: la borrachera era una tradición macedonia. Fueron a hablarle de los Dioscuros, y algunos asistentes, por halagar al rey, afirmaron perentoriamente que las proezas de Cástor y Pólux no eran nada comparadas con las hazañas de Alejandro, que desde luego bien merecía recibir en vida honores semejantes a los que se otorgaban a los fabulosos gemelos.

Estas palabras tuvieron por efecto poner nervioso a Clito, que ya estaba molesto con su rey y amigo porque había introducido el ceremonial persa en la corte de Macedonia. Como era franco, declaró en voz alta e inteligible que no toleraba que se insultase a los héroes de antaño rebajando sus méritos, y que los aduladores harían mejor callando: Alejandro no había realizado solo las hazañas de que hablaban, los soldados macedonios también habían participado en ellas. Tras esto, los aduladores empiezan a celebrar las proezas de Filipo II, y Clito, totalmente borracho y sin control alguno, las aprueba, sigue rebajando los méritos de Alejandro y comparándolo con su padre. Por fin, mostrando su mano derecha, exclama con fanfarronería: «¡Ésta es la mano que te salvó la vida en la batalla del Gránico, Alejandro! Sigue hablando así, ¡pero no vuelvas a invitar a hombres libres a tu mesa! ¡Quédate con estos bárbaros y estos esclavos que besan la orla de tu túnica blanca y se postran ante tu cinturón persa!»

Alejandro, igual de borracho que Clito, salta de su lecho para golpearle, pero sus compañeros de borrachera lo retienen y esconden las armas para evitar un drama. Él los insulta, consigue escapar, arranca su lanza —una jabalina o una *sarisa*, no se sabe— a uno de los guardias de corps y traspasa a Clito, que cae al suelo, muerto en el acto.

Esta versión es la de Arriano. Aristóbulo de Casandra da otra algo diferente. Los asistentes habrían arrastrado a Clito afuera para poner fin al altercado, y Alejandro habría pedido a sus guardias que tocasen alarma y lo alcanzasen; como nadie se movía, habría exclamado:

—¡Soy como Darío cuando fue raptado por Beso y sus cómplices y ya no le quedaba otra cosa que su título de rey! ¡Y a mí es Clito el que me traiciona, Clito, que me lo debe todo!

Al oír gritar su nombre, Clito se libera de los brazos que lo retienen, entra en la sala del banquete por otra puerta y habría gritado, con tono de desafío:

—¡Aquí está Clito, oh Alejandro!

Y habría declamado los célebres versos de Eurípides:

Fueron los soldados los que con su sangre conquistaron la victoria,
mas el honor recae sobre su jefe triunfador,
en la cumbre de las grandezas, desprecia al pueblo,
él, que sin embargo no es nada sin él...

Fue entonces cuando Alejandro, irritado por este último insulto, habría arrancado una jabalina de las manos de un guardia y habría traspasado a Clito.

Sea como fuere, este gesto horrible le quitó la borrachera. Invadido por el dolor y la desesperación, retira llorando el arma del pecho de su amigo, clava el asta en un tabique y se precipita sobre su hoja, para darse muerte sobre el cadáver de Clito. Sus allegados consiguen impedírselo, lo llevan a su tienda y lo tienden en la cama, donde permanece llorando, llamando a Clito y a Lanice, la hermana de su amigo, que había sido su nodriza: «Ella ha visto morir en combate a sus propios hijos por mí, y yo, Alejandro, acabo de matar a su hijo con mi propia mano», solloza. Y no cesa de tratarse de asesino y de llamar a la muerte. Durante tres días y tres noches permanece así prosternado, llorando sobre el cadáver de Clito, sin comer, sin beber, sin dormir.

Luego los adivinos y sacerdotes fueron para dar sentenciosamente su explicación del drama. Para ellos, Alejandro sólo era culpable de una cosa: de haber ofrecido un sacrificio a los Dioscuros y haber olvidado a Dioniso, que se había vengado en el desdichado Clito. También se vio llegar al inevitable intelectual griego, gran maestro en sofística, un tal Anaxarco, que expuso una peligrosa teoría, como todos los que quieren explicar lo inexplicable: «¿Sabes por qué los antiguos filósofos sentaron a la justicia al lado de Zeus? —le dice a Alejandro—. Porque todo lo que es decidido por Zeus se cumple con Justicia. Del mismo modo, todas las acciones de un Gran Rey son necesariamente justas.»

A lo que Arriano replica con claridad:

> Se pretende que al pronunciar estas palabras Anaxarco aportó un consuelo a Alejandro. Sin embargo, yo afirmo que le hizo mucho mal, un mal todavía mayor que aquel que lo abrumaba, al presentarle como verdadera y sabia la opinión de que hay que considerar como justo todo lo que a un rey se le ocurre hacer, y que no tiene que justificarlo.
>
> *Op. cit.*, IV, 9, 7-9.

Y nuestro biógrafo afirma que apoyándose en esa enseñanza de Anaxarco, que puede resumirse mediante la fórmula de sobra conocida: «Es legal porque yo lo digo», Alejandro tuvo la extravagante idea de imponer la *proskynesis* a sus súbditos, medas, persas, macedonios o griegos.

Cuando se hubo secado las lágrimas, y mientras sus generales seguían hostigando a Espitámenes por toda Sogdiana, Alejandro se aísla, bien en Nautaca, bien en Maracanda, para pensar en su próxima expedición a India. Tal vez lee a algunos de aquellos logógrafos jonios que habrían podido recoger informaciones fragmentarias sobre el valle del Indo y las comarcas que se extendían al este de ese río, o bien interroga a mercaderes o caravaneros. También piensa en la administración de su imperio, en el hecho de que quizá podría no volver a Macedonia y convertirse en un nuevo emperador persa, que ningún griego moralizador iría a molestarle con consideraciones fuera de lugar sobre la democracia.

La obsesión de la *proskynesis* le persigue. Sabe que ni los griegos ni los macedonios la admitirán fácilmente, y querría hacer entrar en razón a los «intelectuales» de su entorno, confrontándolos con sus homólogos persas o medos. Con este fin, organiza una conferencia sobre el tema, en la que participan Anaxarco, el sofista adulador, Calístenes y el sobrino mismo de Aristóteles, Calístenes de Olinto, su biógrafo oficial (véase pág. 16), así como medos y persas ilustres, y Compañeros. El resultado, tal como la cuenta Arriano, fue el siguiente (*op. cit.*, IV, 10-12).

Anaxarco inicia la discusión: «Es mucho más legítimo decir de Alejandro que es un dios para Macedonia que afirmarlo de Dioniso o de Heracles. No sólo debido al número y la calidad de las proezas realizadas por el rey, sino porque ni Dioniso, oriundo de Tebas, ni Heracles, oriundo de Argos, tienen relación alguna con Macedonia. Es por tanto más lógico para un macedonio otorgar a su propio rey los honores debidos a los dioses. Además, cuando Alejandro desaparezca, está fuera de duda que sus súbditos lo convertirán en un dios: ¿por qué no honrarlo como tal en vida?»

Los medos y los persas presentes en torno a la mesa aplauden estas palabras, lo mismo que la cohorte de aduladores que rodea a Alejandro. Pero la mayoría de los macedonios no aprueban esta forma de ver, y guardan silencio. Toma entonces la palabra Calístenes: «Los hombres han instituido numerosas distinciones entre los honores que convienen a los mortales y los que convienen a los dioses. Para éstos construimos templos, elevamos estatuas, reservamos territorios sagrados, ofrecemos sacrificios y libaciones, escribimos himnos y peanes, y ante ellos nos prosternamos. Para los humanos, elevamos una estela o una estatua, escribimos elogios, pero nada más y, cuando estamos ante ellos, los saludamos o les damos un beso. Puede decirse incluso que los héroes son objeto además de otros honores. No es razonable alterar todo esto, porque otorgar a los hombres los mismos honores que a los dioses supone rebajar a estos últimos, lo cual es sacrilegio. —Y añade un argumento político—: A Alejandro le indignaría, y con razón, que un simple particular se haga nombrar rey y honrar como tal por simple elección; ¡cuánto más legítima sería la indignación de los dioses viendo a hombres atribuirse honores divinos! Sería un comportamiento bueno para bárbaros, y nosotros no somos bárbaros. Y tú, Alejandro, recuerda que has emprendido esta expedición en territorio bárbaro para trasladar a él los valores de nuestra civilización, no para renegar de ellos. Y si hemos de pensar como bárbaros, porque estamos en territorio bárbaro, entonces yo, Calístenes, te pregunto, Alejandro, cuando vuelvas a Grecia, ¿crees que podrás hacer que se prosternen ante ti los helenos y los macedonios? —Y concluyó con una comparación histórica—: Nos cuentan que Ciro, hijo de Cambises, fue el primer hombre ante el que se postraron y que luego esa humillación se mantuvo entre los medos y los persas. Pero ¿debo recordar que ese Ciro fue castigado por los escitas, un pueblo pobre e independiente, y que lo mismo ocurrió con Darío, que Jerjes, su sucesor, fue derrotado por los atenienses y los lacedemonios, y que ese pobre Darío III fue aplastado por Alejandro, ante quien nunca se ha prosternado nadie?»

Este discurso causó gran impresión y Alejandro se dio cuenta de que era lo que pensaban los macedonios. Así pues, hizo saber que, en adelante, no volvería a hablarse de prosternación. Luego hizo un brindis bebiendo (vino, por supuesto) en una copa de oro, que hizo circular, empezando por los que estaban de acuerdo con él. Los partidarios de la prosternación se levantan uno tras otro y todos beben, se prosternan y reciben un beso de Alejandro. Cuando le tocó el turno a Calístenes, éste se levanta, bebe en la copa, no se prosterna y se dirige hacia Alejandro para besarle. El rey, que hablaba con uno de sus Compañeros, no había visto que el rito había sido respetado y se preparaba para dar un beso a Calístenes, cuando un joven Compañero le hizo observar que Calístenes no se había prosternado. El rey se niega a besarle, y Calístenes dice, con una sonrisa: «Soy libre por perder un beso.»

Perdió más que un beso: perdería la vida; poco tiempo después, Alejandro lo acusó de ser el instigador de lo que se llama la conjura de los pajes, mandándolo colgar después de haberlo torturado.

En Macedonia, desde tiempos de Filipo II, los hijos de los nobles y los altos personajes eran adscritos al servicio del rey cuando alcanzaban la edad de la adolescencia; los llamaban «niños reales» o «pajes». Su servicio consistía, sobre todo, en velar el sueño del rey, en ayudarlo a montar en su caballo cuando iba de caza o a la guerra y en seguirle en las cacerías. Durante una batida de jabalí, uno de ellos, llamado Hermolao, cometió el error de matar un jabalí delante del rey, a quien estaba destinado. Para castigarle, Alejandro le privó de caballo y mandó que lo azotasen con vergas. Por la noche, en el dormitorio de los pajes, se habla mucho: Hermolao cuenta a cuatro de sus camaradas cómo ha sido humillado por el rey, afirma que desea vengarse y les pide su ayuda.

Entre los cinco adolescentes se esboza una conspiración: la noche en que uno de ellos (Antípatro) esté de guardia, los otros cuatro penetrarán en la cámara real y degollarán al rey mientras duerme. Pero cuando esa noche llega, Alejandro no vuelve a su cuarto: escapa pues a la trampa y, al día siguiente, uno de los pajes no puede contener la lengua, cuenta el proyecto a otro de sus camaradas, que se lo dice a otro, éste a un tercero y así sucesivamente; finalmente, uno de los lugartenientes de Alejandro, Ptolomeo hijo de Lago, se entera, y le cuenta todo al rey, que ordena detener a los pajes. Los jóvenes son torturados, dan los nombres de sus cómplices y son condenados a muerte por lapidación.

Según Arriano, ciertos autores (que no cita) pretenden que el joven Hermolao habría declarado haber obrado en interés de todos, porque era imposible que un hombre enamorado de la libertad soportase la desmesura de Alejandro, y habría enumerado todo lo que podía reprochársele (la muerte injusta de Filotas, el asesinato de Parmenión, el asesinato de Clito durante una crisis etílica, la adopción de la túnica de los reyes de Persia, la *proskynesis*, las borracheras demasiado frecuentes).

Resultaba además que Alejandro conocía las relaciones existentes entre Hermolao y Calístenes. Hizo detener a este último, pero como Calístenes era griego no podía ser juzgado por un tribunal militar macedonio; así pues, se le mantuvo encarcelado, y se ignora lo que fue de él (¿ahorcado después de haber sido torturado?, ¿muerto en prisión?, ¿muerto de enfermedad?). Más tarde, los peripatéticos lo convirtieron en un mártir de la libertad inmolado por un tirano, opinión que fue rescatada por Séneca y, en los tiempos modernos, por Montesquieu:

Cuando Alejandro destruyó el imperio de los persas, quiso que se creyese que era hijo de Júpiter. Los macedonios estaban indignados al ver a ese príncipe avergonzarse de haber tenido por padre a Filipo: su descontento aumentó cuando le vieron adoptar las costumbres, la vestimenta y los modales de los persas; y todos ellos se reprochaban haber hecho tanto por un hombre que empezaba a despreciarlos. Pero en el ejército se murmuraba, y no se hablaba.

Un filósofo llamado Calístenes había seguido al rey en su expedición. Un día que lo saludó a la manera de los griegos: «¿Por qué —le dijo Alejandro— no me adoras?» «Señor —le dijo Calístenes—, sois jefe de dos naciones; una [*Persia*], esclava antes de que vos la sometieseis, no lo está menos desde que vos la habéis vencido; la otra [*Grecia*], libre antes de que os sirviese para conseguir tantas victorias, lo es también desde que las habéis conseguido. Yo soy griego, señor; y vos habéis elevado tan alto ese título que ya no nos está permitido envilecerlo sin perjudicaros.»

Los vicios de Alejandro eran extremos lo mismo que sus virtudes; era terrible en su cólera, que lo hacía cruel. Mandó cortar los pies, la nariz y las orejas a Calístenes, ordenó que lo metiesen en una jaula de hierro, y de esta guisa lo hizo llevar detrás de su ejército.

MONTESQUIEU, *Lysimaque*,
publicado en *Le Mercure de France* de diciembre de 1754.

Alejandro inmoló a Calístenes a su delirio, pero tuvo el reflejo político de no volver a exigir la *proskynesis* ni a macedonios ni a griegos.

XIV

El sueño indio
(8.º año de guerra en Asia: 327 a.C.)

La India de Alejandro es, de hecho, el moderno Pakistán. — ¿Por qué partió Alejandro a la conquista de India? — Preparación de la expedición (primeros meses del año 327). — Salida de Bactra (primavera de 327). — Estancia en Alejandría del Cáucaso (verano de 327). — El gran ejército penetra en India por el paso de Khaybar (principios de otoño de 327). — Alejandro pacifica las montañas del Gandhara: los aspasios, los gureos, los asacenos (otoño de 327). — Toma de la Roca de Aornos (otoño de 327). — Toma de Dirta (finales de otoño de 327). — Invernada en las riberas del Indo (invierno de 327-326).

Lo que los antiguos griegos llamaban «India» no era el enorme subcontinente indio, cuya existencia ni siquiera sospechaban. Se trataba tan sólo de la cuenca del Indo, aprisionada entre las altas montañas del Hindu-Kush y el Beluchistán por el oeste, y el desierto de Tar (250.000 km^2 de superficie) por el este; dicho en otros términos, el actual Pakistán. Desconocían la parte peninsular de la India, tanto el valle del Ganges como el Decán: marchando hacia el Indo, Alejandro pensaba que iba a alcanzar el fin del mundo, el mar Oriental, y, más allá, el océano en que ese mar desemboca.

Esta «India» era vagamente conocida por los relatos de tres autores que Alejandro debió de leer cuando pensaba en extender su Imperio persa hasta el país de los indios: el viajero jonio Hecateo de Mileto (siglo VI a.C.), que lo visitó durante su periplo por Persia y del que dejó una descripción en su *Periégesis* («Viaje alrededor del mundo»); el historiador y geógrafo Herodoto (484-425 a.C.), que en sus *Historias* no habla de esa India sino de oídas; el médico Ctesias de Cnido (405-398/397 a.C.), que estuvo adscrito a Ciro el Joven y luego a Artajerjes II, autor de escritos sobre Persia (los *Persika*) y sobre India (los *Indika*). Las regiones en que se desarrollaron sus operaciones fueron las llanuras al oeste del Indo (la actual North West Frontier Province, o NWFP), el Beluchistán, el Punjab y el Sind.

1. *La India de Alejandro*

La India —es decir, de hecho la cuenca del Indo— en que penetró Alejandro a principios del otoño del año 327 a.C., y donde dio vueltas y batalló hasta finales del verano del año siguiente, nos ha sido descrita por Arriano, su biógrafo, en un apéndice a su *Anábasis* titulada *La India.* No hay que olvidar que Arriano escribe cinco siglos después de la muerte de Alejandro, y que no visitó ese país. Escribe a partir de los autores antiguos, que nos cita: el viajero griego Megástenes, que entre los años 302 y 297 a.C. fue encargado por el emperador persa Seleuco (fundador de la dinastía de los seléucidas, que reinó en Persia desde 301 a 64 a.C.) de varias misiones ante el rey indio Chandragupta; Eratóstenes (275-194 a.C.), fundador de la geografía matemática; y Nearco, el almirante de Alejandro, a quien éste encargó llevar su flota desde el golfo Pérsico a Grecia y que relató su periplo por el océano Índico.

Esta «India» empieza, de hecho, en el Indo; las montañas y las llanuras del Beluchistán (que forman parte del actual Pakistán y de la región que se extiende entre Kabul y el Indo, bordeada por el río de Kabul, de 700 kilómetros de largo y que desemboca en el Indo) tampoco forman parte de ella. Arriano es riguroso: «Así pues llamaré "India" —nos dice— al territorio al este del Indo, e "indios" a los que lo habitan.» El límite septentrional de esta pequeña «India» que empieza en el Indo son las altas montañas que los griegos llamaban el «Cáucaso» (que no tiene nada que ver con nuestro moderno Cáucaso; lo distinguiremos llamándolo «Cáucaso indio»); termina a unos 2.000 kilómetros más al este por el mar Oriental (el océano Índico de nuestros atlas modernos) y 2.500 kilómetros más al sur por el mismo mar, en el que el Indo desemboca mediante un delta, comparable según Arriano al Nilo egipcio, y que los autóctonos llaman Pátala.

Los antiguos griegos no sabían nada más sobre esta India del Indo, e ignoraban todo lo demás de la península. Cinco siglos después de Alejandro, Arriano posee algunos datos más: conoce la existencia del Ganges, y de una «multitud» de ríos, cincuenta de los cuales son navegables y todos muy largos, según él, aunque se equivoca cuando afirma que el Indo y el Ganges son más largos que el Nilo. Arriano también conoce la existencia del régimen de los monzones: India, escribe, recibe durante el verano «masas de lluvia»; sabe que la población de India es muy densa, que implica un grandísimo número de tribus, que las ciudades son innumerables, que sus habitantes están divididos en castas y hablan lenguas diversas. Nos informa de que entre ellos hay ciudadanos comerciantes, agricultores pacíficos y montañeses salvajes, pero que los indios nunca guerrearon contra ningún pueblo, y que ningún pueblo guerreó contra ellos antes de los persas y de Alejandro. Por último, Arriano da crédito a la leyenda que atribuye a Dioniso la introducción de la civilización y la religión en India y menciona la presencia de estados rivales, gobernados por reyes.

Alejandro estaba lejos de saber tanto. Sólo tenía ideas muy vagas sobre la geografía y el clima del país, sabía que en él se practicaba el culto a Dioniso, y había oído hablar a viajeros sogdianos de un rey llamado Poro que poseía un vasto y fértil reino cerca del río Hidaspes, afluente de la orilla izquierda del Indo. Todo esto no constituía motivo suficiente para partir a la conquista de un país desconocido.

Así pues, ¿por qué Alejandro, que había alcanzado sus objetivos tras volverse amo absoluto del Imperio de los Aqueménidas, que se había apoderado de todos sus territorios y sus tesoros, que se había convertido en un nuevo Gran Rey respetado por todos, que había llegado a crear una dinastía, puesto que su mujer, la persa Barsine —con la que se había casado después de Isos—, acababa de darle un hijo, Heracles (nacido a principios del año 327 a.C.), tuvo necesidad de montar una expedición hacia India que amenazaba con provocar cierto enfado entre sus tropas e incluso entre sus allegados? Ocho años antes, los macedonios habían salido de su tierra para castigar a Darío III, y Darío había sido castigado; Alejandro los había convencido para castigar luego a Beso, que había asesinado a Darío, y Beso había sido castigado; también había prometido vengar a los atenienses, cuyos templos habían incendiado en el pasado los persas, además de haber ofendido a sus dioses, y los atenienses habían sido vengados mediante el incendio de Persépolis; no podía volver a Grecia sin asegurarse de que Persia le obedecería en adelante desde lejos, y había exterminado o ganado para su causa a todos los señores persas susceptibles de levantar, tras su partida, el estandarte de la revancha: había amordazado todas las oposiciones en Bactriana y Sogdiana.

En resumen, no tenía nada ni a nadie que temer. Los persas que se alistaban en su ejército le eran fieles. Ni Macedonia ni Grecia tenían ya nada que temer del ex Imperio persa: había llegado el momento de hacer las maletas y recuperar las riberas palpitantes del Mediterráneo, las discusiones en el ágora, los Juegos de Olimpia, los perfumes de Grecia, los favoritos de Atenas, las prostitutas de la acrópolis, los doctos filósofos que enseñaban bajo los pórticos, las justas oratorias, los placeres del teatro, en resumen recuperar de nuevo la civilización. ¿Por qué este joven a quien ya nadie podía dirigir la palabra sin prosternarse, que entraba en terribles crisis de cólera cuando no se compartía su opinión, que no dudaba en matar a sus amigos más queridos, que se había proclamado dios, que ya no tenía sentido de la realidad ni de los sentimientos, quería partir hacia aquella India desconocida?

Todas las razones que han propuesto los historiadores pasados o presentes para explicar esa bulimia de conquistas resultan poco satisfactorias.

El gusto por lo maravilloso y por la aventura, dicen a veces, asociado a cierta curiosidad geográfica, teñida de misticismo: ¿no es el descendiente de Hércules y no debe demostrarlo realizando hechos que ningún mortal hizo jamás?

Pero este gusto de un hombre solo, que había alcanzado los objetivos racionales y realistas que se había fijado, ¿merecía correr los riesgos de un gran ejército agotado en marcha hacia un país desconocido, con desprecio de las responsabilidades elementales que incumben a un jefe de Estado? Alejandro había destruido un edificio político y militar equilibrado que se llamaba Imperio persa; lo había sustituido por un edificio idéntico, o al menos semejante, que se llamaba Imperio macedonio. Sin embargo, mientras que el primero se apoyaba en fundamentos seculares, el del macedonio era totalmente nuevo. El Imperio macedonio no tenía leyes, ni tradiciones, ni siquiera religión nacional en una época en que la religión era un cimiento fundamental: puesto que era joven y todopoderoso, puesto que estaba rodeado de consejeros avisados, de filósofos, de tantos intelectuales helenos expertos en el arte de construir sistemas políticos, ¿a qué esperaba Alejandro para edificar algo duradero, en lugar de partir una vez más hacia una cabalgada sanguinaria en países desconocidos, rumbo a pueblos que no amenazaban su Imperio, si es que puede llamarse así a un universo humano tan polimorfo y potencialmente inestable y frágil como el Imperio persa, cuyos fragmentos acababa de recoger?

La explicación más verosímil es quizá la más prosaica. A saber, que Alejandro pasó brutalmente, a raíz de una crisis original, de un comportamiento «normal», en relación con la realidad a un comportamiento «patológico» en relación con sus pulsiones. Ya hemos evocado este problema y hemos explicado las conductas contradictorias de Alejandro como resultado de una pérdida de control efímero del sentido de la realidad en provecho del polo pulsional de su personalidad —el ello, como lo llama Freud—, lo cual nos permite calificar estas conductas de psicoides (es decir, que se parecen a conductas psicóticas, a «crisis», sin implicar por ello una psicosis permanente). Volveremos sobre este análisis en nuestra *Conclusión* (véase más adelante, págs. 435 y ss.).

Ahora bien, desde hace dos años Alejandro consigue controlar cada vez menos la realidad que le rodea y plegarla a las exigencias del polo pulsional de su realidad, por lo que las conductas de esta clase se multiplican: las torturas infligidas a Beso antes de su ejecución, las matanzas de los sogdianos rebeldes y los escitas, el asesinato de Clito, la conjura de los pajes, la obsesión de la *proskynesis*, todo esto no tiene nada que ver con un comportamiento positivo relacionado con una realidad hostil. En otros términos, con la ayuda del etilismo Alejandro va hundiéndose lentamente, pero con seguridad, en una psicosis de agresión o destrucción. Se convierte en lo que en el pasado se llamaba un «loco» y en nuestros días un psicótico. Frente a lo real, unas veces lo destruye y otras delira.

Así pues, nada puede impedirle ya embarcarse en esa loca aventura india, puesto que no tiene en cuenta las realidades: ni el hecho de que, bajo esas latitudes, partir en campaña en la estación cálida es un error de bulto, ni los riesgos de motín de un ejército para el que esa expedición carecía de interés —no había nada que saquear— ni razón de ser. Y, a pesar de los problemas que puede causarle Sogdiana si se aleja de ella, a pesar del descontento de sus soldados, va a pasar los primeros meses del año 327 a.C. formando un nuevo gran ejército, muy distinto, como veremos, del ejército con el que había salido de Anfípolis siete años antes.

La satrapía más cercana a India, o al menos aquella por la que pasaba la ruta que va de Bactriana al Indo, era la de Parapamísada, que deriva su nombre del conjunto montañoso que la cubre, unido al macizo del Hindu-Kush (se trata de la actual provincia del Kabulistán, en Afganistán). Alejandro había fundado ahí dos años antes, en la primavera de 329 a.C., la ciudad-guarnición de Alejandría del Cáucaso (del Cáucaso indio, por supuesto), que debía servir de base de partida a su campaña de India.

Cuando se encontraba en Bactra, situada a unos 250 kilómetros de Alejandría del Cáucaso, el rey ya había tenido ocasión de entablar relaciones con los señores asentados en el valle del Indo. De ahí que tuviese en su entorno un príncipe indio llamado Sisicoto, que había huido con Beso a Bactriana y después se había unido al macedonio, a quien desde entonces servía con toda lealtad. Alejandro también había entrado en contacto con Taxiles, rey de Taxila (cuando se convertían en reyes, los soberanos indios tomaban el nombre de su país), un reino indio situado en la ribera izquierda del Indo, entre éste y uno de sus afluentes, el Hidaspes (el Jhelum moderno). Este monarca le había enviado emisarios a los que había interrogado sobre el Punjab, un país llano y fértil situado entre el Himalaya, el Indo y el desierto de Tar. Este nombre significaba «el país de los cinco ríos», según le habían dicho los embajadores, y a ellos debía su fertilidad el Punjab, que era tan grande como la satrapía de Egipto. Taxiles estaba en guerra con varios vecinos suyos, en particular con el rey Poro, que gobernaba el país de Paura, y había propuesto a Alejandro montar una expedición conjunta contra ese soberano.

En función de las informaciones que había recogido, Alejandro había formado un ejército mucho más numeroso que aquel con el que había desembarcado en Asia Menor en el año 334 a.C., no sólo porque le habían dicho que los indios eran muy numerosos, sino también porque muchos de sus soldados habían regresado a Macedonia o Grecia, o estaban inmovilizados en las guarniciones de Bactriana y Sogdiana, donde amenazaban con provocar motines en cuanto les diese la espalda.

Cuando a finales de la primavera de 327 a.C. salió de Bactra, iba al frente de un enorme ejército cosmopolita de unos 120.000 infantes y 15.000 jinetes (según Plutarco), en el que había, además de macedonios, griegos y tracios, soldados procedentes de todas las partes del Imperio: jinetes de Bactriana y Sogdiana, marineros de Fenicia, de Egipto y Chipre, que el rey necesitará para descender por el Indo. Europeos y asiáticos, olvidando sus feroces enfrentamientos, ya no son enemigos: van a combatir a las órdenes de un mismo jefe, a quien muchos ven como un nuevo Gran Rey, para recuperar de los indios las provincias perdidas por los últimos Aqueménidas.

En efecto, en el pasado, India (entiéndase: la cuenca del Indo) había pertenecido a Persia. El gran rey Ciro el Grande (558-528 a.C.) había conquistado la provincia de Gandhara, es decir, el valle del río Kabul hasta el Indo, y la parte occidental del Punjab, así como la región de Quetta. Luego Darío I (521-486 a.C.) había conquistado el Sind (el valle inferior del Indo, entre Hiderabad y Karachi), y su flota había llegado a descender por el Indo hasta su delta. Pero sus sucesores habían sido incapaces de mantenerse en los territorios indios, las poblaciones del Sind y el Punjab se habían liberado del dominio persa, y ahora eran los montañeses del Himalaya los que amenazaban permanentemente las satrapías del noreste del Imperio. Así pues, era a una guerra de reconquista a lo que Alejandro invitaba a los pueblos persas, y la alianza con Taxiles, cuyo reino se adentraba en el Punjab, volvía posible la empresa: «¡Marcharemos sobre los pasos de Darío I!», había podido decir Alejandro a los señores de Bactriana y de Sogdiana.

La estructura del ejército también fue modificada. La Guardia Real es distinta de la caballería de los Compañeros y se halla bajo las órdenes directas de Alejandro; los Compañeros están repartidos en cuatro unidades de mil jinetes (cuatro *hiparquías*) en lugar de dos, bajo las órdenes de cuatro hiparcas: Hefestión, Perdicas, Crátero y Demetrio; aparecen además divisiones de lanzadores de jabalina y arqueros a caballo (Alejandro había descubierto la eficacia de los arqueros escitas). Estas innovaciones tienen por objetivo multiplicar los elementos móviles; por lo demás, las unidades de infantería y caballería ligera siguen sin cambios, salvo en su número.

Con un ejército semejante, Alejandro está seguro de conquistar «su India» y de marchar hacia el este hasta alcanzar el gran mar Oriental, en cuyas riberas termina por el este el mundo habitado.

2. *La campaña de 327 a.C.: de Bactra a Dirta*

A finales de la primavera o a principios de verano de 327 a.C., Alejandro sale de Bactra, la capital de Bactriana, donde han sido reunidas sus fuerzas, y el gran ejército avanza por la ruta que lleva a la barrera montañosa del Hindu-Kush y, al otro lado de la misma, a Alejandría del Cáucaso. Para cubrirse las espaldas, deja a Amintas, hijo de Nicolao, en Bactriana, con 10.000 infantes y 3.500 jinetes.

Alejandro marcha a buen paso. Cruza Aornos, Drapsaco y franquea por segunda vez el Hindu-Kush, que en abril de 329 a.C. ya había franqueado en sentido contrario, por otro paso, más directo que a la ida. Diez días después de su salida, está en Alejandría del Cáucaso, capital de la satrapía de Parapámiso. Allí Alejandro cumple su oficio de rey: releva del mando al gobernador de la ciudad, cuya administración se considera defectuosa, y reemplaza también al sátrapa en funciones (ambos eran iraníes, los sustituye por otros iraníes).

Hasta finales del verano, mientras sus tropas vivaquean tranquilamente, merodea por la región, ofrece un sacrificio solemne a Atenea y se informa sobre el mejor itinerario a seguir para penetrar en India. A su lado está, para aconsejarle, el príncipe Sisicoto (véase más arriba, pág. 344), y es en Alejandría del Cáucaso donde conoce a otro indio, Taxiles, que le habla de su conflicto con el príncipe Poro, le propone su alianza y le promete veinticinco elefantes.

Alejandro traza su plan de campaña con sus informadores, sus aliados y sus generales. La ruta directa que lleva al Indo sigue las riberas del río Cofén (actualmente el río Kabul, que cruza la ciudad de ese nombre), pero pasa por Gandhara, una región erizada de montañas pobladas por tribus particularmente belicosas. Así pues, divide su ejército en dos columnas: una, mandada por Hefestión y Perdicas, partirá en dirección al Indo, siguiendo el Cofén, penetrará en India por el paso de Khyber (o Khaybar; es un desfiladero estrecho y célebre, que une Afganistán con Pakistán y por el que actualmente pasa la vía férrea Kabul-Rawalpindi-Lahore, donde en 1842 un ejército británico fue sorprendido en una trampa y masacrado por los afganos) y pacificará la ruta del Gandhara; él, con la otra columna, tomará el camino de las montañas circundantes, para someter a sus poblaciones y así poner el ejército de sus dos lugartenientes al abrigo de los ataques de flanco o de las emboscadas.

Todo esto no se hizo sin combates, como es lógico, y los más duros fueron librados por Alejandro en las montañas del Gandhara. Hefestión y Perdicas, en cambio, llegaron sin obstáculos a las orillas del Indo y, mientras esperaban la llegada de su jefe, empezaron a construir un puente para pasar el río.

El jefe se hace esperar. La travesía de los cantones montañosos se ha vuelto peligrosa no sólo por la presencia de poblaciones hostiles, sino también por la topografía del lugar. En efecto, entre el Hindu-Kush y el Indo, el Cofén recibe, por su orilla izquierda, una serie de afluentes que delimitan territorios en los que viven unas tribus particularmente turbulentas, que conocen la montaña a la perfección y son expertas en golpes de mano sangrientos. Alejandro va a tener que batirse contra poblaciones indias cuyos nombres nos dicen las fuentes: los aspasios, los gureos, los asacenos. Los combates son largos y sangrientos porque estos adversarios son valientes y experimentados, pero no tienen tamaño suficiente para batirse con el ejército macedonio.

Alejandro asola primero el país de los aspasios que huyen delante de él, quemando sus aldeas y sus cosechas antes de desaparecer en las montañas y abandonando sus rebaños: así se apoderará de 250.000 animales de cuerna, los más bellos de los cuales serán enviados más tarde a Macedonia. Luego el macedonio llega al país de los gureos y los asacenos. Allí los indios son mucho más numerosos que en las demás partes de la montaña: Arriano (*op. cit.*, IV, 24) pretende que su ejército contaba 30.000 infantes, 2.000 jinetes y 30 elefantes, y que se habían encerrado en una fortaleza (un lugar llamado Masaga), ante la que Alejandro hubo de levantar el asedio: la plaza cayó al cabo de tres días y casi todos sus defensores fueron muertos, incluido su rey.

Los gureos y otros indios huyen por todas partes. Tomando senderos de cabras, se refugian en una altura que los autores antiguos llaman «Roca de Aornos» (*Avarana* en la lengua del país, que significa «inaccesible a los pájaros»), donde terminan concentrándose todos los indios de la región opuestos a los macedonios. Para Alejandro es un regalo: una vez conquistada la Roca, habrá reducido todas las fuerzas de la resistencia local, y su ejército, que avanza al pie de las montañas, por la ruta principal, no encontrará ya obstáculos hasta el Indo.

La famosa Roca es, de hecho, un promontorio de 24 kilómetros de perímetro y una altura de 1.600 metros. Se alza en el centro de un meandro del Indo y lleva el nombre de Pir-Sar en los mapas modernos de Pakistán. Está cubierto de bosque, y cuenta con numerosos manantiales: una tropa de varios miles de hombres puede resistir perfectamente varios días, alimentándose de frutas silvestres y de caza. Además, parece inexpugnable: sus paredes son abruptas en todas partes, y sólo es posible acceder a la cima por una escalera a pico, tallada incluso en la roca. Una leyenda pretendía que nadie había logrado tomarla nunca, ni siquiera Heracles, el hijo de Zeus; Arriano, que nos cuenta con todo detalle la forma en que Alejandro consiguió conquistar la Roca, nos hace partícipes de su escepticismo a este respecto *(op. cit.*, IV, 28, 2):

> De hecho, ni siquiera puedo afirmar con certeza que Heracles (sea el de Tebas, el de Tiro o el de Egipto) haya alcanzado realmente India. Creo incluso que nunca estuvo allí. Pero cuando los hombres chocan con obstáculos, tienden a aumentar su dificultad inventando una historia según la cual esos obstáculos han sido insuperables, incluso para Heracles. Y personalmente creo que, respecto de esa Roca, el rumor público habla de Heracles por vanagloria.

Era lo que faltaba para estimular a Alejandro, a quien dominó el deseo de realizar lo que su antepasado Heracles no había conseguido: apoderarse de la Roca. Su plan era asaltar la posición y, si no podía tomarla así, agotar a sus ocupantes con un largo asedio. Instaló sus bases en una pequeña población cercana a la Roca, llamada Embólima, en la que dejó al general Crátero con una parte del ejército y ordenó llevar todo el trigo posible para alimentar a los asaltantes. Él partió con elementos móviles (200 jinetes, 100 arqueros a caballo, un batallón de infantería ligera) e instaló un campamento personal en las cercanías del promontorio.

Entonces recibió la visita de indígenas de la región, que acudieron a sometérsele y le ofrecieron mostrarle el lugar por donde resultaba más fácil tomar la Roca. Envió con ellos al compañero Ptolomeo, hijo de Lago, con arqueros, el batallón de infantería ligera y una unidad de elite de infantería pesada; la orden era controlar el emplazamiento del que hablaban los indígenas y hacérselo saber, mediante señales, cuando la posición hubiera sido tomada. Dicho y hecho: Ptolomeo se apodera de los lugares sin ser visto por los indios situados en la parte superior de la Roca, los rodea de una empalizada y una trinchera y luego, una vez acabadas estas fortificaciones, sube a un punto elevado desde el que Alejandro podía verlo, y blande una antorcha encendida a guisa de señal.

Tras recibir la señal, el rey decide atacar al día siguiente. Al alba, lanza su ejército al asalto de la Roca, pero no consigue escalar sus paredes demasiado empinadas. En cuanto a los indios, se vuelven contra Ptolomeo; pero éste, gracias a sus arqueros y sus lanzadores de jabalinas, resiste. Llegada la noche, los bárbaros se repliegan.

Alejandro, por su parte, ha tomado una decisión: al día siguiente, al alba, atacará la Roca. Envía entonces nuevas instrucciones a Ptolomeo; éste, una vez iniciado el ataque, deberá lanzarse al asalto por su lado, de suerte que los indios se vean cogidos entre dos ejércitos asaltantes. Este plan fracasó el primer día y los macedonios fueron rechazados por los dos lados. El combate continúa al día siguiente: Alejandro manda repartir picos y palas a sus soldados, que tardan tres o cuatro días en elevar una especie de plataforma de tierra y piedras que permite disminuir la distancia que separa a sus arqueros y sus catapultas de la cima de la Roca, aumentando por consiguiente la eficacia de los tiros.

En la tarde del quinto día los macedonios se apoderan de una colina que está casi a la misma altura de la Roca. Aterrados, los indios comprueban que sus enemigos están cerca y que al día siguiente se verán obligados a enfrentarse a ellos. Tratan entonces de ganar tiempo y envían a Alejandro un heraldo para hacerle saber que están dispuestos a evacuar la Roca e incluso a dejársela a cambio de un tratado; de hecho, tenían la intención de demorar las negociaciones y aprovechar la noche para dispersarse y volver a sus aldeas respectivas. Alejandro finge aceptar y suprime los puestos de guardia que había colocado al pie de la Roca, y los indios inician una retirada discreta. Entonces el rey toma consigo setecientos miembros de su Guardia Real, un batallón de infantes y sube a la parte de la Roca abandonada por los indios; tras él suben los hombres de su ejército y ocupan toda la Roca. Luego, a una señal dada, se precipitan sobre los bárbaros que estaban evacuando el lugar y los matan sin piedad; otros, dominados por el pánico, se arrojan a los precipicios que rodean la Roca.

Alejandro ha vencido. Se ha apoderado de la Roca que el mismo Heracles no había podido tomar. Instala una guarnición en la plataforma, confía su mando al príncipe Sisicoto y, después de comprobar que el tercer pueblo indio, el de los asacenos, ha desaparecido de la región sin decir ni pío, prosigue su marcha en dirección al Indo.

En el camino Alejandro se entera de que los asacenos no han desaparecido, sino que se han refugiado en la fortaleza de Dirta, en alta montaña. Su príncipe ha muerto durante el sitio de Masaga, pero su hermano ha reunido un ejército de dos mil hombres, con quince elefantes. Debido a la altura (la región es particularmente árida y desértica), el asaceno cuenta con que a Alejandro no le parecerá indispensable subir hasta Dirta, cuya existencia tal vez ni siquiera conoce. Así pues, espera reconquistar su país, e incluso quizá agrandarlo, una vez que el macedonio se haya marchado hacia el valle del Indo.

El príncipe se equivocaba. Alejandro sabía comprar las conciencias —había aprendido a hacerlo en Persia— y mantenía una nube de espías indígenas que le informaban de todo lo que ocurría en la región. De modo que, una vez terminado el asunto de Aornos, el rey tomó varios miles de infantes y se apresuró a marchar sobre Dirta: no era el príncipe asaceno lo que le interesa, ¡eran sus elefantes! La nueva de su llegada desanimó al indio, que se dio a la fuga con sus infantes y sus elefantes: la fama sanguinaria de Alejandro asustaba a todo el mundo. El rey envió en vanguardia un pequeño destacamento para encontrar el rastro del príncipe y de sus paquidermos; a los exploradores no les costó mucho descubrir que huían hacia el este, y empezó la persecución a través de las espesas selvas vírgenes de la comarca.

Finalmente los soldados macedonios detuvieron a algunos indios aislados. Éstos le dijeron que el asaceno ya había franqueado el Indo con su tropa —hombres, mujeres y niños—, pero que los elefantes habían sido abandonados en los claros que bordeaban el río. La persecución se reanuda, y los macedonios ven ir a su encuentro un pelotón de soldados indios: no son combatientes asacenos, son rebeldes que, sublevados por la incapacidad de su príncipe, se han apoderado de él, lo han matado y le han cortado la cabeza que aportan, como presente, a Alejandro. Éste decide entonces que la persecución ha concluido —¡para qué perseguir a un ejército sin jefe!—, pero que hay que encontrar a los elefantes.

Se organiza una batida en las orillas del Indo. Encuentran a los elefantes que, asustados por el estruendo de los cazadores, huyen hacia las montañas; dos de ellos se precipitan en un barranco, pero los trece restantes son capturados vivos. Luego Alejandro alcanza por fin el Indo. El río está bordeado por varias hileras de árboles fáciles de abatir, que proporcionan madera para armazones; sus soldados la utilizan para construir barcas y balsas, que transportarán a él y a su ejército hasta el puente que Perdicas y Hefestión han hecho construir y donde le esperan, para cruzar el Indo.

El otoño ha terminado. Ha llegado el momento de que el Conquistador monte sus cuarteles de invierno: lo pasará a orillas del río, con todo su ejército.

XV

El final del camino
(9.º *año de guerra en Asia:* 326 *a.*C.)

Paso del Indo: el rey indio Taxiles (marzo de 326). — Batalla del Hidaspes contra el rey indio Poro (julio de 326). — Paso del Acesines; guerra contra los malios y toma de Sangala (julio-agosto de 326). — Llegada al Hífasis (¿31 de agosto de 326?). — Motín del ejército de Alejandro. — Alejandro da la orden de regreso (principios de septiembre de 326). — Alejandro de nuevo en el Hidaspes; preparación del regreso a Occidente y construcción de una flota (finales de septiembre-finales de octubre de 326). — Partida de la flota de Alejandro del Hidaspes hacia el Indo (principios de noviembre). — Campaña contra los malios y los oxídracos, fundación de Alejandría de la Confluencia; herida de Alejandro (noviembre-diciembre de 326). — Llegada a Pátala, en el estrecho (finales de diciembre de 326).

En la vida de Alejandro el año 326 a.C. fue memorable: el 21 de julio celebró su trigésimo aniversario; unos días antes de este acontecimiento personal, a orillas del río Hidaspes (el actual Jhelum), libró contra el rey Poro la más hermosa y sangrienta de sus batallas; unos días más tarde, lloró a su fiel *Bucéfalo*, herido de muerte en ese combate; por último, setenta días después del inicio del monzón de verano, señalan nuestras fuentes, es decir, a finales del mes de agosto, en las orillas del río Hífasis (el actual Bías), que se dispone a franquear, sus generales y sus soldados se amotinan y le declaran solemnemente que no darán un paso más hacia el este. Alejandro había alcanzado el final de su camino.

1. *Del Indo al Hidaspes*

Mientras invernaba con su gran ejército, ahora reconstituido, en las orillas del Indo, Alejandro sintió el deseo de ir a una ciudad que los antiguos autores llaman Nisa, situada en las montañas donde había tenido que combatir a los aspasios y los asacenos. Contaba una leyenda que esa ciudad había sido fundada por Dioniso después de que éste hubiese sometido a los indios, motivo por el cual había sido llamada Nisa. La leyenda había impresionado a Alejandro, porque veneraba a Dioniso, del que su madre había sido en otro tiempo sacerdotisa, y, de la misma forma que había rendido homenaje a Zeus en Gordio (Asia Menor) y a Zeus-Amón en Egipto (Siwah), pretendía que Dioniso bendijese su expedición india.

Así pues, a finales del invierno (¿marzo de 326? a.C.), Alejandro se dirige a Nisa y, ante su llegada, los nisenses le envían a su jefe, Acufis, al frente de treinta notables. Son introducidos en la tienda del rey y lo encuentran sentado, con la armadura todavía cubierta del polvo del camino, el casco en la cabeza y la lanza en la mano. Dominados por un «horror sagrado», nos dice Arriano, se postran a sus pies y guardan silencio. Alejandro les hace levantarse y los invita a hablar con valor: Acufis toma la palabra: «La gente de Nisa te pide simplemente que los dejes libres e independientes por respeto a Dioniso. Fue él quien fundó nuestra ciudad, lo mismo que tú has fundado Alejandría del Cáucaso y muchas otras Alejandrías. Haciéndolo así, realizas más hazañas que Dioniso.»

Y para demostrar a Alejandro que decía la verdad respecto a Dioniso, lo lleva a la montaña, junto con sus Compañeros, y les muestra que allí crece la hiedra, una planta que no se encuentra en ninguna otra parte de India. El rey otorga a los nisenses la libertad y la independencia, y se lleva trescientos jinetes en calidad de rehenes, mientras sus guerreros trenzan coronas de hiedra que se ponen en la cabeza gritando, como en las fiestas dionisíacas, «*Evohé! Evohé!*».

Luego Alejandro desciende otra vez hacia el Indo. El puente que había encargado está preparado (Hefestión había dirigido los trabajos); Arriano supone que no se trataba de un puente continuo, porque los macedonios no habrían tenido tiempo de construirlo permanente sino que estaba hecho de balsas unidas por cuerdas o viguetas, como los puentes por los que en otro tiempo habían pasado Darío y Jerjes, para franquear el Helesponto y el Bósforo, en la época de las guerras Médicas.

El paso del río ocurrió a principios de la primavera de 326 a.C. Cuando puso el pie en la orilla oriental del Indo, Alejandro vio acercarse una embajada de Taxiles, el rey que ya le había enviado emisarios el año anterior, cuando todavía estaba en Bactra. Aquellos embajadores le llevaban las llaves de su capital, Taxila, y le entregaron suntuosos presentes: 30 elefantes equipados para la guerra, 3.000 bueyes destinados a los sacrificios, 10.000 corderos y una escolta de 700 jinetes equipados con sus armas.

Alejandro permaneció un mes a orillas del Indo, descansando y recibiendo embajadas de los reyezuelos de las comarcas cercanas, porque el rumor de su llegada se había difundido como un reguero de pólvora. Así recibió a Abisares, rey de Abisara, el país de los indios de las montañas (contra cuyas estratagemas le había prevenido Taxiles: este Abisares estaba aliado en secreto con el rey Poro, enemigo de Taxiles), y numerosos jefes de aldeas. Después de haber celebrado sacrificios y organizado juegos atléticos Alejandro se puso en marcha, a principios del mes de junio, por la ruta de Taxila, una ciudad rica, de abundante población que en el pasado ya había sido ocupada por los Aqueménidas; la mayoría de los súbditos de Taxiles eran brahmanistas, pero en la ciudad había un barrio iraní donde se practicaba el zoroastrismo, y donde todavía utilizaban la moneda persa (los dáricos) y los caracteres cuneiformes que seguían usándose en la antigua Persia.

Cuando Alejandro llegó a las cercanías de Taxila, el príncipe Taxiles salió a su encuentro con elefantes cubiertos de telas de seda con incrustaciones de piedras preciosas, lo acompañó a su palacio y le colmó de presentes. Alejandro le prometió respetar las costumbres de su reino, que convirtió oficialmente en una satrapía del Imperio persa, y cuyo mando adjudicó al macedonio Filipo, hermano de Hárpalo, su tesorero general. Fue en Taxila donde Alejandro conoció por primera vez aquellos ermitaños solitarios, que vivían desnudos, apartados de los hombres, meditando y rezando, y que los griegos llamaron *gimnosofistas* (los «castos desnudos»).

Las demostraciones de amistad que Taxiles prodigaba a Alejandro no tenían nada de espontáneo ni gratuito. Su conducta estaba dictada por el conflicto que lo enfrentaba a un rey mucho más poderoso que él, Poro, cuyo reino —el Paura, que contaba con más de cien ciudades— estaba separado del suyo por el río Hidaspes (el Jhelum actual).

Este Poro había concluido alianzas con otros príncipes de la vecindad, en particular, como ya hemos dicho, con Abisares, y las relaciones entre Paura y Taxila eran más que tensas: entre los dos soberanos existía un estado de guerra larvada. De modo que cuando el rey de Macedonia dejó Taxila, prosiguió su marcha hacia el este y desembocó en la llanura regada por el Hidaspes, durante la primera quincena de junio de 326 a.C., el primer espectáculo que se ofreció a sus ojos fue, al otro lado del río (en la orilla izquierda), el ejército de Poro en orden de batalla, con la masa compacta de sus elefantes, que esperaba, amenazante, al ejército macedonio, de cuyo jefe se decía que era amigo y aliado de Taxiles.

En esa época del año las aguas del Hidaspes, crecidas por las lluvias del monzón, estaban agitadas y el río no podía ser vadeado ni cruzado a nado. Tras comprobar este estado de cosas, Alejandro mandó dar la vuelta hasta el Indo a uno de sus generales, Ceno, para que desmontase el puente de barcas que habían construido para atravesarlo y traerlo a orillas del Hidaspes en piezas sueltas. También aumentó el número de sus soldados con cinco mil indios mandados por Taxiles, y asentó su campamento en la orilla derecha del Hidaspes.

Poro había situado puestos de guardia en los lugares en que el río era estrecho y poco profundo, y por tanto fácil de franquear. Al verlo, Alejandro se dedicó a desplazar sus tropas por las orillas del Hidaspes para desconcertarle, tanto de día como de noche, fingiendo preparar un ataque; al mismo tiempo, parte él solo de reconocimiento y descubre río arriba de su campamento y del del Poro, a la altura de la actual ciudad de Jalalpur, en medio del Hidaspes, cuyo cauce se estrecha en ese lugar, una isla desierta. Frente a la isla, en ambas orillas la vegetación es exuberante y se parece a la de la selva virgen.

Alejandro regresa entonces a su campamento, envía carpinteros de ribera con orden de construir almadías en ese punto donde el enemigo no puede verlos y, empleando una táctica que ya había experimentado en las montañas persas, durante su guerra contra Darío, ordena encender fogatas de campamento, hace sonar las trompetas y maniobrar a sus hombres, para hacer creer a Poro que prepara un ataque. Luego, mientras sus tropas entretienen así al adversario, Alejandro remonta sigilosamente la ribera del río con unos 5.000 jinetes y 10.000 infantes, ocultos a ojos de los centinelas enemigos por los árboles y las altas hierbas. La suerte está además de su lado: estalla una violenta tormenta, como las que suelen producirse en período de monzón, el cielo se ensombrece y los truenos cubren el ruido de su tropa en marcha.

Cuando el pequeño ejército llega a la altura de la isla, las almadías están dispuestas; Alejandro espera a que caiga la noche para meter las almadías en el agua y, al alba, sus jinetes y sus infantes están en la isla. Pero todavía queda hacerlos pasar desde la isla a la orilla izquierda de Hidaspes antes de que los exploradores de Poro descubran la maniobra y corran a avisar: si el ejército indio llega a orillas del río antes de que sus hombres hayan desembarcado, todo está perdido. Por lo tanto, hay que actuar con rapidez.

Sigue lloviendo, y cada vez con más violencia, pero los dioses parecen estar de parte de Alejandro: entre la isla en que se encuentra con sus soldados y la orilla hay otra islita. No se trata de echar otra vez las armadías al agua, porque llevaría mucho tiempo y se corre el riesgo de que Poro llegue de un momento a otro. Entonces, con su fogosidad habitual, Alejandro se arroja al agua y todos, jinetes y e infantes, le siguen; los hombres nadan, a los caballos les llega el agua hasta el pecho y no tardan en franquear el Hidaspes. Una vez ganada la orilla, el ejército se dispone y despliega en orden de batalla, preparado para enfrentarse a las fuerzas de Poro, a las que Alejandro oye llegar a lo lejos: después del Gránico, Isos y Gaugamela, el Conquistador va a librar en las orillas de este río su última gran batalla (julio de 326 a.C.).

Sabemos que Alejandro ganó esa batalla, que los indios perdieron en ella 20.000 infantes y 3.000 jinetes (según Arriano, Diodoro habla de 12.000 muertos y 9.000 prisioneros), que las pérdidas macedonias se limitaron a 310 muertos (según Arriano; Diodoro enumera 980, es decir, 280 jinetes y 700 infantes) y que dos hijos y un hermano de Poro resultaron muertos en combate, pero no sabemos cómo se desarrolló exactamente.

Hubo primero un combate de vanguardia. Poro envió por delante a su hijo, con sesenta carros y jinetes; Alejandro lanzó contra ellos arqueros a caballo y la caballería, cuyo mando había tomado él en persona. Ignoramos cómo se desarrolló ese encuentro; es posible que los indios hayan huido tras la muerte del hijo de Poro y que *Bucéfalo* haya resultado muerto en ese primer asalto. Luego es el propio Poro el que interviene, encaramado en un alto elefante, con 30.000 infantes, 40.000 jinetes, 300 carros y 200 elefantes; el enfrentamiento tuvo lugar en un terreno llano y Poro se habría visto atrapado entre dos fuegos, entre los jinetes y los arqueros de Alejandro que tenía delante, y la caballería de Ceno, que habría caído sobre su retaguardia. Los indios se repliegan detrás de los elefantes que, guiados por sus cornacas, cargan contra los macedonios.

La batalla cambia entonces de cara. Los doscientos elefantes, algunos de ellos heridos, aplastan sin distinción a macedonios e indios; la carnicería es impresionante y sólo cesa con la llegada de las tropas frescas que Alejandro había dejado en la orilla derecha del Hidaspes. Consiguen capturar a los elefantes y poner en fuga a los indios, mas Poro se bate con valor, dirigiendo su elefante como habría dirigido un caballo. Aunque alrededor de él sólo quedan unos pocos indios, el valiente Poro no huye, como había hecho Darío en dos ocasiones: sigue luchando hasta que, herido en el hombro derecho, hace dar media vuelta a su monstruosa montura.

Alejandro, admirando su valentía y heroísmo, decide salvarle. Le envía a su aliado, el rey Taxiles, que invita a Poro a detener su elefante; el otro, que le considera un traidor a la causa india, trata de herirle con su jabalina y Taxiles debe retroceder. Alejandro envía entonces un mensajero tras otro al terrible combatiente; finalmente será otro indio, llamado Méroes, viejo amigo del vencido, quien le decida a echar pie a tierra. Poro detiene su elefante y se derrumba sobre el suelo; está sediento: le dan agua fresca, sacia su sed y exige ser llevado ante Alejandro.

—¿Cómo quieres ser tratado? —le pregunta éste, que admira su noble porte.

—Como rey, Alejandro.

Al macedonio le agrada la respuesta de Poro, y le responde:

—Por lo que a mí concierne, lo serás, Poro; pero ¿cuáles son tus deseos?

—Todos mis deseos se limitan a esa única palabra.

Alejandro devolvió a Poro sus estados, le garantizó su soberanía y le prometió incluso extenderla a otros territorios. Para conmemorar su victoria, Alejandro confió a Crátero la misión de fundar dos ciudades en el emplazamiento donde se había librado la batalla, que llamó Nikaia (Nicea, «la que da la victoria») y Bucefalia (en memoria de su caballo *Bucéfalo*, que había resultado muerto durante el combate). También dejó tras él pontoneros y arquitectos de marina, a los que encargó construirle una flota. Más tarde, después de haber rendido a los soldados muertos los honores debidos, Alejandro ofreció a los dioses —y en particular a Helios, dios del sol levante— los sacrificios tradicionales para darles las gracias por la victoria. Sobre el campo de batalla, limpio ya de las huellas del enfrentamiento, se celebraron juegos atléticos y se acuñaron monedas donde la imagen representaba a Alejandro persiguiendo a Poro en su elefante. Por último el rey obligó a Poro y a Taxiles a reconciliarse.

Finalmente, hacia el 15 de agosto, el rey dio a su gran ejército la orden de partida, y dejando a su espalda un país asolado pero sometido (término preferible a «pacificado»: antes de la llegada de Alejandro los indios vivían independientes y en paz), montado en su nuevo caballo, el Conquistador parte hacia Oriente.

2. *Del Hidaspes al Hífasis*

Además del Hidaspes había otros tres ríos, de cursos más o menos paralelos, que cortaban la ruta que Alejandro pensaba tomar para dirigirse hacia el este, con la esperanza de encontrar al cabo de esa ruta el fin de las tierras habitadas. Eran, por este orden, el Acesines (en nuestros días, el Chenah), en el que desembocaba el Hidaspes, el Hidraotes (en nuestros días, el Ravi), que también desembocaba en el Acesines, y el Hífasis (en nuestros días, el Bías).

Alejandro había oído decir que al otro lado del Hidaspes, a unos veinte días de marcha, fluía, ancho y majestuoso, el río sagrado de India, cuyas aguas, según se decía, podían purificar a los que en ellas se bañaban de todos los pecados, incluso los más horribles. Los indios tenían la costumbre de arrojar a sus aguas las cenizas de las innumerables piras funerarias que lo bordeaban, porque creían que morir en sus orillas aportaba a los difuntos la entrada inmediata en el Reino de la Felicidad, el equivalente de los Elíseos helénicos. Este río, que Alejandro soñaba alcanzar, era una divinidad: era *Gagges* —«el Ganga» en la lengua de los indios—, dicho de otro modo el Ganges, que según decía era hija del Himalaya. Su fuente, en una gruta helada de esa montaña, estaba considerada como la cabellera trenzada de Siva, el Gran Dios de los 1.008 nombres.

El Conquistador avanza primero hacia el Acesines, atravesando el territorio de los glaucanios, un pueblo del que había capturado treinta y siete villas que regaló a Poro, como le había prometido. Luego pasa por las cercanías del país del Abisara, un territorio situado entre las colinas y las montañas río arriba; el rey de la región, Abisares, le envía en embajada a su hermano para presentarle su sumisión junto con un tesoro y cuarenta elefantes de regalo: Alejandro acepta los presentes, pero le hace saber con altanería que debe venir a presentarse él en persona, en el plazo más breve, so pena de ver sus territorios devastados por su ejército.

El ejército macedonio cruza el Acesines, una parte en barcas y otra en barcas hechas de pieles de animales cosidas entre sí y rellenas de paja. La corriente del río es violenta, sobre todo durante el monzón, que, en esa época del año (el mes de agosto), derrama sobre India lluvias torrenciales; Alejandro decide pasarlo por su mayor anchura, por donde la corriente es menos fuerte. Sin embargo, fueron muchas las barcas que se estrellaron contra las rocas y cuyos pasajeros perecieron.

Una vez cruzado el Acesines, Alejandro deja en sus orillas al general Ceno con su unidad, para asegurar la travesía de los carros de retaguardia, que transportan el trigo y demás géneros necesarios para su ejército, y se dirige hacia el tercer río, el Hidraotes, de curso menos impetuoso. Por todos los sitios por donde pasa aposta guarniciones que tienen por misión proteger a los forrajeadores y recibir la rendición de las tribus indias. Tres de ellas resisten: los acteos, los oxídracos y los malios, que han tomado posiciones en torno a la fortaleza llamada Sangala (cuyo emplazamiento está cerca de la moderna Amritsar).

Según Diodoro de Sicilia (*op. cit.*, XVII, 98,1 y ss.), antes de la llegada de Alejandro estas tribus eran enemigas; se unieron por iniciativa de los malios para enfrentarse a los macedonios y se reconciliaron casando a sus hijas y a sus hijos, dando o recibiendo cada tribu 10.000 doncellas. Una vez reconciliados, los indios, que habían conseguido reunir más de 80.000 infantes, 10.000 jinetes y 700 carros, aguardan a Alejandro a pie firme. Han desplegado sus fuerzas delante de Sangala, en una colina que rodean con una triple muralla de carros, tras los que instalan su campamento. Así protegidos, los malios y sus aliados se creen a salvo; pero Alejandro los desaloja de su campamento lanzando contra ellos sus arqueros a caballo y luego su caballería, y les obliga a refugiarse en Sangala, que termina tomando al asalto después de haber matado —según Arriano— a

17.000 indios y hecho 70.000 prisioneros, pero dejando sobre el terreno un centenar de muertos y doce veces más de heridos. Sangala recibió un castigo por haber resistido al hijo de Zeus-Amón: fue saqueada y arrasada hasta sus cimientos.

A medida que el Conquistador avanza, la guerra se vuelve más dura y sangrienta. Tras haber castigado a Sangala, Alejandro envía a su secretario, Eumenes, hacia dos ciudades que se habían aliado a los malios para enfrentarse a la conquista macedonia, con la misión de anunciarles que Sangala había caído y que no les ocurriría nada si se sometían sin tratar de oponer resistencia. Asustados, los defensores de las dos ciudades y sus habitantes huyen a las montañas, dejando únicamente en las ciudades a los enfermos. Eumenes llega demasiado tarde para alcanzar a los fugitivos; Alejandro se le une poco después y también se da cuenta de que ahora están fuera de su alcance. Ordena entonces matar a los habitantes que han quedado en ambas ciudades, incluidos los enfermos, arrasa las dos y adjudica sus territorios a unas tribus indias que antes se le habían sometido.

Y mientras su aliado el rey indio Poro se queda en el país para fortificarlo, construyendo fortalezas y asentando guarniciones, Alejandro da un nuevo salto hacia adelante y alcanza el Hífasis, al que llega a finales del mes de agosto de 326 a.C.

Así pues, lo tenemos en la orilla derecha del Hífasis, que anhela franquear: lo que le habían contado sobre las regiones del otro lado del río le intriga y atrae. Un rey local al que nuestras fuentes llaman Fregeos le habría dicho que el territorio al otro lado del Hífasis era rico y estaba habitado por un pueblo de guerreros agricultores que gobernaba sin violencia no un rey, sino una aristocracia guerrera, y donde los elefantes eran más poderosos y numerosos que en cualquier otra parte de India (sin duda se trataba del Punjab oriental, en la actualidad uno de los veinticinco estados de la República de India, dado que la parte occidental del Punjab pertenece al Pakistán). Todo esto avivaba en Alejandro el deseo de seguir adelante con su expedición que, hasta ese momento, sólo había tenido felices resultados.

Felices, desde luego, si se consideran los éxitos militares, el reconocimiento de la autoridad del macedonio por los reyes vencidos y los preciosos regalos con que le habían inundado, pero cuyos beneficios sólo él recogía. Los soldados no habían tenido ninguna gran ciudad para saquearla, y por lo tanto había sido pequeño el botín; los generales no se habían visto adjudicar ciudades o regiones para gobernarlas, y los estados conquistados y sometidos, como Taxila o el reino de Poro, no habían sido unidos a Persia en calidad de nuevas satrapías y conservaban su estatuto. Por último, esa expedición india sólo colmaba de satisfacción a una sola persona: Alejandro. Había salido para conquistar a fin de saber y no de poseer, y ahora le llamaban «el sabio». Sí, sabía que es posible domesticar elefantes; que en India (en realidad en el Punjab) había piedras preciosas como no las había ni siquiera en Irán; que periódicamente caían lluvias diluvianas generadoras de fabulosas selvas vírgenes, con árboles de cuarenta metros de altura; que en esas selvas había cantidad de monos de distintos tamaños como no se conocían en Occidente, así como una multitud de serpientes abigarradas cuyo mordisco procuraba una muerte rápida, y otras, enormes, que podían ahogar un tigre (las pitones); que los reyes utilizaban perros tan poderosos y feroces como tigres (se trata de los dogos del Tíbet) para guardar sus tesoros; que cuando un hombre moría su esposa era incinerada, viva, con él; y muchas otras cosas más. Indudablemente lamentaba no tener a su lado a su antiguo maestro, Aristóteles, que sabía todo de todo y le habría explicado los misterios de India (el filósofo seguía viviendo y enseñaba en Atenas; no debía morir hasta el año 322 a.C., después de Alejandro): pero ¿qué habría pensado el Maestro del Liceo de la sangre derramada, macedonia o india, de las mujeres violadas después de los asedios, de los hombres libres transformados en esclavos y de los delirios del Conquistador?

Sí, había sido feliz aquella expedición para este joven rey que acababa de cumplir treinta años y que, después de haberse tomado por hijo de Zeus-Amón, por Aquiles, por Apolo y por el toro Apis, escuchaba con placer a los aduladores repetirle que había realizado más trabajos que Heracles, fundado más ciudades que Dioniso, creado un imperio más vasto que el del gran Darío, y que quería añadir a ese palmarés sobrehumano un viaje en barco por el *Ganga* (donde, ¿quién sabe?, habría podido compararse con Siva) y el descubrimiento del fin del mundo, lamido por las olas de gran mar Oriental.

Pero el gran ejército que había permitido a Alejandro regalarse ese extraordinario sueño indio ya no comprendía aquella marcha ni aquella búsqueda que nunca se detenían. Los soldados estaban agotados por ocho años de campañas, a las que ya no encontraban ninguna justificación porque Beso estaba muerto. Muchos generales de Alejandro habían llegado a la conclusión de que su amo había perdido la razón desde que se disfrazaba de Gran Rey, exigía que se prosternasen delante de él como ante un dios y pretendía igualar a Heracles y alcanzar el fin del mundo.

Desde hacía dos meses no paraba de llover. Los cascos de los caballos estaban desgastados. Las piernas de los soldados, que caminaban en el barro bajo constantes chaparrones, ya no los sostenían. Sus cuerpos estaban cubiertos de cicatrices y la disentería roía sus entrañas. El ejército de Alejandro no era más que una horda.

Por eso, en la última semana de agosto de 326 a.C., bajo los últimos chaparrones del monzón, se empieza a murmurar en las filas, tanto durante las marchas como por la noche en el campamento, cuando llega el momento del vivac. Los macedonios están hartos de fatigas y peligros. Los más moderados se limitan a lamentarse, los más decididos proclaman en voz alta que no darán un paso más y circulan consignas incitando a la desobediencia: sobre el gran ejército sopla un viento de motín. Los oficiales comprenden y a menudo comparten los sentimientos de sus hombres. Los generales se ven puestos contra la pared, pero ni uno solo se atreve a decir lo que piensa al Conquistador solitario.

Alejandro se ha dado cuenta de que entre él y su ejército los lazos se han roto. Convoca a los jefes de unidades y trata de reanimar su ardor apagado mediante un discurso que se quiere elocuente pero que no es otra cosa que un soliloquio.

DISCURSO DE ALEJANDRO A SUS GENERALES Y OFICIALES
(según Arriano, *op. cit.*, V, 24 y ss.)

Macedonios y aliados de los macedonios, me doy cuenta de que no me seguís con el mismo entusiasmo que en el pasado. Por eso os he reunido: de vosotros depende la decisión de seguirme hasta donde yo quiero guiaros, si consigo convenceros; de mí dar la orden de regreso a Persia y luego a Pela, si sois vosotros los que llegáis a persuadirme.

Antes de maldecir vuestras fatigas, no olvidéis que gracias a ellas Jonia está en vuestras manos, lo mismo que el Helesponto, las dos Frigias, Capadocia, Paflagonia, Lidia, Caria, Licia, Panfilia, Fenicia, Egipto y Libia, Siria, Mesopotamia. Gracias a vuestros esfuerzos y a esas fatigas que ahora rechazáis, Babilonia ha caído en vuestras manos, y Susiana, Persia y Media. Gracias a vuestras fatigas los pueblos sobre los que los persas habían extendido su autoridad están de ahora en adelante a vuestras órdenes, y también los que había al otro lado de las Puertas Caspias, al otro lado del Cáucaso [se trata del Cáucaso indio], al otro lado del río Jaxartes, y Bactriana e Hircania.

Entonces, os lo ruego: dado que gracias a estas fatigas hemos rechazado a los escitas a los desiertos, dado que gracias a ellas los territorios por los que corren el Indo, el Hidaspes, el Acesines y el Hidraotes están ahora en nuestro poder, ¿por qué vaciláis en extender el Imperio macedonio a los pueblos que viven más allá del Hífasis? ¿Tenéis miedo a no poder seguir venciendo cuando veis a unos someterse por su propia voluntad, a otros huir y dejarnos sus territorios sin combatir, a otros escapar pero dejarse alcanzar como se atrapan corderos?

Me parece que, para hombres valientes como vosotros, no debe haber más límite a las fatigas que otras fatigas que conduzcan a las acciones gloriosas. ¿Queréis saber cuál será el término de mi expedición? Será el siguiente: nos queda por recorrer la distancia que nos separa del Ganges y el mar Oriental y estoy dispuesto a demostrar a los macedonios y a sus aliados que todos los mares, como el mar Hircanio [el mar Caspio] o el golfo Pérsico, comunican con el mar Oriental, porque todos ellos desembocan en el Gran Océano que rodea la tierra entera. Si os detenéis aquí y volvéis a Grecia o Macedonia, pervivirán muchos pueblos belicosos entre el Hífasis y el mar Oriental, entre el Hífasis y el mar Caspio, e impulsarán a la revuelta a los pueblos pacíficos que aún no nos han rendido sumisión; y entonces será necesario volver a hacerlo todo otra vez, y esas fatigas, de las que hoy os quejáis, habrán sido fatigas inútiles.

Por eso os digo, ¡aguantad! La gloria es para los que aceptan las fatigas y los peligros, y es muy dulce vivir como guerrero valeroso y dejar al morir una gloria inmortal. ¿Creéis que mi antepasado Heracles se habría convertido en dios si nunca hubiese dejado Argos, su patria? ¡Y cuántas pruebas sufrió Dioniso, cuya divinidad es superior a la de Heracles! ¿Qué habríamos hecho de grande y glorioso todos juntos si nos hubiésemos quedado tranquilamente en nuestra Macedonia natal, contentándonos con nuestro pequeño jardín?

Os diré por último que si yo, vuestro jefe, os hubiera guiado hasta aquí ahorrándome fatigas y peligros, encontraría normal que no tuvieseis moral para proseguir nuestras conquistas. Pero en realidad vosotros y yo hemos compartido las mismas fatigas y los mismos peligros, a partes iguales, y compartimos incluso las recompensas: todas las tierras que hemos conquistado son vuestras, vosotros sois sus sátrapas, y los botines se han repartido de manera equitativa. Y quedaréis mucho más que saciados cuando hayamos conquistado todo el Asia, ¡seréis inundados! Entonces enviaré a nuestra patria a los que quieran regresar, y yo me quedaré aquí con los que quieran quedarse. Veréis que su destino será la envidia de todos los que se hayan marchado.

A esta arenga le sigue un silencio de plomo. Nadie se atreve a contradecir al rey, pero tampoco nadie consiente en aprobarle. En vano Alejandro invita a quienes no piensan como él a darle su opinión: nadie dice una palabra. Por último, tras un tiempo bastante largo, Ceno, el mayor en edad de los generales de Alejandro, encuentra valor para hablar.

DISCURSO DE CENO
(según Arriano, *ibid.*, V, 27)

Puesto que no quieres, oh rey, gobernar a tu capricho y de forma autoritaria, puesto que afirmas que no quieres obligar a nadie a seguir adelante sin antes haberle convencido y que te rendirás a los argumentos de quienes consigan persuadirte, has de saber que yo no hablo por nosotros, tus oficiales aquí presentes: hemos recibido los mayores honores, las más ricas recompensas y estamos dispuestos a servirte en todo y a marchar adonde quieras y cuando quieras. No, quiero hablar por los combatientes, por nuestros soldados.

Debo precisar: tengo la intención de decir no lo que les gustaría, sino lo que considero útil que hagas tú en las presentes circunstancias y lo que es más seguro para el futuro. Mi edad, mi reputación entre los Compañeros, mi valor frente a los peligros, mi resistencia a la fatiga, me dan derecho a decir lo que pienso profundamente sobre este asunto. Y es esto.

Has enumerado las hazañas realizadas y las fatigas soportadas por ti, nuestro jefe, y por todos los que dejaron su hogar para seguirte. Pues bien, me parece tanto más oportuno e incluso urgente poner un término a esos peligros y a esas hazañas, que han sido más numerosos y que duran desde hace tanto tiempo.

Mira esta multitud de macedonios y griegos que hace ocho años partimos contigo desde Anfípolis, y mira lo que queda hoy de ellos. Desde Bactriana, cuatro años después de nuestra partida, enviaste a los tesalios a sus casas, e hiciste bien: habían perdido su ardor. Pero de todos estos griegos que has instalado en las ciudades que has fundado, ¿cuántos se han quedado por su propia voluntad? ¿Y qué decir de todos los demás que, heridos o enfermos, han sido dejados atrás, aquí o allá, en Asia? ¿Y de los que han muerto de enfermedad? En resumen, del efectivo inicial, considerable, sólo quedan unos pocos supervivientes, que han perdido su vigor de antaño y además su moral. No tienen más que un deseo, al menos los que están con vida: volver a ver a sus padres, a sus mujeres, a sus hijos y, por supuesto, el suelo de su patria. Sobre todo porque, gracias a tu generosidad, volverán mucho más ricos de lo que eran cuando partieron. No los lleves pues contra su gusto hacia nuevos horizontes, hacia nuevos combates: no tendrán ya su entusiasmo de antaño si parten contra su voluntad. En cuanto a ti, haz lo que quieres hacer: vuelve primero a visitar a tu madre y lleva a tu palacio tus trofeos y tus tesoros y luego, si te parece bien, nada ni nadie te impedirá poner en marcha una nueva expedición, la que sea: contra los indios que viven en la parte por donde el sol se levanta, contra las naciones del Ponto Euxino o cualquier otra. Otros macedonios y otros griegos te seguirán, jóvenes en lugar de viejos, fogosos en lugar de extenuados, curiosos de todo en lugar de hastiados, a quienes los horrores de la guerra no darán miedo porque no los habrán conocido. Y viendo regresar a su país, ricos y célebres, a tus soldados hoy fatigados, no serán sino más ardientes. La virtud, oh rey, consiste, como antiguamente enseñó Aristóteles, en guardar la justa medida en medio de los éxitos: ni demasiado, ni demasiado poco. Y piensa que tú, que nos mandas a todos, con semejante ejército, el de hoy o el de mañana, no tienes nada que temer de tus enemigos: pero el Destino hiere de forma imprevisible e imparable.

Estas palabras desencadenan un torrente de aplausos y muchos llegan incluso a derramar lágrimas. Fríamente Alejandro levanta la sesión, sin decidir nada. Pero al día siguiente convoca de nuevo a sus oficiales, y explota, loco de ira: «Sois unos cobardes. Franquearé el Hífasis y marcharé hacia el Levante, pero no obligaré a ningún macedonio a seguirme de mala gana. En mi patria y en Persia no faltan valientes que querrán acompañarme por propia voluntad; en cuanto a los que quieran regresar a sus casas, que regresen y que a su vuelta no dejen de hacer saber a sus amigos que han vuelto después de haber abandonado a su rey rodeado de enemigos.»

Tras esto, Alejandro se retiró a su tienda, cuya entrada prohibió a todos, incluso a los Compañeros, y permaneció en ella tres días. Indudablemente esperaba un cambio de opinión. No lo hubo. El silencio reinaba en el campamento. Tomó entonces la decisión de interrogar los presagios: «Son buenos, atravesaré el Hífasis, incluso solo», le dijo a Anaximandro. Y ofreció sacrificios por la travesía.

El examen de las entrañas de los animales inmolados fue desfavorable. Al comprobar que la fortuna tampoco estaba de su lado —o aprovechando, como guía de hombres realistas, ese pretexto para desdecirse—, Alejandro convocó a los más antiguos y fieles de los Compañeros y les encargó que anunciasen oficialmente a las tropas que la anábasis en India había terminado, y que la catábasis —la vuelta— estaba decidida. Entonces cuenta Arriano que hubo aclamaciones como las que puede lanzar una multitud heteróclita alborozada: la mayoría de los soldados lloraban, otros pedían la bendición de los dioses sobre su jefe, que había aceptado, él, que siempre había sido vencedor, ser vencido por sus propios soldados y sólo por ellos.

Así pues, Alejandro había decidido fijar en la orilla derecha del Hífasis los límites de su expedición. Dividió su ejército en doce cuerpos e hizo que cada uno de ellos elevasen un altar en honor de cada uno de los doce dioses del Olimpo con orgullosas inscripciones: «A mi padre Zeus-Amón»; «A mi hermano Heracles»; «A mi hermano Apolo»; «A los cabires de Samotracia», etc. Ofreció también juegos atléticos e hípicos y concedió al rey Poro la soberanía sobre todo el territorio, del Hidaspes hasta el Hífasis (es decir, en el Punjab occidental formado por siete pueblos y dos mil ciudades según Arriano, quince pueblos y cinco mil ciudades según Plutarco).

También mandó elevar una columna de bronce en medio de

los altares, con la siguiente inscripción, más inspirada por la rabia que llevaba en su corazón que por su orgullo: «Aquí se detiene Alejandro.»

Había alcanzado el final de su ruta.

3. *Del Hífasis al delta del Indo*

Después de una última mirada nostálgica al Hífasis, hacia aquellas vastas comarcas orientales que nunca conocerá, Alejandro vuelve a ponerse en marcha rumbo a Occidente.

Pasa de nuevo el Hidraotes, luego el Acesines y gana las riberas del Hidaspes, el río que ha sido testigo de su más bella batalla. En el camino se le une el hermano del rey Abisares, que llega para ofrecerle una treintena de elefantes de parte de este último: «Mi hermano el rey está enfermo —le dice a Alejandro—, no ha podido traerlos él mismo como le habías ordenado después de la batalla del Hidaspes.» Se trataba, por supuesto, de una enfermedad diplomática, pero esta vez Alejandro no se enfada y acepta los elefantes.

Cuando a finales del mes de septiembre de 326 a.C. llega a Hidaspes, el rey constata que las ciudades de Nicea y Bucéfala, que había mandado construir dos meses antes, tras la famosa batalla contra Poro, ya están en ruinas. Los tifones y los huracanes del otoño las habían destruido, pero no es imposible que Alejandro haya visto en esa rápida decadencia de la obra —apresurada— de sus arquitectos el símbolo de la suerte reservada a su sueño indio. Un sueño que su espíritu práctico no acaricia ahora, porque piensa ya en nuevas hazañas.

Hasta ese momento, Alejandro no había conquistado más que territorios terrestres. Cuando avanzó sobre aquella tierra desconocida que era India, ignoraba por completo sus dimensiones y esperaba alcanzar a través de ella el límite extremo de las tierras habitadas: así habría aportado la prueba de que todos los mares conocidos no eran más que avanzadillas del Gran Océano en el interior de los continentes, que, como él mismo había comprobado, estaban unidos entre sí, Europa a Asia y Asia a África. Dado que no había podido confirmarlo atravesando el subcontinente indio (cosa que, dicho sea de paso, tal vez le habría exigido tres o cuatro años de marcha, si no más, lo cual ignoraba), pensaba poder verificarlo volviendo hacia Persia por la vía marítima.

Había observado, en efecto, que el Indo estaba poblado por cocodrilos semejantes a los que había visto en el Nilo cuando estaba en Egipto, y desde luego había leído, en las *Historias* de Herodoto, que Darío I había enviado (¡hacia el año 500 a.C.!) navegantes que habían descendido por el Indo hasta el mar (el océano Índico, en el que desemboca) y que esos marinos, «navegando por mar hacia el Poniente» (Herodoto, *op. cit.*, IV, 44), habían alcanzado el golfo de Suez contorneando la península Arábiga. Además, como buen alumno de Aristóteles, Alejandro estaba atento a la flora y la fauna de las comarcas que atravesaba, y había observado la similitud existente entre las habas que crecían en las orillas del Acesines y las de Egipto.

De estas observaciones el macedonio había sacado la conclusión —algo apresurada— de que las fuentes (entonces desconocidas) del Nilo se hallaban en India, donde empezaba a fluir con el nombre de Indo, río que habría perdido su nombre al atravesar luego tierras desérticas para aparecer de nuevo en Egipto, donde lo habían llamado Nilo. Este razonamiento, basado en las habas y los cocodrilos, le había parecido sin tacha y de tal importancia que había escrito una carta sobre el asunto a su madre, Olimpias. Luego había sabido por boca de los indígenas que su teoría era falsa: el Hidaspes, le habían dicho, desemboca en el Acesines, el Acesines en el Indo y el Indo en el mar Indio (el océano Índico).

Alejandro tenía otra razón para interesarse por la navegación fluvial por el Indo, mucho más seria que sus elucubraciones geográficas. Al partir a la conquista de India (entiéndase: la cuenca del Indo), su meta no parece haber sido apoderarse de nuevas tierras para agrandar el territorio del Imperio de los Aqueménidas. La cruzada panhelénica que había sido su primer objetivo al salir rumbo a Persia se había transformado en una especie de cruzada universalista tendente a abrir comunicaciones entre Oriente y Occidente, comunicaciones que, hasta ese momento, sólo se hacían por el difícil paso de Khaybar: ¿por qué no tratar de unir Oriente y Occidente por vías marítimas y fluviales (que serán, recordémoslo, las únicas vías empleadas por las mercancías y los ejércitos occidentales hasta la Segunda Guerra Mundial)?

Ya hemos subrayado en varias ocasiones que en la personalidad de Alejandro había un componente psicoide evidente que, en su caso, se traducía mediante una ruptura del sentido de lo real. Va a llevarle a decidir regresar a Persia y —quién sabe— a Grecia por la ruta cuya descripción ha leído en Herodoto. Esta ruta tiene además dos ventajas que pueden calificarse de «psicológicas»: en primer lugar le evitará tomar el mismo camino que a la ida, y dar a los pueblos que había dominado el espectáculo de una retirada humillante, debida no a una derrota sino a un motín; además le permitirá aliviar a las tropas de su fatiga y hacerse con ellas de nuevo.

Ya hemos visto (véase pág. 358) que Alejandro había encargado la construcción de una flota a los ingenieros y carpinteros de ribera que había dejado en las orillas del Hidaspes cuatro meses antes. Cuando llegó a las orillas del río, el lugar tenía la apariencia de unos astilleros particularmente activos. La ribera derecha del río, al pie de colinas arboladas, estaba cubierto de navíos de toda clase y todos los tamaños, unos terminados, otros a punto de estarlo, y miles de indios, dirigidos por los técnicos macedonios, se agitaban alrededor de los navíos, a los que sólo faltaba armarlos.

Para hacerlo, Alejandro designó, según el método ateniense, 33 *trierarcas* (ciudadanos que en Atenas tenían a su cargo la tarea de armar navíos a su costa), elegidos entre los nobles más ricos de su entorno, 24 de ellos macedonios (sobre todo el general de caballería Crátero y el general de infantería Nearco, que terminará convirtiéndose en almirante de esa flota), seis helenos, un persa (Bagoas) y dos príncipes chipriotas. Se eligió como marinos a fenicios, egipcios, chipriotas, griegos que vivían en las islas de la costa asiática y a principios del mes de noviembre todos los bajeles estaban armados y equipados: había unos 2.000 navíos de toda clase y todos los tamaños, 80 de ellos armados como barcos de guerra y 200, sin puente, para el transporte de los caballos.

El reparto de las tropas en el camino de regreso se hizo en cuatro grupos, de la manera siguiente: Alejandro partirá por la vía fluvial (Hidaspes-Acesines-Indo) con la caballería y la infantería de los Compañeros, los hipaspistas (infantería ligera formada por soldados armados de escudos) y los arqueros: la flota está mandada por Nearco; Crátero llevará una parte de la infantería y una parte de la caballería por vía terrestre, siguiendo la orilla derecha del Hidaspes y luego del Acesines; Hefestión conducirá la otra parte del ejército y doscientos elefantes siguiendo la orilla izquierda de esos ríos; Filipo, el gobernador de la satrapía formada por el oeste de India (el Punjab occidental), partirá tres días después de todo el mundo, con sus propias fuerzas (en las que figuraban numerosos indígenas). El mando de la flota había sido confiado a Nearco; la galera real, en la que iba Alejandro, tenía por piloto a Onesícrito. Un solo general faltaba a la llamada: el veterano Ceno, que había muerto de enfermedad poco tiempo después de su valiente discurso.

Cuando todo estuvo preparado y los soldados hubieron embarcado, Alejandro ofreció sacrificios a las divinidades del mar (Poseidón, Anfítrite, las Nereidas, el Océano), así como a los tres ríos (el Hidaspes, el Acesines y el Indo), hizo libaciones a Heracles y a Zeus-Amón, lo mismo que a los otros dioses que solía invocar, y ordenó que se tocase la trompeta para dar la señal de partida.

Al punto los remos empiezan a batir las olas y los navíos se ponen en ruta, en buen orden, respetando cada uno las distancias reglamentarias y la velocidad que se le había asignado. El espectáculo de la flota macedonia deslizándose sobre las aguas del Hidaspes, con sus velas de todos los colores, es grandioso:

> Nada puede compararse al ruido de los remos golpeando el agua, al movimiento de las palas elevándose y bajando cadenciosamente en todos los navíos al mismo tiempo, a los gritos de los cómitres que indican el principio y el final de los movimientos de los remos, al ruido de los remeros cuando, todos juntos, abaten sus remos sobre el agua. Los clamores resonaban de una orilla a otra del río y su eco se propagaba hasta el fondo de los bosques.
>
> Arriano, *op. cit.*, VI, 4, 3.

En tres días, la flota de Nearco llegó a la confluencia del Hidaspes y el Acesines. A medida que avanzaba por su ruta fluvial, las tribus indias acudían a rendir sumisión a Alejandro, llevando presentes, y sus jefes firmaban con el Conquistador tratados de alianza o amistad. En la región de la confluencia entre el Acesines y el Hidaspes, la cosa resultó más difícil, porque estaba habitada por pueblos numerosos y belicosos, los malios y los oxídracos, contra los que Alejandro hubo de hacer una dura campaña que cuenta con numerosos detalles Arriano (finales de noviembre-principios de diciembre de 326 a.C., Arriano, *op. cit.*, VI, 6-14).

El país de los malios (*mâlavas*) se extendía entre los valles del Hífasis (que desemboca en el Acesines) y el Acesines (que desemboca en el Indo). Los oxídracos ocupaban un territorio en la orilla izquierda del Hífasis, más pequeño y río arriba del territorio de los malios. Alejandro ya se había enfrentado a ellos cinco meses atrás, a finales del mes de julio, antes de llegar al Hífasis (véase más arriba, pág. 362, la toma de la villa malia de Sangala) y sospechaba que debían andar rumiando alguna venganza y que tratarían de perturbar su avance hacia el Indo.

El macedonio no tenía desde luego ganas de pelear, porque daba por terminado el tiempo de las conquistas, pero sus informadores indígenas le habían dicho que los malios habían puesto a buen recaudo a sus hijos y sus mujeres en las ciudades mejor fortificadas y que tenían la intención de enfrentarse a él con las armas en la mano cuando llegase a la región. Por lo tanto, debía tomar precauciones frente a estas poblaciones turbulentas y combativas, tanto más inestables cuanto que estaban políticamente desorganizadas: a su cabeza no había soberano ni oligarquía guerrera, ni jefes políticos elegidos; los historiadores antiguos los llamaban «indios independientes».

Dada la topografía del terreno, que conocía a la perfección, Alejandro decidió rodear el territorio peligroso, disponiendo tropas alrededor del territorio de los malios, a los que hizo vigilar: primero al sur por Hefestión, que remontó el valle del Hidraotes con una columna; segundo al oeste por Crátero, que se apostó en la orilla izquierda del Acesines, cerca de la confluencia de ese río con el Hidraotes; por último al norte por Ptolomeo, hijo de Lago, que recibió la orden de mantener la línea del Acesines. Además, Nearco recibió el encargo de vigilar con su flota las confluencias del Hidaspes y el Hidraotes con ese último río.

Los malios desconfiaban de las maniobras de Alejandro. No obstante, como su territorio estaba separado del Acesines (al norte por un desierto), pensaban que el peligro sólo podía llegarles del sur... y Alejandro atacó por el norte: con una columna de infantería ligera y un batallón de falangistas, cruzó el desierto que bordeaba el país de los malios en dos etapas de treinta kilómetros cada una, y cayó sobre una aldea que no estaba fortificada (una «ciudad de brahmanes», dice Arriano, cuya población era sin duda únicamente sacerdotal y no violenta). Fue una carnicería: en unas pocas horas, cinco mil brahmanes malios fueron pasados a cuchillo.

Una vez realizada esta acción preventiva y sanguinaria —sin duda inútil—, Alejandro marcha sobre la capital de los malios, situada en la orilla izquierda del Hidaspes (verosímilmente en el emplazamiento de la moderna Multan) y le pone sitio. Tras sus espesas murallas, hay cincuenta mil hombres; como todas las ciudades fortificadas de esta clase, incluye una ciudadela que puede servir de último refugio a los sitiados. Por su parte, Alejandro ha dividido su ejército en dos: él mismo manda una mitad y entrega la dirección de la otra a uno de sus lugartenientes, el general Perdicas.

Alejandro es el primero en llegar ante las murallas de la ciudad, al crepúsculo. No queda luz suficiente para un asalto, su ejército está agotado, los infantes por una larga marcha, los jinetes por el paso del río: el rey se limita a instalar su campamento alrededor de las murallas y pospone el asalto para la mañana siguiente.

A la mañana siguiente se produce el asalto. Los soldados consiguen romper una poterna y penetran en la ciudad: ¡está vacía! Todos los malios se habían refugiado en la ciudadela durante la noche. A Perdicas le ha costado más esfuerzo que a Alejandro hacer entrar a sus tropas en la ciudad: se le unirá más tarde, y cuando llega comprueba el mismo hecho.

Así pues, hay que asaltar la ciudadela. Pero no hay suficientes escalas de asalto: al ver las murallas vacías de defensores, el ejército de Perdicas había creído que la ciudad ya estaba tomada y la mayoría de los soldados que lo componían iban desprovistos de escaleras de asalto. Alejandro se pone nervioso, cree que están perdiendo demasiado tiempo; arrebata una escala a uno de los que las llevan, la aplica contra el muro de la ciudadela y, protegiéndose con el escudo (el famoso escudo sagrado que había cogido en el templo de Atenea, en Troya), empieza a trepar. Alcanza por fin las murallas de la ciudadela, donde los indios le atacan. Entonces los hipaspistas se precipitan sobre la escala, para ayudar y proteger a su rey; se zarandean, la escalera se cae y se rompe: Alejandro queda solo encima de las murallas. Ningún indio se atreve a acercársele, pero los arqueros enemigos disparan de todos lados contra él.

Alejandro se da cuenta de que, si permanece en las murallas, terminará siendo alcanzado y muerto por una flecha; decide entonces saltar al interior de la ciudadela y, apoyándose contra un muro, mata con la espada a los indios que pasan a su alcance, e incluso a su general, que había intentado arrojarse sobre él. En ese momento Peucestas, su portador de escudo, así como Ábreas y Leónato, uno de los Compañeros más valientes de su ejército, saltan a su vez de las murallas y cubren a su rey con el cuerpo, mientras combaten. Ábreas es alcanzado por una flecha en pleno rostro y muere en el acto. Alejandro también resulta herido: una flecha le ha perforado la coraza y ha penetrado hasta el pecho, por encima de la tetilla. El rey sigue luchando, pero en cada expiración vomita sangre; luego se ve dominado por vértigos y se derrumba en el sitio.

Al otro lado de la muralla los macedonios se apresuran. Como no tienen escaleras, algunos se suben a los hombros de otros y saltan; también ellos cubren a Alejandro con sus cuerpos y sus escudos. Uno consigue hacer saltar el cerrojo que mantiene cerrada una puerta de cortina y los macedonios se precipitan en el interior de la ciudadela. Viendo a su bienamado rey tendido y aparentemente sin vida, dominados por una rabia insensata, matan a todos los indios que pasan a su alcance, hombres, mujeres, viejos o niños. Un médico oriundo de la isla de Cos, llamado Critodemo, se inclina sobre el herido, hace una incisión en la herida y retira la flecha del pecho del rey, que pierde mucha sangre y se desmaya por segunda vez.

Mientras cuidan a Alejandro, por el campamento macedonio corre el rumor de que ha sucumbido a sus heridas y en el gran ejército brotan los gemidos. Todos están desesperados: ¿Quién podría sustituir al Conquistador? ¿Quién los sacará del avispero malio en que se encuentran prisioneros? ¿Quién, si consiguen salir, los devolverá sanos y salvos aunque sólo sea a Persia, o a Babilonia?

Mientras tanto, el rey herido ha sido sacado de la ciudadela y lo transportan por barco al campamento de Hefestión, sobre un escudo. En el momento del desembarco todos los soldados están allí. Esperan ver un cadáver y ya lloran. Pero traen unas parihuelas para transportarlo a tierra y cuando los enfermeros salen del navío Alejandro hace un gesto con la mano para tranquilizar a sus hombres y sus súbditos. En las orillas del río resuena entonces una ovación que sube hacia el cielo. Las parihuelas son depositadas en tierra: Alejandro se pone de pie y pide un caballo: segunda ovación. Da unos pasos: tercera ovación de la multitud de soldados en delirio. Finalmente le llevan el caballo; monta en él sin necesidad de ayuda: todo el ejército aplaude, todos los soldados se apiñan alrededor para tocar uno sus rodillas, otro su ropa, le lanzan flores y guirnaldas. Desde ese momento podrá pedir lo que quiera a sus hombres.

Finalmente los malios y los oxídracos se someten. Piden a Alejandro que les perdone, aduciendo que, desde su instalación por el divino Dioniso en aquella tierra, están enamorados de la libertad y la autonomía, y que esa libertad se había conservado intacta hasta su llegada. Pero si Alejandro lo cree oportuno, puesto que también él es de origen divino, harán lo que diga y aceptarán el sátrapa que él nombre para gobernarlos.

Alejandro declara que ese sátrapa será Filipo, y exige a cada uno de los dos pueblos la entrega de mil rehenes. Los malios y los oxídracos lo hacen y le entregan además carros de combate. Cuando todo quedó arreglado, Alejandro devolvió los rehenes, pero se quedó con los carros. Ofreció a los dioses sacrificios y acciones de gracias, luego dejó su campamento, que había establecido en la confluencia del Hidraotes y el Acesines. Durante el tiempo que había durado la campaña contra los indios insumisos y durante su convalecencia, había mandado construir numerosos navíos, lo que le permitió transportar por vía fluvial efectivos suplementarios (10.000 infantes, 1.700 jinetes, arqueros).

La flota macedonia desciende ahora por el Acesines, hasta la confluencia de ese río con el Indo. Allí Alejandro espera la llegada de Perdicas, uno de sus lugartenientes; entretanto, le llevan nuevos navíos de transporte, construidos por los jatros —una nación india autónoma que se había sometido—, y los recibe también de los osadios, otro pueblo indio. En ese momento fija los límites de la satrapía de Filipo en la confluencia del Acesines y el Indo, y funda Alejandría de la Confluencia. Por último, añade a los efectivos de Filipo una unidad de jinetes tracios, hecho que tendería a demostrar que el país no se encuentra totalmente sometido. En ese momento llega junto a Alejandro el sátrapa Oxiartes, padre de su esposa Roxana, cuyos territorios agranda ofreciéndole además el gobierno de la satrapía de Parapamísada.

El año 326 a.C. concluye en medio del desorden. Alejandro y su ejército siguen dando miedo, y las poblaciones de los territorios que cruza permanecen tranquilas. La última sublevación a la que habrá de hacer frente tuvo lugar a principios del año 325 a.C., en el territorio de los musícanos, un pueblo asentado en la región de la actual Chalipur, donde reinaba el rey Musícano, el príncipe más rico del valle del Indo. Fue el último acto de su campaña de las Indias. El último día del mes de diciembre del año 326 a.C., Alejandro llega a la vista de Pátala y del delta del Indo.

XVI

El gran retorno
(10.º *año de guerra en Oriente:* 325 *a.C.*)

Alejandro explora el delta del Indo, a partir de Pátala: plan de retorno a Persia (finales de diciembre de 326-principios de enero de 325). — Itinerario de Crátero por la Aracosia (finales de julio-finales de diciembre de 325). — Itinerario de Alejandro y de Hefestión desde Pátala a Ormuz por la Gedrosia (el Beluchistán). — Alejandro pierde las tres cuartas partes de su ejército (finales de agosto-finales de diciembre de 325). — Bacanal de Alejandro de Pura a Ormuz (finales de diciembre de 325). — Periplo de Nearco por el océano Índico, de Pátala/Karachi a Ormuz (20 de septiembre de 325-10 o 15 de diciembre de 325). — Reencuentro en Ormuz de Alejandro y sus generales (finales de diciembre de 325). — Conclusiones que pueden sacarse de la catastrófica expedición de Alejandro a «India».

Fue al llegar a la cima del delta del Indo, a Pátala, a finales del mes de diciembre de 326 a.C. o principios del mes de enero del año siguiente, cuando Alejandro estableció un plan definitivo para el regreso a Persia de su gran ejército. Pasó seis meses —de enero a julio de 325 a.C.— en esa ciudad, que fue su último cuartel general en la India. Al anuncio de su llegada, los habitantes de Pátala habían abandonado la ciudad por orden del gobernador indígena, Moeris; pero Alejandro, que necesitaba mano de obra y pilotos indígenas, desembarcó algunos destacamentos para dar caza a los fugitivos y obligarles a regresar a su ciudad. Al mismo tiempo ordenó a Moeris, que le había confiado su persona y sus bienes, hacer los preparativos necesarios para acoger a su ejército.

Mientras los ingenieros y los carpinteros de ribera reparaban los navíos de su flota en diques de carena rápidamente construidos, Alejandro explora el delta con barcos ligeros: lleva consigo una escolta de nueve mil hombres, mandada por su lugarteniente Leónato (el hombre que le había salvado la vida durante la guerra contra los malios). El rey, que quiere reconocer en persona los brazos del delta a fin de elegir el más navegable, toma primero el brazo occidental. Es entonces cuando empiezan las dificultades: los navíos deben franquear un banco de arena, obstáculo clásico de la desembocadura de un delta en un mar con mareas, con el que sus marinos, que hasta entonces sólo habían navegado por el Mediterráneo, nunca se habían encontrado. El flujo y el reflujo de las aguas son motivo de terror para los hombres de la tripulación y una causa de naufragio para los navíos, sobre todo porque los residuos del monzón, que sopla del sudoeste, tienen tendencia a oponerse al avance de los navíos hacia alta mar.

Una vez franqueada el banco, Alejandro, muy contento, ofrece un sacrificio a Poseidón, arrojando al mar un toro y un vaso de oro. Luego, aprovechando la marea creciente, regresa a Pátala para explorar el brazo oriental. Esta vez no le molesta el monzón, cuyos efectos son más débiles en ese brazo, y decide que por ahí ha de pasar su flota para abandonar el país de los indios.

Antes de partir definitivamente hacia Occidente, el macedonio toma unas últimas disposiciones administrativas referentes a la organización de su pequeño imperio indio, que apenas representa 400.000 km^2. Le asigna de una vez por todas como límite oriental la orilla izquierda del Indo y el curso del Hífasis: en el norte, comprende tres reinos independientes, los de Abisares, Taxiles y Poro, que han firmado con él tratados de alianza; el sur, que corresponde a los territorios del Punjab meridional y el Sind en el actual Pakistán, se divide en dos satrapías, anexadas *de facto* al Imperio aqueménida: Alejandro instala en él un ejército de ocupación bajo las órdenes del estratego griego Eudemo.

En Pátala, Alejandro detiene definitivamente su plan de regreso a Persia: por vía terrestre, la partida tendrá lugar en la estación buena (verano de 325 a.C.), bajo el mando de Crátero y de él mismo; por vía marítima, se hará bajo la dirección de Nearco, que deberá esperar el equinoccio de otoño (septiembre de 325 a.C.) para hacerse a la mar, de acuerdo con el régimen de los monzones. El rey se cita con su almirante y su general en la entrada del golfo Pérsico para finales de año, y se dispone a despedirse de India, de sus elefantes, sus príncipes, sus brahmanes, sus gimnosofistas y sus pueblos.

1. *Los itinerarios terrestres*

El primero en partir fue Crátero, en julio de 325 a.C. Estamos mal informados sobre los detalles de su aventura, que los historiadores denominan sobre todo el «periplo de Crátero», ya que los cronistas antiguos se interesaron sobre todo en Alejandro y Nearco. No obstante, conocemos su itinerario.

Alejandro le había confiado tres regimientos de infantería, cierto número de arqueros, una parte de la caballería de los Compañeros y los soldados macedonios que resultaban poco aptos para el combate y que pensaba repatriar a Macedonia; el general también tenía a su cargo los elefantes. Dado lo voluminoso de semejante tropa, a Crátero se le había asignado un itinerario sin sorpresas, a través de los territorios de la Aracosia (relativamente conocida por Alejandro, que había fundado en ella Alejandría de Aracosia, en el emplazamiento de la moderna Kandahar, antes de partir a India). Saliendo del valle del Indo, debía dirigir su columna primero hacia el noroeste, pasar por Alejandría de Aracosia y alcanzar el río Helmend, que desemboca en una especie de mar interior (el actual lago Hamun, en la frontera de Irán y Afganistán), luego bajar hacia el sudoeste, hasta el océano Índico. En total un periplo de unos 1.600 kilómetros a través de las montañas de Afganistán e Irán.

En la actualidad, y sobre un mapa, este itinerario parece muy sencillo. Pero en el año 325 a.C., por aquellas regiones desoladas que ninguna caravana cruzaba, donde no había ninguna ciudad, querer alcanzar las orillas del océano Índico después de haberse perdido por las montañas afganas, era un reto casi imposible de lograr. Esperar encontrarse con Alejandro en un punto preciso (en Ormuz, en el emplazamiento de la moderna ciudad de Bender Abas) a unos 1.200 kilómetros del delta del Indo era puro delirio; y sin embargo, seis meses más tarde, a finales del mes de diciembre, el general Crátero se unió a su jefe en las cercanías de Ormuz, en otra Alejandría que Alejandro había fundado, Alejandría de Carmania. Su periplo había durado cinco meses, se había desarrollado sin mayores dificultades, salvo algunas fricciones con el pueblo indio de los ariaspos, en las orillas del lago Hamun. Crátero llevaba incluso en sus bagajes un regalo para Alejandro: había capturado a un tal Ordanes, un iraní que se había adjudicado un territorio personal en la región del lago. El rey mandó ejecutar en el acto al rebelde, que pensaba que nadie le encontraría en aquella lejana Aracosia. ¡Qué poco vale la vida de un rebelde!

El segundo en partir fue Alejandro, acompañado por su fiel Hefestión, un mes después de Crátero, a finales de agosto de 325 a.C. Llevaba consigo la mitad de los arqueros a pie, todos los hipaspistas (los portaescudos) y la caballería macedonia, incluida la de los Compañeros, en total unos 12.000 combatientes (algunos dicen que 20.000, e incluso más), a lo que hay que añadir la impedimenta militar y los civiles (cientos de mujeres y niños). Al partir de Pátala, su intención era dirigirse hacia el oeste para alcanzar el golfo Pérsico (no lo conocía, pero había oído hablar de él), permaneciendo siempre a menos de tres o cuatro días de marcha de la costa.

Sin duda con conocimiento de causa, había elegido el itinerario más difícil, más penoso y peligroso. La comarca que debía atravesar al salir de Pátala o, más exactamente, de Karachi, es decir, la franja litoral de Beluchistán (nombre moderno de la Gedrosia), se llama en nuestros atlas el Makkran; es uno de los lugares más pobres del mundo, y por sus informadores Alejandro conocía sus inconvenientes y peligros. Su travesía costó cara en vidas humanas al vencedor de Asia; como escribió Gustave Glotz, uno de los maestros de la historiografía griega, «estuvo a punto de encontrar su Berezina».

No obstante, al salir de Karachi al principio no había desierto. Alejandro avanzó primero con su ejército hasta el río Arabio, luego torció en dirección al mar para aprovechar los pozos de agua dulce a lo largo de la costa, a fin de que no le faltase el agua al ejército que transportaba Nearco en sus navíos, cuyo itinerario debía seguir el litoral. Así atraviesa el territorio de los arabitas, indios independientes como los malios, que aceptan someterse al persa; luego el de los oritas, que le niegan el homenaje: el rey ordena a la infantería limpiar su territorio y matar sobre la marcha a todos los que fuesen cogidos con las armas en la mano. Tras las primeras ejecuciones, la región finge someterse y Alejandro prosigue su marcha hacia el oeste. Llega a una aldea orita cuyo emplazamiento le seduce: «Podría construirse aquí una ciudad grande y próspera», le dice a Hefestión; y deja allí a su lugarteniente, con una guarnición, para que instale una colonia. Nombra luego un sátrapa para gobernar a los oritas y pone a su disposición un regimiento mandado por el compañero Leónato. Sabia precaución. Nada más irse el rey, los oritas se rebelan contra el sátrapa; Leónato aplasta la sublevación, mata a seis mil insurgentes y desde entonces el orden reina entre los oritas.

Ya tenemos a Alejandro y su columna estirándose en varios kilómetros por el desierto. Al principio todavía alberga algunas ilusiones. Por todas partes crecen árboles, que en esa estación están en flor, y sobre todo árboles de mirra, más altos que en cualquier otro sitio. Hacen las delicias de los mercaderes fenicios que acompañan a su ejército; estos hombrecitos, muy industriosos, cortan y hacen incisiones en los árboles que encuentran y cargan la preciosa goma en las alforjas de sus bestias de carga. El Makkran también abunda en raíces de nardo perfumado, del que esos mismos fenicios hacen buena cosecha. Pero poco a poco la vegetación cambia; a los árboles suceden los espinos, y sus espinas son otros tantos puñales para los jinetes. Luego desaparecen también los espinos y el desierto se convierte en un verdadero desierto: no hay puntos de agua, hombres y animales resbalan por las montañas de arena y hace tanto calor que sólo es posible marchar una vez que ha caído la noche.

Alejandro está ansioso. ¿Dónde encontrar los víveres y las reservas de agua de que debe disponer a lo largo de la costa para Nearco y los miles de hombres de tropa que su almirante transporta en los navíos? Envía patrullas hacia el interior, hacia la costa: vuelven con las manos vacías. Luego se impone el horror. Sus soldados no tienen casi nada que comer, ni agua que beber; el menor arañazo se envenena, los cojos y los enfermos son cada vez más numerosos, y se ven obligados a abandonarlos. Mueren a millares. Una mañana, al alba, el ejército macedonio llega a un gran oasis, donde abundan los víveres; Alejandro ordena repartir el grano que queda en unos sacos que manda cerrar con su propio sello y que envía hacia el litoral, con destino a Nearco. Pero los soldados y los guardias mismos, a punto de morir de hambre, rompen los sellos y distribuyen esos víveres entre los más necesitados: Alejandro no tiene valor para castigarlos.

Hacia principios del mes de noviembre, mientras el gran ejército macedonio se arrastra todavía por el desierto, los exploradores que le preceden vuelven al galope hacia Alejandro: le anuncian, con tanta alegría como los marineros de Cristóbal Colón gritando «¡Tierra! ¡Tierra!», que los árboles vuelven a aparecer, así como los rebaños y tímidos campos de cereales. Los macedonios han alcanzado Pura, la ciudad real de Gedrosia, la capital donde tiene su sede el sátrapa de la provincia. Alejandro concede a sus tropas seis semanas de un descanso bien merecido: la travesía del infierno había durado dos meses y Plutarco llega a decir que, al llegar a Pura, el ejército había perdido las tres cuartas partes de sus efectivos. El Conquistador no mataba sólo a los rebeldes y los enemigos, también mataba a sus soldados. Pero lo hacía con estilo. Un día que sus soldados, muertos de sed, le habían llevado en el fondo de un casco un poco de agua que habían recogido en un hoyo poco profundo, y tendían el casco a su jefe como habrían tendido un tesoro, Alejandro lo cogió y, a la vista de todos, derramó el líquido en la arena. Con este gesto quería proclamar que si no había agua para sus soldados, tampoco debía haberla para su rey.

Pura estaba situada a unos 350 kilómetros del estrecho de Ormuz, que separa la península Arábiga del resto del continente asiático y que es, en cierto modo, la «puerta» marítima del golfo Pérsico. El estrecho está obturado parcialmente por una pequeña isla alargada, la isla de Ormuz; en nuestros días, la punta del promontorio de la península que avanza hacia la costa asiática constituye el sultanato de Omán. Le corresponde, al otro lado del delta, la ciudad iraní de Bender Abas. Cuando consideró que sus soldados habían descansado suficientemente, Alejandro dejó Pura y se dirigió hacia el estrecho: ahí había citado, más o menos implícitamente, a Crátero y a Nearco (de hecho, la existencia de ese estrecho era vagamente conocida por navegantes persas, fenicios e indios a los que Alejandro y Nearco habían interrogado antes de partir de Karachi).

De creer a Plutarco y a ciertos historiadores antiguos, que el severísimo Arriano censura, la marcha de Pura al estrecho de Ormuz tomó el carácter de una verdadera bacanal. Dejemos la palabra al moralista de Queronea que, diga lo que diga Arriano, no solía dedicarse a los chismes por el placer de adornar sus relatos (hemos modernizado algo la versión de Amyot):

> Así pues, después de haber refrescado un poco allí [en Pura] su ejército, se puso en camino de nuevo a través de la Carmania [región de Persia comprendida, en líneas generales, entre las ciudades modernas de Kerman y de Chiraz, donde se encuentra Persépolis], donde durante siete días no dejó de banquetear mientras viajaba a través de la comarca. Circulaba sobre una especie de estrado, más largo que ancho, muy elevado, provisto de ruedas y tirado por ocho corceles, sobre el que no cesaba de festejar con sus amigos más íntimos. Ese

estrado rodante iba seguido por una retahíla de carruajes, cubiertos unos de hermosos tapices y ricos paños de púrpura, otros de ramajes floridos, entrelazados, que se renovaban antes de que esas ramas se marchitasen, en los que se encontraban sus otros amigos y sus lugartenientes, todos ellos tocados con sombreros floridos, que bebían y también se daban grandes banquetazos.

En cuanto a sus soldados, en todas partes se los encontraba de pie, sin casco, con los brazos cargados de jarrones y copas, con cubiletes de oro y de plata en las manos a guisa de lanza, de pica o espada. Con la ayuda de grandes pipas, sacaban el vino de toneles desfondados. Se entregaban a sus borracheras, unos por los campos, otros sentados a la mesa, y por todas partes no había más que canciones, cencerradas y danzas, en las que participaban las mujeres del país, desgreñadas y ebrias. Esta cabalgada hacía pensar en una bacanal dirigida por el dios Dioniso en persona. Y cuando Alejandro hubo llegado al palacio real de Gedrosia, pasó todavía varios días más con su entorno y sus soldados, en borracheras, fiestas, banquetes y festines, danzas y juegos. Se dice que un día, después de haber bebido mucho, el rey asistió a la entrega de los premios de un concurso de danza, en el que se había distinguido un joven persa, Bagoas, del que estaba enamorado; después de haber recibido su recompensa, Bagoas, todavía vestido con su traje de bailarín, atravesó el escenario y fue a sentarse muy cerca de Alejandro, apretándose contra él. Entonces todos los macedonios que estaban presentes se pusieron a aplaudir y a hacer gran ruido, gritando con cadencia: «¡Besadle! ¡Besadle!», hasta que al fin Alejandro obedeció, cogió a Bagoas en sus brazos y le dio un beso en medio de los aplausos de todos.

Arriano cuenta la anécdota, pero pretende no dar ningún crédito a ese relato. Creo que es un error: tras las pruebas que acababa de sufrir en el desierto del Beluchistán, cruzar Pura y sus alrededores imitando la bacanal de Dioniso cuando recorrió la India como triunfador («Dioniso Triunfa») era propio del carácter del joven que, una noche de borrachera en Fasélida, había ejecutado una danza de borracho alrededor de la estatua del poeta Teotecto (véase pág. 158) o de vencedor ebrio que, cediendo a los caprichos de una cortesana, organizó la farándula incendiaria de Persépolis (véase pág. 275).

Sea como fuere, la bacanal de Alejandro terminó en la ruta de Ormuz. Asentó su campamento en un lugar cercano a Bender Abas, donde pronto se le unió Crátero con sus elefantes, que lo buscaba por los alrededores. También se le unió, procedente de Ecbatana, el ejército que había dejado allí cinco años atrás (véase pág. 279) antes de partir en persecución de Darío.

Sin embargo, Alejandro estaba preocupado, e incluso inquieto: ¿qué pasaba con Nearco y su flota? Merecía la pena que se hiciese esa pregunta; fueran cuales fuesen los talentos de navegante del almirante, su periplo no dejaba de plantear peligros, incluso sin alejarse de las costas, porque antes o después tendría que plantearse el problema del agua y de los víveres y corría el riesgo de haberse enfrentado a las mismas dificultades que él, Alejandro, en los desiertos de Gedrosia. Por esa razón había mandado excavar pozos a lo largo de la costa y había dispersado algunos depósitos de víveres. Pero Nearco llevaba consigo la mayor parte del ejército macedonio y, si no llegaba a buen puerto, la desaparición de su flota sería un desastre irreparable, sobre todo si venía tras las enormes pérdidas que el propio Alejandro acababa de sufrir en el Makkran, cuyo recuerdo, a pesar de sus bacanales, no conseguía olvidar.

2. *El periplo marítimo de Nearco*

De los tres jefes que debían devolver el gran ejército macedonio, sus hombres y su impedimenta, desde el Indo hasta Persia, Nearco había sido el último en partir, porque había debido esperar a que el monzón fuese favorable. No obstante, desde la partida de Alejandro hacia la Gedrosia, a finales del mes de julio, los habitantes del delta habían empezado a agitarse, seguros de la impunidad; Nearco, cuya misión era llevar la flota hasta el golfo Pérsico y no restablecer el orden macedonio en Pátala y en Karachi, decidió no esperar la llegada del régimen de vientos regulares para levar anclas. Así pues, el 10 de septiembre de 325 a.C., se hizo a la mar cuando el monzón de verano aún no había concluido y el viento seguía soplando con violencia en alta mar, tomando el brazo oriental del delta, que antes ya había explorado Alejandro. Conocemos bien su aventurada odisea, porque llevó un diario de a bordo, perdido en nuestros días, pero cuyo contenido nos ha sido conservado por Arriano, que lo utilizó para escribir sus *Indike* («La India»), como apéndice a su *Anábasis de Alejandro.* Damos a continuación el detalle de sus escalas (según Arriano, *op. cit.*, libro VIII); recordemos —si es necesario— que los navíos de Nearco son trirremes: avanzan a remo y el viento sólo las molesta a través de las olas y las corrientes que produce sobre la superficie del mar.

— *(Día J = 20 de septiembre).* Aparejo, después de haber hecho sacrificios a Zeus Salvador; fondeo en un lugar llamado Estura, a unos 20 kilómetros del puerto de partida, donde la flota permanece dos días.

— *(Día J + 3).* Navegación por el delta, hasta un lugar llamado Caumara, a 6 kilómetros de Estura, donde el agua empieza a ser salada, porque las aguas dulces del río se mezclan con el agua de la marea creciente, que permanece allí incluso después del reflujo, luego fondeo 4 kilómetros más adelante, siempre en el delta del río, en un lugar llamado Coretis.

— *(Día J + 4).* Breve navegación hasta la desembocadura, obturada por un banco de arena, mientras las olas rompen con estruendo en las rocas de la orilla. Con la marea baja, Nearco ordena excavar un canal de un kilómetro de longitud en el banco, por el que hace pasar sus navíos cuando se llena con la marea alta. Hemos de observar aquí la notable utilización del fenómeno de las mareas por el almirante, que las desconocía por completo. De este modo la flota llega a alta mar.

— *(¿Día J + 5?).* Fondeo en una isla arenosa llamada Crócala. Nearco ha llegado al país de los arabitas, donde permanece una jornada.

— *(¿Día J + 7?)* Reanudación de la navegación. El viento se vuelve muy violento, pero Nearco encuentra un buen fondeadero, bien abrigado, que bautiza con el nombre de Puerto de Alejandro; permanece en él veinticuatro horas (debido sin duda al mal estado del mar), hasta el 20 de octubre poco más o menos. Sus hombres se dedican a la pesca de mejillones, ostras y navajas (conchas de forma alargada), pero el agua que recoge en la orilla es salobre.

— *(Día J + 30 aproximadamente, hacia el 20 de octubre).* El viento ha cesado, la flota puede hacerse de nuevo a la mar. Tras unos 12 kilómetros de navegación, fondea cerca de una orilla arenosa, al abrigo de una isla desierta llamada Domai. Marineros y soldados se ven obligados a ir a buscar agua a 4 kilómetros tierra adentro; encuentran agua de buena calidad.

— *(Día J + 31)*. Después de 60 kilómetros de navegación, fondeo, durante la noche, en un lugar llamado Saranga; el agua está a menos de 2 kilómetros de la orilla.

— *(Día J + 32)*. Navegación peligrosa durante un par de días en medio de rocas y escollos; fondeo en un lugar desierto llamado Sacalas.

— *(Día J + 33)*. Fondeo en un puerto llamado Morontobara, después de 60 kilómetros de navegación. El puerto es amplio, al abrigo de las olas, en el fondo de una rada, y sus aguas son profundas, pero su entrada es estrecha. Los indígenas lo llaman «Puerto de las Damas» porque habían sido reinas las primeras en ejercer el poder en esa región.

— *(Día J + 34)*. Navegación muy cerca de la orilla, con una isla a babor que protege de las olas; Nearco observa que la isla está cubierta de un bosque de esencias variadas y que, en la orilla, los árboles son numerosos y su follaje espeso.

— *(Día J + 35)*. Al alba, la flota pasa la isla en el momento del reflujo; después de 24 kilómetros de navegación, la flota fondea en la desembocadura del río Arabio, límite del territorio de los arabitas, pero cuya agua no es potable (es salobre). Nearco observa que se trata del último pueblo indio de la región.

— *(¿Día J + 37?)*. Unos 40 kilómetros de navegación junto a la costa del país de los oritas (que no son indios, anota Nearco); fondeo en un lugar llamado Págala. Las tripulaciones se quedan a bordo debido a las olas que golpean las rocas; los más audaces desembarcan para hacer provisiones de agua.

— *(Día J + 38)*. Partida al alba y, tras unos 86 kilómetros de navegación, llegada de noche a un lugar llamado Cábana; fondeo junto a una orilla desierta, pero en alta mar, debido a las olas que rompen contra los arrecifes. Pérdida de dos trirremes y de un navío ligero; los hombres consiguen salvarse a nado. A medianoche, Nearco da la orden de levar anclas.

— *(Día J + 40)*. Después de 40 kilómetros de navegación, las tripulaciones están agotadas. La flota echa el ancla en alta mar y las tripulaciones vivaquean en la orilla. Nearco manda rodear el campamento de una trinchera. En ese lugar habían almacenado trigo por orden de Alejandro, y Nearco hace llevar a bordo de los navíos diez días de raciones; al día siguiente se reparan los navíos dañados. Se ignora cuántos días permaneció la flota en ese lugar, llamado Cócala (para simplificar nuestra exposición, estimamos su número en 8).

— *(Día J + 48)*. El viento es favorable y empuja los navíos, que recorren 100 kilómetros en una jornada; por la noche fondean cerca de un torrente llamado Tomero. El lugar está habitado por salvajes, que viven casi desnudos en los huecos de las rocas (son trogloditas); cuando ven a la flota dirigirse hacia la orilla, se despliegan en la costa en líneas de batalla, amenazando a los marineros y los soldados con sus gruesas lanzas, de unos tres metros de longitud, adaptadas para el combate cuerpo a cuerpo pero inútiles como jabalinas. Nearco elige entonces soldados muy ágiles, muy buenos nadadores y armados a la ligera; les da como consigna partir a nado, ponerse en formación de combate en tres hileras y cargar entonces contra los salvajes a paso de carrera, lanzando su grito de guerra. Al mismo tiempo, desde los navíos, los arqueros lanzarán flechas contra el enemigo y las catapultas los rociarán con obuses de piedra. Los bárbaros, estupefactos ante el brillo de las armaduras, la furia de la carga y los proyectiles que parecen caer del cielo, huyen y tratan de refugiarse en las montañas circundantes. Algunos lo consiguen, otros son muertos o hechos prisioneros. Según Arriano, que cita a Nearco, tenían el cuerpo cubierto de una gruesa capa de pelo, uñas duras parecidas a ganchos e iban vestidos con pieles de animales. Después de la desaparición de los salvajes, los navíos fueron sacados a la playa y reparados; la escala duró seis días.

— *(Día J + 54)*. Tras 50 kilómetros de navegación, llegada al promontorio llamado Málana (en la actualidad Ras Malan), que corresponde al límite occidental del territorio de los oritas (que se parecen, según Nearco, a los indios por los equipamientos y las costumbres, pero cuya lengua es diferente). En ese día Nearco anota en su diario de a bordo haber recorrido unos 320 kilómetros desde su punto de partida, y que, cuando navega con rumbo sur, las sombras de los mástiles se proyectan hacia el sur mientras que, por lo general, se proyectaban hacia el norte; observa también que, cuando el Sol está en el cenit (mediodía solar), nada hace sombra. Por último, constata que entre los astros y las constelaciones que solía divisar en el cielo unos se han vuelto completamente invisibles y los que eran siempre visibles durante la noche se levantaban muy poco tiempo después de haberse acostado (estos fenómenos están unidos a la inclinación del eje de rotación de la Tierra sobre su órbita y a la latitud a que se encontraba, cercana al trópico de Cáncer; pero Nearco ignoraba esto).

— *(¿Día J + 56?)*. Llegada de la flota frente a las costas que bordean, en Gedrosia, el país de los ictiófagos («comedores de peces»); los oritas que Alejandro ha encontrado vivían en el interior de las tierras, los ictiófagos estaban asentados más al oeste, en las mismas costas; según la descripción de Arriano, forman islotes de población.

— *(¿Día J + 57?)*. La flota leva anclas por la noche y, tras 120 kilómetros de navegación costera, recala en un lugar llamado Bagísara. Nearco encuentra ahí un puerto que ofrece un buen fondeadero.

— *(¿Día J + 58?)*. Partida al alba, rodeo de un elevado promontorio en el que Nearco manda excavar pozos: el agua es abundante, pero salobre. Fondeo en alta mar, debido a las gruesas olas que rompen contra las rocas del litoral.

— *(Día J + 59)*. Fondeo en un lugar llamado Colta, después de 40 kilómetros de navegación.

— *(Día J + 60)*. Partida al alba y, tras 120 kilómetros de navegación, fondeo en un lugar llamado Caliba. En la orilla hay una aldea, en medio de algunas palmeras cuyos dátiles todavía no están maduros, aunque nos encontramos en la segunda quincena de noviembre. Los pobladores son hospitalarios y ofrecen a Nearco corderos y pescado para su tripulación y sus tropas; pero como no había una brizna de hierba en aquel lugar, los corderos se alimentaban con pescado, de modo que su carne sabe a pescado. Para unos macedonios que se volvían locos con la carne de los corderos de Macedonia, la experiencia resulta amarga.

— *(Día J + 61)*. Después de 40 kilómetros de navegación, fondeo en un lugar llamado Carbis; también aquí hay una aldea de pescadores en el interior de las tierras, llamada Cisa. La aldea está vacía: al ver llegar la imponente flota de Nearco, sus habitantes han huido, abandonando sus rebaños de cabras, de las que se encargan las tripulaciones.

— *(Día J + 62)*. Después de rodear otro elevado promontorio, la flota atraca en un puerto de pescadores llamado Mosarna, al abrigo de las olas, donde los marineros encuentran agua dulce. Nearco embarca a un piloto local, llamado Hidraces, que pretende conocer la costa y va a guiarlos sin problemas hasta el litoral de la Carmania y desde allí, si Nearco lo desea, al golfo Pérsico.

— *(Día J + 63)*. La flota leva anclas por la noche, porque Hidraces ha previsto 150 kilómetros de navegación hasta un lugar llamado Balomo, donde la flota atraca en plena noche.

— *(Día J + 64)*. Fondeo en Balomo, desde donde marineros y soldados alcanzan la aldea de Barna (emplazamiento de la actual ciudad de Gwadar), a 400 kilómetros en el interior, donde hay muchas palmeras con dátiles ya maduros y jardines. Los habitantes de Barna son los primeros «civilizados» que encuentran desde su partida que, según Nearco, no viven como animales salvajes.

— *(Día J + 65)*. Después de 40 kilómetros de navegación, llegada al lugar llamado Dendrábosa, desde donde la flota apareja a medianoche.

— *(Día J + 66)*. Llegada al puerto de Cofas, tras 80 kilómetros de navegación. Es una aldea de pescadores cuyos barcos son pequeños, y se manejan con pagayas. Hay agua dulce, muy pura, en abundancia: Nearco aprovisiona sus reservas.

— *(Día J + 67)*. Partida durante la noche, y llegada a un lugar llamado Cuiza, después de 160 kilómetros de navegación. Fondeo en alta mar, debido a las olas y los arrecifes. Nearco anota que la cena se toma a bordo de cada navío, por separado (lo que permite pensar que, durante las escalas, las comidas tenían lugar en tierra y eran colectivas). Se agotan las reservas de agua.

— *(Día J + 48)*. Partida al alba, para un centenar de kilómetros de navegación, siempre con Hidraces como piloto. Llegada a un buen fondeadero, al pie de una colina sobre la que hay una pequeña ciudad. Si hay una ciudad, piensa Nearco, debe de haber rebaños y campos cultivados, es decir, víveres; además, de lejos se divisan espesos haces de paja en la orilla, lo que indica que debe de haber graneros de trigo en la ciudad: es el momento de hacer reservas. ¿Serán los habitantes lo bastante generosos para dar víveres en cantidad a un ejército tan numeroso? Nearco lo duda y declara a sus segundos que habrá que tomarlos por la fuerza, pero no quiere perder el tiempo asediando la ciudad: la tomará por sorpresa.

Su plan es claro y preciso, como los de Alejandro. Se presentará ante las puertas de la ciudad como un simple visitante, en compañía de dos arqueros; en cuanto haya entrado, éstos neutralizarán discretamente a los guardianes de las poternas y, a una señal convenida que hará a uno de sus segundos, llamado Arquias, los macedonios se lanzarán al agua, nadarán hacia las poternas y entrarán por la fuerza en la ciudad; el resto no será más que un juego de niños. Por lo tanto, Nearco ordena dar media vuelta a sus navíos para ponerlos de cara hacia alta mar, de suerte que estén dispuestos a partir en cuanto los carguen, y él mismo avanza hacia la ciudad, como un curioso, en un esquife, acompañado de un intérprete. Se acerca a las murallas. Los habitantes salen y le ofrecen regalos de hospitalidad: atunes cocidos al fuego, pastas y dátiles. «¿Puedo visitar vuestra ciudad?», pregunta Nearco. Los habitantes que habían llevado los regalos asienten. Nearco se presenta en las poternas, los guardianes le abren la pesada puerta de madera que cierra las murallas y, nada más entrar en la ciudad, sus arqueros inmovilizan (o, lo que es más probable, apuñalan) a los guardias, mientras el almirante sube a las murallas, hace a Arquias la señal convenida y el intérprete grita a los habitantes, que echan a correr hacia sus armas. «No os mováis. Es Alejandro Magno el que me envía; dad vuestro trigo a mis hombres y no se os hará ningún daño; si no, arrasaré la ciudad después de mataros a todos.»

Los habitantes están lejos de ser rayos de guerra, empiezan respondiendo que ya no tienen trigo en sus graneros, pero los arqueros les disparan algunas flechas, lo que les hace obedecer. Los hombres de Nearco penetran en masa en la ciudad, los llevan a los graneros y se apoderan de los sacos de grano y harina. Una hora más tarde, todo el mundo está a bordo de nuevo y la flota de Nearco se hace a la mar, mientras aquellas buenas gentes, despojadas de sus cosechas pero felices por haber salido con vida de la aventura, invocan a sus dioses. Este golpe de mano del almirante fue el primer gran atraco a mano armada de la historia. No hizo correr ni una gota de sangre, pero no le reportó gran cosa ni resolvió el angustioso problema del avituallamiento de los hombres de Nearco, que se encontraba en una situación casi tan grave como la de Alejandro en los desiertos del Beluchistán.

— *(Día J + 69)*. Tras esta proeza, la flota macedonia va a fondear a unos kilómetros de allí, cerca de un cabo consagrado al Sol y llamado Bagía, de donde leva anclas a medianoche.

— *(Día J + 71)*. Después de 200 kilómetros de navegación, la flota fondea en el puerto de Tálmena. De ahí, Nearco gana una ciudad llamada Canasida, a 80 kilómetros de la costa; ha sido abandonada por sus habitantes, no hay víveres en los graneros, pero sus hombres encuentran un pozo excavado, con agua de buena calidad, en medio de un pequeño palmeral silvestre. Los hombres cortaron los brotes de las palmeras y se los comieron.

— *(Día J + 72)*. Jornada de navegación: todos los hombres están atenazados por la hambruna; algunos hablan de desertar y, para impedírselo, Nearco mantiene sus navíos anclados lejos de la orilla.

— *(Día J + 74)*. Después de 150 kilómetros de una navegación difícil, ya que los remeros, hambrientos, no tienen fuerzas, la flota llega a un lugar llamado Taesis, donde hay varias pequeñas poblaciones de apariencia miserable; los habitantes han abandonado sus chozas, y los macedonios encuentran algunos sacos de trigo y dátiles, así como siete camellos a los que matan para alimentarse con su carne.

— *(Día J + 75)*. Partida al alba, para 600 kilómetros de navegación y fondeo en un lugar llamado Dagasira, donde nomadean algunos indígenas con sus camellos.

— *(Día J + 77)*. Después de dos días y dos noches de navegación ininterrumpida, la flota abandona el país de los ictiófagos (sobre los que Nearco dejó algunas observaciones etnográficas). En el mar los macedonios ven sus primeras ballenas y los remeros sienten miedo; Nearco da orden a los remeros de cargar contra los monstruos haciendo mucho ruido con sus remos mientras que, desde el puente donde se encuentran, los soldados lanzan gritos de guerra y hacen sonar sus trompetas: asustadas, las ballenas se sumergen y, una vez pasada la flota, vuelven a la superficie. El diario de Nearco contenía algunas indicaciones sobre la vida de las ballenas, que sin duda provenían del piloto Hidraces y son referidas por Arriano (algunas, escribe, encallan en el litoral y con la marea baja quedan atrapadas en bancos de arena; otras son lanzadas a la orilla por las tempestades, mueren ahí y se descomponen; sus huesos son utilizados por los habitantes de estas regiones para construir sus habitáculos).

— *(Día J + 78).* La flota ha superado la ribera de los ictiófagos y bordea las costas arboladas de la Carmania. Fondeo en un lugar llamado Badis (sin duda la entrada del estrecho de Ormuz), donde los macedonios encuentran abundancia de árboles frutales, de trigo, de olivos y viñas.

— *(Día J + 79).* Después de bordear las costas de Carmania durante 160 kilómetros, los hombres divisan a lo lejos, hacia el sur, un largo promontorio que se adentra en el mar (es el cabo llamado en nuestros días Ras Masandam, que termina en el extremo de la península Arábiga, en el territorio del actual sultanato de Omán); parece a un día de navegación. Onesícrito (el hombre que había dirigido la galera real durante el descenso del Indo, y que era el segundo inmediato de Nearco) propone dirigir las trirremes hacia ese cabo aprovechando las corrientes; pero Nearco se opone: Alejandro, dice, ha montado esta expedición marítima porque tenían que hacer un trazado minucioso de las riberas del océano Índico, de sus fondeaderos, sus islotes, sus puertos, de las tierras fértiles y los territorios desérticos, y hay que llevar esa exploración hasta su término. Onesícrito fue de la misma opinión del almirante, y la navegación continuó lo más cerca posible de las costas de Carmania, durante unos 140 kilómetros. La flota echó el ancla en un lugar llamado Neóptana.

— *(Día J + 80).* Partida al alba. Después de un trayecto de 20 kilómetros aproximadamente, los navíos macedonios fondean a la altura del río Ánamis (el moderno Minab), frente al puerto de Harmocia (Ormuz). Había llegado, tras los sufrimientos, el tiempo del reposo.

3. *Los reencuentros*

El periplo de Nearco fue la mayor hazaña marítima —y única en su género— de la historia antigua. Duró, dicen los textos, unos ochenta días (Arriano *dixit*), lo que le permite llegar a Ormuz hacia el 10 de diciembre de 325 a.C., pero diversas comprobaciones indican que Nearco no llegó hasta finales de ese mes. Del centenar de navíos que había llevado de Pátala-Karachi a Bender Abas, sólo había perdido cuatro en la aventura.

Así pues, marineros y soldados desembarcan en Ormuz. Son acogidos por poblaciones amistosas, el país es rico en distintos cultivos —sólo carecen de olivos— y pasan varios días descansando, reponiéndose y redescubriendo los placeres terrenales.

Se acuerdan de los sufrimientos soportados, de los peligros corridos, de las tierras desérticas descubiertas, así como de las poblaciones salvajes encontradas, de los ictiófagos y las ballenas. En cuanto a los jefes de la expedición, Nearco, Onesícrito e Hidraces, buscan a Alejandro, que los espera cualquiera que sea la región (de hecho, se encontraba a unos 150 kilómetros en el interior de las tierras, con lo que le quedaba de su ejército y el de Crátero).

En este punto, Arriano no puede dejar de abandonar la pluma del historiador serio y crítico y tomar la del escritor novelesco. Nos dice que un pequeño grupo de macedonios, alejándose de la orilla, se extravían en el interior de las tierras. Encuentran entonces a un hombre vestido con una clámide como las que llevan los griegos y que realmente hablaba griego. Los primeros que lo ven se echan a llorar de alegría: después de tantas miserias, ver una persona vestida a lo griego y hablando su lengua materna les parece un milagro.

—¿De dónde vienes y adónde vas? —le preguntan.

—Estaba en el campamento de Alejandro, que no se halla muy lejos de aquí, y lo he dejado por unos días.

Los hombres, muy contentos, lo aclaman y aplauden, luego lo recogen y lo llevan ante Nearco. El griego le informa de que el campamento de Alejandro está a cinco días de marcha por mar y que Crátero ya se le ha unido con su columna. Luego propone al almirante presentarlo al gobernador de la región.

Después de visitar a este personaje, Nearco regresa a sus navíos. A la mañana siguiente, aprovechando la bajamar, los vara en la playa, lo bastante lejos dentro de las tierras para que seis horas más tarde no sean alcanzados por la pleamar, y monta el centro de un campamento militar clásico, rodeado de una doble empalizada, protegido por una profunda trinchera con terraplén, en la orilla derecha del Ámanis. De este modo podrán repararse los navíos que hayan sufrido desperfectos, y dejará allí la mayor parte de sus tropas. Luego parte, con su lugarteniente Arquias y cinco hombres, en busca de Alejandro.

Por su parte, el gobernador al que había sido presentado intrigaba. Sabía que Alejandro estaba muy preocupado por el destino de Nearco y su flota, de los que no tenía noticia alguna desde hacía tres meses. Por ello pensaba que, si era el primero en anunciar al rey la buena nueva del desembarco de Nearco, recibiría un magnífico regalo. Corre pues cuanto puede hasta el campamento de Alejandro; le dice que Nearco ha llegado a Ormuz y que su ejército está sano y salvo. Alejandro está lleno de alegría pero, antes de recompensar al gobernador, quiere ver a Nearco con sus ojos. Pasan varios días: Nearco no llega. Alejandro envía exploradores en busca de Nearco al desierto que separa su campamento de la costa; transcurren varios días más y los exploradores regresan con las manos vacías: no han encontrado a Nearco, ni sus tropas, ni sus navíos. El rey se irrita y ordena detener al gobernador por haber sido transmisor de noticias falsas y haber aumentado su pena haciendo brotar en su ánimo una esperanza sin fundamento.

Mientras tanto, algunos exploradores de los que habían salido en su busca encuentran a Nearco y Arquias vagando en el desierto a la busca del campamento macedonio. Los dos hombres, sucios, delgados, hirsutos, cubiertos de sal, son irreconocibles; les preguntan dónde está el campamento de Alejandro —los exploradores les informan, luego fustigan a los caballos de su carro y se alejan a través del desierto—. Arquias se asombra por la precipitación con que han desaparecido e informa de sus reflexiones a Nearco:

—En mi opinión, Nearco, si estos hombres están en la misma ruta que nosotros, en el desierto, no es cosa del azar: han sido enviados en nuestra busca y no nos han reconocido. Mira en qué estado nos encontramos. ¡Corramos a reunirnos con ellos y presentémonos!

Alcanzan a los dos exploradores y Nearco les pregunta adónde van.

—Hemos salido en busca de Nearco y del ejército que transportan sus navíos —responden.

Entonces el almirante les dice:

—Yo soy Nearco, y éste es Arquias, mi lugarteniente. Llevadnos pues ante Alejandro.

Los exploradores los hacen montar en su carro y pocas horas más tarde el almirante y su lugarteniente son presentados a Alejandro, que a duras penas consigue reconocerlos y que se echa a llorar de alegría.

—Verte con Arquias me procura una alegría extrema —le dice el rey a Nearco, después de llevárselo aparte—. Pero cuéntame cómo han perecido los navíos y mi ejército.

Nearco le interrumpe:

—Rey, nadie ha perecido. Tus navíos están intactos, los hemos sacado a la playa y están reparándolos. En cuanto a los hombres, todos están sanos y salvos.

Las lágrimas de Alejandro aumentan y, sollozando de alegría, exclama:

—¡Por el Zeus de los griegos y el Amón de los libios, lo que me anuncias, Nearco, me alegra más que la conquista de toda Asia!

La alegría estalla en el campamento. Todas las fuerzas macedonias están ahora reunidas, con sus jefes (Alejandro, Crátero, Hefestión y Nearco). El gobernador al que Alejandro había mandado encarcelar por procurarle una alegría falsa es puesto en libertad. Se ofrecen sacrificios a Zeus Salvador, a Heracles, el antepasado de Alejandro, a Apolo Protector, a Poseidón y todas las divinidades marinas. Luego, como tenía por costumbre, Alejandro organiza juegos atléticos, un concurso artístico y una procesión con Nearco a la cabeza, a quien los soldados y marineros lanzaban flores y cintas.

Una vez cumplidos los deberes religiosos y acabados los festejos, había que volver a las cosas serias. Alejandro le dice a Nearco que en el futuro no quiere verle correr más peligros y que confiará la flota a algún otro. Pero Nearco se niega: «Rey, tú sabes que estoy dispuesto a obedecerte en todo y en todas partes. Pero si quieres complacerme, déjame llevar tu flota, intacta, hasta Susa, remontando el Tigris desde el fondo del golfo Pérsico. —La capital persa estaba a orillas del Karún, un río que desemboca en el Chatt el-Arab, la vía fluvial formada por la confluencia de las aguas del Tigris y del Éufrates—. Me habías reservado la parte más difícil y peligrosa de la expedición, déjame cumplir ahora la parte más fácil y gozar de la gloria, ahora al alcance de la mano, de haberla llevado a buen fin.»

Alejandro no le dejó acabar y le dio calurosamente las gracias. Luego Nearco y Arquias partieron de nuevo a través del desierto hacia su campamento, no sin que tengan que luchar todavía con algunas bandas bárbaras de Carmania, que aún no se habían sometido al macedonio. En Ormuz el almirante toma de nuevo el mando. La flota, una vez reparada, se hace al mar de nuevo.

Los reencuentros de Ormuz marcan el final de la gran campaña de Alejandro en la India, glosada por numerosos historiadores. Añadámosle nuestras propias glosas.

En primer lugar, conviene relativizar las cosas, tanto en el espacio como en el tiempo.

La «India» que intentó conquistar Alejandro no tiene nada que ver con esa enorme península triangular cuya base montañosa está formada por el Himalaya y el Hindu-Kush, y cuya cima es el cabo Comorin, de una superficie total de unos 5.500.000 km^2, troceada en nuestros días en cinco estados (Pakistán, la República India, Bangladesh, Nepal y Bután), uno de los cuales —la República India— tiene a su vez veinticinco estados. El territorio que fue objeto de su conquista representa poco más o menos, en superficie, la mitad del Pakistán actual (la comprendida entre las montañas afganas y el Hífasis), es decir, unos 400.000 km^2 (a título de comparación: la superficie de Suecia es de 412.000 km^2). Añadamos que por lo menos la mitad de esa mitad de Pakistán está compuesta por montañas poco habitadas y regiones desérticas, y que en la época había sin duda más habitantes sólo en la Grecia continental que en esa «India» en miniatura de Alejandro. En cuanto a su superficie, el territorio indio conquistado por Alejandro era al imperio del Gran Mogol (en su mayor extensión) lo que Bretaña es a la Francia de hoy; comparado con el Imperio persa, apenas representaba una satrapía. No hay motivo para pensar en una epopeya.

Podemos hacer una observación análoga por lo que se refiere al puesto ocupado por la aventura india propiamente dicha en la vida política y militar de Alejandro. De los trece años que duró su aventura asiática, la expedición india no le llevó más que un año (pasa a India en el otoño de 327 a.C., y deshace el camino en el otoño del año siguiente, a partir del Hífasis).

En segundo lugar, en el plano de las hazañas del macedonio en India, no hay gran cosa que recordar, salvo la batalla del Hífasis, que fue una pelea más que una batalla y que, sobre todo, no tuvo las inmensas consecuencias que se derivaron de las batallas del Gránico (la que le abrió Asia Menor), de Isos (que le abrió las puertas del Imperio persa) y de Gaugamela-Arbela (que le convirtió en el sucesor de hecho de los Grandes Reyes aqueménidas). En cuanto a su retirada a través del Beluchistán, fue como una «retirada de Rusia» *avant la lettre*. De hecho, la única gran gesta india tuvo por héroe a Nearco, pero pertenece a las grandes aventuras marítimas que más tarde ilustrarán los Vasco de Gama, Cristóbal Colón y Magallanes antes que a las epopeyas guerreras.

De ahí una primera conclusión: si la conquista-relámpago del Imperio de los Aqueménidas fue un hecho de armas y de civilización prodigioso (capital para la historia futura de Europa), la conquista laboriosa, efímera y sin gloria de la mitad del Pakistán por el macedonio no tuvo consecuencias, directas o indirectas, para Europa.

En cambio, y ésta será nuestra segunda conclusión, las tuvo para el conjunto de la India en el plano cultural y religioso, pero Alejandro no tuvo nada que ver y lo único que aquí se analiza es la influencia persa, cuya vía natural de invasión de la península india pasaba por Pakistán.

1. Fue en esa época cuando tuvo lugar en la península un importante desarrollo del budismo (nacido en los siglos VI-V a.C.; Buda había muerto en el año 480 a.C.) y del jainismo (nacido poco más o menos en la misma época, con la predicación de Mahavira, 599-527 a.C.), que suplantan progresiva y parcialmente el brahmanismo, en relación con la religión del persa Zoroastro (¿660?-¿583? a.C.) que se infiltra en India a partir de las satrapías persas de Afganistán.

2. Es en la época en que se desarrolla, siempre en Pakistán (en la provincia del Gandhara, el moderno distrito de Peshawar) y a partir de Afganistán, lo que se llama el arte *grecobúdico*.

3. Es, por último, en esa época cuando la grafía alfabética aramea, empleada por los escribas del Gran Rey, el *kharosthi*, se introduce en el noroeste de la península india (siempre a partir de Afganistán) y suplanta a la antigua escritura religiosa (la *brahmi*).

De buena gana añadiré a estas consideraciones una última observación, a saber: el fracaso de Alejandro se debió al hecho de que ignoraba prácticamente todo de lo que iba a encontrar en su «India», y que por lo tanto no tenía ningún proyecto, en sentido estricto, como lo había tenido al disponerse a luchar contra los persas. A la pregunta: «¿Por qué razones Alejandro se empeñó en la conquista de India?» no hay respuesta racional, como no puede haberla para otros proyectos enloquecidos, como lo fue la cruzada predicada por Pedro el Ermitaño o las salidas hacia una especie de desconocido geográfico absoluto de Vasco de Gama o de Cristóbal Colón. Alejandro no tenía idea de lo que buscaba, por tanto no podía encontrar nada —salvo por un azar insensato— al final del camino, y, en un momento dado, las decenas de miles de macedonios, griegos y bárbaros que había arrastrado en esa búsqueda ciega se hartaron y exigieron que diese media vuelta.

Su destino no es, por tanto, comparable al de ningún otro conquistador; ni al de César, cuyo objetivo era claro: hacer vivir a los millones de seres humanos que poblaban el universo romano bajo una misma ley, con una misma lengua, con una misma moneda, un mismo calendario, para el mayor interés de todos; ni al de Mahoma, que se sentía investido por Dios de una misión que puede decirse evangélica, en sentido estricto; ni al de Carlomagno, análogo al de César, con la diferencia de que concernía no a los romanos sino a los cristianos; ni al de Gengis Kan, cuyo objetivo era realizar la unidad política y cultural de los pueblos de Asia Central; ni al de los revolucionarios iluminados, como Robespierre o Lenin, guiados como estaban por un *credo* humanitario y social que se ahogó en la sangre de las guillotinas y los gulags; ni al de Napoleón, que sumió a su patria de adopción en el abismo por exceso de ambición y a la que dejó jadeante durante medio siglo después. Y, en la medida en que Alejandro no sentía odio alguno contra ningún pueblo que pudiese ser el motor de su insensata *anábasis*, no se le puede asimilar tampoco a los dictadores modernos cuyo paso ha apestado el siglo XX.

De hecho, su destino no puede compararse con el de ningún otro conductor de pueblos, porque no se realizó de un modo uniforme. Para hablar como los matemáticos, diremos que la función que lo representa, después de haber sido constantemente creciente desde el tiempo de su nacimiento, conoció una discontinuidad en ese día de otoño del año 327 a.C. en que, sin preparación alguna, se adentró hacia el paso de Khaybar. Esa discontinuidad puede, como veremos más adelante, interpretarse como el producto de una ruptura de tipo psicótico con la realidad.

XVII

El reencuentro de Susa
(11.º y 12.º años de guerra en Oriente: 324-323 a.C.)

Fin del periplo de Nearco, que llega a Susa por el golfo Pérsico y el río Pasitigris (finales de enero de 324). — Alejandro en Susa: al pasar por Persépolis, descubre que la tumba de Ciro el Grande ha sido profanada (febrero de 324). — Bodas de Susa: 10.000 macedonios desposan a 10.000 muchachas persas (febrero de 324). — Muerte en la hoguera del gimnosofista Cálano (finales de febrero de 324). — El proyecto unificador de Alejandro. — La sedición de Opis (primavera de 324). — Alejandro en Ecbatana: muerte de Hefestión (verano de 324). — Expedición de Alejandro contra los coseos (invierno de 324).

Todas las fuerzas grecomacedonias, o al menos lo que de ellas quedaba después de aquella agotadora retirada que había durado dieciséis meses, estaban reunidas ahora entre Ormuz (Bender Abas) y el campamento de Alejandro. Había llegado para Alejandro el momento de reorganizar el vasto Imperio de los Aqueménidas que había hecho suyo, y reunir todas sus fuerzas y sus aliados en una de las cuatro capitales de aquel Imperio: Persépolis-Pasagarda, Ecbatana, Susa y Babilonia.

La primera ya no tenía palacio, el macedonio lo había incendiado seis años antes. La segunda era una capital de verano, que sólo disponía de un personal administrativo restringido, demasiado descentrada en relación a las satrapías orientales; lo mismo ocurría con Ecbatana. Babilonia era una ciudad legendaria, pero no persa: era la capital histórica de la Mesopotamia semita.

Quedaba Susa, la tradicional capital de invierno de los Aqueménidas, que ofrecía además la ventaja de estar cerca de un afluente del Tigris (más exactamente, del Chatt el-Arab), el Pasitigris (el actual Karún), por lo que podía ser alcanzada por la flota macedonia una vez que ésta se adentrase en el golfo Pérsico; era, por tanto, el punto de encuentro ideal. Nearco llevaría allí sus navíos, como habían convenido el rey y su almirante, mientras que Hefestión y Crátero conducirían hasta allí sus unidades, incrementadas con el grueso del ejército que había vuelto de India con Nearco, por la ruta que bordeaba el litoral de la Carmania y de Persia. Finalmente Alejandro se dirigía hacia allí por la ruta del interior, lo que le permitiría hacer una gira de inspección en esas dos regiones.

1. *El regreso de los ejércitos a Susa*

Después de que Alejandro le encargase oficialmente guiar la flota macedonia desde el estrecho a Susa, Nearco se reunió de inmediato con sus marineros en Bender Abas y, tras haber hecho sacrificios escrupulosamente a Poseidón y a las divinidades del mar, dio la orden de levar anclas en los primeros días de enero del año 324 a.C.

Ya tenemos a la larga procesión de las trirremes griegas atravesando el estrecho. Bordea primero la isla de Oaracta (nombre moderno: Qeshm), cubierta de viñas y palmeras. Nearco hace escala y es recibido por el gobernador persa de la isla, el iraní Macenes, que le ofrece sus servicios de piloto para guiarle, benévolamente, hasta Susa. Navegando de isla en isla, de bahía en bahía a lo largo de las costas de la Carmania, Nearco tiene ocasión de admirar la habilidad de los pescadores de perlas, el impresionante número de barcos y barcas que fondean en las ensenadas que bordean el golfo. La flota macedonia llega así a la desembocadura de un río decididamente más ancho y grande que los ríos y los torrentes que ha visto desde que ha salido de Ormuz. Macenes le informa de que se trata del Orcatis (el actual Mand), que marca la frontera entre la Carmania y Persia.

Son ahora las costas de Persia, luego las de Susiana, las que bordean los navíos de Nearco; a finales del mes de enero da a sus marinos la orden tan esperada de lanzar el ancla en la desembocadura del Éufrates, cerca de una aldea de Babilonia llamada Diridotis, término de las caravanas procedentes de Arabia del Sur (la Arabia Feliz) y mercado célebre de incienso, mirra y perfumes arábigos. Su guía le informa de que están a unos 700 kilómetros de Babilonia.

En Diridotis dos mercaderes llegados de Persia para comprar incienso y perfumes anuncian a Nearco que Alejandro se ha puesto en ruta para Susa. El almirante, que ya estaba en el Éufrates, da media vuelva, desciende de nuevo por el Chatt el-Arab y toma el curso del Pasitigris (Karún), que remonta en dirección a esa ciudad; ahora tiene Susiana a babor y las aguas del golfo Pérsico (en la región de Abadán) a estribor y atraviesa una comarca habitada y próspera (lo es todavía más en nuestros días, con la diferencia de que no son campos de trigo y vergeles los que la cubren, sino instalaciones petrolíferas).

Después de recorrer una treintena de kilómetros por el Pasitigris, Nearco echa el ancla, hace sacrificios a los dioses salvadores y protectores de los navegantes, organiza juegos atléticos y festejos de todo tipo: sus tripulaciones y los pocos soldados que transporta saborean los placeres del crucero. Pero no hay tiempo que perder: Alejandro llega de Carmania y Nearco tiene que estar en el Pasitigris para recibirle; por otro lado, a la altura de la ciudad moderna de Ahvaz (*Awvàz* para los atlas británicos) se ha lanzado sobre el río un puente de barcas, a fin de permitir al ejército real pasarlo.

Es ahí donde los dos cuerpos expedicionarios, el marítimo y el terrestre, se unen, a finales del mes de enero del año 324 a.C. Alejandro ofrece sacrificios a los dioses para darle las gracias por haberle devuelto sus navíos y sus hombres, organiza juegos para los soldados que lo aclaman por rey, a sus generales y a su almirante, y el geógrafo que dormitaba triunfa: con su hazaña, Nearco acababa de demostrar que era posible un enlace marítimo entre Mesopotamia e India, bañadas por el mismo océano. Es más, había sabido por los mercaderes de mirra e incienso encontrados en Diridotis, que existía un golfo análogo al golfo Pérsico al otro lado de la península Arábiga, que llevaba a Egipto. Así pues, el Asia india y las tierras que sin duda la prolongaban hacia el este, Persia, Mesopotamia y Asia Menor, que a su vez la prolongaba hacia el Mediterráneo, y también Egipto estaban unidos por un solo y mismo mar. *Evohé! Evohé!* ¡Bien valía todo esto una bacanal! Y a Arriano le parece todo ello merecedor de mención, citando a su vez el diario de a bordo de Nearco:

> El golfo que profundiza a lo largo de Egipto a partir del océano [Índico] hace evidente la posibilidad de navegar desde Babilonia hasta dicho golfo, que se extiende hasta el mismo Egipto.
>
> ARRIANO, *La India*, VIII, 43, 2.

Mientras Nearco navegaba así por el océano Índico y el golfo Pérsico, Hefestión, cumpliendo las órdenes de Alejandro, ganaba Persia por el litoral de Carmania, llevando consigo, en una caravana enorme, la mayor parte del ejército macedonio, los animales de carga y los elefantes. El trayecto se realizó sin problemas, ya que en invierno las costas persas son soleadas y no carecen de víveres ni agua.

Por su parte, Alejandro, con la caballería de los Compañeros, una columna de infantería ligera y una parte de sus arqueros, había salido de su campamento en Carmania y se dirigía hacia Persia por el interior. Llegado a la frontera que separaba las dos satrapías, se informa sobre la conducta de los administradores y los altos funcionarios que había dejado en Persia antes de partir hacia India: llueven las recompensas y las sanciones.

El compañero Estasanor, gobernador de las satrapías de Aria y Drangiana, que le recibe ofreciéndole un gran rebaño de camellos para reemplazar los animales perdidos en el Makkran durante su travesía del Beluchistán, es autorizado a tomar su retiro y volver a Macedonia por sus buenos y leales servicios. Los dos jóvenes que han formado el rebaño —y que son los hijos del sátrapa de Partia, Fratafernes— son nombrados miembros del cuerpo de elite de los Compañeros. Peucestas, el portador del escudo de Alejandro en el combate contra los malios, es elevado a la dignidad de guardia de corps personal y nombrado luego sátrapa de Persia. En cuanto a las sanciones, son despiadadas e inmediatas: los tres generales que mandaban como segundos, bajo Parmenión en Ecbatana, acusados de diversas exacciones, son condenados a muerte y ejecutados; Abulites, sátrapa de Susiana, acusado de negligencia en el avituallamiento de los ejércitos, es colgado en Susa, con su hijo, como lo será poco tiempo después en Pasagarda un tal Orxines, que se ha nombrado a sí mismo sátrapa de Persia a la muerte de su predecesor.

En la ruta de Susa, Alejandro se detiene en Pasargada, la capital histórica de los Aqueménidas. Tiene la intención de organizar ahí una gran manifestación que podría denominarse «monarquía legitimista». En efecto, el sátrapa de Media le había informado del arresto de un medo, llamado Bariaxes, que se había autoproclamado rey de los medos y los persas; el personaje fue llevado ante el rey, que lo mandó ejecutar junto con sus partidarios; era una forma de advertir a todo pretendiente eventual que la tiara del Gran Rey sólo le correspondía a él, Alejandro, el rey de Macedonia y el heredero de Darío. Luego se dirige a la tumba de Ciro el Grande, en Pasagarda, a fin de recogerse ante ella.

Aquella tumba de piedra, de forma cúbica, estaba instalada en el corazón de un bosque sagrado, en el parque real de Pasargada; se entraba por una estrecha abertura practicada encima del monumento. En el interior de la cámara mortuoria se había colocado un sarcófago de oro, conteniendo el cuerpo del gran Ciro y, junto al sarcófago, una cama con patas de oro, sobre la que estaban puestos el guardarropa de Ciro y sus joyas. La tumba llevaba una inscripción en viejo persa que decía: «Mortal, yo soy Ciro, fundador del Imperio persa y dueño de Asia: reconoce que merezco este monumento.»

Alejandro penetra en la cámara funeraria: encuentra la tumba vacía de todo su contenido, a excepción del sarcófago, que los profanadores no habían podido llevarse. Profundamente turbado, el rey ordena arreglar de nuevo la tumba, luego manda detener a los guardianes de la sepultura y los somete a tortura, para que revelen los nombres de los criminales. Pero no hablan. Alejandro comprende que son inocentes en este asunto y ordena dejarlos en libertad.

No abandona la capital de Darío sin hacer una peregrinación a las ruinas de Persépolis que había incendiado, proeza de la que se sentía muy poco orgulloso, nos dice Arriano. Fue en Persépolis donde condenó e hizo ejecutar al usurpador Orxines, del que hemos hablado antes. Peucestas fue investido de sus funciones de sátrapa en Persépolis, y se apresuró a ponerse el traje largo de los medos y adoptar la lengua persa. Según Arriano, fue el único macedonio, junto con Alejandro, que adoptó esos usos.

Alejandro también tuvo que resolver el caso de Hárpalo, su gran tesorero. Este macedonio era un amigo de infancia de Alejandro: durante la disputa entre este último y su padre, había formado parte de los allegados de Alejandro que fueron enviados al exilio por Filipo II, al mismo tiempo que otros jóvenes que luego destacaron, como Nearco o Ptolomeo, hijo de Lago. Alejandro le había nombrado su tesorero general al dejar Fenicia camino de Mesopotamia. Luego el comportamiento de Hárpalo se volvió turbio. Responsable de la caja militar del macedonio, en Megarde desaparece en 333 a.C., pero Alejandro le perdonó, no se sabe por qué motivos; cuando el macedonio parte hacia Oriente, Hárpalo le sigue, siempre como tesorero. Tras la toma de Babilonia, se instala en esa ciudad principescamente, se rodea de las prostitutas más famosas de Atenas y roba a manos llenas el tesoro que le había sido confiado.

Al regreso de Alejandro, Hárpalo, dominado por el pánico, deja Babilonia por Tarso y, en la primavera del año 324 a.C., se refugia entre los atenienses, llevándose 50.000 talentos de oro y 6.000 mercenarios que había embarcado en 300 navíos. Por más que hizo Alejandro, por más que dirigió demandas conminatorias de extradición a los atenienses, Hárpalo se las arregló para pasar entre las mallas de la red: Atenas era venal, y el hombre había conseguido atraerse la simpatía de las gentes del Ática mediante la distribución gratuita de trigo (a costa de Alejandro), y la de los oradores más influyentes gracias a suntuosos regalos.

Mientras tanto, Alejandro se acercaba a Susa y, a medida que avanzaba a través de Susiana, maduraba otros planes —por no decir otros delirios.

2. *Las bodas de Susa*

Alejandro fue el primero en entrar en Susa, en febrero de 324 a.C. Le siguió poco después Hefestión y las trirremes de Nearco fueron a echar el ancla, unas tras otras, en las riberas del Pasitigris. Una vez reunidas las tropas y después de tomarse unos días de descanso, se dispusieron a hacer su entrada solemne en la ciudad. De todos los rincones del Imperio, los sátrapas, los gobernadores militares, los altos funcionarios, convocados por el rey, llegaban con sus escoltas más o menos abigarradas. Los extranjeros de las provincias más alejadas, de Europa o de Asia, habían sido invitados a las solemnidades que se preparaban en la capital aqueménida. A todos les parecía que el mundo iba a cambiar.

Porque el Alejandro vencedor, realizando una retirada que le había sido impuesta por sus propios soldados victoriosos, tenía más proyectos todavía que el Alejandro conquistador que había devorado todo a su paso, desde Anfípolis a las orillas del Hífasis. Pero ya no soñaba con nuevos territorios, sino con un nuevo orden universal de las cosas. ¿Por qué, se preguntaba, hacer una distinción entre griegos y macedonios por un lado, persas y el resto de los bárbaros por otro? ¿No son todos bípedos razonables idénticos, como enseña Aristóteles? ¿Por qué no fundir todas las razas en una sola? Y, para empezar, ¿por qué no hacer la fusión de grecomacedonios y persas?

Quizá un episodio de sus guerras indias le había inspirado una idea, loca para un heleno: cuando las tribus de los malios, los oxídracos y los acteos, enemigos entre sí desde hacía lustros, habían decidido unirse contra el peligro común que Alejandro constituía frente a ellos, y habían sellado su unión dando cada tribu a la otra 10.000 jóvenes para casarse. ¿Por qué no hacer lo mismo con los macedonios y los persas? Entonces se realizaría la unión entre Oriente y Occidente, entre Asia y Europa. Ya no habría macedonios vencedores y persas o asiáticos vencidos: ya no habría, por siempre, más que un solo pueblo.

El asunto se puso en práctica sin rodeos, pero desde luego había sido preparado por adelantado. Por desgracia ninguna fuente menciona esos preparativos y únicamente podemos describir sus resultados: las Bodas de Susa, acontecimiento que tuvo lugar en Susa tras la entrada solemne de las tropas macedonias, a finales de enero o principios de febrero del año 324 a.C., que vieron, en un mismo día, a 10.000 soldados macedonios desposar a 10.000 muchachas peras.

Estas bodas habían sido ideadas por el rey como una fiesta que superase, por su lujo y amplitud, a todas las que hasta entonces se habían celebrado y el rey mismo debía dar ejemplo casándose con dos persas al mismo tiempo: Estatira, la hija mayor de Darío, y Parisátide, la hermana más joven de ésta, sin por ello repudiar a Barsine, su primera esposa, madre de su hijo Heracles, ni a Roxana, su segunda esposa. Debe observarse a este respecto que cuatro mujeres para un hombre que tenía fama de ser continente en materia de amores femeninos, y que parece no haber tenido más que una pasión amorosa (homosexual) en su vida, la que sentía por Hefestión, tal vez sea mucho, pero es el rey, debe dar ejemplo y desposar no es lo mismo, como se decía vulgarmente antaño, que «consumar».

Además, había invitado —por no decir ordenado— a sus allegados que hiciesen como él. Su amante Hefestión hubo de desposar a otra hija de Darío (por lo tanto hermana de Estatira), llamada Dripetis; el general Crátero desposó a una sobrina de Darío, que se llamaba Amastrines; Seleuco, uno de sus mejores lugartenientes, que fue vencedor en Isos, futuro fundador de la dinastía (macedonia) de los seléucidas (que reinó en Persia hasta el año 164 a.C.) desposó a la hija de un alto funcionario de Bactriana, Ptolomeo hijo de Lago y Eumenes desposaron a unas hijas del general persa Artábazo, al que Alejandro había hecho sátrapa de Bactriana, y así sucesivamente. En total, según las fuentes, de este modo se unieron a jóvenes persas siete amigos de Alejandro, una docena de generales y ochenta Compañeros. La ceremonia fue celebrada al modo persa por el chambelán del rey (Cares de Mitilene).

Para la ocasión se había montado una enorme tienda real cuadrada de 800 metros de lado, con un dosel de brocado de oro que se apoyaba, tensado, sobre cincuenta columnas de plata o de corladura, incrustadas de piedras preciosas. Sus paredes eran tapices ricamente bordados, colgados de molduras de oro y plata, representando escenas de la mitología griega o de la *Ilíada*. En el centro de la tienda se había preparado una mesa: a un lado había cien divanes de pies de plata reservados a los esposos; el de Alejandro estaba en el centro, algo más elevado que los demás y cargado de pedrerías; en el otro lado estaban los lugares destinados a los invitados del rey (eran 9.000). Alrededor de esa mesa central habían dispuesto mesas más pequeñas, para los extranjeros notables. Por último, habían arreglado lujosamente 92 cámaras nupciales en el fondo de la tienda. Los 10.000 oficiales y soldados macedonios y sus 10.000 desposadas persas estaban repartidos por tiendas montadas por todas partes dentro de la ciudad e incluso fuera de las murallas.

De repente, en la tienda real suenan las trompetas. Anuncian el inicio de la fiesta nupcial y los 9.000 invitados reales, entre los que Alejandro ha mandado distribuir 9.000 copas de oro, ocupan su sitio bajo la tienda. Segundo toque de trompetas: anuncia que el rey ofrece libaciones a los dioses en una copa de oro, y todos los invitados hacen otro tanto. Tercer toque: entrada de las prometidas persas, veladas según la costumbre oriental (observación: el velo nunca fue una invención musulmana); las jóvenes se dirigen, lenta y graciosamente, hacia los esposos que les están destinados. Cuando todas las parejas están formadas y sentadas en sus respectivos divanes, Alejandro se inclina hacia Estatira e imprime en sus labios el beso nupcial; cada uno de los prometidos hace lo mismo y empieza el festín.

Como todos los festines macedonios, termina bien entrada la noche y las parejas se dirigen entonces hacia la cámara nupcial que les está reservada. Al día siguiente las fiestas vuelven a empezar, y así durante cinco días. Cada pareja recibe de Alejandro una dote y un regalo de bodas: se entrega a los generales y los soldados 20.000 talentos de oro. Todas las ciudades y las provincias del Imperio aqueménida, todas las ciudades griegas y macedonias, así como los reinos aliados enviaron presentes, sobre todo coronas de oro por un valor global de 15.000 talentos.

También hubo juegos, concursos y espectáculos. Todos los tañedores de arpa de Occidente y Oriente, rapsodas, malabaristas, acróbatas, danzarines de cuerda, escuderos, comediantes, trágicos y bailarines diversos hicieron, durante varios días, la alegría de las multitudes. Al final de esos juegos los heraldos anunciaron que el rey asumía todas las deudas de sus soldados y sus oficiales y que cada militar sólo tenía que declarar su monto al tesorero pagador del ejército; al principio, temiendo que les reprochasen su prodigalidad, y sobre todo que comunicasen su nombre a Alejandro, los deudores no se presentaron en gran número. Entonces se les hizo saber que no tenían más que presentarse, y que las facturas serían pagadas sin que los tesoreros se interesasen por los nombres de los deudores: de este modo se pagaron 20.000 talentos.

Las bodas de Susa se vieron enlutadas por un drama, cuyo héroe fue un asceta indio llamado Cálano, que había renunciado —no se sabe por qué— a su vida de asceta —de *gimnosofista* como decían los griegos, porque estos sabios vivían desnudos en sus rudimentarias ermitas— para seguir a Alejandro hasta Susa.

Los macedonios habían encontrado a este sabio en Taxila, en la primavera del año 326 a.C. cuando discutía con otros ascetas, al aire libre, en el claro de un bosque. Al ver pasar a Alejandro y a su ejército, en lugar de huir por miedo, o de acudir a él por curiosidad, los ascetas se habían limitado a golpear el suelo con sus pies. Intrigado, el rey les había preguntado por medio de un intérprete qué significaban aquellos golpes, y ellos le habían respondido (según Arriano, *op. cit.*, VII, 1-2): «Rey Alejandro, la única tierra que todo hombre tiene es la parcela en la que está instalado, y tú no te distingues en nada del resto de los hombres; locamente agitado y orgulloso, te has alejado de la tierra de tus padres, has recorrido la tierra entera creándote mil problemas y provocándoselos a los demás. Y sin embargo, pronto estarás muerto y no poseerás más tierra que la que se necesita para inhumar tus despojos. Te fatigas, como tantos hombres, y nosotros, los sabios, somos felices sin fatigarnos.»

En ese momento, a Alejandro le pareció buena la respuesta, de la misma forma que había admirado las palabras de Diógenes, en Corinto, en octubre de 336 a.C., y, aunque eso no le impidiese hacer todo lo contrario de lo que le había parecido bien, había formulado el deseo de que se le uniese uno de aquellos gimnosofistas cuya indiferencia al dolor y a los acontecimientos exteriores respetaba e incluso envidiaba. Tras lo cual, el mayor en edad de aquellos sabios, Dandamis, que era el gurú de su comunidad, le respondió: «Te dices hijo de Zeus porque pretendes poseerlo todo. También yo soy hijo de Zeus, porque poseo todo lo que quiero y no deseo nada que tú estés en condiciones de darme. Mi tierra india me basta, con los frutos que produce, y cuando muera, me veré libre de este compañero indeseable que es mi cuerpo.»

Alejandro se inclinó, porque había reconocido en Dandamis a un hombre verdaderamente libre. Pero uno de los ascetas, llamado Cálano, aceptó, cosa que no sorprendió a sus compañeros que consideraban que Cálano no tenía ningún dominio de sí mismo. Así pues, Cálano siguió a Alejandro, pero era viejo y estaba débil, sobre todo porque no había cambiado nada de su forma ascética de vivir. Llegado a Susa, y al perder sus fuerzas, se negó a seguir alimentándose y dijo a Alejandro que había elegido morir rápidamente, porque no quería que sus sufrimientos físicos pervirtiesen su alma: «A los indios —le dijo a Alejandro que pretendía que sintiese gusto por la vida—, nada les resulta más indigno que dejar que la enfermedad o el sufrimiento del cuerpo atormenten la serenidad del alma.» Añadió que su religión le ordenaba inmolarse mediante el fuego en una pira.

Viendo que nada conseguiría cambiar la disposición de ánimo de Cálano, Alejandro dio la orden a su guardia personal, Ptolomeo hijo de Lago, de encargarse de levantarle una pira. Organizó una procesión, con jinetes e infantes con copas de oro y de plata, y Cálano fue transportado sobre unas parihuelas, coronado de flores mientras cantaba en lengua india himnos en honor de sus dioses. Se tumbó luego sobre la pira con gran dignidad, ante las miradas de todo el ejército (Arriano *dixit*). Alejandro se retiró, porque consideraba poco apropiado asistir a una muerte como aquélla; prendieron fuego a la pira y toda la concurrencia se maravilló al constatar la indiferencia con que Cálano sufrió la acción de las llamas, sin que una sola parte de su cuerpo se moviese. Por orden de Alejandro, las trompetas resonaron, todo el ejército lanzó su grito de guerra y el gimnosofista fue acompañado en la muerte que había elegido por el barritar de los elefantes.

Cuando se sigue la evolución cronológica de los hechos de Alejandro, se comprueba que su motivación resulta cada vez menos coherente. Pese a todo, esa coherencia puede estudiarse en varios niveles.

De abril de 334 a.C. (partida de Anfípolis) a julio de 330 a.C. (muerte de Darío), todo es coherente. Alejandro retoma la antorcha de la cruzada panhelénica iniciada por su padre y esa cruzada alcanza su meta: Darío ha muerto y, con él, el poderío persa. Entonces se vuelven posibles dos caminos igual de coherentes: o bien oficializar esa derrota de los persas mediante una especie de paz de Calias (véase el Anexo II) más definitiva y severa en sus detalles que la primera, o bien prolongarla haciendo del Imperio persa un Imperio macedonio (como dos siglos y medio más tarde lo harán Sila con Mitrídates y Pompeyo con el «reino» de los piratas mediterráneos, y como lo habría hecho desde luego su padre, Filipo II, que tenía los pies en la tierra).

Pero Alejandro no eligió ninguna de estas dos soluciones. Por un curioso vaivén psíquico, se identifica con los Aqueménidas y transforma su cruzada panhelénica en una especie de *vendetta* cuya víctima apuntada es Beso, un personaje ridículo que, si tal vez amenaza con ponerse la tiara del Gran Rey, no tiene ninguna posibilidad de controlar ese poder, ni siquiera frente a la aristocracia persa. Alejandro pierde entonces el sentido de las realidades políticas y en lugar de explotar su victoria sobre los Aqueménidas cae en un primer grado de incoherencia, que le conduce a llevar la guerra a Afganistán (a Bactriana-Sogdiana): la incoherencia de su comportamiento político, enmascarado por sus éxitos militares, marca el período de su vida que va de julio de 330 a diciembre de 328 a.C.

Seis meses más tarde, segunda incoherencia: Alejandro se lanza a la conquista de «India» (es decir, del actual Pakistán). Sea cual fuere la salida, no tendrá ninguna utilidad política para Alejandro, que no ha comenzado siquiera a estructurar el Imperio persa que acaba de hacer suyo. Ya hemos dicho lo que había que pensar de semejante conquista: no por eso dejó de llenar —sin ninguna consecuencia positiva para el Imperio ex aqueménida ni para Macedonia— el período que va desde enero de 327 a.C. a las bodas de Susa en enero-febrero de 324 a.C.

A principios del año 324 a.C., tercer grado de incoherencia: Alejandro se lanza a su delirio de unificación de razas. Piensa realizarlo en dos tiempos: en primer lugar, procediendo ante todo a una especie de mezcla genética ingenua, de la que las bodas de Susa son un primer (y último) ejemplo, y que es la antítesis de la eugenesia nazi; en este plano, no veo por qué no habría que aplaudirle, pero cuesta ver la eficacia, incluso la utilidad de esa operación; en segundo lugar, al tomar luego la iniciativa, muy moderna, de dar a los «bárbaros» que son los persas para los macedonios, un estatuto militar análogo al suyo, lo cual se traducirá por la leva de escudos de Opis.

Lo que había de fundamentalmente coherente en el comportamiento de Filipo II de Macedonia era pretender hacer de la multiplicidad brillante y móvil de las ciudades griegas un Estado unificado en condiciones de enfrentarse a la amenaza que constituye el Imperio persa para la Hélade. Pero desde Isos y Gaugamela esa amenaza no existe; y sin embargo, sigue viva en Alejandro la ideología de la unificación (sin que sepamos exactamente por qué: por otra parte, es más una filosofía que una ideología política, y tal vez sea producto de las lecciones que en el pasado había recibido de Aristóteles).

Esa ideología va a convertirse en actualidad a partir del momento en que se vea obligado a estructurar su ejército, instrumento capital y único del poder macedonio. Ahora bien: el Imperio aqueménida era vasto, y el pasado reciente —la rebelión a orillas del Hífasis— le había demostrado que no podía contar exclusivamente con las fuerzas grecomacedonias. ¿Por qué no crear entonces un ejército multinacional, en el que las diferentes nacionalidades del Imperio —tanto los bactrianos como los medos, los hircanios, los partos y el resto— se encontrarían en pie de igualdad con los macedonios? En tiempos de la guerra en Afganistán ya había reclutado jóvenes de todas las satrapías del Imperio; ¿por qué no continuar, y adoptar una política que dotase a ese ejército de un patriotismo nuevo, que no fuese ni únicamente griego ni únicamente persa?

Alejandro se había visto impulsado hacia esa reforma por otra consideración. La campaña de las Indias y la retirada a través de la Gedrosia habían diezmado su gran ejército; sus efectivos habían menguado hasta 25.000 hombres en el mejor de los casos, y la mitad estaba alistada desde hacía diez años y no tenía más que un único deseo: volver a su país y gozar del botín conquistado. Pero Alejandro madura nuevos proyectos: contornear la península Arábiga, llegar a Egipto por el mar Rojo y, por qué no, dar una vuelta entre los fenicios de África: el mundo está al alcance de la mano, ¿por qué no cogerlo? ¿Y las colonias griegas del Mediterráneo occidental, en Sicilia y el sur de Italia? Para esas conquistas precisa un ejército seguro, resistente a la fatiga, dispuesto a seguirle hasta el fin del mundo. Y ¿qué pasaría en caso de revolución en Macedonia? Por eso Alejandro incorpora sin duda en marzo del año 324 a.C. a 30.000 jóvenes persas en el ejército macedonio.

Lo que precipitó las cosas fue un incidente que habría podido ser fatal. En la primavera de 324 a.C. (en abril o en mayo), Alejandro, que está en Susa, envía a Hefestión con el grueso de la infantería macedonia a las riberas del Tigris, en un lugar llamado Opis (a ochenta kilómetros al norte de la moderna Bagdad). Él embarca en la flota de Nearco y baja por el río Euleo (el Kerja moderno) hasta el golfo Pérsico para explorar la desembocadura del Éufrates; luego remonta el Tigris hasta el Opis.

Ahí se une a su infantería, que ha levantado un campamento a orillas del río. Las tropas refunfuñan: están hartas de caminar y hacer trabajos de excavación. Además, circulan ciertos rumores: el rey estaría pensando en sustituirlas por reclutas persas (los epígonos, cosa que los veja profundamente). En resumen, la atmósfera presagia tormenta. Llega Alejandro. Se convoca la asamblea de soldados y se reúne en la llanura de los alrededores, para escuchar la arenga de su jefe.

Éste sube a la tribuna y les anuncia lo que califica de «buena nueva»: envía a sus hogares a todos los que la edad o alguna lisiadura vuelve ineptos para el servicio activo, con una indemnización sustanciosa que ha de convertirlos en objeto de envidia de quienes se habían quedado en sus casas, e incitará a los macedonios de Macedonia a ir a servir a Asia. Contrariamente a lo que Alejandro esperaba, su discurso es muy mal recibido por los soldados. Tienen la impresión de ser enviados de vuelta porque los desprecia y quiere sustituirlos por los jóvenes persas que ha reclutado. También su patriotismo se siente herido: Alejandro va vestido de persa, con una larga blusa blanca y pertrechos a la moda persa. En lugar de manifestar su alegría por ser liberados pronto, le gritan su rencor y su cólera. Pretenden que Alejandro trata de desembarazarse de sus veteranos, que sólo quiere mandar un ejército de bárbaros y que por eso ha reclutado a 30.000 epígonos.

«Bueno —dicen los soldados—, dado como están las cosas, que nos licencie a todos y, puesto que es hijo de Zeus, que salga de campaña con su padre. Y que vaya a conquistar el mundo con sus lindos asiáticos.»

Ante estas palabras, Alejandro explota. Ordena a sus guardias detener a los dirigentes del motín, a los que señala con el dedo. Son trece: los manda ejecutar de inmediato. Los demás, aterrorizados, se callan, y Alejandro les lanza un discurso del mismo tipo que había pronunciado en el Hífasis. Les recuerda, en términos muy sentidos, en qué los han convertido su padre y él: «No erais más que unos pastores miserables que se vestían con pieles de bestias. Filipo os dio clámides, hizo de vosotros hombres de ciudad, convirtió los esclavos que erais en amos y ahora los tracios y los tesalios, ante los que temblabais, se han convertido en súbditos vuestros. De acuerdo, no os retengo. ¿Queréis marcharos todos? Pues marchaos. Y cuando estéis en el país, decid que a este Alejandro, el que ha vencido a los persas, los medos, los bactrianos, los sogdianos, el que ha sometido a los uxios, los aracosios y los gedrosios, el que ha franqueado el Indo y el Hidaspes, que a ese Alejandro, rey vuestro, lo habéis abandonado dejándolo bajo la protección de los bárbaros. Y entonces veréis si los hombres celebran vuestra gloria y los dioses vuestra piedad. Vamos, marchaos.»

Salta entonces Alejandro de la tribuna y se encierra durante tres días en su tienda. Luego convoca a la elite de los persas, reparte entre ellos el mando de las unidades, crea unidades de infantería y caballería de Compañeros persas, una guardia real persa.

Fuera, los macedonios se manifiestan, luego, cuando se enteran de los honores distribuidos entre los persas, suplican a Alejandro que los reciba. El rey condesciende a ello, y escucha al más veterano de sus soldados, que le dice:

—Oh, rey, lo que nos sorprende es que te hayas dado persas por parientes, y que esos persas tienen derecho en calidad de ese parentesco a abrazarte, mientras que ese honor nos es negado a nosotros.

Alejandro, emocionado, le interrumpe:

—Pero si todos vosotros sois mis parientes —le dice—, y a partir de ahora os llamaré así.

Lágrimas, abrazos, vítores. El jefe se ha reconciliado con sus hombres y les ofrece un banquete de 9.000 cubiertos (según Arriano).

Los días siguientes, los macedonios demasiado mayores o heridos, o que tenían cargas familiares se liberan de sus obligaciones militares. Fueron pagados sus sueldos a unos 10.000 hombres: Alejandro dio a cada uno un talento e invitó a los que habían tenido hijos con mujeres asiáticas a quedarse en Persia, para no provocar en Macedonia conflictos entre niños macedonios y niños extranjeros. Les prometió que mandaría educarlos al estilo macedonio y llevarlos él mismo a sus padres cuando se hubiesen convertido en hombres. En fin, como prueba de su amor por sus soldados, les dio a Crátero como general, para que los acompañase en su vuelta a Pela. Este último también tuvo a su cargo la función de regente cuando llegase a Macedonia, mientras que el actual regente, Antípater, llevaría a Asia los 10.000 reclutas macedonios, para reemplazar a los que se iban. Lo que los historiadores antiguos llamaron «la sedición de Opis» concluía con un vasto relevo: la *anábasis* de Alejandro en Asia estaba lejos de haberse acabado.

Alejandro parte de Opis hacia Ecbatana, capital de Media, llevando consigo el ejército de Hefestión; va a pasar ahí el final del verano y el otoño del año 324 a.C.

Circulaba entonces un oscuro rumor, de orígenes inciertos en cuanto a la elección del regente Antípater como acompañante del nuevo contingente macedonio: Alejandro se habría dejado convencer más o menos por las palabras calumniosas que difundía su madre, Olimpia, sobre presuntas intenciones malévolas del regente, y deseaba alejar momentáneamente a Antípater de Pela. No para comunicarle de viva voz su caída en desgracia, o para sofocar un golpe de Estado en su origen, sino para evitar que el conflicto entre Olimpia y Antípater degenerase hasta un punto en que ya no tuviese remedio: su madre le escribía que Antípater estaba lleno de orgullo y ambición, y por su parte el regente le escribía que no podía seguir soportando las maquinaciones de Olimpia. Arriano refiere una observación desatenta sobre ésta: «Tu madre te habrá reclamado un alquiler muy exorbitante por haberte alquilado su vientre durante nueve meses», habría escrito entonces.

Los tejemanejes de Olimpia no perturbaron demasiado los pensamientos de Alejandro. Quizá habló del tema con sus allegados en la ruta que llevaba de Susa a Ecbatana, durante un viaje del que no sabemos gran cosa (salvo que el sátrapa de Media, el general Atrópates, según ciertas fuentes muy poco fiables, le habría hecho el regalo de cien mujeres, de las que decía que pertenecían a la legendaria raza de las amazonas, las guerreras de seno desnudo de las orillas del mar Negro; Arriano hace a este propósito una observación sutil: «Pienso —escribe—, que si Atrópates presentó realmente a Alejandro mujeres que combatían a caballo, se trataba de mujeres bárbaras ejercitadas en la equitación y con la vestimenta tradicional de las amazonas»).

En Ecbatana, Alejandro ofreció a los dioses los sacrificios que la costumbre imponía, dio juegos atléticos y, sobre todo, organizó fiestas todas las noches con sus Compañeros, sin escatimar en materia de bebidas. Tal vez estos excesos provocaron la muerte, una noche de octubre de 324 a.C., del ser que más quería en el mundo después de su madre: Hefestión, su hermano de armas, su amante, su doble, el confidente de sus pensamientos y deseos. Tras una crisis durante una juerga, fue llevado a su lecho con toda urgencia, y al séptimo día murió de enfermedad. ¿De qué murió? Lo ignoramos; algunos autores hablan de una crisis etílica, pero este diagnóstico no es compatible con los siete días de enfermedad que refieren todas las fuentes.

Alejandro presidía un concurso atlético cuando fueron a comunicarle que Hefestión estaba muy mal. El rey corre inmediatamente a su cabecera, pero no recoge siquiera su último suspiro: Hefestión ya ha muerto. El dolor de Alejandro es inmenso. Se dice que durante tres días permaneció tumbado sobre el cuerpo sin vida de su amante, sollozando, como Aquiles llorando sobre Patroclo. Se niega a alimentarse y a dormir, y las tradiciones cuenta que habría mandado crucificar incluso al médico Glaucias por haber dejado a Hefestión seguir bebiendo cuando lo veía ebrio.

Cuando su dolor se atenuó, Alejandro ordenó elevar en Babilonia para su amigo un monumento colosal destinado a recibir su pira y su tumba, y ordenó un luto público en toda la extensión del Imperio que debía durar hasta el día siguiente de los funerales. El cuerpo fue trasportado con gran pompa a Babilonia, escoltado por una hiparquía (una división) de Compañeros, mandada por Perdicas, y se envió una embajada a los sacerdotes del templo de Zeus-Amón, en Siwah, en Egipto, para preguntarles si convenía otorgar al difunto funerales divinos. La respuesta del oráculo debía llegar a Susa seis meses más tarde, fecha en que tuvieron lugar los funerales oficiales: los sacerdotes de Amón respondieron que no debía ser tratado como dios, sino como héroe, es decir, como semidiós. El cuerpo de Hefestión, embalsamado, fue conservado probablemente en un sarcófago hasta el día de su incineración.

Luego hubo ceremonias en todas las ciudades regias. En Susa inmolaron 10.000 víctimas a los dioses tutelares y Alejandro mandó organizar juegos atléticos y culturales que reunieron a 3.000 participantes. También ordenó que se erigiesen templos magníficos en honor de Hefestión en Alejandría de Egipto y en la isla de Faro, y que en la isla de Rodas se levantase un monumento colosal idéntico a la tumba de Babilonia (proyecto que nunca vio la luz).

A finales de 324 a.C. o principios del año siguiente, Alejandro consigue dominar su dolor gracias, nos dice Arriano, al cariño con que le rodeaban los Compañeros. Abandona Ecbatana para ir a Babilonia, tanto para recogerse sobre la tumba de Hefestión como para poner en marcha otros proyectos. Aprovecha este viaje para dar una amplia vuelta por las montañas del actual Luristán a fin de imponer su ley a los coseos, pueblo montañés insumiso, vecino de los uxios a los que había combatido en el pasado. Estos coseos vivían en ciudades fortificadas en las montañas, entre Susiana y Media; su especialidad era el bandidaje y el pillaje, y ninguna fuerza armada había conseguido frenarlos. Cuando una brigada oficial llegaba a los lugares de sus fechorías, dejaban sus pueblos y se refugiaban en las cimas de las montañas vecinas, impidiendo así a las tropas regulares alcanzarlos para proceder a los ataques: una vez que esas tropas se marchaban, volvían a empezar con sus golpes de mano. Alejandro, ayudado por Ptolomeo hijo de Lago, consiguió acabar con ellos durante el invierno de 324-323 a.C., a pesar del frío y la nieve que cubría la región. Consiguió que se asentasen en sus aldeas y los convirtió en agricultores pacíficos, aunque feroces y muy apegados a sus tierras. Una vez concluidas estas operaciones de policía, Alejandro tomó la ruta a Babilonia y, en la primavera del año 323 a.C., llegaba a las orillas del Éufrates.

XVIII

¡Salud al artista!

Podemos estimar que Alejandro llegó a la vista de Babilonia a principios del mes de marzo de 323 a.C. Tanto los autores antiguos como los eruditos modernos coinciden en la fecha de su muerte, que tuvo lugar el 13 de junio del año 323 a.C. Arriano —que nos describe minuciosamente las siete u ocho últimas semanas de la vida del Conquistador (*op. cit.*, VIII, 15-28), que pasó en Babilonia y en sus alrededores (sobre todo en las riberas del Éufrates)— relata una veintena de acontecimientos que se produjeron durante ese período, incluidas su enfermedad y su muerte, que resumimos aquí en el orden en que él los presenta.

1. *En Babilonia: los últimos proyectos de Alejandro*

Camino de Babilonia, mucho antes de haber franqueado el Tigris, Alejandro tropezó con unos embajadores procedentes de Libia que ofrecieron una corona de oro al rey de Asia en que se había convertido y que iban a felicitarle. Luego fueron unos embajadores procedentes de Etruria, del Bruttium (comarca del sur de Italia, situada en la punta de la bota) y de Lucania (región de Italia meridional, colonizada por los griegos desde el siglo v a.C.), que iban con las mismas intenciones. Y como sólo se presta a los ricos, Arriano —que sin embargo suele mostrarse escéptico— no descarta la tradición según la cual también se presentaron al Conquistador embajadores procedentes de Cartago, de Etiopía, de las Galias y de Iberia. Era la primera vez, nos dice Arriano, que griegos y macedonios oían pronunciar los nombres de estos pueblos y descubrían la forma en que se vestían. Algunos historiadores antiguos de Alejandro afirman incluso que Roma habría enviado emisarios, pero esta información le resulta sospechosa a Arriano, y tiene razón.

Tras esto, Alejandro envía a uno de los suyos a Hircania (a orillas del mar Caspio), acompañado por algunos arquitectos y carpinteros de ribera para construir allí una flota de guerra. Sigue ateniéndose a su teoría de que el mar Caspio es un golfo que desemboca en el océano exterior, igual que el golfo Pérsico, y quiere verificarla: ese mar —que entonces se llamaba el «mar Hircanio»— es un gran mar, que recibe las aguas de ríos grandísimos como el Oxo (Amu-Daria) o el Jaxartes (Sir-Daria), de la misma forma que el océano Índico, en que desemboca el Indo.

Después de franquear el Tigris, Alejandro ve acudir a su presencia a unos adivinos caldeos que, conociendo su temperamento supersticioso, le advierten que no entre en la ciudad de Babilonia, porque el oráculo de su dios Belo les había puesto en guardia. «Será nefasto para Alejandro entrar en este momento en Babilonia.» El rey les responde con un verso de Eurípides: «El mejor adivino es el que predice lo mejor», pero los adivinos insisten: «Rey, no mires hacia el poniente, no lleves tu ejército por ahí; vete mejor hacia el este.» Por una vez, el supersticioso Alejandro no escucha a estos decidores de buena ventura y sigue adelante, porque sospecha que pretenden apartarlo de Babilonia por otra razón: el templo de Babilonia se cae en ruinas, y Alejandro había ordenado demolerlo y reconstruir uno nuevo en su emplazamiento; pero a los adivinos no les preocupaba ver las palas de los demoledores atacando su templo: en éste había numerosos escondrijos llenos de oro, que sólo ellos conocían y utilizaban.

Pero si Alejandro creía en adivinos, debería haber desconfiado. El verano anterior, un oficial macedonio a las órdenes de Hefestión había cometido algunos errores en su servicio y había interrogado a su hermano, un tal Pitágoras, para saber si le castigaría por ellos su general. Pitágoras inmola un animal, examina sus entrañas por referencia a Hefestión y constata que al hígado le falta un lóbulo; es un signo funesto, pero el oficial no tiene motivos para preocuparse: la desgracia ha llegado con la muerte de Hefestión. El oficial pide entonces a su hermano que haga un nuevo sacrificio para saber si será reñido por Alejandro. Pitágoras inmola otra víctima: también le falta un lóbulo al hígado. Conclusión de Pitágoras: lo mismo que Hefestión, Alejandro morirá, por lo que haría bien en no entrar en una ciudad sobre la que planean semejantes maleficios.

Alejandro franquea por fin el formidable recinto de Babilonia. Recibe ahí a unos griegos, a los que hace regalos, y encuentra una parte de la flota de Nearco y otros navíos, procedentes de Fenicia. Interesado por el emplazamiento fluvial, traza los planos de un puerto capaz de recibir mil navíos de guerra y arsenales que podrían completarlo, y unos días más tarde un ejército de obreros empieza a excavar el futuro Puerto Babilonia. Pensaba que esta región, fácilmente accesible desde Fenicia, podría convertirse en rica y próspera; y si se veía dominado por el deseo de partir a la conquista de Arabia, sería una buena base de partida. Además, buscaba un buen pretexto para lanzarse a la conquista de esa tierra árabe, de la que decían que era tan vasta como India: ningún embajador árabe había ido a Babilonia a saludarle. Arriano no cree en este *casus belli* de circunstancias: la verdad es que Alejandro siempre tenía una renovada sed de conquista. También tenía sed de sueños. Había oído decir que los árabes no tenían más que dos dioses, el Cielo, que contiene todo, y Dioniso; evidentemente les faltaba un tercer dios, porque todos los pueblos que había encontrado poseían una trinidad divina; se veía muy bien a sí mismo como tercer dios de los árabes.

Cuando se cansó de visitar Babilonia y sus alrededores, Alejandro decidió explorar el curso del Éufrates y, mientras los jornaleros excavaban el futuro puerto de la ciudad y los carpinteros de ribera iban haciendo sus trirremes, navegó río abajo hasta un canal situado a 160 kilómetros de Babilonia, por el que el río fluye durante las fuertes crecidas del verano y derrama sus aguas en una zona pantanosa. En efecto, el Éufrates nace en las montañas nevadas de Armenia y sus aguas permanecen bajas en invierno, pero crecen en primavera y sobre todo en verano, en el momento del deshielo de las nieves, y el país entero quedaría inundado si este desaguadero —llamado el Palácopas— no existiese o estuviese obstruido, porque el Éufrates inundaría las riberas. Además, le habían dicho que en ese momento 10.000 obreros asirios trabajaban para limpiarlo porque se acercaba el verano.

Había sido Arquias, el segundo de Nearco, quien había dado a Alejandro estas informaciones tan valiosas. Ese personaje entendía más que nadie de navegación y de ríos, y se le había encargado explorar las condiciones de navegación costera en dirección a Arabia, pero no se había atrevido a aventurarse más allá de la isla de Bahrein. Otros pilotos de Alejandro habían tenido el valor de ir más allá, en particular Hierón de Solos, que con un navío de treinta remeros había llegado hasta el fondo del golfo de Arabia (nuestro mar Rojo) y alcanzado la costa egipcia en Hierópolis; luego había vuelto a Babilonia y había hecho un informe detallado y cuantitativo de su viaje.

Alejandro se sentía eufórico. Inspeccionaba su imperio, había demostrado que un mismo océano bañaba todos los países de Asia, desde India a Babilonia y Arabia, no le había ocurrido nada molesto en Babilonia a pesar de las predicciones de los adivinos caldeos, y el viento que soplaba sobre el Éufrates azotaba agradablemente su rostro. Ese mismo viento tuvo el impudor de llevarse su sombrero para el sol y la diadema de Gran Rey unida a él. El sombrero se había hundido, pero la diadema se había enganchado en un junco, entre otros juncos crecidos en los pantanos, junto a una vieja tumba que contenía los despojos de un antiguo rey de Asiria. Un marinero se lanza al agua, nada hasta la diadema, la libera del junco y, para no mojarla al nadar, se la pone en la cabeza.

¡Sacrilegio! Todo el que llevase, incluso por accidente, la diadema real no debía ser dejado con vida. ¿Qué hizo entonces Alejandro? Según la mayoría de las fuentes antiguas, ofreció un talento al marinero por haber repescado la diadema, pero luego mandó cortarle la cabeza por habérsela puesto. Aristóbulo de Casandra (que, como ingeniero civil, tal vez se hallaba presente) precisa que se trataba de un marinero fenicio, que recibió desde luego un talento, pero que no le cortaron la cabeza: fue azotado simplemente.

A finales del mes de mayo, los embajadores sagrados enviados por Alejandro al oráculo de Amón están de vuelta. Hicieron el camino de ida por Siwah y el de vuelta por Tiro, Damasco, Asiria y ya están en Babilonia. Traen la respuesta de Zeus-Amón. El oráculo ha hablado y ha declarado que era conforme con la ley divina glorificar a Hefestión y ofrecerle sacrificios como a un semidiós. Y esta respuesta llena a Alejandro de alegría.

Pero esa alegría no le dispensa de escribir una severa carta al gobernador de Egipto, Cleómenes, cuyos embajadores acaban de informarle de que es un malvado. El rey le ordena construir un santuario para Hefestión en Alejandría de Egipto y otro en Faros y le promete perdonarle sus faltas pasadas y futuras si los santuarios le parecen bien construidos. Arriano desaprueba este paso de Alejandro (*op. cit.*, VII, 23, 9): «No puedo aprobar este mensaje de un gran rey a un hombre que ha estado a la cabeza de un gran país y una numerosa población, pero que no obstante ha sido un desalmado.»

El 30 de mayo de 323 a.C. tuvieron lugar los funerales oficiales de Hefestión. Numerosos visitantes extranjeros acudieron a Babilonia para asistir a ellos, así como a los juegos y festines que serán organizados en honor del difunto. Se levanta un catafalco monumental: mide unos sesenta metros de altura y resplandece de oro y púrpura. Lenta y solemnemente sacan el cadáver de la tumba y lo levantan sobre la pira que ya está encendida. Los coros cantan los himnos de los muertos y el alma de Hefestión vuela hacia arriba con el humo. Luego es el cenotafio lo que entregan a las llamas y Alejandro dedica las ofrendas que van a seguir a su amigo, el héroe, el semidiós glorificado. Se sacrificaron dos mil animales —corderos, bueyes, vacas— a su memoria y su carne fue distribuida entre el ejército y los pobres.

2. *El poeta va a morir*

Hace calor, mucho calor en Babilonia, cuando se acerca el verano. Las calles de la ciudad están atestadas de soldados, de marineros y mercaderes que se preguntan por las intenciones de su rey: ¿para qué iban a servir aquellos cientos de navíos que carenaban en el puerto durante el día miles de carpinteros de ribera? ¿Para circunnavegar la Arabia y llegar a Egipto? Ciertos navegantes fenicios aseguraban que era posible. ¿Quizá para llevar un nuevo gran ejército hasta las puertas de Occidente, hacia aquellas columnas de Hércules (Gibraltar) sobre las que corrían tantas leyendas? Pero ¿cómo alcanzarlas, desde Babilonia o desde el golfo Pérsico? ¿Cuándo tendrían lugar los funerales de Hefestión, antes o después del solsticio?

En cuanto a Alejandro, no se le veía en Babilonia. Sin duda se acordaba en todo momento de la predicción de los adivinos caldeos, o tal vez estaba demasiado atareado en la inspección de los trabajos portuarios.

Pasaba jornadas enteras en pequeñas embarcaciones, circulando por las zonas pantanosas del Éufrates, infestadas de mosquitos y, cuando no estaba en el río, se le podía encontrar en su tienda, trabajando en la nueva formación que pretendía dar a su infantería. Tenía la intención de sustituir la falange clásica (formación que había creado su padre), compuesta por dieciséis filas de hoplitas, es decir, de infantes pesadamente armados, por una formación más diversificada, que le habían inspirado los pueblos de Italia y Sicilia: de adelante atrás, tres hileras de infantes pesados macedonios armados con largas lanzas, seis hileras de infantes pesados persas armados con jabalinas de caza, seis hileras de arqueros persas, y tres hileras de infantes pesados macedonios cerrando la marcha. ¿Estaría pensando en guerrear en Occidente? Ya se hablaba de Sicilia, de África, de Iberia y Occidente, que sería conquistado por los infantes, y de Arabia, cuyas costas podría conquistar la flota que estaba construyendo en los astilleros de Babilonia.

El sátrapa de Persia, Peucestas, había reclutado para él en su provincia 20.000 jóvenes persas. Al día siguiente de los funerales de Hefestión, Alejandro concluyó en persona las operaciones de incorporación de este contingente. La sesión tuvo lugar en los jardines del palacio real; Alejandro estaba sentado en un trono de oro, vestido con el traje imperial de los Grandes Reyes, con la frente ceñida con la diadema de Darío; detrás, inmóviles y con los brazos cruzados, los eunucos, con el traje de los medos. Ese día, por la tarde, una vez que terminó de asignar a los reclutas sus filas en las falanges, Alejandro dejó su asiento para ir a beber un poco de agua fresca y sintió la necesidad de bañarse unos minutos en una alberca del jardín. Sus amigos le siguen. De pronto, tras la hilera de los impasibles eunucos, aparece un hombre de baja estatura; tiene los ojos brillantes y la frente ceñuda. Salva la hilera de eunucos que, según exige el reglamento persa, no tienen derecho a moverse. Sube uno a uno los escalones que llevan al trono de oro, se viste la túnica púrpura, se ciñe la diadema de Alejandro y se sienta en su sitio, sin ningún otro gesto y con los ojos fijos. Los eunucos, que no tienen derecho a intervenir, empiezan a desgarrar sus ropas y a golpearse el pecho, como si hubiese ocurrido una gran desgracia. Aparece Alejandro. Al descubrir la escena palidece de rabia y manda preguntar a quien se ha apoderado de su trono quién es. El hombre se queda mudo cierto tiempo, luego, con la mirada siempre fija y la postura hierática, habla: «Soy Dioniso, de la ciudad de Mesena. He sido acusado, detenido en la playa y cargado de cadenas. El dios Serapis me ha liberado, me ha ordenado ponerme la púrpura, ceñir la diadema y sentarme aquí, sin decir una sola palabra.»

Detienen a este hombre y lo someten a tortura: sigue diciendo que actúa por orden de Serapis, luego se calla. Evidentemente ha perdido el juicio: los adivinos, preguntados, declaran que es un mal presagio y lo condenan a muerte. Pero como vamos a ver, los acontecimientos se precipitan.

— *1 de junio.* Alejandro ofrece un banquete privado a Nearco, almirante de su flota, y a sus generales. El festín y la juerga se prolongan hasta muy avanzada la noche. Cuando Alejandro se despide de sus huéspedes y se dispone a retirarse a su habitación, un compañero, el tesalio Medio, le invita a acabar la noche con él, con algunos amigos y buenos vinos. El rey acepta, y se duerme al alba. Duerme allí mismo todo el día y luego regresa a su habitación.

— *2 de junio* (por la noche). Alejandro vuelve a casa de Medio, para cenar. Nueva juerga hasta bien entrada la noche; deja la juerga para ir a tomar un baño y come ligeramente.

— *3 de junio.* Vuelve a la sala del festín, en casa de Medio; al amanecer ordena que lo lleven en litera a hacer su habitual sacrificio de las mañanas. Luego vuelve a casa de Medio y duerme todo el día. A la puesta del sol se hace llevar hasta el río, que cruza a bordo de un navío para dirigirse al parque real, que está en la otra orilla. Allí ordena que lo depositen en un pabellón del parque, y se duerme hasta el día siguiente.

— *4 de junio.* Al despertar Alejandro, se siente algo mejor, toma un baño, asiste al sacrificio matinal y pasa una parte de la jornada charlando con Medio, que ha ido a visitarle, e incluso juega a los dados con él. Convoca a sus oficiales para la mañana siguiente y cena en su tienda. Después de cenar, siente fiebre y pasa una noche malísima.

— *5 de junio.* Otra vez baño y sacrificio matinal. Alejandro recibe a Nearco y le ordena estar preparado para salir al mar el 8 de junio: espera que para entonces ya estará curado.

— *6 de junio.* Alejandro se siente débil, pero se obliga a bañarse y a ofrecer su sacrificio matinal. Recibe a Nearco, que le comunica que todo está preparado para hacerse a la mar: las provisiones se encuentran a bordo, las tripulaciones están en sus puestos, y también las tropas. El rey tiene cada vez más fiebre. Por la noche se vuelve a bañar para aliviarla. Pasa una noche malísima.

— *7 de junio.* Alejandro toma un último baño, pero debe hacerse llevar para asistir al sacrificio de la mañana. Habla penosamente con sus oficiales: es evidente que no podrá hacerse a la mar al día siguiente, como pretendía. Empieza a delirar: lo llevan a otro pabellón del jardín, donde hace más fresco.

— *8 de junio.* Se pospone la partida. Alejandro se hace llevar para asistir al sacrificio matinal.

— *9 de junio.* El rey asiste al sacrificio y se hace trasladar a palacio, a los aposentos más frescos. Ordena a sus oficiales que se queden a su lado por si los necesita. Se debilita a ojos vistas.

— *10 y 11 de junio.* La fiebre es fuerte y persistente; Alejandro ya casi no habla.

— *12 de junio.* Por la mañana, se difunde el rumor de que el rey ha muerto y de que sus allegados ocultan la noticia. Los Compañeros y numerosos oficiales acuden a palacio; quieren ver al rey con sus propios ojos y uno a uno desfilan por la habitación del enfermo. Éste todavía se encuentra consciente, pero demasiado débil para hablar: hace un ligero movimiento de la mano y clava la mirada en sus amigos como para decirles adiós.

— *Noche del 12 al 13 de junio.* Seis amigos (Pitón, Demofonte, Átalo, Cleómenes, Menidas y Seleuco) pasan la noche en el templo de Serapis (dios curador grecoegipcio cuyo culto está empezando entonces); ruegan por su curación.

— *13 de junio.* Alejandro ya sólo tiene raros momentos de lucidez. Habría dejado a Perdicas tomar posesión de su sello. Sus Compañeros le preguntan a quién deja el Imperio, el rey farfulla una respuesta: unos creen oír la palabra *Kratisto* («Al más fuerte» o «Al mejor»); otros creen oír «Heracles» (el nombre de su único hijo). Al ponerse el sol, Alejandro se apaga con un último suspiro.

Alejandro murió el vigésimo octavo día del mes griego de *Skirophorion* (*Daisios* en macedonio), en la 114 Olimpiada (13 de junio de 323 a.C.). Tenía treinta y dos años y ocho meses, y estaba en el decimotercer año de su reinado.

Sus mujeres se desgarraron entre sí. Roxana, que siempre había estado celosa de Estatira, la hija de Darío III, la hizo asesinar, así como a la hermana de ésta, Dripetis (que se había casado con Hefestión); luego trajo al mundo, en los plazos normales de embarazo, un hijo, que por lo tanto era hijo de Alejandro y al que impuso el nombre de su padre. Se suele llamar al rey Alejandro III de Macedonia bien Alejandro Magno, bien Alejandro el Conquistador.

Dejaba dos hijos (Heracles, que le había dado la persa Barsine, y Alejandro, el hijo de Roxana); ambos fueron asesinados en su niñez en el marco de la «guerra de sucesión» a la que se entregaron los grandes de Macedonia (Antípater, Casandro, etc.), lo mismo que sus madres. En esta lucha por el poder Cleopatra, la hermana de Alejandro, también fue inmolada.

También dos mujeres de más edad habían contado en la vida de Alejandro: su madre, Olimpia, y la viuda de Darío III, la reina madre Sisigambis. La primera luchó hasta el año 316 a.C. contra todos los pretendientes, y de manera especial contra el macedonio Casandro, que se libró de ella entregándola a sus enemigos (la ejecutaron). En cuanto a Sisigambis, abrumada de pena, se negó a comer y murió de inanición y dolor, cinco días después de aquel al que llamaba su «hijo adoptivo».

Quedaba el Imperio de Alejandro. No se trataba de un Estado del que éste fuera el soberano, sino un conjunto heteróclito de territorios que había conquistado. Sus sucesores, los *diadocos*, se lo reparten, pero tras varios años de guerras desordenadas se disoció en un mosaico de estados territoriales donde floreció una brillante civilización helenística, que sufrió la influencia enriquecedora de las civilizaciones del Oriente Próximo.

Conclusión

Tres adjetivos califican, a nuestro parecer, la gesta histórica de Alejandro III de Macedonia: fue breve en el tiempo, desmesurada en el espacio y en las intenciones, efímera en cuanto a sus resultados.

Merece la pena subrayar su brevedad. Si se exceptúan las expediciones preliminares a los Balcanes de la primavera de 335 a.C. y el aniquilamiento de Tebas en el verano siguiente, la carrera conquistadora de Alejandro empieza en el mes de abril del año 334 a.C., cuando el ejército macedonio, formado por 32.000 infantes y 5.200 jinetes, deja Anfípolis y se dirige hacia Asia Menor; termina en el Hífasis, en el valle del Indo, por la voluntad de sus soldados que, el 31 de agosto de 326 a.C., se niegan a seguir adelante. Por lo tanto la campaña duró ocho años: es muy poco, sobre todo para conquistar el mundo, pues ésa era la ambición del macedonio, a medida que avanzaba hacia las estepas, los desiertos y las montañas del Asia anterior.

De hecho, Alejandro sólo conquistó —y de una manera muy efímera— el Oriente Medio, es decir, según la geografía política moderna, Turquía, Siria, Líbano, Israel, Jordania, el delta egipcio (no pasó de Menfis), Irak, Irán, Afganistán y una parte de Pakistán (el valle del Indo). Pero en una época en que las únicas guerras que habían conocido griegos y macedonios eran guerras locales, entre ciudades relativamente próximas unas de otras (Atenas-Esparta: unos 200 kilómetros; Pela-Tebas: unos 800 kilómetros), la expedición emprendida por Alejandro contra el enorme Imperio persa tenía indiscutiblemente algo de desmesurado. Para fijar las ideas: la vía real, construida por Darío I el Grande hacia el año 500 a.C., para unir Sardes, en Asia Menor (a 100 kilómetros de la costa mediterránea de Turquía) con

Susa, la capital administrativa del Imperio persa (situada cerca de la moderna Dizful, en Irán) tenía 2.700 kilómetros de longitud.

Por lo tanto, en el punto de partida la empresa podía parecer gigantesca, aunque sólo sea por las distancias a recorrer, pero no era insensata. Las guerras médicas habían contribuido a dar a conocer Persia a los helenos: las obras de Herodoto y de Jenofonte lo atestiguan y está fuera de duda que fueron leídas y releídas por Alejandro y sus lugartenientes. Ya hemos señalado al principio que, en su infancia, el futuro Conquistador había hecho dos preguntas, indudablemente ingenuas, a los embajadores persas que habían ido a Pela. Además, existían numerosas relaciones comerciales entre las ciudades griegas de Asia Menor, integradas desde hacía lustros en el Imperio persa, y las de la Grecia continental e insular. En resumen, el imperio del Gran Rey no tenía nada de una *terra incognita*, ni para Alejandro, ni para su entorno.

Las intenciones iniciales de Alejandro estaban sin duda al alcance de sus posibilidades: llevar a su término la gran cruzada panhelénica predicada por su padre, cuyo remate victorioso debía sellar la unificación del mundo griego, troceado hasta entonces. Los argumentos de Filipo eran válidos todavía en el 334 a.C.: se trataba de eliminar el peligro militar persa, de devolver a las ciudades griegas de Asia Menor —«persificadas» desde hacía casi dos siglos— al seno helénico, de consolidar la seguridad de la navegación por el mar Egeo (condición fundamental de la prosperidad económica), y Alejandro las asumió. Pero después de alcanzar su meta, es decir, después de su victoria definitiva en Gaugamela sobre Darío III y su entrada triunfal en las grandes capitales aqueménidas (Babilonia, Susa, Persépolis, Ecbatana), después de apoderarse del fabuloso tesoro del Gran Rey (en Ecbatana), en lugar de reorganizar el Imperio persa —que conquistó casi sin luchar— como una prolongación asiática de su reino, en lugar de construir política y administrativamente un Imperio macedonio, Alejandro se lanzó a la persecución de los asesinos de Darío, en una aventura imprevista e irracional que lo llevó adonde nunca había tenido la intención de ir: hasta India.

Desde ese momento, a una *anábasis* «mesurada» que habría podido acabar con un retorno desde Ecbatana a Susa, luego con una *catábasis* hacia Macedonia (a lo que todas sus tropas y sus lugartenientes aspiraban), va a sucederle otra *anábasis* inesperada, realmente desmesurada, hacia Afganistán y hasta el valle del Indo, sin más razón que los caprichos, las curiosidades o, si se quiere, los delirios de Alejandro. La sanción de esa desmesura fue el amotinamiento de sus tropas en las orillas del Hífasis y una retirada terrible que duró diecisiete meses, durante la cual Alejandro perdió las tres cuartas partes de su ejército (Plutarco *dixit*). Cuando estuvo de vuelta en Susa, con un gran ejército en harapos, seguía teniendo ideas enloquecidas en la cabeza: conquistar la península Arábiga, territorio tan vasto como el que ya había conquistado en Asia, invadir el norte de África y proceder a una mezcla de razas en su Imperio, eran otros tantos proyectos inmensos y delirantes que pensaba poner en marcha durante el año 323 a.C. y que un insecto enclenque —un mosquito anofeles que vagaba por los pantanos del Éufrates— redujo a la nada.

El analista que fui en otro tiempo no puede dejar de detenerse a pensar un poco sobre la historia psicológica del Conquistador.

La infancia de Alejandro se desarrolla entre las faldas de su madre, ocupada en dirigir a un tiempo su pasado de antigua sacerdotisa de Dioniso, sus beaterías, la educación casi captadora de su hijo, sus celos teñidos de desprecio hacia su real esposo, impío, pendenciero, bebedor y en trance de convertirse en el dueño incontestable del mundo griego. Luego, una vez alcanzado lo que los griegos llamaban «la edad de la razón» —es decir, la edad de siete años—, Alejandro es entregado por su padre a Leónidas y Lisímaco, pedagogos severos y rígidos.

Le vemos luego adolescente: a los doce años, Filipo le regala un caballo llamado *Bucéfalo*; a los trece, elige para él al mejor profesor particular del mundo, Aristóteles, que aún no había creado en Atenas su famoso Liceo; y a los catorce años lo lleva al campo de batalla, en Perinto, donde el joven asiste a su primer combate, sin participar en él. Dos años más tarde, en el 340 a.C., Alejandro entra en la edad adulta. En ausencia de su padre, desempeña la función de regente y emprende, por propia iniciativa, su primera expedición militar. En 338 a.C. celebra sus dieciocho años en Atenas.

La vida del joven príncipe transcurría entonces tranquilamente.

Sin embargo, no podemos dejar de pensar que alimentaba en su seno algún conflicto edípico inconsciente, dividido como estaba entre la admiración hacia un padre siempre vencedor y el amor que profesaba a una madre místicamente posesiva, que veía en él al hijo de Zeus-Amón. Podemos cargar en la cuenta de este edipo el hecho de que el hermoso joven parecía indiferente a los asuntos del amor: su padre había observado, con amargura, el escaso interés que su hijo sentía por las mujeres; en cuanto a su madre, para espabilarlo, había mandado venir de Tesalia a una prostituta experta, una tal Calixena, que había llegado a instalarse en la corte de Pela; pero todo había sido en vano.

Sin embargo, en 337 a.C., con ocasión de las bodas de Filipo con Cleopatra, la sobrina de Átalo, el edipo de Alejandro explotó. Ningún analista habría podido soñar una escena tan traumatizante. Según la lógica freudiana clásica, habría debido despertar el conflicto edípico latente y engendrar en Alejandro un inmenso complejo de culpabilidad, traduciéndose por conductas autopunitivas de fracaso o por una buena neurosis. Sin embargo, no ocurrió nada de eso. De hecho, parece que el mecanismo psicológico propio de Alejandro nunca fue un mecanismo neurótico de *compromiso* (para el psicoanálisis, el síntoma neurótico es un comportamiento contradictorio de compromiso, que expresa simbólicamente la existencia de un conflicto inconsciente entre el deseo y la defensa): lo que parece haber sido el motor de todas sus conductas fue, siempre o casi siempre, un mecanismo de *ruptura* con lo real, que es un mecanismo típicamente psicótico.

Pueden darse mil ejemplos, unos anodinos (son los *rasgos de carácter*, sin más), otros dramáticos (son graves *crisis psicóticas*, puntuales, tras las que se restablece el curso psicológico «normal» del sujeto).

El primer ejemplo de esta clase nos viene de Demóstenes, y se remonta al año 341 a.C. (véase pág. 63); el orador hace un juicio severo sobre el pequeño Alejandro (que entonces tenía nueve años): «un niño pretencioso, que se las da de sabio y pretendía poder contar el número de olas del mar, cuando ni siquiera era capaz de contar hasta cinco sin equivocarse». En sí, esta observación no tiene una importancia capital, todo lo contrario; pero si Demóstenes ha sentido la necesidad de hacerla, en caliente, es que le pareció característica: aquel niño de nueve años que quiere contar las olas del mar rechaza, de entrada, que haya algo imposible, borra la realidad y sólo deja hablar a su deseo.

Segundo ejemplo, que se remonta a 344 a.C. (Alejandro tiene doce años): *Bucéfalo*; un tesalio presenta el caballo a Filipo, a quien trata de vendérselo muy caro; pero el animal parece repropio, se encabrita y nadie se atreve a montarlo... salvo Alejandro que, también en este caso, borra lo real (el peligro) y doma a la bestia.

Se dirá que todo esto es pura frivolidad y que no es necesario recurrir a una explicación psiquiátrica para dar cuenta de la impetuosidad o del desprecio del peligro en un joven por otra parte muy dotado. Lo admito. Pero cuando la impetuosidad se vuelve criminal, por ejemplo cuando en septiembre de 336 a.C., tras el asesinato de su padre, Alejandro ordena matar a los pretendientes potenciales a la corona de Macedonia, incluido un bebé de unos pocos meses, tenemos derecho a interrogarnos sobre una determinación tan fría en un joven de veinte años. Cierto que puede argüirse que la violencia individual era la norma en esa época, y que su padre Filipo había hecho lo mismo en 358 a.C.; pero ¿qué decir de la violencia colectiva de que da prueba el joven Alejandro respecto a Tebas, a finales del verano del año 335 a.C., cuando arrasa la prestigiosa ciudad de Beocia y vende a sus ciudadanos en el mercado de esclavos? Semejante barbarie no figuraba en las costumbres de la época: es más el acto de un personaje desequilibrado (lo mismo que, más tarde, el incendio de Persépolis) que el de un conquistador avisado.

Después de la crisis tebana, Alejandro se convierte en un jefe de guerra «normal» y, desde abril de 334 a.C. (fecha de partida del gran ejército grecomacedonio en dirección a Asia) hasta julio de 330 a.C. (fecha de la muerte de Darío, en fuga después de haber sido vencido sucesivamente en Isos y en Gaugamela/Arbela), su conducta es perfectamente coherente. Se apodera de todas las satrapías del Imperio persa prácticamente sin lucha, no castiga a nadie, se gana a los señores vencidos, es considerado hijo adoptivo por la madre de Darío, se casa con una persa, y no vuelve a librar ninguna batalla (salvo en Sogdiana, donde tuvo que combatir una revuelta nacionalista): Alejandro se ha vuelto el conquistador respetuoso de los pueblos que domina.

En otros términos, Alejandro ha recogido la antorcha de la cruzada panhelénica que había entrevisto su padre y ha alcanzado su meta: Darío está muerto y, con él, el poderío persa. Dos vías, igual de coherentes, se ofrecen entonces a Alejandro: o bien oficializar esa derrota de los persas mediante una paz definitiva, como ya se había firmado en el pasado, o bien prolongarla integrando el Imperio persa en un Imperio macedonio, como desde luego habría hecho su padre, Filipo II, que tenía los pies en la tierra.

Pero Alejandro no escogió ninguna de estas dos soluciones. Mediante una curiosa turbación psíquica, se identifica con Darío y transforma su cruzada panhelénica en una especie de *vendetta* contra Beso, el impostor, el asesino grotesco del Gran Rey. Pierde súbitamente el sentido de las realidades políticas y, en lugar de explotar su victoria total, cae en un primer grado de incoherencia que lo lleva a partir de campaña a Afganistán (Bactriana-Sogdiana): esta conducta política aberrante, enmascarada por sus éxitos militares, marca el período de su vida que comprende de julio de 330 a diciembre de 328 a.C.

En la primavera de 327 a.C., segunda incoherencia: Alejandro parte a la conquista de «India» (es decir, del Pakistán actual). Cualquiera que sea el resultado, no le será de ninguna utilidad política: ¡ni siquiera ha comenzado a estructurar el Imperio persa que acaba de conquistar! Esta empresa no por ello deja de llenar —sin ninguna consecuencia positiva ni para el Imperio ex aqueménida ni para Macedonia— el período que va de la primavera de 327 a.C. a los reencuentros de Susa en febrero de 324 a.C. (un año de conquista, con una sola gran batalla, y una retirada de quince meses, en la que perece una buena parte del ejército de Alejandro).

A principios del año 324 a.C., tercer grado de incoherencia: Alejandro da rienda suelta a su delirio de unificación de las razas. Piensa realizarla en dos tiempos: primero, mediante lo que podríamos llamar una especie de mezcla genética ingenua, de la que las bodas de Susa son un primer (y último) ejemplo; segundo, mediante la iniciativa, muy moderna, de dar a los «bárbaros» que son los persas para los macedonios un estatuto militar análogo al suyo, lo cual se traducirá... en una sublevación de las tropas macedonias.

Esto por lo que se refiere a los signos reveladores del temperamento psicótico de Alejandro: cuando lo real no se conforma a sus pulsiones, no pacta, rompe con lo real y la ruptura es tanto más espectacular cuanto que las pulsiones son más potentes. Cada ruptura grave con la realidad va a engendrar una crisis: Tebas y los tebanos fueron las víctimas de la primera.

Resumamos. La epopeya de Alejandro duró ocho años, de abril de 334 a.C. al 31 de agosto de 326 a.C. Durante los cuatro primeros años de su conquista, los planes, la conducta y los comportamientos del personaje son sin duda los de un gran conquistador, lógico consigo mismo, metódico e impetuoso a la vez, que posee un sentido innato de la estrategia guerrera, es decir, de la organización y la utilización de sus fuerzas en función del espacio y el tiempo: no es el hombre de los golpes de mano afortunados o las batallas ganadas como se gana una apuesta, y no las emprende sino tras una larga preparación: Isos y Gaugamela lo demuestran, y lo menos que puede decirse es que tiene sentido de la guerra de movimiento. Su meta, aniquilar el poderío persa, se alcanza, progresiva y metódicamente, en el año 330 a.C., cuando alcanza a Darío que huye por los desiertos de Bactriana. Por otro lado, se muestra como un conquistador realista, generoso, y no modifica para nada el régimen administrativo de los Aqueménidas, convertidos ahora con frecuencia en autoridades locales. Para muchos persas, Alejandro aparece como lo que podría llamarse un conquistador civilizador y no un conquistador destructor.

A mediados del mes de julio de 330 a.C., el joven Conquistador sufre un choque psicológico considerable: tiene enfrente el cadáver todavía caliente de Darío, al que acaba de asesinar el sátrapa Beso, que a su vez ha huido. Los autores antiguos nos dicen que lloró estrechando la cabeza ensangrentada de Darío contra su pecho y murmurando: «Yo no quería esto.» La anécdota es bastante plausible: desde Isos, Alejandro había cobrado un gran cariño por la madre del Gran Rey, Sisigambis, que lo acompañaba en sus desplazamientos por el corazón del Imperio persa, y él se consideraba su hijo adoptivo. La muerte de Darío debió de ser sentida por el Conquistador no como la desaparición de un enemigo, sino como la pérdida de un hermano de armas y le conmovió profundamente.

En el lenguaje de la psicología moderna, una emoción de esta clase está considerada como un traumatismo inicial, que puede ser generador bien de una conducta neurótica, bien de una conducta psicótica. No obstante, una neurosis nunca nace de una vez, bruscamente, resulta de la acumulación inconsciente de afectos negativos, *se instala* progresivamente en el inconsciente del sujeto y se manifiesta de manera gradual. En cambio, la psicosis aparece brutalmente, en lo que en otro tiempo se llamaba una «crisis de locura», tras la que el psicotizado rompe con lo real. Es un poco lo que ocurrió cuando Alejandro tuvo el cadáver de Darío entre sus brazos.

El hombre era insaciable, cierto, como todos los conquistadores, que continuamente desean ir más lejos, y se ha hablado con razón de su sed (*pothos* en griego) de conquistas, de grandezas y saberes, etc.; mientras que en un sediento de poder como César, por ejemplo, ese *pothos* queda templado por una justa apreciación de las realidades, en Alejandro se ve alimentado en cambio por su pérdida del sentido de lo real. Va a tomarse por un Aqueménida, a vestirse al modo persa, a obligar a griegos y macedonios que le rodean a prosternarse ante él a la manera oriental (rito de la *proskynesis)* y a convencerse de que está predestinado a ser el amo del mundo.

Desde luego, Alejandro no es un psicotizado: no es un esquizofrénico ni un paranoico, en el sentido clínico del término, pero podemos hablar respecto a él de un *temperamento psicoide*. Percibe lo real como lo desea y no como es, y se encierra en su sueño como el esquizofrénico se abstrae de la realidad. De modo que, cuando fracasa, atribuye su fracaso a los «malvados», y los «traidores» que le rodean... y no vacila en ejecutarlos (ejemplos: Filotas, Parmenión, la conjura de los pajes) o a matarlos él mismo (como a su amigo Clito) en una crisis de locura furiosa.

En nuestra opinión, después de haber liberado el Asia Menor de la presencia persa (muy bien soportada, por otro lado, por las gentes de Mileto, de Sardes y de otros lugares, pero amenazadora para la Grecia continental), después de haber tomado —sin combates— Babilonia, Susa, Persépolis y Ecbatana, y de haberse apoderado del fabuloso tesoro persa, y una vez comprobada la muerte de Darío, Alejandro no tenía ninguna razón válida, ni estratégica, ni política, ni económica, para llevar la guerra más allá de los límites de Persia, es decir, a Afganistán y Pakistán: los pueblos de estas comarcas no eran una amenaza para Persia, que ahora era suya, ni menos todavía una amenaza para la Macedonia y para la Grecia de las ciudades. Lo único que podía ocurrir es que lo perdiera todo, incluso la vida, en esta aventura. No obstante, había perdido el sentido de lo real y su temperamento psicoide prevaleció sobre el del hombre de acción razonable.

Y por esta razón su conquista fue efímera y Alejandro no dejó nada tras de sí, tanto en Egipto como en Asia, salvo la estela de cometa de su paso y algunas decenas de aldeas que llevan su nombre y que, de hecho, no vieron la luz sino después de su muerte (Alejandría de Egipto no se convirtió en la perla del Mediterráneo hasta el reinado de los Lágidas).

En este Oriente que de forma tan magistral había conquistado y del que soñaba con ser el amo, Alejandro no construyó nada (ni rutas, ni canales, ni puertos, ni ciudades), tampoco destruyó nada, salvo Persépolis, y no introdujo nada, ni la lengua, ni la cultura, ni las instituciones griegas. Sin embargo, abrió al helenismo las puertas de Asia y Egipto, que hasta su fulgurante *anábasis* guardaban los ejércitos de los Grandes Reyes, y por esas puertas invisibles sus sucesores —los *diadocos,* y en particular los Lágidas en Egipto y los Seléucidas en Persia— introdujeron en Oriente el helenismo y lo que se llama la *civilización helenística,* de la que los romanos, y tras ellos los árabes, serán los herederos. Pero esto es otra historia.

Anexos

I

La democracia ateniense

La constitución que nos rige ha recibido el nombre de democracia, porque su finalidad radica en realizar aquello que es útil al mayor número y no a una minoría de ciudadanos [es el caso del régimen llamado oligarquía, que reinaba en Esparta].

PERICLES

El territorio de la ciudad-estado de Atenas comprendía no sólo la ciudad, rodeada por sus murallas de ladrillos (construidas después de las guerras Médicas) y unida a sus puertos —El Pireo y Falero— por tres «Muros Largos» también construidos después de las guerras Médicas, sino también todo el Ática (unos 4.000 km²); estaba dividido en cien circunscripciones administrativas, llamadas *demos*. El Estado ateniense estaba gobernado por dos asambleas que constituían el poder legislativo, la *ekklesia* y la *boulé*, y por dos colegios de magistrados que constituían el poder ejecutivo, los *estrategos* (asuntos militares y política extranjera), y los *arcontes* (asuntos civiles).

Poder legislativo

La *ekklesia*, o Asamblea popular, reúne casi una vez a la semana a los ciudadanos atenienses en la colina del Pnyx (en la práctica nunca había más de cuatro mil o cinco mil, mientras que la población total del Estado ateniense ascendía a unos 40.000 habitantes en la época que nos interesa), a fin de votar las leyes, elegir a los magistrados, declarar la guerra o aprobar un tratado de paz. La *boulé* o Consejo de los Quinientos está formado por quinientos ciudadanos elegidos por sorteo todos los años, los *bouleutes*; está reunida permanentemente y decide en última instancia el destino de las leyes votadas por la *ekklesia* (las corrige, las enmienda o las rechaza). La *boulé* controla también la acción del poder ejecutivo, que está en manos de diecinueve magistrados (estrategos y arcontes).

Poder ejecutivo

El colegio encargado de los asuntos civiles está formado por nueve *arcontes*, cuyos miembros son elegidos por sorteo todos los años entre los ciudadanos; está presidido por uno de ellos, el *arconte epónimo*, que da su nombre al año en curso.

El colegio encargado de los asuntos militares y diplomáticos está formado por diez estrategos, elegidos todos los años por la *ekklesia* y reelegibles. Acumula las funciones de Ministerio de Asuntos Exteriores y de Ministerio de la Guerra cuyos presupuestos administra (los estrategos son también jefes de ejército en tiempos de guerra).

Poder judicial

A estas instituciones se añade el tribunal de la *heliée*, compuesto por diez jueces elegidos por sorteo entre 6.000 ciudadanos, elegidos a su vez por sorteo entre los 40.000 ciudadanos atenienses, y que se llaman *heliastes*, y el del *Areópago* (así llamado porque celebraba sus sesiones en una colina consagrada al dios Ares), cuyos miembros, los *areopagitas*, eran elegidos entre los antiguos arcontes: su competencia se extendía a la vigilancia de los hombres públicos y de la administración del Estado, a las costumbres de los particulares, y tenía además a su cargo la policía, la educación y el juicio de los asuntos criminales.

II

Las guerras Médicas

Por guerras Médicas entendemos las guerras que las ciudades griegas coaligadas sostuvieron contra los emperadores persas —los Grandes Reyes— durante medio siglo (de 500 a 449 a.C.). Las conocemos en todos sus detalles por Herodoto, que fue contemporáneo de estos acontecimientos.

Las tres guerras Médicas

De manera clásica se distinguen dos guerras Médicas, pero en realidad hubo tres.

1. La primera guerra Médica (491-490 a.C.) fue iniciada por el gran rey Darío I, que resultó derrotado por los atenienses dirigidos por el estratega Milcíades en la batalla de Maratón (3 de septiembre de 490 a.C.). Al término de esta primera guerra, los atenienses, por consejo del orador Temístocles, dedicaron todos sus recursos a dotarse de una flota de doscientos navíos (trirremes), porque los persas sólo podían atacar las ciudades griegas por mar.

2. La segunda guerra Médica (480-479 a.C.) fue iniciada por el hijo y sucesor de Darío, el gran rey Jerjes I. Consiguió penetrar en Ática después de aplastar el ejército de los espartanos, mandados por Leónidas, que lo esperaba en el desfiladero de las Termópilas (agosto de 480 a.C.); el país fue asolado y Atenas fue tomada por los persas, saqueada e incendiada. La flota griega, formada por cuatrocientas trirremes (doscientas de ellas atenienses) se situó ante la isla de Salamina, que se encuentra frente al Pireo, el puerto de Atenas (las familias atenienses se habían refugiado allí). Jerjes envió su flota de quinientos navíos, que sufrió un desastre sin precedentes, gracias a la habilitad de los marineros griegos (29 de septiembre de 480 a.C.), y el ejército persa regresó a Asia por vía terrestre. A principios del mes de junio del año 479 a.C. volvió con la intención de invadir de nuevo el Ática: fue derrotado por los aliados griegos cerca de Platea, una ciudad de Beocia (en el territorio de Tebas).

3. La tercera guerra Médica fue iniciada por las ciudades griegas confederadas (Confederación marítima de Atenas, también llamada Liga de Delos porque su sede y su tesoro se encontraban en el templo de Apolo, en la isla de Delos). El ateniense Arístides hizo el reglamento de esta Confederación, y el ejército fue puesto bajo el mando del ateniense Cimón, hijo de Milcíades. El ejército de la Liga de Delos expulsó a los persas de las costas de Tracia, de las islas del mar Egeo y las costas de Asia Menor. A finales del verano de 479 a.C., el ejército persa fue puesto en fuga tras la derrota de su flota ante el cabo Micale. No obstante, entonces no se firmó ningún tratado de paz.

¿Cuáles fueron las causas de las guerras Médicas?

La causa profunda de estas guerras fue la política de expansión de los emperadores persas. En África y en Asia habían alcanzado los límites extremos de sus conquistas, a saber: el océano Índico, las montañas afganas y los desiertos. Por lo tanto, se habían vuelto hacia el oeste y ya había conquistado la Escitia (la Rusia meridional), la Tracia y la mayor parte de las ciudades griegas del Asia Menor: Darío sólo tenía delante de sí el mundo griego de Europa, que le parecía una presa fácil. Muchas ciudades griegas estaban divididas por rivalidades de vecindad, y muchas de ellas se desgarraban en conflictos políticos entre partidarios de la democracia (como Atenas) y partidarios de la oligarquía aristocrática (como Esparta).

El motivo ocasional fue la revuelta, en el año 500 a.C., de la ciudad jonia de Mileto, apoyada por los atenienses. Fue seguida por la sublevación general de las ciudades griegas de Asia Menor, que tomaron e incendiaron Sardes, residencia del sátrapa persa. Para vengarse de los atenienses, Darío I puso en pie una primera expedición contra Atenas en 492 a.C., pero su flota fue destruida por las tempestades al pie del monte Athos, en las costas de la Calcídica. Dos años más tarde, el Gran Rey envió embajadores a pedir «la tierra y el agua» a las ciudades griegas, es decir, su sumisión. Seguras de que la potencia de los ejércitos persas asustaba, consintieron. Sin embargo, Atenas y Esparta no vacilaron en responder a Darío matando a sus emisarios. Poco después una flota persa de seiscientos navíos desembarcó un ejército en la llanura de Maratón, en Ática, a cuarenta kilómetros al noreste de Atenas: así empezaron las guerras médicas.

¿Por qué no se firmó la paz en el año 479 a.C.?

Por dos razones.

La primera es una razón muy «griega»: para firmar un tratado de paz, hay que reunir a un vencedor y un vencido; pero si los griegos estaban de acuerdo en la identidad del vencido —era el Gran Rey—, no conseguían entenderse sobre la del vencedor. ¿Quién dictaría a los persas las condiciones de paz? ¿Atenas? ¿Esparta? ¿La coalición? Y las ciudades griegas amigas del vencido, como Tebas, ¿qué papel desempeñarían en el futuro tratado? Hay que tener en cuenta además que las ciudades no tenían los mismos intereses ni los mismos temores en este asunto. Tomemos un solo ejemplo: Esparta estaba poco dispuesta a firmar la paz; Pausanias, el vencedor de Platea, continuó la guerra por su cuenta, reconquistó Chipre y Bizancio de manos persas, trató de autoproclamarse tirano de Bizancio e intrigó luego con estos mismos persas con la finalidad —ambiciosa e insensata— de convertirse en una especie de «Gran Rey» de toda Grecia (los *éforos* de Esparta mandaron detenerle para que fuese juzgado, pero Pausanias se refugió en el templo de Atenea, cuyas puertas mandaron amurallar y Pausanias murió dentro de hambre).

Además, y es la segunda razón, el vencido, para firmar un tratado de paz, debe tomar conciencia de su derrota definitiva. No era ésa la sensación de Jerjes I, ni siquiera después de Salamina y Platea, y menos todavía la de su hijo y sucesor Artajerjes I (465-424 a.C.).

¿Cuáles fueron los estados griegos que se adhirieron a la Liga de Delos?

La Liga reunió al principio a las ciudades jonias directamente amenazadas por los persas: las del archipiélago de las Cícladas, cuyo centro era la pequeña isla de Delos, la de Eubea y las ciudades de las grandes islas próximas a las costas de Asia Menor (Lesbos, Quíos y Samos). Luego atrajo la de Rodas, las ciudades de las riberas del mar de Mármara (la Propóntide), las de Calcídica y las ciudades costeras de Tracia. Hecho significativo que deja presagiar conflictos futuros: Esparta y sus aliadas se negaron a adherirse a la Liga de Delos y se retiraron de la guerra contra los persas.

¿Cuáles eran los medios de la Confederación?

Cada ciudad miembro debía aportar cierto número de trirremes y tropas, pero podían librarse de estas obligaciones militares mediante el pago de una contribución anual en moneda ática. El presupuesto anual de la Liga ascendía a unos 1.500 millones de pesetas. El tesoro de la Confederación se conservaba en Delos, en el templo de Apolo, con el tesoro del dios; los tesoreros eran los magistrados atenienses que también administraban el tesoro de Atenas (se les llamaba los *hellenotomes*); ésta proporcionaba a la Liga su flota y la mayor parte de sus soldados.

¿Cuándo se firmó la paz?

Persia estaba agotada por tantas guerras lejanas. Artajerjes I, que había sucedido a Jerjes en 465 a.C., había quedado impresionado por las victorias de Cimón en Tracia y en el mar Egeo. A la muerte de éste (en el asedio de Citium, en el año 449 a.C.), emprendió negociaciones con Calias, un rico ateniense que se había casado con la hermana de Cimón y firmó con él, en ese mismo año, el tratado llamado paz de Calias; en sus términos el Gran Rey reconocía el mar Egeo como un mar griego, se comprometía a no enviar a él un navío de guerra y a no acercarse a las riberas asiáticas del mar Egeo a más de tres días de marcha...

III

La guerra del Peloponeso

Hasta el advenimiento de Alejandro, dos ciudades-estado rivales se disputaron la hegemonía del mundo griego continental: Atenas, paladín de la democracia y Esparta, paladín de una república basada en una oligarquía. Durante un siglo se enfrentaron ideológica, cultural y económicamente, lo mismo que en el plano de la política exterior. Esta oposición desembocó en un conflicto armado, la guerra del Peloponeso (431-404 a.C.), que terminó con la victoria de Esparta y la ruina de Atenas.

La guerra del Peloponeso

Desde el año 477 a.C. era evidente, para todo el mundo griego, que la Liga de Delos estaba destinada esencialmente a servir a los intereses de Atenas, que se anexionaba las colonias por la fuerza. Estas anexiones iban acompañadas de la instalación de colonos atenienses en las islas: se les llamaba los *clerouques*, y los lotes de tierras que se les adjudicaban recibían el nombre de *clerouquías*. En el 454 a.C. fue más evidente todavía: el tesoro de la Liga se transportó del templo de Delos a Atenas, en la acrópolis, donde se unió al tesoro nacional ateniense. Luego Atenas empezó a dictar a las diversas ciudades de la Confederación su organización política y constitucional, sus reglamentos administrativos e incluso algunas de sus leyes. Las ciudades confederadas tuvieron que adoptar el mismo sistema de pesos y medidas que el de Atenas (el *pie*, de 0,30 metros; el *codo*, de 0,46 metros; el *estadio*, de 184,98 metros; el *óbolo*, de 0,72 gramos; la *dracma* de 4,36 gramos; la *mina* de 436,6 gramos; el *talento* de 26,196 kilogramos), la misma moneda (las lechuzas de oro atenienses) y se les prohibió salirse de la Liga.

Poco a poco la Liga de Delos se transformó, en la práctica si no en los tratados, en un verdadero imperio ateniense, que alcanza su apogeo en la época de Pericles (hacia 495-429 a.C.), jefe del partido democrático, reconciliado con Cimón, jefe del partido aristocrático, y sobre el que tenemos que decir unas palabras.

Una tradición que se remonta por un lado a Tucídides y por otro a ciertos historiadores creadores de famas políticas más que de historia científica, ha hecho de Pericles una especie de divinidad de la democracia, lo mismo que otras tradiciones han visto en Luis XIV el dios de un siglo de oro. De hecho, estamos muy mal informados sobre Pericles; todo lo que sabemos con seguridad es que entró en la vida política hacia el año 461 a.C., siguiendo la estela de Efialtes, el jefe del partido demócrata, y que fue elegido estratego —la magistratura más alta del Estado ateniense— catorce veces seguidas, de 443 a 429 a.C. A juzgar por las consecuencias de su acción política, podemos preguntarnos por el valor de la estatua que le elevó a la posteridad: constructor de la democracia ateniense, también fue el hombre de la guerra del Peloponeso en sus inicios —algunos llegan a decir que la buscó—, cuyo resultado, veinticinco años después de su muerte, supuso el declive y la ruina de Atenas, que caerá en la bolsa macedonia de Filipo II entre 357 y 338 a.C. Lamentable resultado.

Sean las que fueren las responsabilidades de Pericles ante la historia, que no son nuestro propósito, ahora hemos de exponer cómo el mundo griego, al salir de cincuenta años de guerras contra los persas —frenados ahora en los límites iranios de su Imperio—, se desgarró entre los años 431 y 404 a.C. en una guerra estúpida a la que se dio el nombre de guerra del Peloponeso.

Cuando Pericles fue elegido estratego en 443 a.C, el «imperio ateniense» reunía 202 ciudades, que se habían adherido a la Liga de Delos. La prosperidad de Atenas estaba en su apogeo. Desde la paz de Calias, su flota podía dominar el mar Egeo en exclusiva, y no había villa costera ni isla cuyo puerto no estuviese atestado de navíos comerciantes atenienses; al pie de su acrópolis e incluso fuera de sus murallas florecían armadores, banqueros, comerciantes, hombres de negocios y traficantes. Asimismo, los sofistas hacían fortuna: la democracia que había triunfado en Atenas se basaba en el arte de convencer a los electores, y eran muchos los atenienses que, deseosos de emprender una carrera política, se instruían con ellos en ese arte a precio de oro. La próspera, poderosa y demócrata Atenas irritaba a Esparta, también poderosa, pero cuyo régimen, la oligarquía, estaba amenazado por el mensaje democrático que propagaba Atenas entre las ciudades griegas aliadas de Esparta, en las que predominaba el sistema oligárquico. Entre ambas ciudades, la del Ática y la del Peloponeso, una vez alejado definitivamente el peligro persa por la paz de Calias (449 a.C.), se instaló una especie de guerra fría, cuyos detalles no nos interesan aquí, que debía llevar a un conflicto armado cargado de consecuencias.

Según Tucídides, Pericles deseaba ese conflicto (para robustecer el poderío de Atenas y el futuro de la democracia, amenazada por el ejemplo espartano), pero no se sentía con fuerza suficiente para desencadenarla, temiendo que la opinión pública, que se expresaba por los votos de la *ekklesia*, no le siguiese. Entonces hizo como todos los jefes de Estado de los que la historia, antigua o moderna, nos proporciona cien ejemplos: aprovechó la ocasión de tres conflictos locales ocurridos en Corcira (Corfú) en 433 a.C., en Megara y Potidea en 432 a.C., para desencadenar la guerra contra Esparta. Corcira era una antigua colonia de Corinto que había llamado en su ayuda a Atenas frente a aquélla, que a su vez era aliada de Esparta. Pericles envió una escuadra que dio cuenta de la flota corintia tras un severo combate naval. Al año siguiente promulgó un edicto prohibiendo a los comerciantes de Megara —aliada de Esparta— los puertos y los mercados de África, arruinando así el comercio de esta ciudad. Al mismo tiempo, montó una expedición contra la colonia ateniense de Potidea, sublevada contra Atenas y apoyada por Corinto, que recibía así el apoyo prestado por Pericles a Corcira el año anterior.

De este modo nació la guerra del Peloponeso, en el año 431 a.C. Duró cerca de treinta años (hasta el 404 a.C.), y la lucha, que agotó a las dos ciudades rivales y sus aliadas, permaneció mucho tiempo indecisa. Pueden distinguirse en ella tres períodos:

1. La guerra de diez años (431-421 a.C.). El plan de Pericles era despreciar las conquistas territoriales y saquear las costas del Peloponeso; el de Esparta, invadir y asolar el Ática, que fue lo que ocurrió efectivamente en los años 431-429 a.C. Luego una epidemia de peste se abatió sobre Atenas y mató a Pericles. Un hombre nuevo, Cleón, le sucedió y obtuvo algunos éxitos (sobre todo la captura de trescientos espartanos en la isla de Esfacteria). Fue luego Esparta la que cambió sus planes y ocupó, en Tracia (de donde Atenas sacaba su trigo), el puerto de Anfípolis, a fin de hacerles pasar hambre; Tucídides, que era entonces estratego y conocía bien la Tracia (había minas de oro), recibió la misión de enfrentarse a ellos, pero el general espartano Brasidas se le adelantó apoderándose de la ciudad antes de la llegada del griego: el futuro historiador de la guerra del Peloponeso fue condenado a veinte años de exilio por esa falta por las autoridades atenienses. Los dos Estados firmaron entonces la paz de Nicias (421 a.C.), por la que se devolvían mutuamente sus conquistas.

2. Tras la muerte de Cleón bajo los muros de Anfípolis (al igual que Brasidas), en 417 a.C. los atenienses eligieron como estratego al bello y rico Alcibíades (el amado de Sócrates), para mayor desgracia de su patria, a la que embriaga con su nacionalismo ambicioso. Convence a los atenienses de que podrían derrotar a Esparta conquistando las colonias dorias de Sicilia y haciendo entrar a la Magna Grecia en la órbita ateniense. Así pues, organiza una expedición de 134 navíos y 10.000 hombres contra Siracusa; pero, durante los preparativos de partida, de noche, a la mayoría de las estatuas del dios Hermes que había en Atenas les mutilaron la cara (415 a.C.): los adversarios políticos de Alcibíades le acusaron de ese sacrilegio y, sin tratar siquiera de justificarse, Alcibíades escapa y se refugia entre los espartanos primero y luego entre los persas. Nicias continuó la campaña: asedió Siracusa sin demasiado ímpetu y finalmente fue derrotado: la flota ateniense quedó destruida, los atenienses levantaron el asedio

(414 a.C.) e intentaron una retirada que se transformó en desastre (todos perecieron o fueron hechos prisioneros).

3. Atenas parecía perdida, sin flota y sin ejército. Con la energía de la desesperación, los atenienses construyeron una nueva flota y el estratego Conón venció a los espartanos en las islas Arginusas (entre la isla de Lesbos y la costa asiática) en el año 406 a.C. No obstante, al mismo tiempo, eran derrotados por el general espartano Lisandro en Notion (407 a.C.) y Aigos Potamos (405 a.C.). Atenas, vencida, no tenía nada que negociar: hubo de arrasar sus murallas (los famosos Muros Largos) y las fortalezas del Pireo, entregar sus navíos (sólo conservó doce) e inclinarse ante la hegemonía espartana.

IV

La dinastía de los Aqueménidas

Los persas llegaron a la meseta iraní en la misma época que los medos, a los que estuvieron sometidos hasta el advenimiento de Ciro II el Grande en el año 549 a.C. Se habían asentado en el «país de Anzan» (también se transcribe Anshan), una región a orillas del golfo Pérsico que corresponde poco más o menos a la región de la actual ciudad de Chiraz. Allí Darío I fundará Persépolis (véase el mapa de las satrapías del Imperio persa, más adelante, pág. 486).

Nombre griego o nombre griego latinizado	*Fecha del reinado (a.C.)*	*Observaciones*
Akhemenes	¿h. 700?	Jefe del clan de los Hakkamanish (nombre persa), vasallo de los reyes medos; fundador semilegendario de la dinastía.
Teispes	h. 640-590	Primer rey persa histórico, vasallo de los reyes medos Fraortes (675-653) y Ciaxares (653-584); se decía «rey del país de Anzan» (territorio donde se habían asentado los primeros clanes persas).
Ariamnes y Arsames	h. 675-640	Hijo y nieto de Tespes. Son los primeros en tomar el título de «Rey de Reyes, rey *Parsumash*» (del país de los persas), vasallos del rey medo Ciaxares (625-584). No parece que hayan reinado verdaderamente.

Nombre griego o nombre griego latinizado	*Fecha del reinado (a.C.)*	*Observaciones*
Ciro I	h. 640-600	Tercer hijo de Teispes, que reinó con el título de «Rey de Reyes, rey *Parsumash*» (del país de los persas), vasallo del rey medo Astiages (584-549).
Cambises I	h. 600-558	Hijo del anterior; se casa con la hija de Astiages, su soberano medo.
Ciro II el Grande	h. 558-528	Hijo del anterior, por lo tanto nieto (por su madre) de Astiages, contra el que se rebela; funda entonces el Imperio persa (en 550); conserva como capital la capital de los medos, Ecbatana, y conquista Babilonia y Lidia. Los medos salen de la historia.
Cambises II	528-522	Hijo del anterior; lleva a cabo la conquista de Egipto.
Darío I	521-486	Usurpador del trono de Persia después de haber hecho matar al pretendiente legítimo (el hijo menor de Ciro II, asegurando que no es hijo suyo, sino un mago que habría ocupado su lugar). Extiende su imperio desde el Danubio al Indo, refuerza el poder real, reprime las sublevaciones e instaura el régimen de las satrapías. Toma la iniciativa de castigar a las ciudades griegas de las satrapías de Asia Menor, lo que desencadenará la primera guerra Médica, que concluye con la derrota de los persas en Maratón.
Jerjes I	486-465	Hijo del anterior. Vencido por los griegos en Salamina y en Platea durante la segunda guerra Médica (480-479), después de haber tomado e incendiado Atenas.
Artajerjes I Longímano	465-424	Hijo del anterior. Inicio del declive del Imperio persa.
Jerjes II	424	Asesinado por su hermanastro Sogdianos; sólo reinó 45 días.
Darío II el Bastardo	424-405	Emprende la guerra contra Atenas.
Artajerjes II Mnemón	404-358	Guerra civil contra su hermano Ciro el Joven.
Artajerjes III Oco	358-330	Renacimiento temporal del poderío persa, que es amenazado por Filipo II de Macedonia.
Darío III Codomano	336-330	El adversario de Alejandro, que le derrota en Isos en 333, luego en Gaugamela en 331.
	Enero de 330	Alejandro destruye Persépolis mediante el fuego.
	Julio de 330	Darío III Codomano, que huye de Alejandro, es asesinado en Partia por el usurpador Beso y los oficiales que huían con él. Los Aqueménidas salen de la historia.

V

Organización del Imperio persa

La obra de Ciro II el Grande (558-528 a.C.)

Ciro II el Grande, cuyo abuelo paterno, Ciro I, era persa, y cuyo abuelo materno era el rey medo Astiages, fue el fundador del Imperio persa: primero reunió en el pequeño «país de los persas» (la región de Chiraz, hasta el golfo Pérsico) los territorios del Imperio medo, que correspondían aproximadamente a la parte occidental del actual Irán; luego agrandó su imperio mediante sus conquistas (Mesopotamia y Babilonia, vecinas de Media, más tarde Lidia en Asia Menor, hacia las riberas del mar Egeo, Siria-Palestina y Egipto), por último dio una unidad a ese vasto imperio, cuyos territorios abarcaban entonces los de Irak, Irán, Turquía, Siria, Líbano, Israel, Jordania y Egipto modernos, porque tuvo la inteligencia y la habilidad de respetar los sentimientos nacionales y religiosos de los pueblos del Oriente Medio así conquistados, dominados durante tanto tiempo por los semitas de Nínive (asirios) y de Babilonia (el Imperio neobabilonio), lo que le hizo ser recibido como un liberador en numerosas comarcas.

El gesto político más célebre de Ciro fue la liberación, en 539, de los descendientes de los judíos que habían sido llevados en cautiverio a Babilonia cincuenta años antes por el rey neobabilonio (caldeo) Nabucodonosor II. Dicen que autorizó a 40.000 a volver a Palestina, a instalarse allí y a reconstruir una comunidad nacional y religiosa bajo control persa; devolvió incluso los vasos de oro y de plata procedentes del Templo de Jerusalén. Fue suficiente para que los últimos profetas exaltasen el nombre del Gran Rey, en quien veían un verdadero mesías.

La realidad política era sin duda menos mística: a Ciro, el Templo y la religión de los judíos no le preocupaban más que las creencias religiosas de los pueblos sometidos a su dominación. La suerte del pueblo judío fue que Ciro estaba interesado en Egipto, que será conquistado por su hijo, Cambises II (528-522), y el camino a Egipto pasaba por Palestina: consiguiendo partidarios en Judea, el Gran Rey se había preparado una base de invasión o, al menos, una parada favorable.

La obra de Darío I el Grande (521-486 a.C.)

El sucesor de Ciro el Grande también fue un gran conquistador, dado que llevó los límites del Imperio persa por Oriente hasta el Indo, y por Occidente hasta el Danubio (en el momento de su mayor extensión, hacia el año 480 a.C., los persas controlaban en Europa Tracia y Macedonia, así como la costa occidental del mar Negro, donde fondeaba su flota). Con él, Asia introducía un pico en Europa y amenazaba a todas las ciudades griegas, que se coaligaron y lucharon contra el Gran Rey y sus dos sucesores (Jerjes I, 486-465 a.C.; Artajerjes I, 465-424 a.C.) durante los cincuenta años de guerras Médicas (véase Anexo II). Terminaron, como se sabe, tras muchas batallas memorables que pervivieron en la memoria de los griegos, tras el tratado de paz firmado en Susa por Calias, embajador extraordinario de las ciudades griegas, y que se llama la «paz de Calias».

Darío comprendió rápidamente, aunque sólo sea por las revueltas que tuvo que combatir al principio de su largo reinado (treinta y cinco años), que el gigantismo de ese Imperio impedía cualquier centralización y creó para este mosaico de pueblos, ciudades y reinos sobre los que reinaba el *sistema de satrapías*, es decir, la regionalización administrativa del Imperio aqueménida. Sus principales características fueron las siguientes:

1. Las diferentes provincias del Imperio tienen distintos estatu-

tos políticos y cada uno vive bajo un régimen particular determinado: por ejemplo, las ciudades fenicias y ciertos territorios son vasallos directos del Gran Rey; Judea, adonde han vuelto los judíos, y las ciudades griegas de Jonia, como Esmirna, Focea, Abidos, etc., son políticamente independientes (se administran a su manera) y están simplemente sometidas a un tributo; otras comarcas, como Egipto, Babilonia y Media, son tratadas como estados aliados; y lo mismo para el resto.

2. Culturalmente cada provincia es libre de profesar la religión que tenía antes de ser sometida, y se respetan las lenguas locales; sin embargo, la lengua administrativa de los escribas, la de las leyes y los decretos, la del ejército y los impuestos, es el arameo (que ya era la lengua de las cancillerías desde los tiempos de Babilonia). Los documentos oficiales son por regla general trilingües: en antiguo persa, en babilonio y en elamita, lenguas transcritas con caracteres cuneiformes, como ocurría en todo el universo mesopotámico, salvo en las ciudades de las satrapías occidentales donde se conocía la escritura alfabética (en Asia Menor y en la costa sirio-fenicia).

3. Cada satrapía (habrá más de cincuenta en todo el Imperio) tiene al frente un sátrapa, que representa la autoridad del Gran Rey. Siempre es un persa, cumple las funciones de gobernador civil y judicial y se encarga de los impuestos y la policía de su provincia. Juzga al mismo tiempo de acuerdo con las leyes locales y las leyes nacionales promulgadas por Darío en el año 519 a.C., en una *Ordenanza de buenos reglamentos*, al parecer basada en parte en el Código de Hammurabi.

4. El mando militar de cada satrapía está en manos de un oficial persa. Y como siempre es posible un acuerdo, e incluso una alianza, entre estos dos poderes, el civil y el militar, Darío les había adjuntado un tercer alto funcionario que realizaba funciones de secretario de Estado, llamado «el ojo y la oreja del Rey», que tenía sin duda bajo sus órdenes una especie de policía secreta.

5. Las satrapías están relacionadas con la administración central de Susa, la capital del Imperio, gracias a un sistema postal sin precedentes en la Antigüedad, que imitarán más tarde los emperadores romanos: una vía real de 2.700 kilómetros de longitud, dotada de 111 postas (una posta cada 25 kilómetros aproximadamente), une Susa,

la capital administrativa, con Sardes, en Lidia; los correos del Gran Rey podían recorrerla (a caballo) en quince o veinte días.

6. Cada satrapía debe asegurar al Estado persa una provisión regular de un contingente de hombres para la guerra, así como la recogida de impuestos que son fuertes (unos 75.000 millones de pesetas cada año), que se pagaban en moneda acuñada: en 516 a.C. aparecen en el Imperio persa los *dáricos* de oro.

En conjunto, si exceptuamos a Ciro el Grande, fundador del Imperio, y a Darío I, su organizador y gran constructor (mandó construir la famosa *apadana* de Persépolis, gigantesca ciudadela de 130.000 m^2 al pie de una montaña), los soberanos aqueménidas no brillaron mucho ni por el genio político ni por el genio militar, y cuando tuvieron frente a ellos a un adversario avisado (como Milcíades, Temístocles, Arístides el Justo, Cimón o Alejandro), perdieron prestigio. Además, cada vez que uno de ellos moría, se abría de forma casi ineluctable una crisis sucesoria. Casi todos los reinados (salvo el de Ciro el Grande) empezaron o terminaron con un asesinato político; Cambises II hizo asesinar a su hermano, Bardiya; Artajerjes I mandó matar a todos sus hermanos; su hijo, Jerjes II, sólo reinó 45 días, siendo asesinado por el hijo de una de las concubinas de su padre; Artajerjes II no llegó al poder sino después de haber vencido a su hermano, cuyo cadáver mutiló, y Artajerjes III tomó la precaución, al subir al trono, de hacer desaparecer a sus hermanos y hermanas. Su muerte en el año 338 a.C. es, si puede decirse, ejemplar: fue envenenado por uno de sus consejeros, el eunuco Bagoas, que sienta sobre el trono a un nuevo rey al que también envenena lo mismo que a sus hijos; finalmente es Darío III Codomano, biznieto de Darío II, quien toma el poder, pero, insaciable, Bagoas trata de envenenar de nuevo a este tercer soberano. No lo consigue, y es él quien perece, obligado a beber el veneno que destinaba a su víctima.

Bien sopesado todo, el Imperio persa era un verdadero monstruo político. Las diversas provincias que conquistaron nunca estuvieron realmente asimiladas, sin duda porque la conquista fue demasiado rápida y, al mismo tiempo, demasiado heteróclita. Además, a las querellas sucesorias hay que añadir las secesiones de ciertas provincias, las revueltas y los caprichos del carácter de los sátrapas, grandes señores feudales que a veces se consideran iguales al Gran Rey. Lo más sorprendente en la historia de los Aqueménidas no es que hayan creado un imperio tan vasto, sino que su poder haya durado tanto tiempo: dos siglos. La razón profunda de ello es la ausencia de enemigo exterior suficientemente poderoso. Resulta notable que las únicas guerras hechas por los persas (contra los griegos) se hayan saldado con repetidos fracasos, a pesar de su enorme superioridad numérica. En resumen, el ejército persa es terrorífico sólo por su número: el primer ejército extranjero importante y organizado que lo atacó, el de los macedonios, lo destrozó sin mayores dificultades.

A partir de las conquistas de Ciro el Grande y de Cambises vemos que Persia avanza hacia el mundo europeo. Las victorias de los dos primeros Grandes Reyes se debían, desde luego, a la excelencia y la importancia de su ejército (una caballería numerosa, buenos arqueros), pero también a la ausencia casi completa de resistencia de parte de sus enemigos; en particular, Mesopotamia, de la que se apoderan entre los años 550 y 530 a.C. (toma de Babilonia en 539 a.C.), había perdido de todas sus fuerzas vivas tras dos siglos de guerras asirias.

incertidumbre es menor: en general es de uno a dos años para los sucesos mal conocidos, del orden del mes o de la estación (primavera, etc.) para los demás. En líneas generales, siempre que sea posible.

VI

Cronología general

Observación: La casi totalidad de las fechas de la historia de la Grecia antigua son aproximativas, y pueden variar incluso de un autor a otro en función de los sistemas de referencia adoptados. Así la fecha de la guerra de Troya, para los autores que no niegan su historicidad, ¡hace sólo cincuenta años (poco más o menos) que la conocemos! Para el período que nos ocupa (los siglos V y VI a.C.), la incertidumbre es menor: en general es de uno o dos años para los sucesos mal conocidos, del orden del mes o de la estación (primavera, etc.), para los demás. En líneas generales, siempre que era posible, hemos seguido la *Chronologie des Civilisations* de Jean Delorme (París, PUF, 3.ª edición, 1969).

I. El tiempo de los persas (558-336 a.C.)

Fechas	*Sucesos*
h. 557-530	Reinado de Ciro II el Grande, fundador del Imperio persa de los Aqueménidas.
539	Ciro pone fin al Cautiverio de Babilonia.
528-522	Reinado de Cambises II, hijo del anterior; conquista Egipto.
521-486	Reinado de Darío I.
499	Expedición de los persas contra la isla de Naxos. Revuelta de las ciudades jonias contra los persas.
498	Atenienses y jonios aliados destruyen Sardes, capital persa de Jonia.
494	Darío somete Caria y toma Mileto.
493	Fin de la revuelta de las ciudades jonias.
491-490	Primera guerra Médica: derrota de Darío en Maratón.
486-465	Reinado de Jerjes I, hijo de Darío.
483	Atenas: Temístocles manda construir una flota de guerra para luchar contra los persas; inicios del poderío marítimo.
480-479	Segunda guerra Médica; alianza de Esparta y Atenas contra Jerjes.
480	Jerjes desembarca en Grecia: vence a los espartanos en el desfiladero de las Termópilas; victorias navales de los griegos en Salamina, sobre los persas, y en Himera (Sicilia) sobre los fenicios, aliados de los persas.
479	Victoria de los griegos sobre los persas en Platea y en el cabo Micale.
478-477	Formación de la Liga de Delos, alianza de las ciudades griegas contra el peligro persa bajo la dirección de Atenas.
474/473	Atenas: ostracismo (condena a exilio) de Temístocles, jefe del partido aristocrático; preponderancia de Cimón, adversario político de Temístocles.
469-399	Vida de Sócrates.
467	Victoria de Cimón sobre los persas, en la desembocadura del río Eurimedonte.
465	Asesinato de Jerjes I; Artajerjes I Larga Mano le sucede.
465-424	Reinado de Artajerjes I Longímano.
461	Atenas: ostracismo de Cimón.
454	Traslado a Atenas del tesoro de la Liga de Delos.
449/448	Paz de Calias (por el nombre del negociador) entre Atenas y los persas.

Fechas	*Sucesos*
447-438	Atenas: construcción del Partenón.
446	Herodoto en Atenas.
443-429	Atenas: Pericles, jefe del partido democrático, reelegido primer estratego (prácticamente: jefe del Estado) cada año.
442	Sófocles: *Antígona.*
431	Inicio de la guerra del Peloponeso (431-404) entre Atenas y Esparta: las dos ciudades se disputan la hegemonía sobre las ciudades griegas. Esta guerra termina mediante la paz de Nicias: caída provisional de la democracia en Atenas y régimen llamado de los Treinta Tiranos.
430	Epidemia de peste en Atenas. Condena de Pericles.
429	Reelección y muerte de Pericles. Victoria de los atenienses sobre los espartanos en Potidea, tras un asedio memorable.
428-348	Vida de Platón.
423-404	Reinado de Darío II el Bastardo (otras fechas propuestas: 424-405).
424	Los atenienses penetran en Beocia (en el marco de la guerra del Peloponeso) y son vencidos por los beocios en Delión.
421	Paz de Nicias (un político y un general ateniense), que pone fin a la primera fase de la guerra del Peloponeso, que ha durado diez años (empezó en 431).
413-404	Segunda fase de la guerra del Peloponeso.
404	Derrota definitiva de Atenas: abolición de la democracia e institución de la oligarquía de los Treinta Tiranos.
404-358	Reinado de Artajerjes II Mnemón, hijo de Darío II.
384-322	Vida de Aristóteles.
359	Filipo II, regente de Macedonia.
358-338	Reinado de Artajerjes III Oco, hijo de Artajerjes II.
21 julio 356	Nacimiento de Alejandro, hijo de Filipo II (véase Cuadro III).
338-337	Reinado de Arses, sucesor de Artajerjes III Oco.
336	Asesinato de Filipo II (véase Cuadro II) y advenimiento de Alejandro II de Macedonia (véase Cuadro III).
336	Advenimiento de Darío III Codomano, que será el adversario de Alejandro.

II. La vida y las guerras de Filipo II de Macedonia (382-336 a.C.)

Fechas	*Sucesos*
	351. Demóstenes: *Primera Filípica.*
	334. Aristóteles funda el Liceo.
413-399	Reinado de Arquelao II.
398-369	Reinado de Amintas II (tras un período de anarquía).
369-367	Reinado de Alejandro II; hijo mayor del anterior.
365-359	Reinado de Perdicas III, hermano del anterior.
h. 382	Nacimiento de Filipo II de Macedonia, tercer hijo de Amintas II y de la lincéstida Eurídice.
368-365	Filipo, que no está llamado a reinar, es enviado como rehén a la Tebas de Epaminondas y Pelópidas.
359	Filipo regente por su sobrino Amintas III; hijo de Perdicas III.
verano 357	Filipo emprende la tarea de extender el territorio macedonio hasta el mar; se apodera de Anfípolis (que conserva su autonomía bajo control macedonio), en la costa tracia, en la desembocadura del Estrimón.
otoño 357	Filipo se casa con Olimpia, hija del epirota Neoptólemo, rey de los molosos, que le dará como hijo a Alejandro.
principios 356	Toma de Pidna (que pertenece a los eubeos), en el golfo de Tesalónica.
julio 356	Toma de Potidea, que Filipo II destruye y cuyo territorio devuelve a Atenas.
21 julio 356	En Pela, nacimiento de Alejandro de Macedonia, hijo de Filipo y de Olimpia.
octubre 356	La noticia del nacimiento de Alejandro llega a Filipo, que está guerreando en Tracia.
verano 356	Filipo continúa su avance en Tracia. Toma de Crénides. Victorias de su general Parmenión sobre los ilirios.
356-355	Campañas de Filipo en los Balcanes.
invierno 355	Asedio y toma de Metone, a orillas del golfo de Tesalónica; Filipo pierde un ojo durante la batalla.
julio 354	Filipo prosigue su política de expansión por el litoral tracio: toma Abdera y Maronea, y avanza hacia el Helesponto.
agosto 354	Intervención de Filipo en la tercera guerra sagrada que enfrenta a Delfos y a los focenses. Toma de Larisa, de Feres y de ciudades de Fócida.
353	Fracaso de Filipo en las Termópilas, contra Atenas, Esparta y la Liga Aquea.

Fechas	*Sucesos*
352-350	Filipo derrota a los focenses y se apodera de las Termópilas. Campaña hacia las ciudades de Tracia: Filipo cruza el Hebro y se acerca al Helesponto. Demóstenes pronuncia la *Primera Filípica.*
349	Alianza de Atenas y Olinto.
abril 348	Tentativa de Esquines con vistas a un acercamiento entre Atenas y Macedonia.
agosto 348	Asedio y toma de Olinto por Filipo.
finales 347	Primera embajada de los atenienses a Pela (Demóstenes, Esquines) con vistas a un tratado de paz.
16 abril 346	Atenas aprueba los términos del tratado de paz propuesto por Filipo (paz de Filócrates).
21 abril 346	Atenas: los atenienses juran la paz con Macedonia.
30 abril 346	Partida de la segunda embajada ateniense hacia Pela.
8 julio 346	Regreso de los embajadores a Atenas; partida de Filipo hacia las Termópilas y Fócida.
11 julio 346	Atenas: ratificación definitiva del tratado de paz con Macedonia.
18 julio 346	Filipo pasa el desfiladero de las Termópilas sin tener que combatir: le ha bastado comprar a los mercenarios focenses que lo guardan.
verano 346	Guerra de Delfos (tercera guerra sagrada). Filipo se apodera de veintitrés ciudades fortificadas de Fócida, que destruye.
otoño 346	Fin de la guerra de Delfos (paz anfictiónica); Filipo entra en el Consejo anfictiónico. Delfos le proclama salvador (*evergeta*) y protector (*proxene*) de la ciudad sagrada.
345	Guerra en los Balcanes (hacia el Adriático). Arreglo de los asuntos del Epiro, sobre el que Filipo extiende su dominio.
344	Acuerdo con los tesalios. Demóstenes: *Segunda Filípica.*
primavera 343	Embajada persa a Atenas (¿contra Filipo?).
verano 343	El ateniense Hegesipo es enviado a Pela, para modificar las cláusulas del tratado de paz de 346. Filipo elige a Aristóteles como preceptor de su hijo Alejandro.
otoño 343	Atenas se alía con Megara y restaura sus murallas (los «Muros Largos») abatidos después de la guerra del Peloponeso.
mayo-junio 342	Filipo decide extender sus territorios hasta el Bósforo. Envía columnas al Quersoneso (banda de tierra que bordea los estrechos del Bósforo y el Helesponto).
primavera 341	La guerra por el Quersoneso parece inminente. Alianza de Atenas con Eubea, Quíos y Rodas.
junio 341	La escuadra ateniense recupera Eubea, que devuelve a los eubeos, aliados suyos (su jefe es Calias).

Fechas	*Sucesos*
verano 340	Congreso de Atenas: la guerra contra Filipo, que marcha sobre el Quersoneso, está decidida.
principios 340	Fracasos de Filipo ante Perinto y Bizancio.
primavera 340	Alianza de Tebas y Atenas contra Filipo.
octubre 340	Los atenienses y sus aliados declaran la guerra a Filipo.
octubre 339	Filipo toma Elatea (en Fócida) por sorpresa.
338	Campaña de Queronea; los atenienses y sus aliados tebanos son derrotados por Filipo el 1 de septiembre (Alejandro, su hijo, mandaba el ala enfrentada a los tebanos). Paz de Démades.
finales 338	Filipo invita a todos los estados helénicos a unirse a la Liga panhelénica (contra la amenaza persa), la Liga de Corinto, bajo su control.
finales mayo 337	Filipo arrastra a la Liga panhelénica de Corinto a una guerra contra Persia (donde ahora reina Darío III Codomano).
verano 337	Filipo se casa con Cleopatra, nieta de Átalo (no confundir a este gran señor macedonio con el general de Alejandro de ese mismo nombre). Incidente grave con Alejandro durante las bodas, que desembocan en una ruptura entre padre e hijo.
agosto 336	Asesinato de Filipo en Aigai, la antigua capital (histórica) de Macedonia, durante las bodas de Cleopatra, hija de Filipo y de Olimpia (y hermana por tanto de Alejandro) y Alejandro, rey de Epiro.

III. Alejandro Magno (356-323 a.C.)

Fechas	*Sucesos*
21 julio 356	Nacimiento de Alejandro de Macedonia en Pela, capital de Macedonia.
356-350	Alejandro educado por su madre Olimpia y su nodriza Lanice, hija de Dropides. Kleitos el Negro (Clito), hermano de Lanice, joven oficial, es su primer héroe. Su padre está en la guerra.
355	Filipo vuelve a cuidar sus heridas a Pela: ha perdido un ojo en el sitio de Metone.
354	Nacimiento de la hermana de Alejandro, Cleopatra, segundo vástago de Filipo y Olimpia.
349	Alejandro confiado a un preceptor, Lisímaco, al que Olimpia une al austero y rígido Leónidas.
349-347	Conversaciones entre atenienses y macedonios en Pela. El pequeño Alejandro sorprende a los embajadores por su seriedad. Recita versos de Homero a Demóstenes.
344	Filipo regala *Bucéfalo* a Alejandro.
343	Filipo invita a Aristóteles a Pela para que se haga cargo de la educación intelectual de Alejandro. Le explica y hace admirar a Homero y le enseña gramática, música, geometría, retórica y filosofía. Alejandro se identifica con Aquiles, su héroe preferido.
342	Alejandro con su padre en Perinto, donde asiste a su primer combate.
primavera 340	Alejandro combate a las tribus medarianas, rebeladas contra Filipo. Fundación de la primera Alejandría, cerca de la actual Sofía.
339	Filipo observa el poco interés que el joven Alejandro presta a las mujeres.
2 abril 338	Batalla de Queronea, en la que participa Alejandro.
julio 338	Alejandro festeja sus dieciocho años en Atenas.
337	Agravamiento del conflicto conyugal latente que existe entre Filipo (que ha regresado a Pela recientemente) y Olimpia.
noviembre 337	Filipo desposa, como segunda mujer, a Cleopatra, sobrina de un gran señor macedonio. Escándalo durante sus bodas. Alejandro y su madre huyen al Epiro.
primavera 336	Regreso de Alejandro y Olimpia a Pela tras la intervención de Demates, viejo amigo de Filipo. Cleopatra encinta.
agosto 336	Asesinato de Filipo en Aigai: Alejandro, rey de Macedonia.
septiembre 336	Alejandro hace matar a los pretendientes a la corona de Macedonia.

Fechas	*Sucesos*
fin. octubre 336	Congreso de Corinto: Alejandro elegido comandante en jefe de los ejércitos helénicos para dirigir la cruzada contra los persas.
marzo-mayo 335	Campaña en los Balcanes: el Danubio, frontera natural de Macedonia.
fin. verano 335	Defección de Atenas: revuelta, sitio y destrucción de Tebas.
otoño 335	Segunda reunificación de la Hélade.
invierno 335/4	Preparativos con vistas a la expedición a Persia.
abril 334	Partida del Gran Ejército, desde Anfípolis (Parmenión lugarteniente). Travesía del Helesponto; Alejandro en Troya.
princi. junio 334	Victoria de Alejandro en las orillas del Gránico.
media. junio 334	Rendición de Sardes y toma de Éfeso.
junio-julio 334	Estancia de Alejandro en Éfeso.
julio-agosto 334	Asedio y toma de Mileto.
prin. otoño 334	Alejandro licencia su flota. Encuentro de la princesa Ada (septiembre). Memnón nombrado comandante en jefe de los ejércitos persas.
sept-oct. 334	Asedio y toma de Halicarnaso.
noviembre 334	Partida de un primer contingente de soldados con permiso para Macedonia.
dic. 334-en. 333	Alejandro en Fasélida. Conspiración de Alejandro el Lincéstida.
enero-feb. 333	Sumisión sin combate de Licia, Panfilia, Pisidia.
marzo-abril 333	Sumisión sin combate de la Gran Frigia.
abril 333	Llegada de Alejandro a Gordio. Muerte de Memnón.
media. mayo 333	Alejandro corta el nudo gordiano.
junio-julio 333	Sumisión sin combate de Capadocia.
septiembre 333	Alejandro se baña en el Cidno y cae enfermo.
sept.-oct. 333	Llegada de Darío a Socos (campo de batalla ideal para él). Cruce con Alejandro.
fin. octubre 333	Llegada de Darío a Isos.
10 noviembre 333	Vuelta de Alejandro hacia Isos.
12 noviembre 333	Batalla de Isos. Victoria de Alejandro y huida de Darío.
finales dic. 333	Esbozo de una organización del Imperio macedonio. Marcha sobre Fenicia.
enero-julio 332	Asedio de Tiro, que cae en julio.
oct-nov. 332	Asedio y toma de Gaza.
diciembre 332	Alejandro llega a Pelusa y penetra en Egipto, donde es acogido como un liberador en Menfis.

Fechas	*Sucesos*
febrero 331	Peregrinación de Alejandro al oráculo de Zeus-Amón, en Siwah.
fin. mayo 331	Partida de Alejandro hacia Babilonia.
agosto-sept. 331	Alejandro y su ejército a orillas del Tigris. Darío está en Gaugamela.
octubre 331	Batalla de Gaugamela, victoria de Alejandro; huida de Darío a Arbela al día siguiente.
noviembre 331	Estancia de Alejandro en Babilonia.
noviembre 331	Entrada de Alejandro en Susa.
enero 330	Alejandro somete a los uxios.
fin. enero 330	Entrada de Alejandro en Persépolis.
abril 330	Incendio del palacio de Darío.
princ. junio 330	Conquista de Media y toma de Ecbatana.
junio 330	Alejandro persigue a Darío, acompañado en su fuga por Beso, sátrapa de Bactriana.
media. julio 330	Alejandro alcanza a Darío, al que Beso acaba de asesinar.
finales julio 330	Llegada de Alejandro y de su ejército al mar Caspio, en Zadracarta.
agosto-sept. 330	Conquista de Hircania (a orillas del mar Caspio) y sumisión de los mardos.
septiembre 330	Alejandro conquista Partia y Ada, con la esperanza de pasar a Bactriana en invierno.
otoño-invier. 330	Sumisión de la Aracosia. Conspiración (real o imaginada por Alejandro) y ejecución de Filotas, Parmenión y Alejandro el Lincéstida, hijo de Aéropo; Alejandro sueña con una monarquía universal.
diciembre 330	Reorganización del ejército macedonio y partida para Bactriana en persecución del usurpador Beso, que se refugia al otro lado del Oxo (el Amu-Daria).
enero-marzo 329	Descanso en Aracosia; fundación de Alejandría de Aracosia (Kandahar).
abril 329	Alejandro franquea el Hindu-Kush.
mayo 329	Ocupación de Bactriana; Alejandro cruza el Oxo.
prim.-verano 329	Toma de Maracanda (Samarcanda) y principio de la campaña de Sogdiana; Alejandro marcha sobre el Jaxartes (el Sir-Daria).
agosto 329	Primeros encuentros con los montañeses de Sogdiana.
agosto-sept. 329	Rebelión nacional en Sogdiana, dirigida por Espitámenes, aliado de los escitas.
septiembre 329	Fundación de Alejandría Extrema.

Fechas	*Sucesos*
octubre 329	Victoria de Alejandro sobre los escitas.
invier. 329-328	Alejandro monta sus cuarteles de invierno en Bactra-Zariaspa, que se convierte en el centro del Imperio. Orientalización de su comportamiento; impone el rito de la prosternación, que choca a los macedonios y a los griegos.
marzo 328	En Bactra: juicio de Beso, condenado a muerte, mutilado al modo persa y enviado a Ecbatana para ser ejecutado. Alejandro recibe embajadas escitas.
junio 328	Oposición entre Alejandro y sus allegados. Asesinato de Clito. Conjura de los pajes.
invier. 328-327	Alejandro monta sus cuarteles de invierno en Sogdiana, en Nautaca. Se informa sobre los países indios vecinos (el actual Pakistán) y prepara su expedición a India.
principios 327	Renuevo de la agitación en Sogdiana con Oxiartes, que controla la Roca de Sogdiana.
marzo 327	Rendición de Oxiartes. Alejandro se casa con su hija, la bella Roxana.
primavera 327	Bactra: partida de Alejandro para India, con su gran ejército.
verano 327	Estancia en Alejandría del Cáucaso.
septiembre 327	Alejandro y su ejército entran en India (de hecho en el moderno Pakistán) por el paso de Khaybar (el *Khyber Pass*).
otoño 327	Sumisión militar de los montañeses del Gandhara: aspasios, gureos y asacenos; toma de la Roca de Aornos.
fin del otoño	Toma de Dirta.
invier. 327-326	Invierno en la orilla derecha (occidental) del Indo.
marzo 326	Paso del Indo: el rey indio Taxiles.
julio 326	Batalla en el río Hidaspes contra el rey indio Poro.
31 agosto 326	Llegada de Alejandro a la orilla derecha del Hífasis: amotinamiento de su ejército (soldados y oficiales), que se niega a seguir adelante.
princ. sept. 326	Alejandro ordena el gran retorno.
sept.-oct. 326	Alejandro de nuevo a orillas del Hidaspes; prepara el retorno de su Gran Ejército a Susa y manda construir a este efecto una flota. Confía su mando a Nearco, ascendido a almirante.
princ. nov. 326	Partida de la flota macedonia; descenso del Hidaspes, hacia el Indo.
nov.-dic. 326	De paso: campaña contra los oxídracos y los malios; Alejandro es herido en un combate contra los malios. Fundación de Alejandría de la Confluencia.

Fechas	*Sucesos*
fin. dic. 326	Llegada de Alejandro y de su flota a Pátala, a la cima del estrecho del Indo.
dic. 326-en. 326	Exploración del delta, con vistas a pasar al océano Índico.
prin. enero 325	Plan de regreso hacia el estrecho de Ormuz (entrada del golfo Pérsico); los tres itinerarios: 1) marítimo (Nearco), bordeando la costa del océano Índico; 2) terrestre (Crátero) por Aracosia (la actual provincia de Kandahar, en Afganistán) hasta Alejandría de Aracosia, luego por Carmania (la meseta iraní); 3) también terrestre (Alejandro y Hefestión), pero difícil, por Gedrosia (el actual Beluchistán). Cita general para dentro de seis meses en Ormuz.
fin. julio 325	Partida de Crátero. Su periplo acaba sin demasiadas pérdidas a finales de diciembre de 325.
fin. agosto 325	Partida de Alejandro y de Hefestión. Su periplo —que fue particularmente penoso (debido a la falta de agua y víveres)— acabará a finales de diciembre de 325 con una auténtica bacanal de Pura a Ormuz.
21 sept. 325	Partida más tardía de Nearco (debido al régimen de los monzones), que llega a finales de diciembre a Ormuz y que seguirá hasta Susa por el golfo Pérsico y el río Pasitigris (finales de enero-febrero de 324).
fin. diciembre 325	Reencuentro de la flota y de los dos cuerpos de ejército en Ormuz.
febrero 324	Reencuentros generales en Susa, donde se celebran las bodas de Susa: 10.000 macedonios se casan con 10.000 muchachas persas (iniciativa de Alejandro, que de este modo pensaba realizar la fusión de los dos pueblos). El propio Alejandro desposa a dos hijas de Darío, Estatira y Parisátide. También piensa integrar a 30.000 persas (los epígonos) en su Gran Ejército, en igualdad con los veteranos macedonios.
fin. febrero 324	En Susa: muerte voluntaria, sobre la hoguera, del gimnosofista Cálano.
primavera 324	En Opis (cerca de la moderna Bagdad): sedición de los soldados macedonios, descontentos al ver llegar al ejército 30.000 *epígonos* persas.
verano 324	Alejandro en Ecbatana; muerte de Hefestión, dolor de Alejandro.
invierno 324	Alejandro abandona Ecbatana por Babilonia; entre sus objetivos figuran: someter a los coseos que se sublevan en Media; llegar a Babilonia para organizar grandiosos funerales a Hefestión; poner en marcha otros proyectos (sin duda la conquista de la península Arábiga y la organización de comunicaciones marítimas entre el océano Índico y el Mediterráneo).

Fechas	*Sucesos*
marzo 323	Llegada a las orillas del Tigris; salen a su encuentro embajadores llegados de Occidente (de Cartago, del sur de Italia, de Galia, de Roma, etc.).
marzo-mayo 323	Alejandro en Babilonia; explora los alrededores desde el Éufrates, así como las regiones costeras del golfo Pérsico; proyectos de circunnavegación alrededor de Arabia.
30 mayo 323	Funerales grandiosos de Hefestión, honrado como un semidiós tras consultar con el oráculo del santuario de Zeus-Amón, en Siwah.
10 junio 323	Alejandro ofrece un banquete en honor de Nearco, banquete que termina, como es lo habitual, en una borrachera que se prolonga en casa de uno de los invitados, Medio.
2 junio 323	Segundo banquete-borrachera en casa de Medio.
3 junio 323	Alejandro se siente fatigado; se queda en casa de Medio todo el día, luego se hace trasladar a la suya.
4-12 jun. 323	Alejandro guarda cama; su estado se degrada día a día, con síntomas como fiebre constante, dolores de cabeza, cansancio extremo; no obstante, nunca pierde el sentido y duerme con frecuencia.
13 junio 323	Su última jornada, rodeado de sus amigos. Ya no habla, pero hace algunos gestos. A la pregunta que se le formula para que designe a aquel al que lega su imperio, murmura una palabra que puede entenderse como «el mejor» o como «Heracles» (el nombre de su hijo). Muere a la puesta del sol.

MAPAS

El mundo griego en el siglo v a.C.

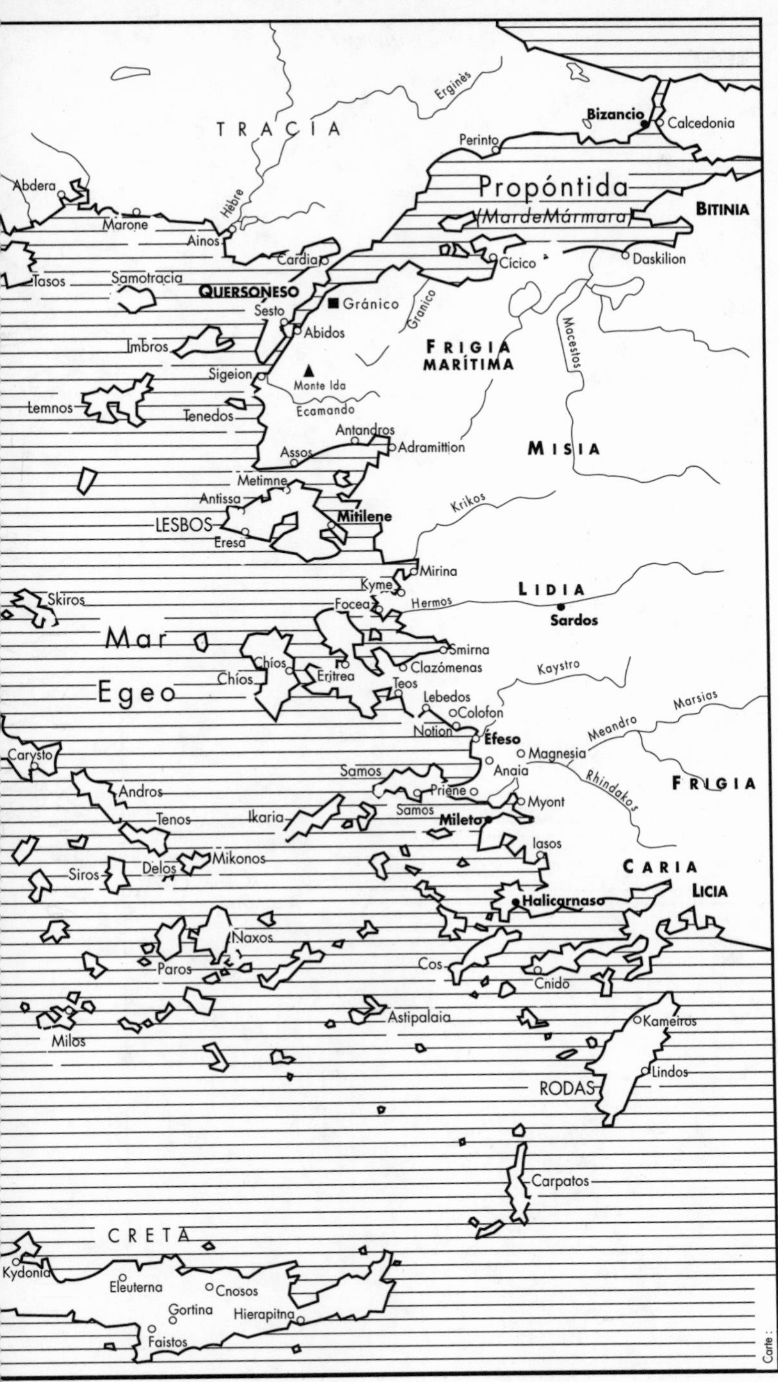
TRACIA
Erginès
Bizancio
Calcedonia
Perinto
Abdera
Propóntida
(Mar de Mármara)
BITINIA
Hèbre
Marone
Ainos
Cardia
Cícico
Daskilion
Tasos
Samotracia
QUERSONESO
Sesto
Gránico
Granico
Abidos
Macestos
Imbros
FRIGIA MARÍTIMA
Sigeion
Monte Ida
Lemnos
Ecamando
Tenedos
Antandros
Adramittion
MISIA
Assos
Metimne
Antissa
Krikos
LESBOS
Mitilene
Eresa
Mirina
Kyme
LIDIA
Skiros
Focea
Hermos
Sardos
Mar
Egeo
Smirna
Chíos
Clazómenas
Eritrea
Kaystro
Teos
Lebedos
Colofon
Marsias
Notion
Éfeso
Meandro
Carysto
Magnesia
Anaia
Samos
Rhindakos
FRIGIA
Andros
Priene
Myont
Tenos
Ikaria
Mileto
Iasos
Mikonos
Delos
Siros
CARIA
LICIA
Halicarnaso
Naxos
Paros
Cos
Cnido
Astipalaia
Kameiros
Milos
Lindos
RODAS
Carpatos
CRETA
Kydonia
Eleuterna
Cnosos
Gortina
Hierapitna
Faistos
Carte :

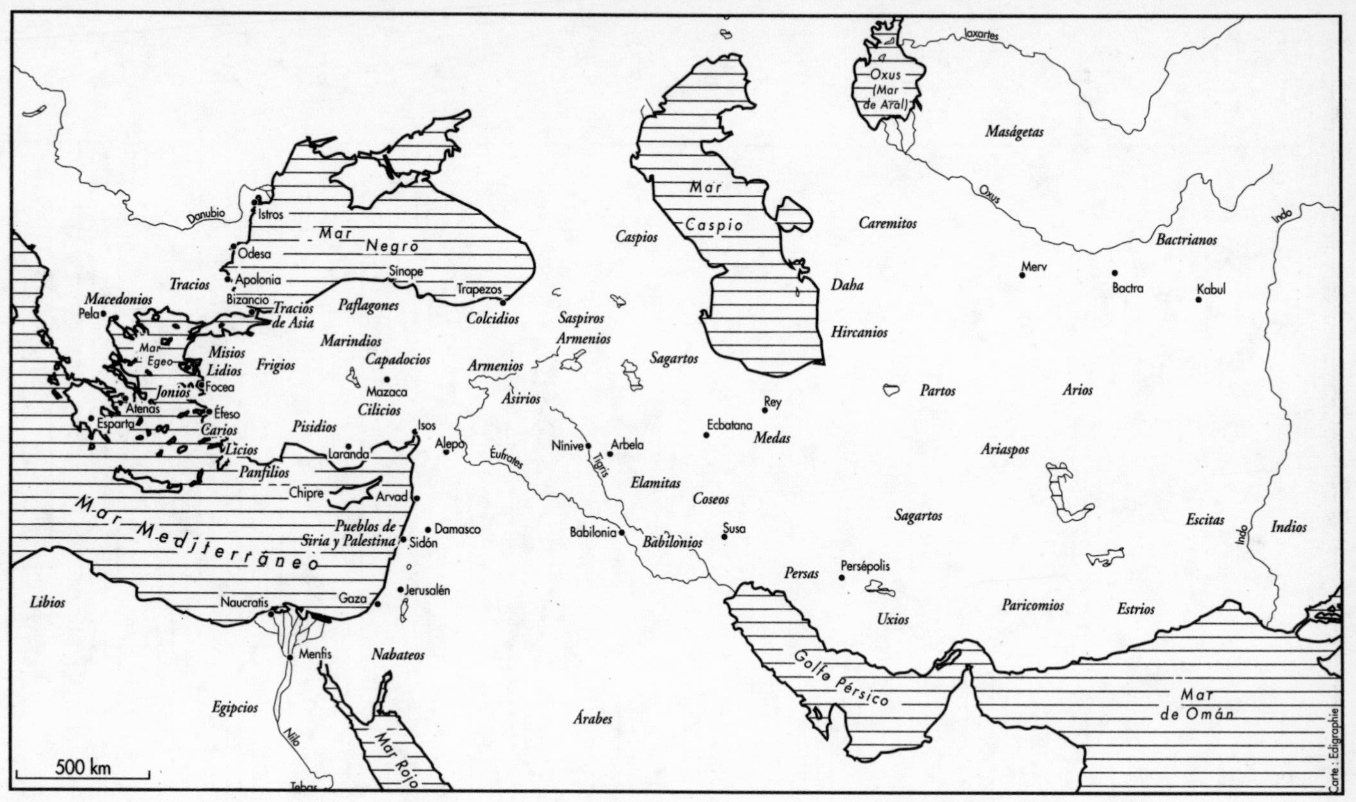

El Imperio persa y sus satrapías, en la época de su mayor extensión

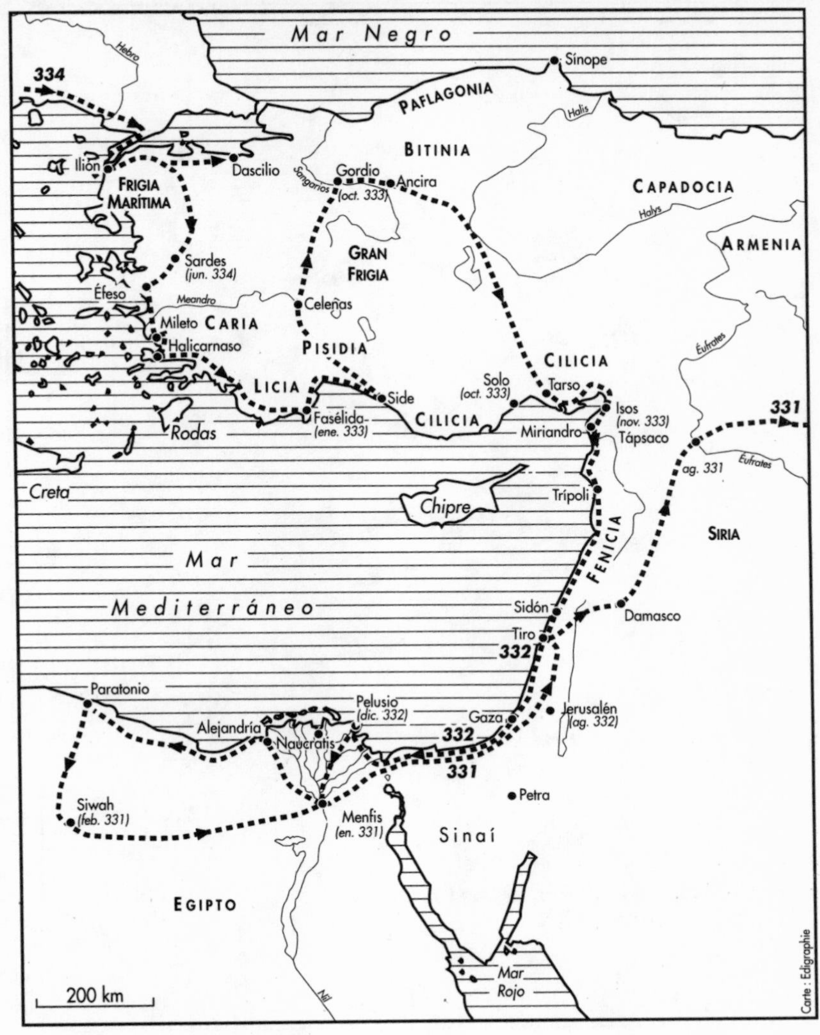

De Anfípolis al Éufrates

Después de Isos, Alejandro necesitará todo el año 332 a.C. para someter a los fenicios (asedios de Tiro y de Gaza). Luego será la brevísima expedición egipcia, durante el invierno 332-331 a.C., y el Conquistador partirá hacia Babilonia en abril de 333 a.C.

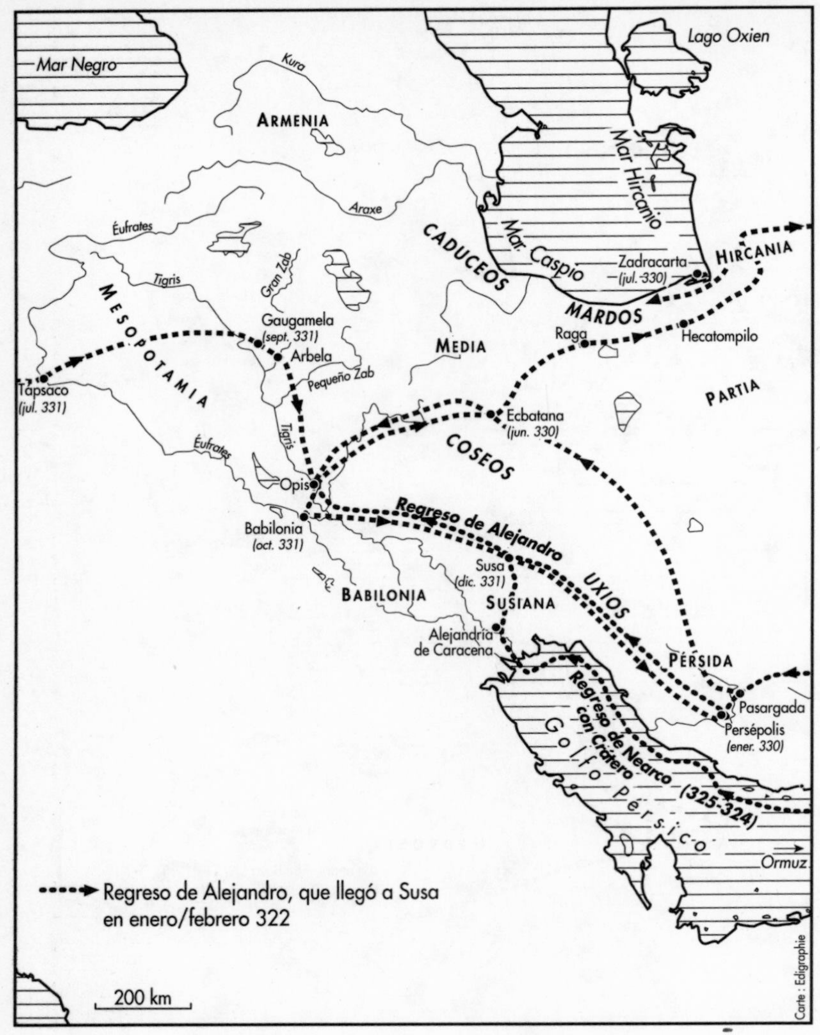

Conquista de Asiria, Babilonia y las satrapías persas (Susiana, Pérsida, Media y Partia)

Tras salir de Tiro a finales del mes de mayo de 331, con 40.000 infantes y 80.000 jinetes, Alejandro llegó a las orillas del Éufrates (en Tápsaco) en la primera quincena de junio y a orillas del Tigris en el mes de agosto, aplastó a Darío en Gaugamela el 1 de octubre, entró en Babilonia a finales del mismo mes y en Susa a finales de noviembre o principios de diciembre. El año 330 a.C. lo consagró a la conquista (sin combate) de las satrapías persas Susiana, Pérsida, Media, Partia y Drangiana, y a la penetración en las montañas del actual Afganistán.

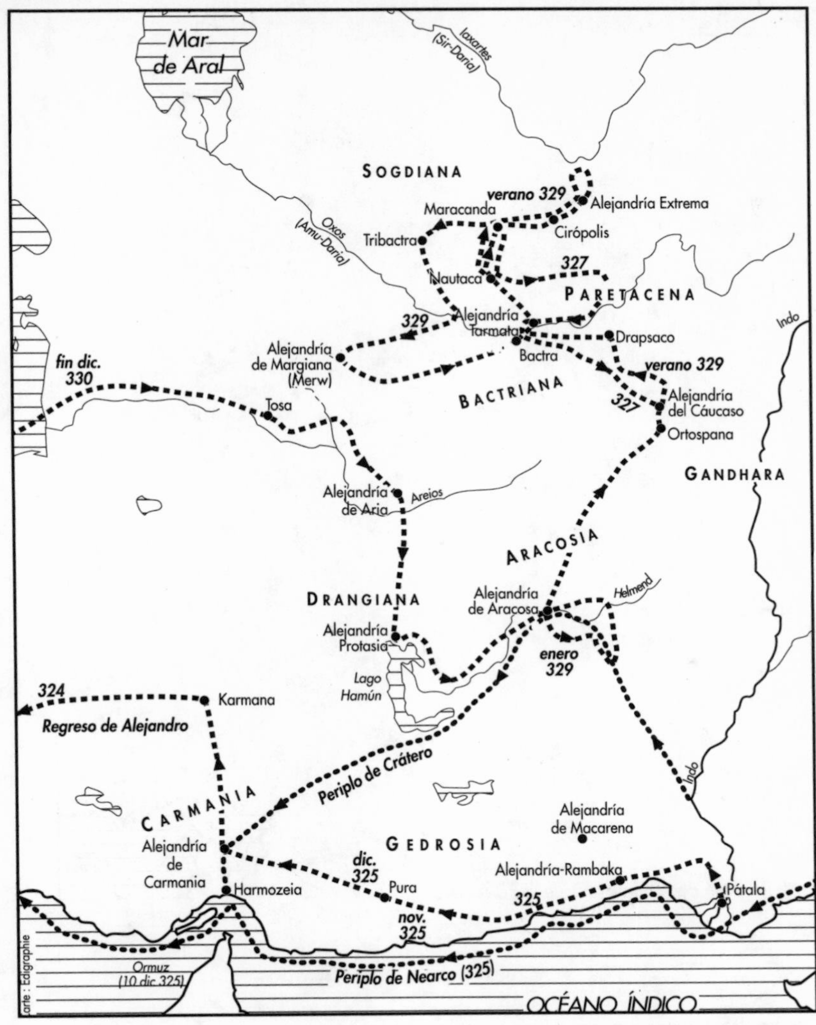

Conquista de las marcas orientales

Las satrapías orientales comprendían aproximadamente los territorios de Afganistán, Uzbekistán y parcialmente Pakistán actuales. Las condiciones de avance de los ejércitos, en estos países de montañas altísimas, impusieron a Alejandro el empleo de nuevos métodos de guerra, lo cual explica que necesitase casi de tres años para conseguirlo, mientras que sólo había necesitado cuatro para conquistar todo Asia Menor, Asiria, Egipto, Mesopotamia, Persia y Media.

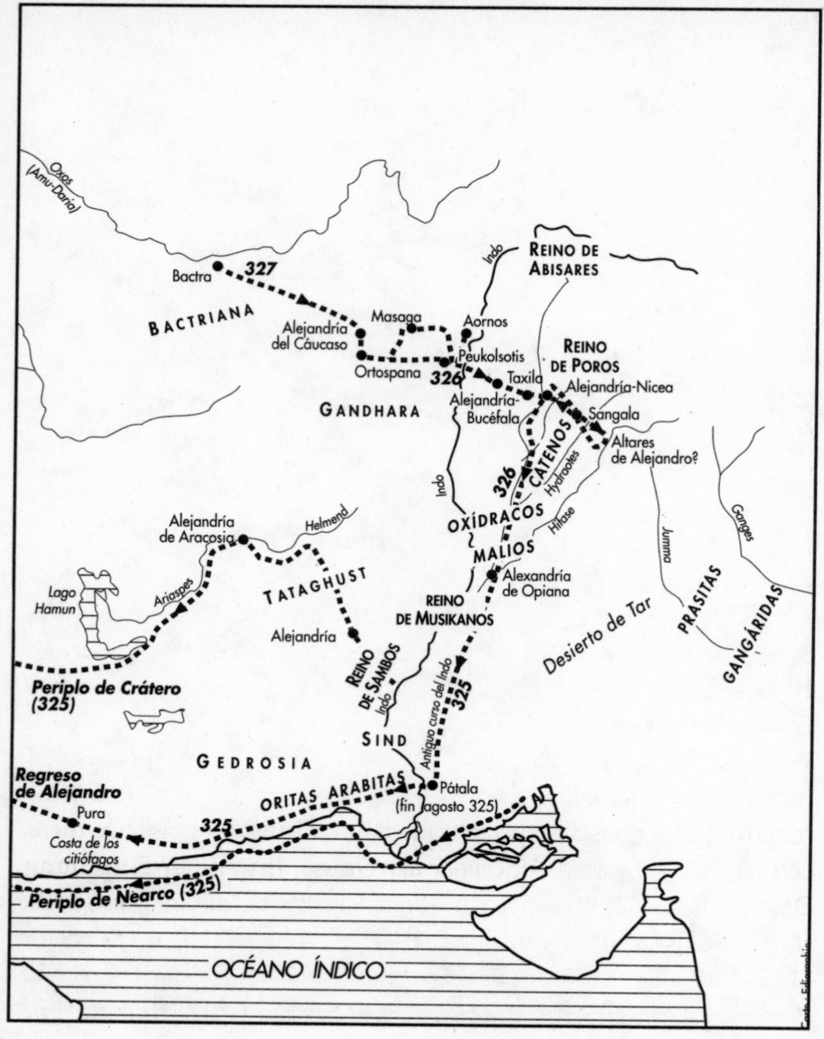

Alejandro en el valle del Indo

La India con que soñaba Alejandro se reducía a la cuenca del Indo, es decir, aproximadamente el actual Pakistán.

BIBLIOGRAFÍA

Las fuentes y la historiografía general

1. *Historiografía general y bibliografía*

La bibliografía ha sido establecida de forma muy completa por H. BENGSTON, en *Die Welt als Geschichte*, V, Berlín, 1939. Para el período 1940-1975, el lector se remitirá a las bibliografías de las obras de G. GLOTZ, *Histoire grecque*, t. IV, París, PUF, 3.ª edición, 1986, y de E. WILL, C. MOSSÉ y P. GOUKOWSKY, *Le Monde grec et l'Orient*, 2 vols., París, PUF, 1975; para los veinticinco últimos años del siglo XX, hay que remitirse a las revistas especializadas. Entre otras bibliografías merecen citarse: J. SEIBERT, *Alexander der Grosse*, Erträg der Forschung, Darmstadt, 1972; R. ANDREOTTI, *Il problema di Alessandro Magno nelle storiografia de l'ultimo decennio*, 1950; Fr. HAMPL (cf. la colección «Nouvelle Clio», VI, París, PUF, 1954); la *Cambridge Ancient History.* Por último, no se puede dejar de consultar la *Encyclopédie des Antiquités classiques* del erudito alemán August von PAULY (1796-1845), publicada en 1839 y puesta al día en 1893 por George WISSOWA; esta obra considerable, nunca igualada, suele ser citada como *la* Pauly Wissowa; ha conocido varias reediciones.

2. *Fuentes epigráficas*

Las principales inscripciones antiguas (en lengua griega) relativas al período de Alejandro Magno fueron enumeradas por TARN, en la *Cambridge Ancient History*, t. VI (1927); deben completarse con los trabajos de DITTENBERGER (1903), H. H. SCHMITT (Múnich, 1969) y TOD (Oxford, 1962). Las fuentes cuneiformes son inscripciones o tablillas en viejo persa —lengua de los persas en la época de los Aqueménidas— cuyo alfabeto estaba formado por signos cuneiformes que derivaban del silabario acadio (que no era alfabético, sino silábico); son poco numerosas y criticables. A las fuentes epigráficas hay que unir los papiros egipcios de la época saita (663-332 a.C.), época en que las principales ciudades de Egipto estaban concentradas en el delta: Sais, capital de los faraones de la XXVI Dinastía; Naucratis, ciudad griega próspera, y Mendes, capital de los faraones de la XXIX y penúltima dinastías egipcias; sobre estas fuentes se consultará el «Bulletin papyrologique» de la *Revue des Études grecques* (P. COLLART), que completa el censo de las antologías papirológicas de ROSTOVTZEFF, en la *Cambridge Ancient History*,. t. VII, 1928.

3. *Numismática*

L. MULLER, *Numismatique d'Alexandre le Grand*, Copenhague, 1855; y el importante trabajo de A. R. BELLINGER, *Essays on the coinage of Alexander the Great*, Nueva York, 1963.

4. *Fuentes literarias*

El censo de los escritos antiguos referidos a Alejandro fue establecido por primera vez, en los tiempos modernos, por G. SAINTE-CROIX, *Examen critique des anciennes histoires d'Alexandre*, París, 1775; 2.ª edición, 1810. El trabajo fundamental es el de Johann Gustav DROYSEN, fundador de la escuela histórica prusiana; bajo el título de *Les Matériaux de l'histoire d'Alexandre le Grand*, constituye el apéndice al tomo I de su *Histoire de l'hellénisme*, totalmente dedicado a Alejandro Magno y publicado en 1883 (véase más adelante el apartado de Biografías). Ha sido completado por los autores de las grandes historias antiguas, J. KAERST en alemán (*Gesch. der Hellenismus*) y TARN en inglés (*Cambridge Ancient History*).

a) El estudio crítico de las fuentes contemporáneas o casi contemporáneas de Alejandro fue emprendido por los eruditos alemanes de principios del siglo XX; éstas son las principales referencias:

— para una recensión general de los textos perdidos L. PEARSON, *The Lost Histories of Alexander the Great*, Providence (EE.UU.), 1960;
— sobre las *Efemérides* atribuidas a Eumenes, general y jefe de la cancillería de Alejandro: KAERST (en 1905, artículo «Efemérides» en Pauly-Wissowa), y F. JACOBY, *Die Fragmente d. gr. Historik*, 1927; se recuerda que este precioso diario de campaña ardió al mismo tiempo que la tienda de Eumenes en 325 a.C., durante la expedición de Alejandro a India;
— sobre Aristóbulo de Casandra, fuente cuestionada a menudo: SCHWARTS, en PAULY WISSOWA, t. II, 1896;
— sobre las *Notas* tomadas por Ptolomeo, hijo de Lago, otro general de Alejandro (a la muerte de este último se convertirá en el fundador de la dinastía griega de los Lágidas, que reinó en Egipto hasta la conquista romana): JACOBY, *op. cit.*; véase también H. STASBURGER, *Ptolemaios und Alexander*, Leipzig (1934) y P. TREVES, «L'Œuvre historique du roi Ptolémée», en la *Revue des Etudes anciennes*, t. XXIX, 1937;
— sobre la reconstrucción de las *Efemérides* de Eumenes por Calístenes, el sobrino nieto de Aristóteles, que también seguía las campañas de Alejandro: JACOBY, *op. cit.*, y en PAULY WISSOWA,. t. X, 1919;
— sobre Clitarco, el griego de Alejandría autor de una *Historia de Alejandro* (desaparecida) en que se habría inspirado Quinto Curcio: los fragmentos recogidos por Ch. MULLER y publicados, con algunos otros, en sus *Scriptorum de rebus Alexandri Magni Fragmenta* («Fragmentos de escritos sobre Alejandro Magno», París, Didot, 1846); RADET, en los «C. R. de l'Académie des Inscriptions et Belles-Lettres», 1924, pág. 356 y ss.

b) En nuestro Prólogo hemos citado las fuentes antiguas —griegas o latinas— posteriores a la época de Alejandro. Ahora indicaremos las ediciones y traducciones más fiables y accesibles:

— Diodoro de Sicilia (h. 901-v. 20 a.C.), *Bibliotèque historique*, libro XVII, en francés, edición de Belles Lettres, París, 1976, texto establecido, traducido y comentado por Paul GOUKOWKY; en alemán, edición Teubner, por FISCHER; en inglés la edición Loeb, por C. B. WELLES.
— Quinto Curcio (siglo I), *Histoire d'Alexandre le Grand*, edición Belles Lettres, texto establecido y traducido por H. BARDON, París, 1961; la obra de S. DOSSON, *Études sur Quinte-Curce*, París, 1887, texto fundamental, pero hay que unirle la comunicación de Georges RADET citada más arriba, sobre la influencia de Clitarco sobre este autor.
— Plutarco (h. 50-125), *Vie des hommes Illustres*, edición de Belles Lettres, texto traducido por R. FLACELLIÈRE con introducción y comentarios.
— Arriano (h. 95-h. 175) está considerado por todos los historiadores como la fuente más fiable. La *Anábasis* y la *India* han sido traducidos por Pierre SAVINEL, París, Éditions de Minuit, 1984. [Traducción española: Arriano: *Anábasis de Alejandro Magno*, introducción de Antonio BRAVO GARCÍA. Traducción y notas de Antonio GUZMÁN GUERRA. Editorial Gredos, 2 vols., Madrid, 1982.]
— Justino (siglo II) nos ha dejado un resumen de *Historias filípicas*, la obra (perdida) del historiador galorromano Pompeyo Trogo, que puede leerse en la traducción de E. CHAMBRY y L. THELY-CHAMBRY, París, Garnier, 1936.

c) Junto a estas fuentes que podemos calificar de históricas porque pueden utilizarse —a reserva de someterlas a una rigurosa crítica científica— para establecer o tratar de establecer la historia de Alejandro Magno, existe una tradición escrita griega, puramente legendaria, que apareció relativamente pronto (a finales del siglo II de nuestra era) en el Imperio romano de Oriente. A finales del siglo III o principios del IV, fue traducida por un tal Julius Valerius en un latín muy decadente, más cercano a la lengua hablada que a la lengua escrita, y circuló en

Occidente bajo el título *Res gestae Alexandri Magni translatae ex Aesopo Graeco* («Los grandes hechos de Alejandro Magno, traducidos por Esopo el Griego»); se hizo una versión abreviada, titulada *Epitome Julii Valerii* («Resumen de Julius Valerius»). Luego fue retraducido al griego y a diversas lenguas orientales, sobre todo al armenio y al siriaco. Un historiador bizantino, León el Diácono, que vivió en la corte de los duques de Nápoles en el año 1000 aproximadamente, hizo a su vez una versión latina (a partir de un texto griego, durante un viaje que realizó a Bizancio en 942), con el título de *Vita Alexandri* y así fue como penetró la leyenda en Occidente durante la Edad Media. Posteriormente se multiplicaron las versiones en lenguas vulgares (en francés apareció, hacia 1170-1200, *Roman d'Alexandre*; era una gesta épica de 20.000 versos de doce pies a los que por esta razón se dio el nombre de «alejandrinos»). Esta tradición constituye lo que se llama la *Roman d'Alexandre*; la paternidad de la obra griega inicial (perdida) se atribuye a un autor al que se ha dado habitualmente el nombre de Seudo-Calístenes, para distinguirle del Calístenes histórico.

La recensión más antigua ha sido publicada por W. Kroll en Berlín, en 1958; una versión más tardía se publicó bajo el título de *Epitomè de Metz*, por P. H. Thomas (Teubner, 1969). La versión medieval francesa fue publicada en 1846, en Stuttgart, por Henri Michelant, bajo el título de *Li romans d'Alixandre*; pero también se conoce en alemán, en español y en italiano. Sobre las fuentes del *Roman d'Alexandre*, véase R. Merkelbach, *Die Quellen der gr. Alexanderromans*, Múnich, 1954.

Biografías

Las biografías de Alejandro Magno son muy numerosas. Tienen en común que cuentan los mismos sucesos, ya narrados por Arriano, Diodoro de Sicilia, Plutarco, Quinto Curcio y Justino; difieren unas de otras en la abundancia de detalles, en la interpretación histórica de los acontecimientos o de la personalidad de Alejandro, y por los juicios sobre el personaje... y la calidad de escritura de sus autores.

1. *Trabajos de Droysen*

La primera gran biografía, que en muchos puntos sigue siendo autoridad, se debe a Johann Gustav Droysen (1808-1884), filólogo, historiador e incluso político alemán (fue elegido diputado al parlamento de Francfort); constituye el primer volumen de su *Historia del helenismo*, y fue publicada en 1833 bajo el título de *Geschichte Alexanders der Grosse* («Historia de Alejandro Magno»). Es una obra brillante, basada en un estudio meticuloso de los textos antiguos (véase más arriba la bibliografía sobre las fuentes literarias), y que es imposible olvidar, incluso en el año 2000; no obstante, se basa en una concepción de la historia hoy algo superada (y ya superada por Hegel, cuyos cursos sin embargo había seguido Droysen), la que interpreta los acontecimientos históricos como engendrados por una voluntad superior, que los guía hacia un fin determinado por ella. En nuestro caso, esa voluntad sería la de Alejandro tendiendo a realizar la fusión entre Occidente y Oriente en una monarquía de tipo oriental. Esta posición lleva a Droysen a exaltar lo que podríamos llamar, en sentido fuerte, el heroísmo de Alejandro y a interpretar en los otros dos tomos de su *Historia del helenismo* —consagrados respectivamente a los *diadocos* (los sucesores) de Alejandro y a los *epígonos* (los sucesores de los sucesores)— el estallido del imperio construido por el Macedonio como una reacción (Droysen dice «la antistrofa») a la unificación intentada, que desemboca en la formación de diversos reinos helénicos que, por tanto indirectamente, serían las consecuencias de los hechos de Alejandro. Precisemos además lo siguiente: la *Historia de Alejandro Magno* apareció en 1833, la de los diadocos en 1836 y la de los epígonos en 1842; los tres tomos, cuidadosamente revisados, se publicaron bajo el título de *Historia del helenismo* en 1877-1878 en Gotha y traducidos al francés por Bouché-Leclerq en 1883-1885.

2. *Las biografías modernas*

A continuación damos la lista de las principales biografías de Alejandro Magno, presentadas por orden cronológico de aparición.

Precisemos para los aficionados a los «hallazgos» y las «puestas al día» que no hay que soñar. Los hallazgos arqueológicos, por muy espectaculares que sean (como recientemente el presunto descubrimiento de la tumba de Alejandro, que por lo demás no era sino una gran superchería), no pueden aportar nada nuevo a lo que ya sabemos; sólo el descubrimiento inesperado de un manuscrito antiguo —un fragmento de las *Efemérides*, por ejemplo— nos aportaría algunas luces sobre tal o cual detalle concreto, pero nada más.

E. Robson, *Alexander the Great, a biographic Study*, Londres, 1919, obra clara, sobria y fácil de leer (a condición de leer inglés).

Th. Birt, *Alexander der Grosse und das Weltgriechentum* («Alejandro Magno y la helenización del mundo»), Leipzig, 1924; 2.ª ed., 1925. Birt se preocupa sobre todo de mostrar la exactitud de la perspectiva de Droysen y de la expansión del helenismo.

F. Geyer, *Alexander der Grosse und die Diadochen* («Alejandro Magno y los diadocos), Leipzig, 1825; útil para comprender las variaciones territoriales y el desmembramiento del imperio de Alejandro.

H. Berve, *Das Alexanderreich auf prosopographischer Grundlage*, 2 vols., Múnich, 1926 («El Imperio de Alejandro desde un punto de vista prosopográfico»), obra todavía no igualada, que por desgracia no está traducida al francés. Contiene una información impresionante y precisa sobre la organización del imperio de Alejandro, sobre sus instituciones y sobre todos los personajes —pequeños o grandes— que tuvieron relación con él o que la tradición ha puesto en relación con él, todo ello acompañado de una bibliografía completa de las referencias que le conciernen.

Georges Radet, *Alexander le Grand*, París, 1931, la mejor biografía en lengua francesa, la mejor documentada sobre Alejandro, así como la más agradable de leer; pero tal vez se le pueda reprochar haber «humanizado» en exceso a su héroe. Hay que completarla con el artículo del mismo autor en el *Journal des savants*, 1935, pág. 145 y ss., titulado «Les idées et les croyances d'Alexandre le Grand» y con numerosas notas y artículos que Radet publicó en la *Revue des Études anciennes* (creada por el propio Radet en 1899) y en diversas revistas y periódicos. Radet fue el gran especialista francés de la historia de Alejandro Magno; murió en 1934 a la edad de setenta y cinco años.

U. Wilcken, *Alexander der Grosse*, Leipzig, 1931 («Alejandro el

Grande»; trad. francesa, París, 1933), obra de prejuicios, que presenta a Alejandro como un héroe cuya primera característica es la fuerza bruta, más cercano a Heracles que a Aquiles.

F. A. WRIGHT, *Alexander the Great*, Londres, 1934, obra clásica, fácil de leer.

Arthur WEIGALL, *Alexander the Great*, Londres, 1947; obra concienzuda en cuanto a los acontecimientos, pero que se basa en una hipótesis gratuita: que el macedonio fue guiado en todo momento por la convicción de que era el hijo místico de Zeus y de Olimpia; ningún documento, ningún suceso debidamente documentado nos permite afirmar que su piedad fuese sincera y sin segundas intenciones políticas (trad. francesa, París, Payot, 1955).

W. W. TARN, *Alexander the Great*, Cambridge, 1948-1950 (2 vols., I: Narrative; II: Sources and Studies); obra clásica, preciosa por sus referencias.

G. T. GRIFFITH, *Alexander the Great, the main problems*, Cambridge, 1966 («Alejandro Magno, los principales problemas»); examen de las principales cuestiones que plantean a los historiadores y a los eruditos la vida y las acciones de Alejandro.

F. SCHACHERMEYR, *Alexander der Grosse: das Problem seiner Persönlichkeit und seiner Wirkens*, Viena, 1973 («Alejandro Magno: el problema de su personalidad y su manera de actuar»): una tentativa de análisis psicológico del personaje; el autor percibe perfectamente los desequilibrios pero no aborda el análisis psicopatológico, que nos parece esencial.

J. R. HAMILTON, *Alexander the Great*, Londres, 1973; obra clásica.

Roger PEYREFITTE, *Le Jeunesse d'Alexandre*, París, Albin Michel, 1977 («La juventud de Alejandro»); copiosa y clásica como *Les Conquêtes d'Alexandre*, 1979 («Las conquistas de Alejandro»), y *Alexandre le Grand*, 1981, ambas del mismo autor y en el mismo editor.

Paul GOUKOWSKY, *Alexandre et Dionysos*, Presses Universitaires, Nancy, 1981; ensayo inteligente y minucioso sobre los orígenes del mito de Alejandro.

Piero CITATI, *Alexandre le Grand*, París, Gallimard, 1990.

Philippe GUILLAUME, *Alexandre le Grand*, París, France Empire, 1993; un resumen claro y clásico.

Cuestiones particulares

Para la cronología de la aventura conquistadora de Alejandro, hay que remitirse a:

— Kaerst *(op. cit.)*.
— y Ch. A. Robinson, *The Ephemerides of Alexander's Expedition*, Brown University Studies, 1932; pero hay que tener en cuenta las críticas de Radet *(Notes critiques*, 2.ª serie, VIII, 1932, pág. 137 y ss.) y de Glotz *(Revue des Études grecques*, XLVI, 1933, pág. 351).

1. *Geografía y topografía*

Los atlas históricos escolares son insuficientes en su totalidad por lo que se refiere a la geografía antigua, e inexistentes por lo que concierne a la topografía; la misma observación es válida para los atlas que acompañan ciertas enciclopedias. En nuestros días, la realización de un atlas histórico es extremadamente onerosa, y es de lamentar que ningún editor haya pensado en reproducir una de las notables obras de este género realizadas antes de 1939, en una época en que los precios de reventa no obsesionaban a las editoriales. Se encontrarán los mapas necesarios en los atlas históricos publicados en Alemania entre 1900 y 1939, que pueden consultarse en bibliotecas. Doy a continuación algunas indicaciones:

Sobre Macedonia, Grecia antigua y Asia Menor:

L. Blum, L. Damezin, J.-C. Decourt *et al.*, *Topographie antique et géographique historique en pays grec*, Éditions du CNRS, París, 1992.

J. Lefort, *Villages de Macédonie*, París, De Boccard, 1982: noticia histórica y topográfica sobre la Macedonia oriental en la Edad Media.

Kiepert, *Formae orbis antiqui*, lámina XVI sobre la Macedonia antigua.

A. Von Kampen, *Atlas antiquus* (s. d.).

R. de Bovis, *Alexandre le Grand sur le Danube*, Reims, 1908.

J. Kromayer y Veith, *Schlachten Atlas*, Leipzig, 1929.

W. LEAF, «The military Geography of Troad», *Geogr. Journal*, XLVII, 1916.

COUSINÉRY, *Voyage dans la Macédonie*, París, 1831.

DELACOULONCHE, *Mémoires sur le berceau de la puissance macédonienne*, París, 1958.

DESDEVIZES DU DÉSERT, *Géographie ancienne de la Macédoine*, París, 1863.

C. WEIGAND, *Ethnographie von Makedonien*, Leipzig, 1924.

O. HOFFMANN, *Die Makedonien, ihre Sprache und ihre Volkstum*, Gotinga, 1906.

G. KARAZOV, «Observations sur la nationalité des anciens Macédoniens», *Revue des Études grecques*, XXIII, 1910, pág. 243 y ss.

Sobre Siria e Irán:

P. M. SYKES, *Ten Thousand Miles in Persia*, Londres, 1902.

A. F. STAHL, «Notes on the March of Alexander the Great from Ecbatane to Hyrcania», *Geogr. Journal*, LXIV, 1924.

G. RADET, «La dernière campagne d'Alexandre contre Londres», Darios, *Mélanges Glotze*, II, pág. 765 y ss.

Sobre Drangiana (el Seistán actual) y Aracosia (Afganistán) India (el Pakistán actual):

G. GNOLI, *Ricerce storici sul Sistan antico*, Roma, 1967.

K. FISCHER, *Bonner Jahrbuch*, CLXVII, 1967, pág. 129 y ss.

A. FOUCHER, «La vieille route de l'Inde de Bactres à Taxila», *Mémoires de la Délégation archéologique française en Afghanistan*, I, 1942, y II, 1947.

Sobre Asia central e India (el Pakistán actual hasta el Indo):

A. FOUCHER, *op. cit.*

G. FRUMKIN, «Archaelogy in Soviet Central Asia», *Handbuch der Orientalistike*, 7, III, I, Leiden, 1970.

General CUNNINGHAM, *The ancient Geography of India*, Londres, 1871; obra irreemplazable e irreemplazada.

Sobre el regreso de los ejércitos de Alejandro por tierra y por mar:

Th. H. HOLDICH, «The Greek retreat from India», *Journal of the Society of Arts*, XLIX, 1901, pág. 417 y ss.; fundamental.

A. STEIN, «On Alexander's route into Geodrosia», *Geogr. Journal*, CII, 1943, pág. 217 y ss.

H. SCHIWEK, «Der Persiche Golf...», *Bonner Jahrbuch*, CLXII, 1962, pág. 43 y ss.

2. *La conquista del poder*

a. Sobre Macedonia y Filipo II (650-336 a.C.):

Stanley CASSON, *Macedonia, Thrace and Illyria*, Londres-Oxford, 1926: estudio de las relaciones entre esas comarcas y Grecia, desde los tiempos más antiguos hasta el advenimiento de Filipo I (650 a.C.); análisis de las fuentes y amplia bibliografía.

P. CLOCHÉ, *Histoire de la Macédonie jusq'à l'avènement d'Alexandre le Grand*, París, 1960.

—, *Un fondateur d'Empire, Philippe II, roi des macédoniens*, París, 1915.

—, *Démosthènes et la fin de la démocratie athénienne*, París, 1957.

A. MOMIGLIANO, *Philippe de Macédoine*, París, Eclat, 1992; traducción de una obra fundamental de este historiador italiano, publicada en Florencia en 1934.

K. PERLMAN, *Philip and Athens*, Cambridge, 1973.

G. MATHIEU, *Les Idées politiques d'Isocrate*, París, 1925; Isócrates tenía una idea muy alta de la misión civilizadora de Atenas.

A. SCHAEFFER, *Demosthenes und sein Zeit* («Demóstenes y su tiempo»), 2.ª ed., Leipzig, 1885; obra fundamental, reimpresa en 1966.

P. JOUQUET, *L'Impérialisme macédonien et l'hellénisation de l'Orient*, París, Albin Michel, ed. revisada y corregida, 1972.

b. Sobre Alejandro Magno y las ciudades griegas:

Las divisiones políticas en Macedonia, que desembocan en el asesinato de Filipo II, han sido analizadas por numerosos autores (AYMARD, BADIAN, KRAFT). Sobre la política de Alejandro respecto a Tesalia y Tracia son recomendables:

H. D. WESTLAKE, *Thessaly in the fourth Century*, Londres, 1935.

M. Sordi, *La lega Tessala fino ad Alessandro Magno*, Roma, 1958.

D. M. Pippidi, *I Greci nel basso Danubio*, Milán, 1971.

c. Sobre la revuelta de Tebas y el «antimacedonismo» en las ciudades griegas:

P. P. Ducrey, *Le Traitement des prisonniers de guerre dans la Grèce antique*, París, 1968.

d. Sobre el ejército macedonio:

A. Aymard, artículos reunidos en *Études d'Histoire ancienne*, París, 1967, pág. 418 y ss.

J.-P. Vernant *et al.*, *Problèmes de la guerre en Grèce ancienne*, París, 1972.

M. Launey, *Recherches sur les armées hellénistiques*, 2 vols., París, 1949-1950.

Y. Garlan, *La Guerre dans l'Antiquité*, París, 1972.

—, *Recherches de poliorcétique grecque*, París, 1974 (con una buena bibliografía).

F. E. Adcock, *The Greek and Macedonian art of war*, Londres, 1957.

L. Casson, *Ships and Steamanship in the ancient world*, 1971.

R. Lonis, *Les Usages de la guerre entre Grecs et Barbares des guerres médiques au milieu du IVe siècle*, París, 1969.

3. *La conquista de Asia Menor y Egipto (334-331 a.C.)*

F. Stark, *Alexander's Path from Caria to Cilicia*, Londres, 1958.

G. Radet, «Sur un point de l'itinéraire d'Alexandre en Asie Mineure», *Mélanges Perrot*, París, 1903.

Las siguientes indicaciones bibliográficas respetan la cronología de la conquista realizada por Alejandro de la fachada mediterránea del Imperio persa, desde Ilión, en Tróada, hasta la conquista de Fenicia y Egipto. También pueden leerse los numerosísimos artículos de Radet en la *Revue des Études anciennes (passim)*.

W. Judeich, «Die Schlacht am Granikos», *Klio*, t. VIII, 1908.

E. W. Davis, «The Persian battle plan at the Granicus», *Mélanges Cadwell*, Chapel Hill, 1964, pág. 334 y ss.

A. Baumbach, *Kleinasien unter Alexander dem Grossen*, Jena, 1911; conquista (pacífica la mayor parte del tiempo) de Lidia, Jonia, Caria, Licia, Panfilia y Frigia.

W. Deonna, «Le nœud gordien», *Revue des Études grecques*, XXXI, 1918, págs. 39 y ss., y 141 y ss.

A. Grühn, *Die Schlacht von Issos*, Jena, 1905.

W. Dittberner, *Issos*, Berlín, 1908.

E. Keller, *Alexander der Grosse nach der Schlacht bei Issos bis zu seiner Rückkehr aus Agypten*, Berlín, 1904; conquista de Fenicia y la costa siria, luego de Egipto.

W. B. Kaiser, *Der Brief Alexanders and Dareios nach der Schlacht bel Issos*, Mainz, 1954; sobre los contactos diplomáticos entre Alejandro y Darío después de la batalla de Isos.

M. Glück, *The Tyro ab Alexandra Magna oppugnata et capta*, Königsberg, 1886; sobre el asedio de Tiro.

H. Blois, «Alexandre le Grand et les Juifs en Palestine», *Revue de Théologie*, XXIII, Lausana, 1890, pág. 357.

H. Buchlerr, *Revue des Études juives*, XXXVI, 1898; sobre el mismo asunto.

J. Abrahams, *Campaign in Palestin from Alexander the Great*, Oxford, 1927.

V. Ehrenberg, *Alexander und Agypten.*

P. Jouquet, «Alexandre à l'oasis d'Ammon et le témoignage de Callisthène», *Bulletin de l'Institut d'Egypte*, XXVI, 1943-1944, pág. 91 y ss.

H. W. Parke, *The Oracles of Zeus, Dodona, Olympia, Ammon*, Londres, 1967.

E. Brescia, *Alex. and Aegyptum*, Bérgamo, 1922 (abundante bibliografía).

A. Bernand, *Alexandrie la Grande*, París, 1966.

4. El desmoronamiento del Imperio persa (331-330 a.C.)

F. Wetzel, E. Schmidt, A. Mallwitz, *Das Babylon der Spätzeit*, Berlín, 1957; sobre la topografía del país babilonio.

F. Hackmann, *Die Schlacht bei Gaugamela*, Halle, 1902.

E. W. Marsden, *The Campaing of Gaugamela*, Liverpool, 1964.

G. Radet, «La prise de Persépolis», *Notes critiques*, 2.ª serie, 1927, pág. 89 y ss.

—, «La dernière campagne d'Alexandre contre Darius», *Mélanges Glotz*, t. II, 1932, pág. 765 y ss.; sobre el camino seguido por Alejandro en su persecución de Darío.

F. Altheim, R. Stierl, *Geschichte Mittelasiens im Altertum*, Berlín, 1970; historia de las satrapías superiores (Drangiana, Aracosia, Bactriana y Sogdiana) del Imperio persa en la época de Alejandro.

I. M. Mouminof, *Istorija Samarkanda*, Tashkent, 1969.

5. La crisis de los años 330-328 a.C. y la invasión de «India» (de hecho, el actual Pakistán)

a. La crisis de los años 330-328 a.C.:

Esta crisis, que estalla a finales del año 330 a.C., se caracteriza por una ruptura profunda entre las acciones y las ambiciones de Alejandro —que se considera el sucesor del Gran Rey— por un lado, y por otro la oposición de su entorno y el descontento de su ejército. En cuanto a la geografía de los lugares, véanse las indicaciones bibliográficas citadas más arriba.

T. B. Jones, «Alexander and the Winter of 330-329», *Class. Weekly*, XXVIII, 1935, pág. 124 y ss.: sobre la cronología de la campaña de Alejandro en Afganistán.

G. Radet, «Sur les tractes d'Alexandre entre le Choès et l'Indus», *Journal des savants*, 1930, pág. 230 y ss.

Fr. Cauer, «Philotas, Cleitos, Kallisthenes», *Neue Jahrbuch für klas-*

siche Philologie, XX, 1894, pág. 8 y ss.; sobre estos tres «asuntos» que ilustran la crisis del 330.

T. S. Brown, «Callisthenes and Alexander», *American Journal of Philology*, LXXX, 1949, pág. 225 y ss; sobre la conjura de los pajes y el asesinato de Calístenes.

R. Schubert, «Der Tod des Kleitos», *Rheinischer Museuek*, III, 1898, pág. 398 y ss.

L. R. Taylor, «The proskynesis and the hellenistic ruler Cult», *Journal of Hell. Studies*, XLVII, 1925, pág. 175 y ss.

G. Mercury, «The Refusal of Callisthenes to drink to the Health of Alexander», *Journal of Hellenic Studies*, L, 1930, pág. 79 y ss.; también sobre el caso Calístenes, y el artículo sobre la divinización oriental del rey, A. Amard, «Un ordre d'Alexandre», *Revue des Études anciennes*, XXXIX, 1937, pág. 5 y ss.

b. La invasión de India (337-326 a.C.):

S. Levi, «Note sur l'Inde à l'èpoque d'Alexandre», *Journal Asiatique*, XV, 1890, pág. 234 y ss.

G. Veith, «Der Kavalleriekampf in der Schlacht am Hydasp», *Journal of Hellenic Studies*, LXXVI, 1956, pág. 26.

P. Goukowsky, «Le roi Pôros sur son éléphant, et quelques autres», *Bulletin de Correspondance hellénique*, CVI, 1972, pág. 473 y ss.

B. Breloer, *Alexanders Bund mit Pôros*, Leipzig, 1941; sobre el tratado concluido por Alejandro con el rey indio Poro.

6. *La retirada y el* pothos *(«insaciabilidad») de Alejandro*

a. La retirada (325-324 a.C.):

Schiwek, *op. cit.*, págs. 43 y ss.; sobre el periplo de Nearco, desde el delta del Indo hasta el golfo.

Th. H. Holdicha, «The Greek retreat from India», *Journal of the Society of Arts*, XLIX, 1901, pág. 147 y ss.; artículo fundamental sobre el regreso por tierra de las tropas dirigidas por Alejandro.

A. Stein, «On Alexander's route into Gedrosie», *Geogr. Journal*,

CII, 1943, pág. 217 y ss.; sobre el itinerario de Alejandro a través de Gedrosia.

b. El gran regreso y los últimos proyectos de Alejandro (324-323 a.C.), «el caso Hárpalo», el regreso de los desterrados, el sueño de una monarquía univeral, de la que él sería el rey divinizado:

E. Badian, «Harpalos», *Journal of Hellenic Studies*, LXXXI, 1961, pág. 167 y ss.; la falta de delicadeza de Hárpalo pusieron a Demóstenes en una situación delicada; véase a este respecto: A. Schaeffer, *Demosthenes und seine Zeit*, Leipzig, 1887.

—, «Alexander the Great and the unity of mankind», *Historia. Zeitschrift für Alte Geschichte:* aproximación crítica de la teoría de Tarn, según la cual Alejandro soñaba con una fusión de los pueblos en un imperio universal y fraternal.

—, «A King's notebook», *Harvard Studies in Classical Philology*, LXXII, 1968, pág. 183 y ss.; sobre los proyectos encontrados en los archivos de Alejandro.

E. Balogh, *Political Refugees in ancienty Greece*, Johannesburgo, 1943; sobre el regreso de los desterrados a Atenas.

c. Sobre la tentativa de divinización de su persona real:

V. Ehrenberg, *Alexander and the Greeks*, Oxford, 1938; debe leerse especialmente el capítulo II, cuya argumentación vuelve a utilizar G. T. Griffith en *Alexander the Great...*, ya citado más arriba.

A. D. Nock, «Notes on ruler Cult», *Journal of Hellenic Studies*, XLVIII, 1928, pág. 21 y ss.

F. Taeger, «Charisma», *Studien zur Geschichte der antiken Herrscherkultes*, Stuttgart, 1967.

A. Momingliano, «Re e popolo in Macedonia prima di Alessandro Magno», *Athenaeum*, XIII, 1935, pág. 3 y ss.

A. Aymard, *Basileus Makedonôn*, publicado en 1950, y reeditado en *Études d'Histoire ancienne*, París, 1967, pág. 100 y ss.

F. E. Adcock, *Greek and Macedonian kingship*, Londres, 1953.

W. B. Kaiser, «Ein Meister der Glyptik aus dem Umkreis Alexanders», *Jahrbuch d. Arch. Inst.*, LXXII, 1962, pág. 227 y ss.; sobre el decadracma, una moneda que representa a Alejandro asimilado a Zeus, persiguiendo al indio Poro llevado por un elefante; hay además otras monedas que asimilan al macedonio al rey de los dioses, sobre todo un tetradracma (una moneda) cuyo anverso representa a Alejandro tocado con una cabeza de león y el reverso lo asimila a Zeus, apoyado sobre un cetro y sosteniendo un águila en la mano.

ÍNDICE ONOMÁSTICO

ESTE LIBRO HA SIDO IMPRESO
EN LOS TALLERES DE
A&M GRÀFIC, S. L.
SANTA PERPÈTUA DE MOGODA (BARCELONA)